统计学基础（第2版）

主　编　陈建宏　杨彦柱
副主编　范慧敏　王祝园

北京理工大学出版社
BEIJING INSTITUTE OF TECHNOLOGY PRESS

版权专有　侵权必究

图书在版编目（CIP）数据

统计学基础 / 陈建宏，杨彦柱主编 . —2 版 . —北京：北京理工大学出版社，2018.1（2021.1 重印）

ISBN 978-7-5682-4727-6

Ⅰ. ①统… Ⅱ. ①陈… ②杨… Ⅲ. ①统计学-高等学校-教材 Ⅳ. ①C8

中国版本图书馆 CIP 数据核字（2017）第 205877 号

出版发行 / 北京理工大学出版社有限责任公司
社　　址 / 北京市海淀区中关村南大街 5 号
邮　　编 / 100081
电　　话 / (010) 68914775（总编室）
　　　　　 (010) 82562903（教材售后服务热线）
　　　　　 (010) 68948351（其他图书服务热线）
网　　址 / http://www.bitpress.com.cn
经　　销 / 全国各地新华书店
印　　刷 / 三河市天利华印刷装订有限公司
开　　本 / 787 毫米 × 1092 毫米　1/16
印　　张 / 19　　　　　　　　　　　　　　　　　　　　　责任编辑 / 李慧智
字　　数 / 439 千字　　　　　　　　　　　　　　　　　　文案编辑 / 孟祥雪
版　　次 / 2018 年 1 月第 2 版　2021 年 1 月第 5 次印刷　　责任校对 / 周瑞红
定　　价 / 45.00 元　　　　　　　　　　　　　　　　　　责任印制 / 李志强

图书出现印装质量问题，请拨打售后服务热线，本社负责调换

前 言

统计学是教育部规定的经济和管理类专业的核心基础课程之一。本书就是为适应高职高专类院校经济类和管理类专业的教学需要而编写的。该课程的教学目的在于使学生掌握统计学的基础知识和统计工作的基本技能，能运用所学的统计理论、统计方法分析、认识经济问题，为进一步学习其他相关专业课程奠定数量分析基础。

统计学是收集数据、分析数据并解释数据信息的学科，是认识社会的有用工具。统计学作为一门适用性很强的学科，在社会经济管理领域有着广泛的应用。从 CPI 到经济增长率，从股票指数到就业率，生活中人们每天都面对着大量的数字信息。

本书内容上本着"实用、适用"的原则，注重实践性、应用性和技能性。全书共分为八个项目，分别为认识统计、统计调查、统计整理、静态分析指标、动态分析法、统计指数、抽样推断和相关与回归分析。除了项目一外，其他各项目后都详细介绍了有关 Excel 的统计应用，使学生们也能学习到一些基本的统计电算化技能。在语言组织上，我们尽量做到浅显易懂、深入浅出，一般不做过多的数学推导与证明，学生学习起来较为容易。本书主要通过实例传输统计思想，强调理论联系实际，注重学生实践能力的培养，更多的角色是充当传播统计思想和传授统计方法的入门读物。

本书各项目开篇有知识目标、能力目标和导入阅读；项目结束后有小结，对有关教学内容作扼要的总结；各项目后有技能训练题和思考题，便于学生检验和巩固所学内容。

本书可以作为高职高专及成人院校经济和管理类专业的教学用书，也可以作为广大工商企业人员及其他管理人员的参考用书。本书由杨凌职业技术学院陈建宏和西京学院杨彦柱任主编，由河南牧业经济学院范慧敏和合肥财经职业学院王祝园任副主编。参加编写的人员分工如下：陈建宏负责项目三、项目四、项目五的编写和全书的设计、总纂和定稿工作；杨彦柱负责项目六和项目七的编写和各项目的修改工作；范慧敏负责项目八和附表的编写；王祝园负责项目一和项目二的编写。本书有一些图、表和案例参考了相关书籍，在此对这些书的作者们表示感谢！

尽管我们在《统计学基础》教材的特色建设方面做出了许多努力，但由于高职教育方兴未艾，教材建设还处于探索阶段，因此不足之处在所难免，恳请各相关使用本教材的院校和读者批评指正。

编　者

目 录

- 项目一 认识统计 …………………………………………………………… （ 1 ）
  - 任务一 认识统计 ………………………………………………………… （ 2 ）
  - 任务二 识记统计学中的常用基本概念 ………………………………… （ 5 ）
- 项目二 统计调查 …………………………………………………………… （ 13 ）
  - 任务一 认识统计调查 …………………………………………………… （ 14 ）
  - 任务二 认识统计调查的类型 …………………………………………… （ 15 ）
  - 任务三 掌握统计调查技术 ……………………………………………… （ 22 ）
  - 任务四 设计统计调查方案 ……………………………………………… （ 23 ）
  - 任务五 运用 Excel ……………………………………………………… （ 30 ）
- 项目三 统计整理 …………………………………………………………… （ 37 ）
  - 任务一 认识统计整理 …………………………………………………… （ 38 ）
  - 任务二 统计资料审核 …………………………………………………… （ 39 ）
  - 任务三 统计分组 ………………………………………………………… （ 40 ）
  - 任务四 统计资料汇总 …………………………………………………… （ 47 ）
  - 任务五 编制统计表和绘制统计图 ……………………………………… （ 54 ）
  - 任务六 运用 Excel ……………………………………………………… （ 61 ）
- 项目四 静态分析指标 ……………………………………………………… （ 77 ）
  - 任务一 计算总量指标 …………………………………………………… （ 79 ）
  - 任务二 计算相对指标 …………………………………………………… （ 82 ）
  - 任务三 计算平均指标 …………………………………………………… （ 88 ）
  - 任务四 计算标志变异指标 ……………………………………………… （ 97 ）
  - 任务五 运用 Excel ……………………………………………………… （105）
- 项目五 动态分析法 ………………………………………………………… （120）
  - 任务一 认识动态数列 …………………………………………………… （122）
  - 任务二 计算动态数列水平指标 ………………………………………… （125）
  - 任务三 计算动态数列速度指标 ………………………………………… （132）

任务四　动态数列因素分析 …………………………………………… (138)
　　任务五　运用 Excel …………………………………………………… (153)

项目六　统计指数 …………………………………………………………… (170)
　　任务一　认识统计指数 ………………………………………………… (171)
　　任务二　编制综合指数 ………………………………………………… (174)
　　任务三　编制平均指数 ………………………………………………… (177)
　　任务四　进行因素分析 ………………………………………………… (180)
　　任务五　识记几种常用的经济指数 …………………………………… (190)
　　任务六　运用 Excel …………………………………………………… (195)

项目七　抽样推断 …………………………………………………………… (206)
　　任务一　掌握抽样推断基础知识 ……………………………………… (207)
　　任务二　计算抽样误差 ………………………………………………… (217)
　　任务三　抽样估计 ……………………………………………………… (222)
　　任务四　确定必要样本容量 …………………………………………… (226)
　　任务五　认识抽样组织形式 …………………………………………… (227)
　　任务六　运用 Excel …………………………………………………… (232)

项目八　相关与回归分析 …………………………………………………… (244)
　　任务一　认识相关关系 ………………………………………………… (245)
　　任务二　一元线性相关分析 …………………………………………… (247)
　　任务三　一元线性回归分析 …………………………………………… (252)
　　任务四　多元线性回归分析与一元非线性回归分析 ………………… (257)
　　任务五　运用 Excel …………………………………………………… (258)

附表一　随机数字表 ………………………………………………………… (277)

附表二　标准正态概率较小制累计分布表 ………………………………… (279)

附表三　标准正态概率双侧临界值表 ……………………………………… (282)

附表四　t 分布临界值表 …………………………………………………… (284)

附表五　χ^2 分布临界值表 ………………………………………………… (286)

附表六　F 分布临界值表 ………………………………………………… (288)

附表七　F 分布临界值表 ………………………………………………… (290)

参考文献 ……………………………………………………………………… (292)

项目一

认识统计

知识目标

理解统计的含义、统计活动的特点和统计工作过程；
掌握统计学的基本概念及各有关概念之间的区别与联系；
了解统计学的研究对象、统计学的职能和统计学研究的方法。

能力目标

能够认识基本的统计现象；
能够准确识别各个基本统计概念。

导入阅读

走近统计　认识统计——庆祝首个"世界统计日"专题

统计是静止的历史，历史是流动的统计；统计是"社会认识的最有力的武器之一"；统计工作是国民经济和社会发展的重要基础性工作。决策科学化必须建立在准确的统计资料和定性、定量分析的基础之上；统计在我国社会主义现代化的建设中发挥着了解国情国力、指导国民经济和社会发展的重要基础作用。

如今，随着经济社会的迅速发展，统计逐步从幕后走到了台前。一方面统计部门适应社会需求，主动推动统计工作的开放透明；另一方面社会公众对统计的了解逐渐增多，需要大量地使用统计信息为生产、生活和各种决策服务。

2010年6月3日，在第64届联合国大会第90次会议上，通过的第64/267号决议决定，将每年10月20日确定为"世界统计日"。2010年10月20日为首个"世界统计日"，主题为"庆祝官方统计的众多成就"，以体现"服务、诚信、专业"的核心价值。联合国秘书长潘基文专门致函胡锦涛主席，邀请中国政府采取措施共同庆祝第一个"世界统计日"。从此，全世界的统计人拥有了自己的节日。

资料来源：http：//epaper.timedg.com/html/2010－10/20/content_528813.htm

任务一　认识统计

一、统计的含义

当今世界，人类已步入信息社会，无时无刻不生活在信息的海洋中。其中，统计信息作为社会经济信息的主体，被广泛运用于社会、科技和国民经济的各个部门、各个行业，日益受到社会的重视。因此，"统计"二字在日常生活、经济工作和科学研究中出现的频率越来越大。那么，什么是统计？对此一般可以作三方面理解。

统计资料，即统计信息，是反映一定社会经济现象总体或自然现象总体的特征或规律的数字资料、文字资料、图表资料及其他相关资料的总称。它包括刚刚调查取得的原始资料和经过一定程度加工、整理的次级资料。其形式有：统计表、统计图、统计年鉴、统计公报、统计报告和其他有关统计信息的载体。

统计工作，即统计实践，或统计活动，是在一定的统计理论指导下，采用科学的方法，搜集、整理、分析统计资料的一系列活动过程。它是随着人类社会的发展，随着治国和管理的需要而产生和发展起来的，至今已有四五千年的历史。现实生活中，统计工作作为一种认识社会经济现象总体和自然现象总体的实践过程，一般包括统计设计、统计调查、统计整理和统计分析四个环节。

统计科学，也称统计学，是指导人们认识社会经济现象总体或自然现象总体数量特征的一门科学，是统计工作经验的总结和理论概括，是系统化的知识体系。相对于其他学科而言，它是一门年轻的科学，至今只有三百多年的历史。

统计一词的三方面含义是紧密联系的，统计资料是统计工作的成果，统计工作与统计学之间是实践与理论的关系。

二、统计学的研究对象

统计学的研究范围很广，包括自然现象总体和社会经济现象总体。研究自然现象总体的统计，称为科学技术统计，如医学统计、地质统计、物理统计，等等；研究社会经济现象总体的统计，称为社会经济统计，如农业统计、工业统计、商业统计、建筑业统计，等等。

"统计"词语的产生

社会经济统计学的研究对象是社会经济现象总体的数量方面，即通过对社会经济现象的规模、水平、结构、速度、比例关系、普遍程度等数量特征和数量关系的分析研究，来反映社会经济现象总体的规律性。由于统计工作与统计学是实践与理论的关系，因此两者的研究对象是一致的。

三、统计活动的特点

社会经济统计活动具有以下特点：

（一）数量性

数量性是指社会经济统计的研究对象是社会经济现象总体的数量方面。这里所谓的数量方面包括三层含义：一是事物数量的多少，如国家统计局发布的《中华人民共和国2016年国民经济和社会发展统计公报》显示2016年年底中国大陆总人口为138 271万人；二是事物内部及各种事物之间的数量关系，如以上统计公报显示2016年年底全国男女人口之比为104.98∶100.00；三是事物质与量互变的数量界限，如老龄社会与非老龄社会的老年人口比重界限是60周岁及以上的人口占总人口比重达到10%或65周岁及以上人口占总人口的比重达到7%，而以上统计公报显示2016年年底中国大陆总人口中60周岁及以上人口的比重达到16.7%，65周岁及以上人口的比重达到10.8%，这说明了目前我国的人口老龄化问题已比较严重。

（二）总体性

总体性是指社会经济统计以社会经济现象总体的数量方面作为自己的研究对象。在社会经济统计活动中，我们要对总体中的全部或足够多的个体进行调查登记，以揭示现象总体的数量特征，而不能"只见树木，不见森林"，只对总体中的一个个体或少数个体进行调查研究，因为少数个体是代表不了总体的。

（三）具体性

具体性是指社会经济统计研究的是具体社会经济现象在一定时间、地点条件下的数量表现。这是统计学与数学的重要区别。数学研究的是抽象的数字运算关系，而统计学研究的是具体事物在一定时间、地点条件下的数量表现。

（四）社会性

社会性是指社会经济统计学研究的是社会经济现象总体，属于社会科学范畴。社会经济现象都是人类社会活动的条件、过程和结果，如生产、分配、交换、消费等，都是人类有意识的社会活动的产物，都与人的利益有关，反映人与人之间的关系。

四、统计工作过程

统计工作是运用各种统计方法对社会经济现象总体进行调查研究以认识其本质和规律性的一种认识活动。其是一种从定性认识到定量认识，再到定量认识与定性认识相结合的过程；又是一种从感性认识到理性认识的过程。无论研究什么样的对象，简单也罢，复杂也罢，统计活动一般都需经过以下四个环节：

（一）统计设计

统计设计是根据统计研究的目的及研究对象的特点，对统计工作所涉及的各个方面和各个环节事先所进行的通盘考虑和计划安排的工作阶段。其主要内容有：统计指标和指标体系的设计，统计分组和分类的设计，统计调查、整理和分析方案的设计，统计工作各部门和各阶段之间相互协调与联系的设计，统计力量的组织与安排设计，等等。

统计设计是统计工作顺利开展的前提，是为后面各项工作的开展做好前期准备的。

（二）统计调查

统计调查是根据调查方案的要求，利用各种调查方式、方法，具体搜集反映调查单位特征的数字或文字资料的工作阶段。统计调查既要搜集第一手的原始资料，又要搜集经过一定程度加工、整理，能够在一定程度上说明总体数量特征的次级资料。

统计调查是整个统计工作的基础环节，后面一系列的统计工作都是围绕这一环节所取得的统计资料展开的。

（三）统计整理

统计整理是将调查取得的反映个体的原始资料和经过了一定程度加工、整理的次级资料，按照科学的方法进行审核、分组、汇总，使之条理化、系统化，以说明现象总体数量特征的工作阶段。

统计整理是统计工作的中间环节，具有承前启后的作用，是统计调查工作的继续，也是统计分析工作的前奏。

（四）统计分析

统计分析是利用各种统计分析方法对加工整理取得的数据资料作进一步的分析研究，来揭示现象的本质、发展趋势和比例关系等的工作阶段。统计分析的方法多种多样，包括静态指标分析法、动态指标分析法、统计指数分析法、抽样推断分析法和相关与回归分析法，等等。

统计分析是统计工作的最终环节，经过这一环节的工作，就可以实现对社会经济现象总体数量特征的认识。

上述统计工作的四个环节各有自己的特定内容和作用，并依次衔接，构成一个有机整体。

五、统计的职能

（一）信息职能

统计信息职能是指统计具有提供信息的服务功能，也就是统计部门通过系统地搜集、整理和分析统计资料，提供大量的、有价值的、以数量描述为基本特征的统计信息，为社会服务。

（二）咨询职能

统计咨询职能是指统计具有提供咨询建议和对策方案的服务功能，也就是统计部门利用所掌握的大量的统计信息资料，经过深入分析、综合、判断，为宏观和微观决策，为科学管理提供咨询建议和对策方案。

（三）监督职能

统计监督职能是指统计具有揭示社会经济运行偏差、促使社会经济运行不偏离正常轨道的功能，也就是统计部门通过定量检查、经济监测、设置预警指标体系等手段，对社会经济实行有效的调控，以保证其正常运行。

统计信息职能是统计最基本的职能，是咨询和监督职能发挥作用的前提，反过来统计咨询和监督职能的强化又会促进信息职能的强化。

六、统计学研究的方法

不同学科有自己特定的研究对象和目的，因此产生了与之相适应的特殊方法。统计学是研究客观现象总体数量方面的一门学科，也有一些专门的认识方法。这些方法相互联系、相互影响，构成了统计认识的方法体系。在此仅介绍一些基本的方法。

我国现行的统计组织是如何设置的?

（一）大量观察法

大量观察法是指统计研究要从现象总体角度加以考察，对现象总体中的全部或足够多的个体进行观察登记的方法。因为社会经济现象总体是由许多的个体构成的，其中每一个体的特征及数量表现有很大的差别，所以如果孤立地对其中少数个体进行观察登记，其结果往往不足以反映现象总体的一般特征。必须对全部或足够多的个体单位进行观察研究，经过综合概括，使各单位之间的差异相互抵消，以显示出所研究的客观总体的本来面目，使我们能正确地从总体上把握客观事物的本质特征和规律性。

（二）统计分组法

统计分组法是根据统计研究的目的和被研究对象的特点，按照一定的标志，将研究总体中的个体划分为若干个组成部分的方法。这种方法可以把总体内部相同的或相似的单位归并在一起，把组与组明显区别开来。这样就可以对总体单位划分类型，反映总体的内部结构，分析总体各部分之间的相互关系，等等。这是一种"解剖麻雀式"的认识总体数量特征的方法。

（三）统计指标法

统计指标法就是运用统计指标来研究社会经济现象总体的数量状况，以认识事物本质或规律性的方法。统计指标法包括的具体方法很多，诸如总量指标法、相对指标法、平均指标法、动态指标法、统计指数法等。经过统计整理和分析，我们可以计算出说明现象总体在具体时间、地点条件下的总量规模、相对水平、集中趋势、变异程度等各种综合指标。这些指标都概括地描述了总体各方面的数量特征和规律。

（四）统计模型法

统计模型法是根据一定的经济理论和假设条件，用数学方程去模拟现象发展变化趋势或现象之间相互关系的方法。利用这种方法可以对社会经济现象的变化或现象之间相互关系进行数量上的估计和预测，在很大程度上提高了统计分析的认识能力。它是经济管理、经济预测与决策中常用的一种统计方法。

（五）统计推断法

统计推断法也称归纳推断法，是根据样本数据来推断总体数量特征的方法。它是归纳法在统计推理中的应用。归纳法是指由个别到一般，从事实到概括的逻辑推理方法，可以使我们从具体的事实中得出一般结论。在统计活动中，我们所研究的总体往往包含大量的甚至是无限多的总体单位，而对这许多的个体进行调查登记有时候是没有必要的，有时候是不可能的，因此我们只对其中的一部分单位进行登记研究，并且用这一部分单位所组成样本的资料对整个总体的数量特征做出科学的统计推理。

任务二　识记统计学中的常用基本概念

统计科学和其他科学一样，在论述本门科学的理论与方法时，要运用一些专门的概念，所以，对这些概念的理解与掌握是至关重要的。

一、总体和总体单位

（一）总体

总体是指客观存在的，由在一个方面或多个方面具有完全相同的性质，同时又在其他一个方面或多个方面具有不完全相同的性质的许多个别事物构成的整体，也称统计总体。例如，要研究我国工业企业的生产经营情况，就应把我国所有工业企业组成的整体作为一个总体。这个总体包括许多工业企业这样的个别事物，每一个工业企业至少在经济职能方面是相同的，它们都从事工业生产经营活动。同时，这些工业企业又在其他一个方面或多个方面具有不同性质，如它们的资产总额、职工人数和年利税额等都不一定完全相同。

因此，总体必须同时具有三个特征：同质性、差异性和大量性。

按照总体中所包含的个别事物是否可以计数，总体分为有限总体和无限总体两种。有限总体包含的个体是有限的，是可以计数的；反之就是无限总体。如我国工业企业总体就是有限总体，而太空中星球构成的总体就是无限总体。

（二）总体单位

总体单位就是构成总体的每一个别事物。如上述我国工业企业总体中的每一工业企业。当然，随着研究目的的不同，总体单位可以是组织，也可以是人，还可以是事物或者事件等。

总体和总体单位之间是整体与个体的关系。两者地位的划分并非固定不变，而是随着研究目的的改变而变换角色。如当研究我国工业企业的生产经营情况时，我国所有工业企业构成的这个整体便是统计研究的总体，而每一个工业企业就是总体单位；而当我们的研究目的改为研究海尔集团这个特定工业企业的职工收入状况时，海尔集团这个工业企业就是这里统计研究的总体，而总体单位就是海尔集团内部的每一名职工。

二、标志和变量

（一）标志

标志即单位标志，是说明总体单位特征的名称。例如，作为总体单位的每个工业企业，它们均有经济职能、经济类型、所属行业、从业人数、资金额、利税额和平均工资等这些特征，而反映这些特征的名称就是标志。标志与总体单位关系密切，总体单位是标志的直接承担者，标志是依附于总体单位的。

按具体表现形式不同，标志分为品质标志和数量标志两种。品质标志反映总体单位品质的特征，其具体表现通常用文字描述，表明总体单位的性质是什么。如工业企业的经济类型，其具体表现分为国有企业、集体企业、个体企业、私营企业和外商企业等；又如学生的性别、民族也是品质标志。数量标志是反映总体单位量的特征的，其具体表现可以用数值表示，表示总体单位某方面量的特征。如某工业企业的从业人数为 3 000 人，某学生的年龄为 20 岁，这里的从业人数和年龄都是数量标志。数量标志的具体表现称为标志值，如上述的 3 000 人和 20 岁分别是某工业企业从业人数和某学生年龄的标志值。

按具体表现在总体单位上是否完全相同，标志分为不变标志和可变标志两种。当总体各单位在某一标志上的具体表现完全相同时，这一标志就是不变标志；若不完全相同，则为可变标志。例如，在全国工业企业这个总体中，每个工业企业的经济职能都是相同的，都是向社会提供工业产品的，所以经济职能这个标志就是一个不变标志；而其他的诸如经济类型、所属行业、从业人数、资金额、利税额和平均工资等在各工业企业上的具体表现都不尽相同，故它们都是可变标志。

（二）变量

变量是指可变的数量标志。如每个工业企业的从业人数、资金额和平均工资等。

变量的数值表现称为变量值。例如，某几个工业企业的从业人数分别为 3 000 人、500 人、10 000 人和 567 人等，那么 3 000 人、500 人、10 000 人和 567 人分别就是这几个工业企业从业人数这个变量的变量值。

变量按变量值是否连续，可分为连续型变量和离散型变量两种。连续型变量是指在变量的取值范围内可以无限取值的变量，即使在取值范围内的一个很短的区间上也可以取无数个数值，其变量值既可以是整数，也可以是小数。如工业企业利税额和学生的体重等。离散型变量在其取值范围内只能间断地取值，而且所有变量值的数量是有限的，变量值一般表现为整数（实际上往往为自然数）。如工业企业从业人数、学生的年龄周岁等。

三、指标和指标体系

（一）指标

指标是说明总体数量特征的概念及其数值的综合，故又称为综合指标。在实际的统计工作和统计理论研究中，往往直接将说明总体数量特征的概念称为指标。例如，如果把某市工业企业作为统计研究总体，该市 2016 年工业企业从业人数 554 万人，工业产值 456 亿元，利润总额 45 亿元就是指标。这里的从业人数、工业产值和利润总额为指标名称，554 万人、456 亿元、45 亿元是指标数值。一个完整的统计指标一般应由指标范围、时间、地点、指标名称、指标数值和计量单位等要素构成。

指标按说明总体内容的不同，可以分为数量指标和质量指标两种。数量指标是反映总体总量的指标，是说明总体外延的规模大小、范围宽广或者水平高低的，其数值一般随总体范围大小的增减而增减，通常用绝对数表示。如上述的从业人数、工业产值和利润总额等。数量指标是最基本的统计指标，是计算其他指标的基础。质量指标是反映总体内在的质的特征的，用来说明总体各部分之间、总体部分与总体之间、各总体之间的对比关系，通常由几个指标数值对比计算得到。如人口性别比例、人均粮食产量和平均工资等。

指标按表现形式不同，又可以分为总量指标、相对指标和平均指标三种。其中，总量指标就是数量指标，相对指标和平均指标属于质量指标。

指标和标志是既有联系又有区别的两个概念。两者的区别是：指标是反映总体数量特征的，而标志则是说明总体单位特征的；无论是数量指标还是质量指标，都能用数值来表示，而标志中只有数量标志才能用数值来表示。两者的联系是：标志是指标的基础，许多指标值是将相应的数量标志值经过汇总计算得到的，可以说没有标志和标志表现，就没有指标，如某市 2016 年工业企业从业人数 554 万人这个指标，就是将每一个工业企业的数量标志"从业人数"的标志值相加汇总得到的；指标和标志的确定并非一成不变，当总体和总体单位随统计研究目的的变化而发生变换时，指标和标志也必然随之发生相应的变换。例如，当海尔集团这个工业企业在统计研究中由总体转换成总体单位时，"职工人数"这个概念就会由指标转变为数量标志。

（二）指标体系

指标体系是指由若干个反映社会经济现象总体数量特征的相对独立又相互联系的统计指

标所组成的有机整体。在统计研究中，要说明总体全貌，只使用一个指标往往是不够的，因为它只能反映总体某一方面的数量特征。这个时候就需要同时使用多个相关指标，而这多个相关的又相互独立的指标所构成的统一整体，即为指标体系。如要综合反映某市工业企业这个总体的生产经营情况，就必须使用总资本额、总从业人数、总产值、总利税额和平均资金利润率等指标来说明。

指标体系中的各个指标之间既可以保持数量上的对等关系，又可以没有这种关系。前种情况称为数学式联系的指标体系，如收入、费用和利润这三个指标构成的指标体系中，利润等于收入减去费用；后种情况称为框架式联系的指标体系，如总资本额、总从业人数、总产值、总利税额和平均资金利润率等指标所构成的指标体系。

项目小结

"统计"二字一般可以作三方面理解：统计资料、统计工作和统计科学。统计学的研究范围很广，包括自然现象总体和社会经济现象总体。研究自然现象总体的统计，称为科学技术统计；研究社会经济现象总体的统计，称为社会经济统计。社会经济统计活动具有数量性、总体性、具体性和社会性的特点。统计工作一般都经过统计设计、统计调查、统计整理和统计分析四个环节。统计具有信息、咨询和监督三项主要职能。统计学研究的方法很多，主要有大量观察法、统计分组法、统计指标法、统计模型法和统计推断法等。

总体是指客观存在的，由在一个方面或多个方面具有完全相同的性质同时又在其他一个方面或多个方面具有不完全相同的性质的许多个别事物构成的整体。总体单位就是构成总体的每一个别事物。总体和总体单位会随着研究目的的改变而变换角色。标志是说明总体单位特征的名称。变量是指可变的数量标志。指标是说明总体数量特征的概念及其数值的综合。指标体系是指由若干个反映社会经济现象总体数量特征的相对独立又相互联系的统计指标所组成的有机整体。标志和指标的确定并非一成不变，当总体单位和总体随统计研究目的的变化而发生变换时，标志和指标也必然随之发生相应的变换。

技能训练题

案例资料　　**2016 年能源生产情况**

2016 年，能源领域供给侧结构性改革初见成效，能源供给质量进一步提高。化解煤炭过剩产能年度任务超额完成，原煤产量下降明显；国际原油价格持续低迷，原油产量明显减少，进口量较快增长，原油加工量平稳增长；天然气产量稳定增长，进口量快速增长；发电量增长较快，电力生产结构进一步优化。

一、原煤产量持续下降，价格明显上涨

2016 年，各地区、各有关部门认真贯彻《国务院关于煤炭行业化解过剩产能实现脱困发展的意见》（国发〔2016〕7 号）的要求，积极落实相关政策，迅速开展有关工作，淘汰落后产能，清理违规在建产能，严控新增产能。

（1）原煤产量持续下降。全年原煤产量 34.1 亿吨，比上年下降了 9.0%，这是自 2013 年原煤产量达到 39.7 亿吨后，连续第三年下降，2014 年和 2015 年分别下降了 2.5% 和 3.3%。分地区看，内蒙古、山西、陕西仍是我国最重要的原煤生产基地，产量分别占全国的 24.8%、

24.3%和15.1%；此外，安徽、山东、河南、贵州和新疆5个地区产量超过亿吨。

从月度规模以上工业原煤产量看，由于煤炭减量化生产政策的严格实施，4月份起连续7个月原煤产量降幅超过10%，其中6月份原煤产量同比下降16.6%，为近10年月度增速的最低水平；9月份之后，为了稳定煤炭供应、抑制煤炭价格过快上涨，有关部门采取针对性措施，有序释放煤炭先进产能，原煤产量降幅逐步收窄。

(2) 煤炭进口快速增长。全年进口煤炭2.6亿吨，同比增长25.2%。自6月份起，月度煤炭进口量均在两千万吨以上，其中11月份达到2 697万吨。

(3) 发运量逐步回升。全年铁路发运煤炭19.0亿吨，比上年下降4.7%。1~9月份，铁路煤炭发运量一直呈现负增长，同比下降9.1%；9月份以后随着需求增加，发运量增速由负转正，其中11月份同比增长12.2%，为近5年月度增速最高水平。全国主要港口煤炭发运量6.4亿吨，与上年持平，其中，4~7月份发运量持续下降，8月份增速由负转正，9月份之后明显增长。

(4) 价格明显上涨。2016年年底，中国煤炭价格指数160点，比2015年年底增长44.1点。以秦皇岛港5 500大卡煤炭为例，2016年年底价格为639元/吨，比2015年年底上涨269元/吨，涨幅明显。上半年煤炭价格一直处于低位，平稳窄幅波动，7月份开始出现较快上涨，11月7日涨至全年最高价700元/吨，之后出现回落。在释放先进产能，运力逐步回升，煤炭生产和消费企业签署战略合作意向，制定"长协价"等多重因素的作用下，煤炭价格逐步稳定。

二、原油产量下降，加工量平稳增长

(1) 产量下降，进口量增长较快。2016年，布伦特原油现货离岸价格一直在26~55美元/桶徘徊，国内原油生产企业主动实施"以进顶产"，计划性减产比较普遍。全年产量与进口量之比约为1:2，原油产量19 969万吨，比上年下降6.9%，是2010年以来年产量首次低于2亿吨；进口原油38 101万吨，增长13.6%。分地区看，天津、辽宁、黑龙江、山东、广东、陕西和新疆7个地区产量均在1千万吨以上，合计占全国产量的89.5%，是我国最重要的原油产区。

(2) 原油加工量平稳增长。原油加工量在2014年首次突破5亿吨，2016年达54 101万吨，比上年增长3.6%。在国内需求增长有限的情况下，成品油出口增长较快，汽油、柴油和煤油出口量分别增长64.5%、115.1%和6.0%。分地区看，辽宁、山东、广东3省合计占全国原油加工的41.0%，其中，山东成为首个原油加工量突破亿吨的地区，全年加工量10 120万吨，辽宁和广东分列二、三位，全年加工量分别为7 022万吨和5 018万吨。

三、天然气产量稳定增长

产量保持增长，进口量快速增长，产量与进口量之比约为2:1。全年天然气产量1 369亿立方米，比上年增长1.7%，全年天然气进口量5 403万吨，增长22.0%。分地区看，陕西、四川和新疆是我国天然气的主产地，产量分别为412亿立方米、297亿立方米和291亿立方米，合计占全国产量的73.0%。

天然气生产峰谷差大。从月度规模以上工业天然气产量看，1~3月份、11~12月份日均产量都在4亿立方米左右，其中12月份最高，为4.3亿立方米/日；而4~10月份日均产量不足3.6亿立方米/日；7月份最低，为3.3亿立方米/日。这主要是北方地区冬季取暖消费导致峰谷差大，针对此特点，生产企业按照行业主管部门做好天然气迎峰度冬工作的要求,积极落实增产计划,确保了天然气的供应。

四、发电量增长较快,发电结构优化明显

(1) 发电量突破6万亿千瓦时。全年发电量61 425亿千瓦时,比上年增长5.6%,增速加快5.3%。

(2) 月度发电量稳步回升。从月度规模以上工业发电量看,前6个月增速较低,除3月份同比增长4.0%以外,其他月份同比增速均维持在零附近;7月份增速回升至7.2%,扭转了自2015年以来的低迷态势,之后各月发电增速相对稳定,维持在7%左右。

(3) 火电增速由负转正,水电保持增长,核能、风力和太阳能发电保持高速增长。火力发电增速由2015年的下降2.6%转为增长3.6%;水力发电增长5.6%,比上年加快0.3%;核能发电增长24.9%,回落4.0%;风力发电增长27.6%,加快11.5%;太阳能发电增长58.8%,加快4.5%。

(4) 电力生产结构优化明显,非化石能源发电比重进一步提升,水电、风电、太阳能发电装机容量世界第一。2016年,核能发电、风力发电、太阳能发电比重进一步提高,占全部发电量比重分别为3.5%、3.9%和1.0%,比上年分别提高0.5%、0.7%和0.3%;水力发电占19.4%,与上年持平;火力发电占72.2%,比上年下降1.4%。

资料来源:http://www.stats.gov.cn/tjsj/zxfb/201702/t20170228_1467575.html

(一) 实训目的与要求

1. 本实训的目的是通过对所给案例资料的阅读,使学生进一步了解统计在经济生活中的作用。
2. 通过研究所给资料,学生对2016年我国能源生产情况进行初步了解。
3. 结合所给资料说一说统计的含义以及统计在国民经济发展中的重要性。
4. 指出所给资料中的各类指标。

(二) 实训内容

1. 统计的含义;
2. 统计活动的特点;
3. 统计的职能;
4. 统计学中的基本概念。

(三) 实训形式

单独训练或分组讨论等。

(四) 实训地点

教室。

(五) 实训学时

2学时。

思考题

一、判断题

1. 社会经济统计的研究对象是社会经济现象总体的各个方面。　　　　　　　　(　　)

2. 办公室有5位职员，年龄分别是24岁、28岁、29岁、35岁和44岁，这些年龄是5个数量标志或5个变量。（   ）

3. 人口普查中，全国总人口数是统计总体。（   ）

4. 只有对数量标志的标志值进行汇总才能形成统计指标。（   ）

5. 某城市每个家庭拥有的汽车数是一个离散型变量。（   ）

二、单项选择题

1. 要了解40名学生的学习情况，则总体单位是（   ）。
   A. 40名学生
   B. 每一名学生
   C. 40名学生的学习成绩
   D. 每一名学生的学习成绩

2. 4位同学英语考试成绩分别为64分、70分、81分和87分，则这些成绩是（   ）。
   A. 品质标志
   B. 数量标志
   C. 变量值
   D. 数量指标

3. 2016年全国规模以上工业企业实现利润总额68 803.2亿元，比上年增长8.5%，则（   ）。
   A. 利润总额68 803.2亿元是数量指标，增长速度8.5%是质量指标
   B. 利润总额68 803.2亿元是质量指标，增长速度8.5%是数量指标
   C. 两者都是数量指标
   D. 两者都是质量指标

4. 将公司700名员工的工资额加起来除以700，这是（   ）。
   A. 对700个标志求平均数
   B. 对700个变量求平均数
   C. 对700个变量值求平均数
   D. 对700个指标求平均数

5. 某旅行社要统计"十一黄金周"该旅行社发送的游客人数和获得的净利润，则游客人数和净利润两个变量（   ）。
   A. 均为离散型变量
   B. 均为连续型变量
   C. 前者为连续型变量，后者为离散型变量
   D. 前者为离散型变量，后者为连续型变量

三、多项选择题

1. 在全国人口普查中（   ）。
   A. 全国总人口数是统计总体
   B. 年龄是数量标志
   C. 性别是品质标志
   D. 男性人口数是指标
   E. 某人职业是教师是品质标志表现

2. 下列指标中是质量指标的有（   ）。
   A. 人均GDP
   B. 人口平均寿命
   C. 物价指数
   D. 城镇登记失业率
   E. 第三产业增加值

3. 下列变量中是连续型变量的有（   ）。
   A. 公司利润
   B. 网络用户数
   C. 存款余额
   D. 机器设备价值额

E. 学生人数

4. 要了解 100 个工业企业生产情况，则统计指标是（　　）。

A. 100 个工业企业的工业增加值　　　B. 每一个工人的月工资

C. 某一个工业企业的工资总额　　　　D. 全部工业企业的劳动生产率

E. 100 个工业企业平均增加值

5. 总体与总体单位之间有下列关系（　　）。

A. 总体与总体单位的概念是可以互换的　　B. 总体可以转化为总体单位

C. 总体单位可以转化为总体　　　　　　　D. 总体与总体单位是固定不变的

E. 只能是总体转化为总体单位

四、填空题

1. 统计工作与统计资料是_____关系，统计学与统计工作是_____关系。

2. 一个完整的统计工作过程可以分为四个主要环节，即_____、_____、_____和_____。

3. 统计总体具有_____、_____和_____三个特征。

4. 标志是反映_____的特征的，而指标是反映_____的特征的。

5. "2016 年年底全国大陆总人口是 138 271 万人"是一项完整的统计指标，主要由五个部分构成，其中"2016 年年底"是_____、"全国大陆"是_____、"总人口"是_____、"138 271"是_____、"万人"是_____。

五、简答题

1. 简述统计的含义。

2. 统计活动有何特点？

3. 统计工作有哪些环节？它们之间是什么关系？

4. 举例说明统计总体和总体单位的概念以及如何认识两者的关系。

5. 举例说明统计指标和标志的区别和联系。

课后测试

项目二

统计调查

知识目标

理解统计调查的含义；
掌握统计调查的种类、技术和统计调查方案；
了解统计调查的基本要求。

能力目标

能够设计统计调查方案；
能够运用各种统计调查方式和技术灵活地进行统计调查。

导入阅读　　　新可口可乐跌入调研陷阱

曾经在朋友处听到这样一个美国式的幽默，假若你在酒吧向侍者要杯可乐，不用猜，十次他会有九次给你端出可口可乐，还有一次呢？对不起，可口可乐卖完了。可口可乐的魅力由此可见一斑。在美国人眼里，可口可乐就是传统美国精神的象征。但就是这样一个大品牌，20世纪80年代中期却出现了一次几乎致命的失误。

百事以口味取胜

20世纪70年代中期以前，可口可乐一直是美国饮料市场的霸主，市场占有率一度达到80%。然而，70年代中后期，它的老对手百事可乐迅速崛起。1975年，可口可乐的市场份额仅比百事可乐多7%；9年后，这个差距更缩小到3%，微乎其微。

百事可乐的营销策略：一是针对饮料市场的最大消费群体——年轻人，以"百事新一代"为主题推出一系列青春、时尚、激情的广告，让百事可乐成为"年轻人的可乐"；二是进行口味对比。请毫不知情的消费者分别品尝没有贴任何标志的可口可乐与百事可乐，同时百事可乐公司将这一对比实况进行现场直播。结果是，有八成的消费者回答百事可乐的口感优于可口可乐，此举马上使百事可乐的销量激增。

耗资数百万美元的口味测试

对手的步步紧逼让可口可乐感到了极大的威胁，它试图尽快摆脱这种尴尬的境地。1982年，为找出可口可乐衰退的真正原因，可口可乐决定在全国10个主要城市进行一次深入的消费者调查。

可口可乐设计了"你认为可口可乐的口味如何?""你想试一试新饮料吗?""可口可乐的口味变得更柔和一些,您是否满意?"等问题,希望了解消费者对可口可乐口味的评价并征询对新可乐口味的意见。调查结果显示,大多数消费者愿意尝试新口味可乐。

可口可乐的决策层以此为依据,决定结束可口可乐传统配方的历史使命,同时开发新口味可乐。没过多久,比老可乐口感更柔和、口味更甜的新可口可乐样品便出现在世人面前。

为确保万无一失,在新可口可乐正式推向市场之前,可口可乐公司又花费数百万美元在13个城市中进行了口味测试,邀请了近20万人品尝无标签的新、老可口可乐。结果让决策者们更加放心,六成的消费者回答说新可口可乐味道比老可口可乐要好,认为新可口可乐味道胜过百事可乐的也超过半数。至此,推出新可乐似乎是顺理成章的事了。

背叛美国精神

可口可乐不惜血本协助瓶装商改造了生产线,而且,为配合新可乐上市,可口可乐还进行了大量的广告宣传。1985年4月,可口可乐在纽约举办了一次盛大的新闻发布会,邀请了200多家新闻媒体参加,依靠传媒的巨大影响力,新可乐一举成名。

看起来一切顺利,刚上市一段时间,有一半以上的美国人品尝了新可乐。但让可口可乐的决策者们始料未及的是,噩梦正向他们逼近——很快,越来越多的老可口可乐的忠实消费者开始抵制新可乐。对于这些消费者来说,传统配方的可口可乐意味着一种传统的美国精神,放弃传统配方就等于背叛美国精神,"只有老可口可乐才是真正的可乐"。有的顾客甚至扬言将再也不买可口可乐。

每天,可口可乐公司都会收到来自愤怒的消费者的成袋信件和上千个批评电话。尽管可口可乐竭尽全力平息消费者的不满,但他们的愤怒情绪犹如火山爆发般难以控制。

迫于巨大的压力,决策者们不得不做出让步,在保留新可乐生产线的同时,再次启用近100年历史的传统配方,生产让美国人视为骄傲的"老可口可乐"。

仅仅3个月的时间,可口可乐的新可乐计划就以失败告终。尽管公司前期花费了2年时间、数百万美元进行市场调研,但可口可乐忽略了最重要的一点——对于可口可乐的消费者而言,口味并不是最主要的购买动机。

资料来源:http://blog.renren.com/share/262664726/7788913921

任务一　认识统计调查

一、统计调查的含义

在实际社会经济生活中,我们要做出一项正确的决策,就必须拥有大量的统计资料,在此基础上才能进行科学的论断,这样首先就要进行统计资料的搜集。统计调查就是根据统计研究的目的和要求,运用各种科学的统计调查方法,有计划、有组织地向社会搜集统计资料的工作过程。它是整个统计工作过程的基础环节,是进行统计整理和统计分析的前提,是我们认识社会经济现象总体数量表现的必然途径。

统计调查搜集的资料包括两种,一种是原始资料;另一种是次级资料。所谓原始资料,也叫初级资料,是指向调查单位搜集的尚待分组汇总,需要由个体过渡到总体的统计资料。所谓次级资料,是指已经加工整理过的,能够在一定程度上反映总体特征的统计资料,如取自国家统计局发表的各种统计公报及其编著的《中国统计年鉴》的资料。追根究底，次级资料是由原始资料转化而来的，因此，统计调查的基本任务是搜集原始资料，即搜集反映总体单位各有关标志具体表现的资料。

二、统计调查的基本要求

为了更好地完成统计调查工作任务，发挥统计调查的作用，实现统计研究的目的，在进行统计调查过程中必须遵循下列基本要求：

（一）准确性

统计调查的准确性是指搜集到的资料要实事求是，如实反映客观实际情况，做到真实、可靠，不弄虚作假，不欺上瞒下。只有资料准确，才能正确反映被研究现象的真实情况，通过对这些资料进行整理和分析方能得出正确的结论。如果统计资料不真实，必将给统计各个阶段的工作带来不良的影响及严重的后果，乃至影响到我们决策的正确性。为此，要求各地区、各部门和各单位都要严格执行《中华人民共和国统计法》（以下简称《统计法》）及其他统计制度，做到实事求是、高度负责、杜绝虚报、不出差错，提供准确的统计资料。

（二）及时性

统计调查的及时性是指统计调查工作必须及时开展，搜集到的资料必须及时传递。及时性关系到统计资料的使用价值，如果统计调查工作不及时开展，或者搜集到的统计资料没能够及时传递，即使统计资料相当准确可靠，也会失去统计调查应有的作用。同时，及时性还关系到统计工作的全局，因为任何一项统计任务的完成，都是许多单位协同作战的结果，其中任何一个环节的统计资料上报不及时，都会影响到整个统计工作的进程，以至贻误时机。

（三）完整性

统计调查的完整性是指调查单位不重复、不遗漏，所列调查项目的资料都要搜集齐全。如果统计资料残缺不全，或重复太多，就不可能反映所研究对象的全貌，也就不能正确认识社会经济现象总体的特征，最终也就难以对社会经济现象的规律性做出正确的判断，甚至得出截然相反的结论。

统计调查的准确性、及时性和完整性是对统计调查工作及统计资料的最基本的要求。准、快、全之间存在着有机的、辩证统一的关系，不能顾此失彼。既不能强调准确性而忽视及时性，也不能强调及时性而忽视准确性，要在保证准确性和及时性的基础上兼顾整体性，也就是要准中求全、快中求全。要做到这一点，我们的广大干部和统计人员应在采用先进的计算工具和通信手段的条件下，不断提高业务水平，坚决贯彻《统计法》及有关规章制度，坚持依法办事，尽量减少统计调查工作的差错。

任务二 认识统计调查的类型

由于社会经济现象的复杂性和统计研究目的、任务的多样性，在组织统计调查时，需要根据调查对象的特点和不同的调查目的，采取不同的搜集资料的方式和方法，以便能够及时获得准确、完整的统计资料信息。不同的统计调查方式和方法，有不同的特点和作用，可以从不同角度划分为不同的类型。

一、全面调查和非全面调查

按调查对象包括范围大小的不同，统计调查分为全面调查和非全面调查。

（一）全面调查

全面调查就是对调查对象中的全部调查单位无一例外地都进行调查登记的一种调查方式。如普查和全面统计报表。全面调查能够掌握比较全面的、完整的统计资料，了解总体的全貌，但它需要花费较多的人力、物力和财力，操作比较困难。

（二）非全面调查

非全面调查就是对调查对象中的一部分调查单位进行调查登记的一种调查方式。如非全面统计报表、重点调查、典型调查和抽样调查。非全面调查的调查单位少，可以用较少的时间和人力调查较多的内容，并能推算和说明全面情况，收到事半功倍的效果。其缺点是掌握的资料不够齐全，不一定能够得出非常准确的结果。

二、经常性调查和一次性调查

按调查登记的时间是否带有连续性，统计调查分为经常性调查和一次性调查。

（一）经常性调查

调查登记的连续性，取决于现象的特性，一种是时期现象，它随着时间的变化而连续不断地发生变化。另一种是时点现象，表现为一定时点上的状态。经常性调查，是对时期现象进行的调查，是指对调查对象（时期现象）随时间变化的情况进行连续不断的登记。在进行这种调查时，被研究对象在变化过程中量上的变化都被记录下来。因此，经常性调查所取得的资料体现了现象的发展过程和在一段时间内现象发展变化累积的总量。例如，工业产品产量，主要原材料和燃料、动力的消耗等，这些工业生产过程中的基本指标的数值经常在变动，必须在观察期内进行连续登记，才能满足需要。

（二）一次性调查

一次性调查，是对时点现象进行的调查，是指间隔一定的时间（往往间隔相当长）对调查对象进行的调查。它可以定期进行，也可以不定期进行。例如，我国先后进行过的六次人口普查就属于不定期的一次性调查。而企业每年一次的年终全面财产清查，就属于定期的一次性调查。

三、统计报表和专门调查

按调查的组织形式不同，统计调查分为统计报表和专门调查。

（一）统计报表

1. 统计报表的概念

统计报表是指各级企事业、行政单位按规定的表格形式、内容、时间要求和报送程序，自上而下统一布置，自下而上提供统计资料的一种统计调查方式。它是我国取得国民经济和社会发展情况基本统计资料的一种重要手段。

统计报表主要用于全面调查，但有时也用于非全面调查。它们中绝大部分是定期统计报表，如农业、工业、交通运输统计报表制度等；但也有非定期的统计报表。这种规范的、稳定的搜集资料的方法在我国社会主义建设中具有重要作用。目前，我国有关国计民生的重要统计资料绝大部分是依靠统计报表取得的。统计报表的重要性，具体体现在以下几个方面：

（1）统计报表资料是制订经济与社会发展计划并检查其执行情况的基本依据。

（2）统计报表资料是反映我国社会主义现代化建设成就和从数量方面研究社会主义建设的经验及发展规律所不可缺少的依据。

（3）统计报表资料，特别是各业务系统的报表资料，是指导生产和经营管理的重要工具。

统计报表之所以在我国社会经济生活中具有重要作用，是由于同其他统计调查方法相比，有着显著的特点和优点：

（1）它事先布置任务到基层填报单位。基层单位可以根据报表的要求，建立和健全各种原始记录和统计台账，使统计报表有可靠的资料来源，以保证统计资料的准确、及时、完整。基层单位也可以利用统计报表资料，对生产经营活动进行科学管理。

（2）由于它采用自上而下逐级布置任务，自下而上逐级上报、汇总材料的形式，因此各级领导部门都能得到管辖范围内的统计报表资料，能够经常了解本地区、本部门的经济和社会发展情况。

（3）它是经常性调查，内容又相对稳定，有利于积累资料，进行纵向对比。

必须指明的是，通过统计报表搜集资料也存在着一定的局限性：一是缺乏灵活性。因为统计报表所反映的一般是现象的结果，无法反映现象发生、发展的过程，也无法研究不断出现的新情况、新问题。二是取得的资料的时效性较差。因为统计报表涉及的面广，中间环节多，所以信息传输速度较慢。三是在我国目前实行的社会主义市场经济条件下，有些资料还不能通过统计报表方法取得，还必须使用灵活多样的专门调查方法来补充。因此，我们绝不能滥用和滥发统计报表。使用统计报表搜集资料时，应该进行充分的调研和必要的试点，认真听取各方面的意见。

2. 统计报表的种类

按照不同的标准，统计报表分成不同的种类。

（1）按内容和实施范围的不同，统计报表分为基本统计报表与专业统计报表。

基本统计报表是国家统计系统为搜集国民经济和社会发展情况的基本统计资料的报表，又分为全国性报表与地方性报表两种。全国性报表是由国家统计局制发的或者是由国家统计局与有关业务部门联合制发的，为党和各级领导了解情况，指导工作，制定政策和编制计划提供依据。地方性报表是由省、市、自治区统计局结合本地区特点补充制发的统计报表，主要为本地区经济和管理服务。基本统计报表可以用来搜集工农业生产、交通运输、邮电、商业、外贸、财政金融、劳动工资等国民经济的基本统计资料。专业统计报表是国务院和地方各级人民政府的各业务部门为专业管理工作的需要而制定的报表，用以搜集本系统内的业务技术资料，并只在本部门内实施的报表。它由有关业务主管部门制发，所以也叫业务部门统计报表，是基本统计报表的必要补充。

（2）按调查范围的不同，统计报表分为全面统计报表与非全面统计报表。

全面统计报表要求调查对象中的每一个单位都填报。现行的绝大多数统计报表都属于这种类型。非全面统计报表只要求调查对象中的一部分单位填报。如工业主要技术经济指标报表、主要工业产品单位成本报表等。

(3) 按报送周期长短的不同，统计报表分为日报、旬报、月报、季报、半年报与年报。

除年报外，其他报表都称为定期报表。日报、旬报时效性强，也称为进度报表。各种报表报送周期的长短与调查项目的详简程度有一定关系。通常，报表报送的周期越短，调查项目越简越粗；反之，则调查项目就越多越细。因此，日报和旬报主要用于反映工作或生产的进度，只能填报工作或生产中最主要的指标；年报的周期最长，是带有总括性的报表，内容较详尽一些；月报、季报和半年报主要用来检查计划的执行情况，反映动态进展，其内容详简程度介于进度报表与年报表之间。

(4) 按填报单位的不同，统计报表分为基层报表与综合报表。

基层报表是基层企、事业单位，根据原始记录和统计台账汇总整理填报的统计报表。填报基层报表的单位称为基层填报单位。综合报表是由各级国家统计部门和业务主管部门根据基层报表汇总整理编报的统计报表，反映一个地区、一个部门或全国的基本情况。填报综合报表的单位称为综合填报单位。

(5) 按报送方式的不同，统计报表分为电讯报表与邮寄报表。

电讯报表又可分为电报、电话和电视传真等方式。采用哪一种方式要取决于信息的紧迫性与时效性要求。日报和旬报的及时性要求很严，通常采用电讯报送。月报、季报、半年报和年报，除少数月报采用电讯方式外，一般采用邮寄报送。随着信息技术、网络技术的飞速发展，信息传递的手段不断现代化，电讯报表将进一步采用现代通信手段。

3. 统计报表的资料来源

基层统计报表的资料来源主要是基层企、事业单位的原始记录和统计台账。

原始记录是基层单位为了加强经济管理，对生产、经营、管理活动进行的最原始的数字或文字记载。如工人出勤和工时记录、产品入库记录、原材料出库记录等。原始记录是反映社会经济活动的基本事实根据，是统计核算、会计核算和业务核算的资料基础。原始记录具有记录内容的广泛性、记录时间的连续性、记录工作的群众性和记录项目的真实具体性等特点。原始记录的好坏，直接影响着统计报表资料的质量和报表报送的及时性。

(二) 专门调查

专门调查是为了一定目的，研究某些专门问题所组织的一种调查方式，包括普查、重点调查、典型调查和抽样调查等。专门调查灵活多样，适应性强，既可以针对某专项内容进行，又可以弥补统计报表的不足，且多属于一次性调查。

1. 普查

1) 普查的意义

普查是为了特定的目的而专门组织的一次性全面调查。如全国人口普查、工业普查、农业普查等。它主要用来搜集某些不能够或不适宜用定期全面统计报表搜集的统计资料。普查属于一定时点的社会经济现象总量，也可用来调查时期现象，如出生人口总数、死亡人口总数等。普查往往在全国范围进行，工作量大，时间性强，需要动员较多的人力、物力和财力，组织工作也比较繁重，所以普查不宜经常进行，而是每隔一段时间进行一次。

和定期的全面统计报表一样，普查也是为了收集反映国民经济基本情况的总量资料，但全面统计报表不能代替它。因为有些社会经济现象如人口增长及其构成、物资库存、耕地面积等不可能也不需要组织经常性的全面调查，而必须采用普查的方式来进行。

2）普查的组织方式

普查的组织方式有两种：一种是通过专门组织的普查机构，配备一定数量的普查人员，对调查单位直接进行登记。如人口普查就属于这种普查形式。另一种是利用调查单位的原始记录和核算资料，或者结合清仓盘点，下发一定的调查表格，由被调查单位自行填报。如我国进行的历次物资库存普查、工业普查，都属于这种普查形式。

普查还可按工作任务的缓急程度不同，分为一般普查和快速普查两种。一般普查是采用逐级布置任务和逐级汇总上报的办法，花费较长时间，不能满足紧急任务的需要。快速普查强调一个"快"字，布置任务和报送资料可越过一切中间环节，由组织调查的最高领导机构，直接向基层单位布置普查任务，各基层单位直接向最高领导机构上报资料。这样既缩短了传递时间，又能及时汇总，提高了统计资料的时效性。

3）普查的组织原则

（1）统一规定调查资料所属的标准时点，使所有普查资料都反映这一时点上的状况，避免重复和遗漏。例如，我国在第一至第四次人口普查时统一规定以7月1日零时作为标准时点，第五、第六次人口普查的标准时点为11月1日零时。

（2）正确选择普查时期。普查时期就是普查登记在什么时期进行。普查的标准时间是在普查时期选择的基础上确定的。普查时期应根据党政领导的需要选择在被调查对象变动最小的时期或者是普查工作最方便的时期。如第五、第六次人口普查就选择在天气凉爽，一般无防洪、抢险和救灾工作，人口流动较少的11月份来进行。

（3）在普查范围内，各调查单位或调查点尽可能同时进行调查，并尽可能在最短期限内完成，以便在方法上、步调上协调一致。如果时间拉得过长，就会影响调查资料的准确性和时效性。比如，2010年的第六次人口普查，现场登记工作从11月1日开始到11月10日以前结束，复查工作在11月15日以前结束，质量抽查工作在11月底前完成。

（4）调查项目一经统一规定，不能任意改变或增减，以免影响汇总综合，降低资料质量。同一种普查，每次调查的内容尽可能保持一致，以便将历次普查资料进行对比。

2. 重点调查

1）重点调查的意义

重点调查是指在调查对象中选择一部分重点单位进行调查，借以了解总体基本情况的一种非全面调查。它一般也是为了特定目的，而专门组织的。所谓重点单位，是指在总体中具有举足轻重地位的那些单位。虽然它们只占调查对象全部单位的一小部分，但其标志总量在被研究总体的标志总量中却占绝大部分比重。通过对这部分重点单位的调查，可以从数量上说明整个总体在该标志总量方面的基本情况。例如，要了解我国原油生产的基本情况，就可以对大庆油田、胜利油田和中原油田等几个大油田进行调查，因为这几个大油田的原油产量占全国原油产量的绝大部分。再如，要及时了解全国钢铁生产的基本情况，就可以选择鞍钢、上钢、武钢、太钢和包钢等几个大型钢铁企业进行调查。

我国现行普查项目的年份和时点是怎样安排的？

与普查方式相比，重点调查的优点在于调查单位少，可以用较少的人力、物力、财力和时间调查较多的项目，了解较详细的情况。

但重点调查方式并不能随便使用，只有当调查任务是了解总体的基本情况，而且总体中确实存在重点单位时，才比较适宜采用重点调查方式。但需指出，由于重点单位并不能完全替代总体全部单位，因此重点调查的结果是不能用来推算总体的翔实情况的。

2）重点单位的选择

组织重点调查的关键是确定重点单位。

重点单位选多选少，要根据调查任务来确定。一般说来，选出的单位应尽可能少些，而其标志值在总体标志总量中所占比重应该尽可能大些。即应着眼于这些单位的标志值在总体标志总量中的比重，而不是这些单位在技术、管理或其他方面有何突出表现。所以，重点单位的选择应不带有主观因素。此外，选中的单位，其经营管理制度应比较健全，统计力量应比较充实，原始资料应比较齐全，以便准确、及时、完整地取得资料。

特别值得一提的是，重点单位并非绝对的一成不变，应具体问题具体对待。即要看到，一个单位在某一个问题上是重点，而在另一问题上不一定是重点；在某一调查总体中是重点，而在另一调查总体中不一定是重点；在这个时期是重点，而在另一时期不一定是重点。因此，对不同问题的重点调查，或同一问题不同时期的重点调查，要随着情况的变化而随时调整重点单位。

3）重点调查的组织方式

重点调查的组织方式比较灵活，主要采取专门调查的组织形式，有时也可颁发定期统计报表，由被调查的重点单位填报，定期观察这些重点单位的主要技术经济指标的完成情况及其变动。

重点调查搜集资料的具体方法，主要是采用以企、事业单位原始资料为依据的报告法。

3. 典型调查

1）典型调查的意义和作用

典型调查是指在调查对象中有意识地选取若干具有典型意义的或有代表性的单位进行的一种非全面调查。所谓典型单位，是指在同一事物中能最充分、最突出地体现总体共性的代表单位。就人类认识运动的顺序来说，总是从个别、特殊到一般。因此，从被研究对象中选择有代表性的典型单位，对其进行深入细致的调查研究，就可以了解同类事物的本质和发展规律。

典型调查的主要特点有：一是调查单位少，能深入实际，深入群众，搜集详细的第一手资料；二是典型单位是有意识选出的，对其进行调查研究，能取得代表性较高的资料；三是典型调查的方法机动灵活，可以节省人力、物力、财力和时间，提高调查的时效性。

典型调查的主要作用有如下几个方面：

（1）典型调查可以用来研究新生事物。在社会主义现代化建设中，尤其在这个不断改革的年代，新生事物层出不穷，开始出现时总是少数，但它们具有代表性。当新生事物还处在萌芽状态时，采用典型调查，能抓住苗头，通过认真地调查研究，探索它们的发展方向，进而总结经验，予以推广。

（2）典型调查的资料可以用来补充、验证全面调查和其他非全面调查的资料。一是可以利用典型调查搜集全面调查和其他非全面调查无法取得的资料；二是利用典型调查可以搜集到不能用数字反映的各种情况；三是利用典型调查的资料，可以验证全面调查数字的真实性。

（3）在一定条件下，可以利用典型调查的资料，结合基本统计数字，估计总体指标数值。一般说来，典型调查的结果并不用来推算总体指标，但当总体单位差异程度不大且又要及时掌握全面情况，同时又不便采用其他调查方式取得全面资料时，可以利用典型调查资料进行估计。

2）典型单位的选择

典型调查的关键在于如何正确地选择典型单位，保证被选中的单位具有充分的代表性。

根据调查研究目的的不同，选择典型单位的方法也不一样：

（1）划类选典。如果是为了近似地估算总体的指标数值且总体各单位之间差异较大，则可以在了解总体大略情况的基础上，把总体按某种标志分成若干类型，从每一类型中按它在总体中所占比例的大小，选出若干典型单位进行调查。

（2）挑选中等典型。典型调查的目的，通常是了解总体的一般情况，掌握总体的一般数量表现。中等典型可以代表总体的一般水平。"麻雀虽小，五脏俱全"，通过解剖"麻雀"，可以认识总体的内部构成、一般水平和发展变化规律。

（3）挑选先进、后进典型。如果为了总结成功的经验，找出失败的教训，就可以选出先进单位、后进单位作为典型，进行调查比较。

典型可以是单个的，也可以是整群的，或者先调查整群，再从整群中选出个别单位进行深入细致的研究。

3）典型调查的方法

典型调查的具体方法通常有直接观察法、口头访问法和开调查会法。其中开调查会法是最简单易行和比较可靠的方法。这种方法是讨论式的，即由调查者召集若干了解情况的、有代表性的被调查者，按预定的调查提纲，提出问题、展开讨论，把调查过程和研究过程结合起来，从中掌握第一手的详细资料，达到预期的调查目的。

4. 抽样调查

抽样调查也是一种非全面调查，是按随机原则，从调查对象总体中选出一部分单位组成样本，并根据样本的调查资料，从数量方面推断总体指标的专门调查方法。抽样调查虽然是一种非全面调查，但其目的却在于取得反映全面情况的统计资料。所以，从一定意义上来说，它可以起到全面调查的作用。也是由于这一点，在非全面调查中，抽样调查是运用最为广泛的一种。

抽样调查与其他非全面调查比较，具有三个基本特征：一是样本单位的抽取严格遵循随机原则。总体中的每一个单位被抽中的机会均等，抽中与否，纯粹由偶然的机会决定，完全排除人的主观意识的作用。二是总体结果的推断以概率论为基础。在抽样调查中，能够用样本指标数值去推算总体相应的指标数值，是有一定的科学依据的，这个依据也就是概率论的相关定理。三是抽样调查是对一小部分单位作深入细致的调查研究，取得数据，并据此从数量上推算总体指标。

一般说来，在下列几种情况下，最能显示抽样调查的作用：

（1）当对无限总体不能进行全面调查，但又需要了解其整体情况时，可以进行抽样调查。如空气、水资源污染情况的监测等。

（2）当有些事物的调查具有破坏性，但又需要掌握其总体的数量特征时，只能进行抽样调查。如各种产品的寿命率，人体白细胞数量的化验，烟、酒、茶、糖和调味品的质量检测，种子发芽率等。

（3）当有些现象从理论上讲可以进行全面调查，但实际上办不到或没有必要时，可以采用抽样调查取得相关资料。如森林资源调查、城镇职工调查等。

（4）当全面调查不能满足紧急需要时，可采用抽样调查方法。如农作物产量抽样调查就比农作物产量统计报表来得快，对国家安排农作物产品的产销、进口、出口非常有利。

（5）当对全面调查资料的质量进行检查校正时，也只能采用抽样复查的方法。如人口普查结果的验证。

有关抽样调查的其他内容，我们将在项目七中作详细论述。

任务三　掌握统计调查技术

统计调查技术是指搜集资料的具体方法和技巧。常用的资料搜集方法有直接观察法、报告法、采访法和通信法等几种。

一、直接观察法

直接观察法是指调查人员亲临现场对调查单位的调查项目进行清点、测定、计量，并加以登记，以取得第一手资料的一种方法。例如，为了及时了解农作物的产量，调查人员亲自到田间进行实割实测、脱粒、晾晒、过秤等工作；又如，为了了解工业企业年底在产品结存量，调查人员深入车间进行观察、计数、测量等工作。直接观察法能够保证所搜集的调查资料的准确性，但需要大量的人力、物力、财力和时间，且有些社会经济现象根本不能用直接观察法进行测量，如对历史资料的调查和对职工家庭收支情况资料的调查。

二、报告法

报告法是指调查单位或报告单位利用各种原始记录、基层统计台账和有关核算资料作为报告依据，按照隶属关系，逐级向有关部门提供统计资料的一种方法。我国在全国范围内实施的统计报表制度，就是用这种方法来取得资料的。这种调查，是各地区、各部门、各单位按照《中华人民共和国统计法》（简称《统计法》）的规定，必须对国家履行的一种义务。其特点是，统一项目、统一表式、统一要求和统一上报程序；能够进行大量调查；如果报告系统健全，原始记录和核算资料完整，就可以取得比较精确而可靠的资料；可以促进被调查单位建立健全原始记录和核算资料；在被调查单位的有关利益可能受到影响时，容易出现虚报或瞒报现象。

三、采访法

采访法是指由调查人员向被调查者提问，根据被访问者的答复来搜集统计资料的一种方法。它又分为口头询问法、开调查会法和被调查者自填法三种。

（一）口头询问法

口头询问法是指由调查人员向被调查者逐一询问来搜集资料的方法。其优点是，由于调查人员对调查项目有统一的、正确的理解，能够按统一口径逐项询问而取得资料，可以保证调查资料的准确性；其缺点是，需要花费大量的人力和时间，不适于进行全面调查。

（二）开调查会法

开调查会法是指邀请了解情况的专业权威人士参加座谈会，以此来搜集资料的方法。其优点是，大家相互商讨、相互启发，能深入问题本质，取得比较准确可靠的资料；其缺点是，参加会议的人容易受权威人士或第一发言人的影响，以致出现信息偏差。

（三）被调查者自填法

被调查者自填法是指调查人员将调查表交给被调查者，说明填表的要求和方法，由被调查者实事求是地填写，然后由调查人员审核收回的一种搜集资料的方法。其优点是，较口头询问法和开调查会法省时省力；其缺点是，要求被调查者具备一定的文化水平和较强的责任心，否则难保调查资料的准确性。

四、通信法

通信法是指调查者把调查表或调查问卷通过邮寄、宣传媒介、电话等方式传递到被调查者手中，由被调查者填写作答，来取得统计资料的方法，具体包括邮寄调查、电话调查和网络调查等。

（一）邮寄调查

邮寄调查是指通过邮寄、宣传媒介、专门场所分发等方式将调查表或调查问卷送至被调查者手中，由被调查者填写，然后将调查表寄回或投放到指定收集点的一种调查方法。这是一种标准化的调查方法，其特点是，调查人员和被调查者没有直接的语言交流，信息的传递完全依赖于调查表或调查问卷。统计部门通过统计报表制度搜集资料时多采用这种方法。

（二）电话调查

电话调查是指调查人员利用电话同被调查人员进行直接的语言交流，从而获取信息的一种方法。电话调查的特点是，时效快、费用低。随着电话的普及，电话调查的应用将会越来越广泛。需要注意的是，电话调查的所提问题要明确，问题数量不宜过多。

（三）网络调查

网络调查是指利用互联网进行调查，获取调查资料的统计调查方法。它有两种方式，一种是利用互联网直接进行问卷调查以搜集第一手资料，这种方式称为网上直接调查；另一种是利用互联网的媒体功能，从互联网上搜集二手资料，这种方式一般称为网上间接调查。之所以能够从网上取得二手资料，是由于越来越多的报纸、杂志、电台等媒体，还有政府机构、企业等也纷纷上网。

值得一提的是，统计调查的方式方法是多种多样的，绝不止上面我们提到的这些，比如实验室试验调查和空间遥感调查，等等，这些调查方式方法各有其特点和作用。在实际的统计调查工作中，往往需要将多种统计调查方式方法结合运用。这不仅因为社会经济现象错综复杂，门类众多，变化又较快，只有采用多种调查方法，才能搜集到丰富的统计资料，还因为任何一种统计调查方式方法，都有它的优越性与局限性，还有各自不同的实施条件，只用一种统计调查方式方法，往往是不能满足多种需要的。

任务四　设计统计调查方案

一、统计调查方案的内容

统计调查是一项复杂的、严肃的、技术性较强的工作。一项全国性的调查，如人口普查、工业普查等，往往涉及亿万人民群众，通常要动员成千上万的人协同作战，才能完成。即使一项小范围的调查，常常也需要多人合作，其内容也涉及许多方面。为了在调查过程中统一认识、统一内容、统一方法、统一步调，保证调查工作顺利进行，无论何种调查，都应事先根据统计研究的目的、要求以及实际的人、财、物可能，制定一个周密的统计调查方案。只有正确制定统计调查方案，才能保证统计调查有计划、有组织、有步骤地进行，同时也为准确、及时、完整地取得统计资料做好前期准备工作。不同调查对象的调查方案在内容和形式上不尽相同，但大体上都包括下列基本内容：

(一) 确定调查目的

所谓调查目的，就是指统计调查要解决的问题是什么。这是统计调查方案必须首先要确定下来的。它所回答的是为什么调查、调查具有什么样的社会经济意义等问题。只有在这些问题明确之后，才能确定向谁调查、调查什么以及采用什么方法进行调查。目的不明确，任务不清，就很难开展工作，整个调查工作就会盲目混乱。调查目的主要是根据党的方针政策和社会经济建设的实际需要，并结合调查对象本身的特点来确定的。例如，我国 2010 年第六次人口普查的目的是"查清 2000 年以来我国人口数量、结构、分布和居住环境等方面的变化情况，为科学制定国民经济和社会发展规划，统筹安排人民的物质和文化生活，实现可持续发展战略，构建社会主义和谐社会，提供真实准确、完整及时的人口统计信息支持。"

(二) 确定调查对象和调查单位

调查对象是根据调查目的确定的调查研究的现象总体或调查范围，是由许多性质相同的个别单位组成的。调查单位是构成调查对象的每一个单位，是调查项目的承担者或载体，是搜集资料所指向的基本单位。确定调查对象和调查单位，所回答的是向谁调查，由谁来提供资料的问题。例如，我国第六次人口普查规定："人口普查的对象是普查标准时点在中华人民共和国境内的自然人以及在中华人民共和国境外但未定居的中国公民，不包括在中华人民共和国境内短期停留的境外人员。"人口普查的调查单位是每一个人。

在实际调查中，调查单位可以是调查对象的全部单位，也可以是其部分单位。如果采用全面调查方式，如普查，调查单位就是调查对象中的每一个单位。如果采用非全面调查方式，如重点调查，调查单位就只是调查对象中的一部分单位。

除此之外，调查单位与报告单位也是有区别的。报告单位也称填报单位，是负责向有关部门报告和提交统计资料的部门。报告单位一般是在行政上、经济上具有一定独立性的企事业行政单位，而调查单位可以是企事业行政单位，也可以是人或者物。由于调查目的不同，调查单位与报告单位有时一致，有时不一致。如商业企业普查中，每个商业企业既是调查单位，又是报告单位；而工业企业固定资产普查中，调查单位是各工业企业的各项固定资产，而报告单位则是每个工业企业。一般情况下，在统计调查中，要明确规定调查单位和报告单位，具体说明向谁或者向什么调查登记资料，又由谁来提交这些统计资料。

(三) 拟定调查项目和调查表

在调查目的、调查对象、调查单位确定之后，必须确定具体的调查项目。调查项目就是统计调查中所要登记的调查单位的特征，这些特征即为前述的标志。确定调查项目所要回答的问题是：向调查单位调查什么？调查单位有哪些特征？用什么标志反映调查单位的这些特征？一项调查中到底要调查哪些项目，完全是由调查对象的性质、调查目的所决定的。例如，我国第六次人口普查根据调查目的所拟定的人口普查登记的主要内容包括姓名、性别、年龄、民族、国籍、受教育程度、行业、职业、迁移流动、社会保障、婚姻、生育、死亡、住房情况等。

为了能够达到调查目的，完成调查任务，在具体拟定调查项目时需要注意以下几点：

（1）调查项目要少而精，只列入为达到调查目的所必需的项目，只登记与问题本质有关的标志，否则会增加不必要的工作量，浪费人力、物力和财力。

（2）从需要和可能出发，只列入能够取得资料、能够调查清楚的项目，在现实的人力、物力、财力条件下不能够取得资料或者不能够调查清楚的项目，就不要列入。

（3）调查项目之间尽可能保持联系，以便相互核对，起到校验作用。一般情况下，在一次调查中，各个项目之间要保持一定的联系；在两次或历次调查中，项目之间应保持一定程度的连贯性，以便进行纵向对比。

（4）调查项目要含义明确、具体，不能有两种或两种以上的解释，以免调查人员按照各自不同的理解填写，使调查的结果无法汇总；同时拟定的问题要便于回答，最好采用"选择式"。

将调查项目按照一定的顺序编排而成的统计表格就是调查表。它主要用于统计调查阶段，是搜集原始资料的基本工具，且便于填写及分组汇总。调查表一般分为一览表和单一表两种。一览表是把许多调查单位和相应的项目按次序登记在一张表格里的一种统计表，如表2-1所示。当调查项目不多时可用一览表。单一表是将一个调查单位的所有调查项目登记在一份表上或一张卡片上的一种统计表，如表2-2所示。如果项目较多，一份表格由几张表组成，就可采用单一表。

一览表和单一表各有优缺点。一览表的优点是每个调查单位的共同事项，只需登记一次，可以节省人力、时间且便于核对；其缺点是不能够容纳过多的调查项目，不便于分类、汇总。单一表的优点是可以容纳较多的调查项目，便于分类、汇总；其缺点是每份调查表上都要注明调查时间、地点及其他共同事项，造成人力、时间上的浪费。

从结构上看，调查表一般由表头、表体和表脚三部分构成。

表头，用来列明调查表的名称以及调查单位的名称、性质、隶属关系等。这些资料是不用于统计分析的，但在核实和复查各调查单位资料的真实性时，是不可缺少的。

表体，是调查表的核心部分，包括调查项目、栏号和计量单位等。

表脚，包括调查者（填报人）的签名、填报日期等，以便明确责任，发现问题便于查询。

表2-1 第五次全国人口普查事后质量抽样调查
暂住人口查询表

_____省_____县（市、区）

	查询内容			查询结果		
姓名	性别	出生年月	常住地地址	普查是否已登记		
	1.男 2.女	__年__月		1.已登记	2.未登记	3.查无此人
	1.男 2.女	__年__月		1.已登记	2.未登记	3.查无此人
	1.男 2.女	__年__月		1.已登记	2.未登记	3.查无此人
合计						

抽查员：_____　　填报日期：11月___日　　共___页　第___页

表 2-2　人员登记卡片

填卡　年　月　日

籍贯		省　　　市（县）		民族	
性别		出生	年　月　日	健康状况	
本人成分			文化程度		
编号		年　月　日参加革命		年　月　日入伍	
姓名		年　月　日来本单位		年　月　日入党	
曾用名		年　月　日加入工会		年　月　日入团	

（四）确定调查时间和调查期限

调查时间是指统计资料所属的时间，调查期限是指调查工作进行的时间。统计资料所属的时间，是指调查登记的各个项目所属的时间。如果所要调查的是时期现象，就要明确规定资料所反映的是调查对象从何年何月何日起到何年何月何日止的状况，例如，第三次全国经济普查，对于个体经营户的营业收入、营业支出、付给雇员的报酬、缴纳的税费等指标，规定皆为 2013 年 1 月 1 日到 12 月 31 日的全年数字。如果所要调查的是时点现象，就要明确规定资料所属的标准时点，例如，《第六次全国人口普查方案》规定："2010 年 11 月 1 日零时，为第六次全国人口普查登记的标准时间。"调查工作进行的时间，就是指规定的调查工作的开始时间和完成时间，以便使调查工作及时开展，按时完成。确定这个期限的长短时要考虑两点：一是调查项目的复杂性；二是统计资料的时效性。例如，《第三次全国经济普查方案》规定："普查登记和数据采集工作从 2014 年 1 月 1 日至 3 月 31 日。"《第六次全国人口普查方案》规定："人口普查的现场登记工作，从 2010 年 11 月 1 日开始到 11 月 10 日以前结束。"

（五）制订调查工作的组织实施计划

为了确保整个统计调查工作的顺利进行，在调查方案中还必须制订出一个周密的组织实施计划。其主要内容包括：

（1）调查工作的组织领导机构和人员构成，参加调查的单位，调查人员的组织；

（2）调查的方式方法；

（3）调查工作规则和流程；

（4）调查前的准备工作，包括宣传教育、人员培训、调查文件的准备、调查经费的预算和开支计划等；

（5）调查进行过程中的检查方法，以及完成调查后提交成果或报告的内容及时间等；

（6）调查方案的传达布置、试点及其他相关工作。

二、统计调查问卷

采用问卷进行调查始于 20 世纪 30 年代的美国，他们将调查问卷应用于政治选举、商业推销和经济预测等方面，使其逐步成为调查研究中搜集资料的一种主要方式。我国自改革开放以来，也广泛采用调查问卷，研究社会经济领域中的现象和问题，现在已将调查问卷纳入了统计制度的范

进行学术调查是否需要统计部门审批？

围，其成为统计调查的一个重要组成部分。

（一）统计调查问卷的类型与结构

1. 统计调查问卷的基本类型

现代统计调查中所采用的问卷，是调查者依据调查目的和要求设计出来的，由一系列问题、调查项目、备选答案及说明组成的，向被调查者搜集资料的一种工具，属于调查表的一种形式。它可以由调查者采用口头询问的方法填写，也可以由被调查者自填。

统计调查问卷作为搜集资料的工具，由于各次调查的研究目的、调查内容、调查方式有所不同，决定了其形式也不尽相同。按填写方式划分，调查问卷分为自填式问卷和访问式问卷两种基本类型。

1）自填式问卷

自填式问卷是指通过邮寄或分发的方法，由被调查者自己填写的问卷。在这种情况下，被调查者可以不受调查者的影响，如实表达自己的意见，尤其是敏感性问题的调查，自填式问卷往往可以得到较为可靠的资料。同时，这种问卷使用了标准化词语，每个被调查者所面临的都是完全相同的问题，因而不存在调查人员对问卷的主观随意解释和诱导，避免了调查人员的偏见。但这类问卷也存在着不足：如果被调查者填写的答案含糊不清，或者对某些问题拒绝回答，是难以补救的；无法知道被调查者是否独立完成答案及其回答问题的环境，以致影响对问卷质量的判断。

2）访问式问卷

访问式问卷是指由调查人员进行现场询问，根据被调查者口头回答的结果代为填写的问卷。这类问卷的应答率高、可控性强。调查人员可以设法确保被调查者独立回答问题，并能控制按问卷问题的设计顺序回答，从而保证应答的完整性。同时，调查人员还可以观察被调查者的态度及其回答问题的环境，有利于进一步分析、判断相关问题。但这类问卷也存在着不足：一般费用高，容易受调查人员的影响，匿名性也差；当被调查者对调查人员的某些举止有偏见或不理解时，就会导致差错或有意说谎；调查人员有时对被调查者的意思没有正确理解或正确记录，也可能出错。另外，运用这类问卷调查，由于调查人员知道被调查者的一些基本情况，因此有时会给被调查者带来心理压力，甚至出现拒答的情况。

2. 调查问卷的基本结构

调查问卷的主要内容是关于调查事项的若干问题和答案，但仅有这些内容是不够的。一份完整的调查问卷，通常由题目、说明信、被调查者的基本情况、调查事项的问题和答案、填写说明与解释5个主要部分构成。

1）题目

题目是问卷的主题。俗话说"题好一半文"，调查问卷与文章一样，题目非常重要，应该准确、醒目、突出。要能准确而概括地表达问卷的性质和内容；观点新颖，句式构成富于吸引力和感染力；言简意赅，明确具体；还要注意题目不要给被调查者以不良的心理刺激。

2）说明信（又称封面信）

说明信一般在问卷的开头，是致被调查者的一封短信。这是调查者与被调查者的沟通媒介，目的是让被调查者了解调查的意义，引起足够的重视和兴趣，争取他们的支持与合作。说明信要说明调查者的身份，调查的中心内容及要达到的目的和意义，选样原则和方法、调查结果的使用和依法保密的措施与承诺，有时还需要将奖励的方式、方法及奖金、奖品等有关问题叙述清楚。说明信必须态度诚恳，口吻亲切，以打消被调查者的疑虑，取得真实资料。访问式问卷与自填式问卷的说明信有所不同，前者还应有对调查员的具体要求。写好说明信，取得被调查者的合作与支持，是问卷调查取得成功的必要保证。

3）被调查者的基本情况

这一部分是对调查资料进行分类研究的基本依据。一般而言，被调查者包括两大类，一是个人；二是单位。如果被调查者为个人，则其基本情况包括姓名、性别、民族、年龄、文化程度、职业、职务或技术职称、个人或家庭收入等项目；如果被调查者是企业、事业等单位，则包括单位名称、经济类型、行业类别、职工人数、规模、资产额等项目。若采用不记名调查，则被调查者的姓名可在基本情况中省略。

4）调查事项的问题和答案

这是调查问卷最主要、最核心的组成部分，调查资料的搜集主要通过这一部分来完成，也是使用问卷的目的所在。这一部分设计的如何，关系到该项调查有无价值和价值的大小。通常在这一部分既提出问题，又给出回答方式。问题从形式上看，有开放式问题与封闭式问题之分；从内容上看，又有背景问题、行为问题、态度问题与解释性问题之别。问题的内容决定于调查目的和调查对象的性质。

5）填写说明与解释（又称指导语）

这部分内容包括填写问卷的要求、调查项目的含义、被调查者应注意的事项等，其目的在于明确填写问卷的要求和方法。

除了上述 5 个基本部分以外，问卷的最后也可以写上几句短语，表示对被调查者的感谢，或征求被调查者对问卷设计和问卷调查的意见和建议。如果是访问式问卷，则可以加上作业证明的记载，其主要内容包括调查人员姓名、调查时间、作业完成情况。这可以明确调查人员的责任，并有利于检查、修正调查资料。

（二）问卷的设计程序和问题的形式

1. 问卷的设计程序

问卷设计必须以调查目的和调查对象的特点为依据，同时考虑资料整理和资料分析的需要。它一般要经过初步探索、设计初稿、试用与修改等几个主要环节。初步探索是把抽象化的调查内容转换为较为具体的问卷问题的过程。这一过程可以采取选点试验、征求意见的形式进行，使问题及问卷更符合客观实际。设计初稿就是在初步探索的基础上设计问卷问题与答案，通常采取两种方法进行：一是先分后合的卡片法，即首先从每一个具体问题的设计开始；然后将问题分门别类组成模块；最后在各模块的基础上形成整个问卷。二是先合后分的框图法，即先从总体结构入手；然后勾画总体中的各个部分；最后依次设计每个部分的具体问题。前者设计问题易于着手，修改十分方便；后者能高屋建瓴地把握问卷的总体结构。若两者有机结合，则效果更佳。试用与修改就是通过试点调查并根据调查的结果对问卷进行再修改。一方面请有关专家对问卷初稿进行评审，提出修改意见；另一方面选择若干个调查单位进行试填，来搜集意见和建议。然后，作最后的修订，形成正式的调查问卷。

2. 问卷问题的形式

调查问卷是以书面的形式记录和反映调查对象的看法和要求的。问题设计的好坏对调查结果影响很大。因此，调查问题的设计应主题明确，重点突出，通俗易懂，便于回答，还应便于计算机对问卷的汇总和处理。问题的设计，可根据具体情况采用不同的形式，基本的形式有：

1）自由询问式

这种形式是只提问不设答案，由被调查者自由回答。它适用于对所有问题提问，被调查者对这类问题的回答可以不拘形式、任意发挥。但有些被调查者不愿或不便用文字形式表达自己的看法，因而影响了调查结果的全面性与准确性。此外，这种方法不利于进行资料的分组和汇总。

2）二项选择式

这种形式的问题只让被调查者在两个可能答案中选择一个，如"是"与"不是"、"有"与"没有"等。此类方式易于发问，也易于回答，且方便统计汇总，但不便于调查人员了解形成答案的原因。

3）多项选择式

这种询问方式设置了多种答案供被调查者选择。这种方式能较全面地反映被调查者的看法，又较自由询问式易于分组和汇总，但在设计时应注意供选择的答案不宜过多，只要能概括各种可能情况即可，一般不应超过 10 个。

4）顺位式

这种形式是让被调查者依据自己的爱好和认识程度对问卷中所列答案定出先后次序。顺位式一般分为两种：一种是预先给出多个答案，由被调查者定出先后顺序；另一种是不预先给出答案，而由被调查者按先后顺序自己填写。

5）赋值评价式

这种方式是指通过打分或定级来评价事物的好坏或优劣的方法。打分时，一般用百分制或十分制，等级一般定 1～5 级或 1～10 级。这种方法简便易行，便于统计处理和比较。缺点是分数的多少和等级的高低不易被掌握分寸，而且往往因人而异，差异较大。因此，采用这种方式时，应当对打分或定级的标准做出统一的规定，以便被调查者有所参考。

(三) 问卷设计应注意的问题

设计问卷是一项十分复杂又需要耐心的工作，即使是很有经验的研究人员在进行这项工作时也要反复推敲，否则问卷结果就达不到调查目的。因此，设计问卷必须注意下列问题：

(1) 问卷上所列问题应该都是必要的，可要可不要的问题不要列入。

(2) 所问问题应是被调查者熟悉且易于回答的，避免出现被调查者不了解或难以回答的问题。回答问题所用的时间最多不超过 30 分钟。

(3) 注意询问语句的措辞和语气，一般应注意以下几点：问题要提得清楚、明确、具体、简短；明确问题的界限与范围，问句的字义（词义）要清楚；避免用引导性问题或带有暗示性的问题。

(4) 属于年龄、收入等私人问题，最好采用间接提问的方法，不要直接询问结果，如"您今年多大年纪"或"您每月的收入是多少"，而应给出范围，如"21～30 岁、31～40 岁"等或"5 000～6 000 元、6 000～7 000 元"等，让被调查者选择。问卷问题应避免触及调查对象的个人隐私。

（5）问卷上所拟答案要有穷尽性，避免重复和相互交叉。问卷上拟定的答案要编号。

（6）问卷纸张质地要良好，不易破损，字迹印刷清晰，预留作答的空白处要大，页数较多时要装订成册。

任务五 运用 Excel

安装"数据分析"命令

一、安装"数据分析"命令

如果在 Excel 2007 操作界面功能区中"数据"按钮最右端没有"数据分析"命令，可按以下步骤安装：

（1）单击操作界面左上角"Office 按钮"，如图 2-1 所示；

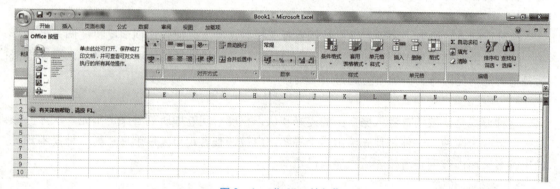

图 2-1 "office 按钮"

（2）单击"Excel 选项（I）"，如图 2-2 所示；

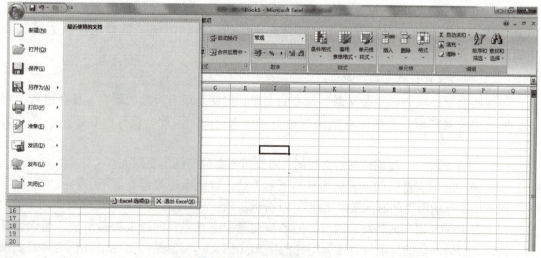

图 2-2 "Excel 选项（I）"

(3) 单击"加载项",如图 2-3 所示;

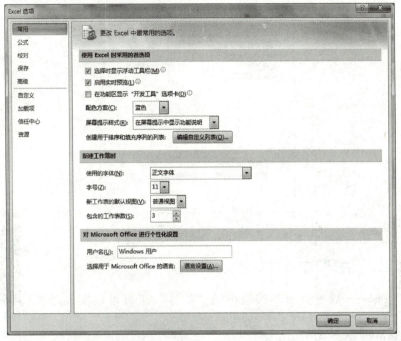

图 2-3　Excel 选项之"加载项"

(4) 单击"转到(G)…",如图 2-4 所示;

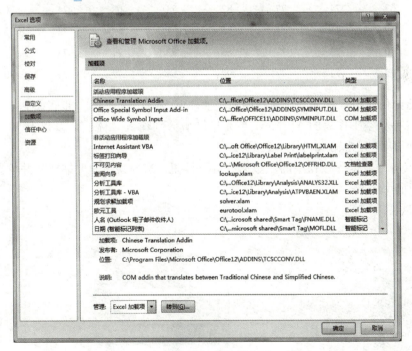

图 2-4　加载项之"转到(G)…"

(5) 在弹出如图 2-5 所示的"加载宏"选择菜单中,勾选"分析工具库"前的方框,并单击"确定"即可。如果不成功,则需为计算机重装有关软件。

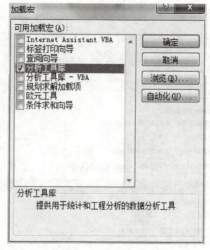

图 2-5 "加载宏"选择菜单

二、利用"抽样"工具进行随机抽样

Excel"数据——数据分析"按钮中的"抽样"工具可以实现随机抽样。

利用"抽样"工具进行随机抽样

例如:某单位 50 名职工的体重(单位:千克)如下:

55	65	72	75	81	51	66	73	76	81
54	67	74	77	82	58	68	74	80	83
59	69	74	81	85	61	69	73	73	86
61	70	73	77	86	62	71	73	77	90
63	72	73	77	92	64	72	74	80	94

现介绍如何使用"抽样"工具从中随机抽取 10 名职工的体重,步骤如下:

(1)在一张空工作表的 A1:A51 单元格区域分别输入"体重"及以上 50 名职工的体重数据,在 B1 单元格输入"样本数据";

(2)点击"数据"按钮中的"数据分析"按钮,选择其中的"抽样"并单击"确定",如图 2-6 所示;

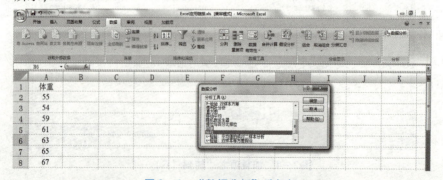

图 2-6 "数据分析"选择框

(3)在出现的抽样对话框的"输入区域(I):"后通过鼠标拖选方式输入"$A$1:$A

$51",勾选"标志(L)",单击"随机(R)",在"样本数:"后输入10,单击"输出区域(O):"并在其后输入 $B$2,单击"确定"按钮,即可获得10名职工体重的简单随机抽样结果,如图2-7和图2-8所示。

如果在上述抽样对话框中同时单击了"周期(E)"并在"间隔:"后输入5,即可获得抽样间隔为5的10名职工体重的等距随机抽样结果,如图2-9所示。

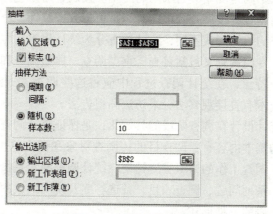

图 2-7 "抽样"对话框

图 2-8 简单随机抽样结果

图 2-9 等距随机抽样结果

项目小结

统计调查就是根据统计研究的预定目的、任务和要求，运用各种科学的统计调查方法，有计划、有组织地向社会搜集统计资料的工作过程。其搜集的资料包括两种，一种是原始资料；另一种是次级资料。而基本任务是搜集原始资料。其基本要求是准确、及时和完整。

可以将统计调查从不同角度划分为不同的类型。按调查对象包括范围的不同，统计调查分为全面调查和非全面调查；按调查登记的时间是否带有连续性，统计调查分为经常性调查和一次性调查；按调查的组织形式不同，统计调查分为统计报表和专门调查，统计报表中常用的是定期统计报表，专门调查又包括普查、重点调查、典型调查和抽样调查几种形式，各种调查方式具有不同的特点，在统计调查过程中应将这些调查方式结合起来灵活地加以运用。常用的统计调查技术有直接观察法、采访法和报告法。

统计调查方案是统计设计在调查阶段的具体化，是保证统计调查有计划、有组织地进行的前提条件。其包括的基本内容有：调查目的；调查对象和调查单位；调查项目和调查表；调查时间和调查期限；调查工作的组织实施计划。统计调查问卷是指调查者依据调查目的和要求设计出来的，由一系列问题、调查项目、备选答案及说明组成的，向被调查者搜集资料的一种工具，属于调查表的一种形式。

技能训练题

案例资料

网络生活已成为大学生生活的重要组成部分，网络环境对大学生产生了全方位的影响。为净化校园周边环境，增强大学生德育工作的针对性和实效性，某大学学生处拟对本校在校大学生的上网情况做一次抽样调查。请你代该大学学生处设计一份有关大学生上网内容、上网费用、上网时间等内容的统计调查方案，并在本校园范围内进行小规模调查。

（一）实训目的与要求

（1）设计统计调查方案，熟悉统计调查方案的内容。

（2）设计统计调查表或调查问卷，掌握调查表或调查问卷设计的一些技巧。

（3）使用自己设计的统计调查方案及其中的调查表或调查问卷，进行实际的调查，注意各种调查技术、方法或方式的灵活运用。

（4）结合自己调查过程中的一些亲身感受及取得的调查资料的情况，对前面设计的统计调查方案及调查表或调查问卷进行修正。

（二）实训内容

（1）统计调查方案及其中的调查表或调查问卷；

（2）各种统计调查技术、方法或方式。

（三）实训形式

先独立设计；然分组讨论；最后再单独调查。

（四）实训地点

教室、校园。

（五）实训时数

实训时数：4 学时。

思考题

一、判断题

1. 调查单位也就是填报单位。（　　）
2. 单一调查表就是一张表上只登记一项调查内容的表格。（　　）
3. 我国人口普查今后每十年进行一次，因此，它是一种经常性调查方法。（　　）
4. 重点调查中的重点单位数量往往很少，只有少数几个。（　　）
5. 在一次统计调查中，可以将各种调查技术和方法结合起来灵活运用。（　　）

二、单项选择题

1. 对某车间全体工人进行身体健康状况调查，调查单位是（　　）。
   A. 每位工人　　　　　　　　　　B. 所有工人
   C. 所有产品　　　　　　　　　　D. 每一件产品
2. 在下列调查中，调查单位与填报单位一致的是（　　）。
   A. 公司固定资产调查　　　　　　B. 农村耕地调查
   C. 大学生学习情况调查　　　　　D. 汽车养护情况调查
3. 从一批产品中随机抽取 500 件进行质量检验，这种调查是（　　）。
   A. 普查　　　　　　　　　　　　B. 重点调查
   C. 典型调查　　　　　　　　　　D. 抽样调查
4. 调查大庆、胜利、中原等几个大油田，以了解我国石油工业生产的基本情况，这种调查属于（　　）。
   A. 普查　　　　　　　　　　　　B. 重点调查
   C. 典型调查　　　　　　　　　　D. 抽样调查
5. 要调查人群中经常上网浏览的人的年龄、性别、职业等情况，比较适宜的调查方法是（　　）。
   A. 观察法　　　　　　　　　　　B. 采访法
   C. 报告法　　　　　　　　　　　D. 网上调查

三、多项选择题

1. 要调查一个地区企业的经济效益情况，每一个企业是（　　）。
   A. 调查单位　　　　　　　　　　B. 调查对象
   C. 填报单位　　　　　　　　　　D. 总体
   E. 总体单位
2. 下列调查中，属于一次性调查的有（　　）。
   A. 人口普查　　　　　　　　　　B. 农民家庭收支变化调查
   C. 农业从业人数调查　　　　　　D. 产品库存量调查
   E. 公司利润调查
3. 下列调查中，属于全面调查的有（　　）。
   A. 全面统计报表　　　　　　　　B. 普查

C. 重点调查
D. 典型调查
E. 抽样调查

4. 普查属于（　　）。

A. 全面调查
B. 非全面调查
C. 经常性调查
D. 一次性调查
E. 专门调查

5. 我国第六次人口普查的标准时间是 2010 年 11 月 1 日零时，下列情况应统计人口数的有（　　）。

A. 2010 年 10 月 31 日晚死亡的人
B. 2010 年 11 月 1 日 1 时死亡的人
C. 2010 年 11 月 2 日出生的婴儿
D. 2010 年 10 月 31 日出生的婴儿
E. 2010 年 10 月 31 日出生，11 月 1 日 1 时死亡的人

四、填空题

1. 统计调查要满足_____、_____和_____的基本要求。
2. 调查表按登记调查单位的多少，有_____和_____两种形式。
3. 按研究范围的大小不同，统计调查可分为_____和_____。
4. 无论采用何种方法进行调查以及调查范围的大小，都要先制定_____。
5. 专门调查主要有_____、_____、_____和_____四种形式。

五、简答题

1. 什么是统计调查？它有哪些基本要求？
2. 统计调查方案包括哪些基本内容？为什么要事先制定统计调查方案？
3. 什么是统计调查问卷？它的基本结构包括哪些组成部分？
4. 统计调查有哪些种类与技术？其基本内容是什么？
5. 什么是重点调查、典型调查和抽样调查？它们有哪些异同？

课后测试

项目三

统计整理

知识目标

理解统计整理、统计分组、统计表和统计图的含义；
掌握统计分组、编制分配数列和绘制常用统计图的方法；
了解统计资料审核、汇总和编制统计表的方法。

能力目标

能够审核统计资料；
能够进行统计分组；
能够进行统计汇总并编制分配数列；
能够编制统计表和绘制统计图。

导入阅读 武汉市人口普查光电录入工作正式启动

湖北省统计局
2010 年 12 月 10 日

近日，根据武汉市第六次人口普查工作进度安排，武汉市人口普查办公室（以下简称市人普办）积极组织人口普查光电录入工作。具体采取了"四项步骤"：

一、确定合适人员

为保证第六次人口普查资料汇总顺利进行，市人普办与武汉市财贸学校经过充分协商签订了聘用合同，确定该校 2009 级财会专业 4 个班的学生参加光电录入工作。学校结合教学和学生实习，采取半天参加录入，半天回校上课的方式，做到实习、学习两不误。这些学生都具备一定的计算机和统计专业知识，符合参加光电录入工作的基本条件。

二、进行思想动员

11 月 23 日，市人普办数据处理组和宣传组负责人参加了市财贸学校组织的人口普查光电录入工作动员会议，对学校领导、老师、学生及其家长强调了参加光电录入工作的重要意义，介绍了第六次全国人口普查的新特点，阐明了光电录入工作的纪律规定，要求参加光电录入工作的学生在思想上牢固树立质量意识、责任意识和保密意识。

三、开展业务培训

11月28~30日，市人普办数据处理组全员上阵，对参加光电录入的142名学生进行了3天业务培训。培训内容：一是工作流程，光电扫描的全部流程，含扫描校对、扫描仪定位、图像处理和质量控制等；二是职责分工，讲述了录入人员的职责、分配班组和座位排序等，保证普查表的"不错、不乱、不重、不漏"，确保"机表一致"，责任落实到人；三是后期处理，介绍了光电录入校对和后期的处理工作流程等内容。

四、安排有序录入

市人普办制定了《关于人口普查数据处理时间安排的通知》，下发到各区（开发区、风景区、化工区）人普办，以保证光电录入工作科学、规范和有序地进行。按照普查数据处理进度安排和《光电扫描细则》要求，我市光电录入工作从11月29日正式开始，在2个月内完成近400万张短表的录入扫描。自正式录入开始，全体人员每周工作7天，采取两班制，每班工作6小时；市人普办数据处理组人员为一班制，工作12小时，确保普查表光电录入工作按期高质量完成。

资料来源：http：//www.stats.gov.cn/ztjc/zdtjgz/zgrkpc/dlcrkpc/dlcrkpcss/201012/t20101208_69863.htm

任务一　认识统计整理

一、统计整理的含义

统计整理是根据统计研究的目的，对统计调查所得的原始资料进行科学的分类、汇总，或对已初步加工的次级资料进行再加工，使之成为系统化、条理化的综合资料，以反映现象总体特征的工作过程。

统计整理处于整个统计工作过程的中间环节，具有承前启后的作用。统计整理是统计调查的继续，又是统计分析的基础。统计调查所搜集到的资料，只有通过科学的审核、分类、汇总等整理工作，才能使统计在认识社会的过程中，实现由个别到全体、由特殊到一般、由现象到本质、由感性到理性的转化，才能从整体上反映出事物的数量特征。否则，统计调查所得的资料再丰富、再完备，其作用也发挥不出来，统计调查将徒劳无益，统计分析也将无法进行。

另外，统计整理还是积累历史资料的必要手段。统计研究中经常要进行动态分析，这就需要长期积累的历史资料。积累资料要对已有的统计资料进行甄选，按可比口径进行调整、分类和汇总，这些都必须通过统计整理工作来完成。

二、统计整理的内容

统计整理的全过程包括统计资料的审核、分组、汇总和编制统计表、绘制统计图等几个主要环节。

（1）对搜集到的资料进行全面审核，如发现问题，及时加以纠正，以确保统计资料准确无误。这是统计整理中一个十分重要的环节，必须认真对待。

（2）根据研究目的要求和统计分析的需要，对原始资料进行划类分组。统计分组是统计整理的重要内容和统计分析的基础，只有正确的分组才能整理出有科学价值的综合指标，并借助这些指标来揭示现象的本质与规律。

（3）在分组的基础上，将各项资料进行汇总，得出反映各组和总体的总量指标。

（4）通过编制统计表、统计图，将整理出来的资料简明扼要、系统有序地显示出来。

上述内容中审核是统计整理的前提；分组是统计整理的基础；汇总是统计整理的中心；编制统计表、绘制统计图则是统计整理的结果。各个环节紧密联系、缺一不可，共同构成统计整理的工作内容。

任务二　统计资料审核

统计资料审核包括汇总前审核和汇总后审核。

一、汇总前的审核

在整理前，要对统计调查得来的原始资料进行严格审核，审核原始资料是否准确、及时、完整。如发现问题，要及时加以纠正。

（一）准确性审核

审核调查资料的准确性，是汇总前审核的重点。有两种审核方法：一是逻辑审核，就是审核调查资料的内容是否合理，项目有无相互矛盾的地方，以及与有关资料进行对照，看有无冲突的地方。二是计算审核，就是利用平衡或加总关系审核调查表或报表中各项数字在计算方法和结果上有无差错、计量单位有无与规定不符的地方等。

（二）及时性审核

审核调查资料的及时性，就是审核调查资料是否按规定时间报送，如未按时间报送，检查未按时间报送的原因。

（三）完整性审核

审核调查资料的完整性，就是审核所有被调查单位的调查资料是否齐全，是否按规定项目和份数上报。因为任何调查单位的资料不报、缺报，都会影响整个汇总工作的进行。

做好审核工作的关键是建立、健全各项责任制度。如发现问题，必须及时核实纠正。

二、汇总后的审核

汇总后的审核是对汇总好的数据资料再一次进行审核，改正在汇总过程中所发生的各种差错。汇总后审核的方法主要有复计审核、表表审核、表实审核和对照审核。

（一）复计审核

复计审核就是对每个汇总得到的指标数值再重复计算一次，看是否都计算正确。

（二）表表审核

表表审核就是审核不同统计表上重复出现的同一数值是否一致，审核不同统计表中互有联系的各个数值之间是否衔接或符合逻辑性。

（三）表实审核

表实审核就是对汇总所得的各项数值，与对应的实际情况进行对照，如果发现有较大出入，需要进行检查、改正。

（四）对照审核

对照审核就是把某些统计、会计、业务三种核算都计算的数值，放在一起进行对照检查，看是否统一。

任务三　统计分组

一、统计分组的含义

统计研究的目的，在于反映所研究总体的状况和特征。统计为了认识总体，不仅要研究总体的一般特征，而且要对总体内所有单位在质量与数量上存在的差异进行分析。统计分组就是基于这种需要而产生的。

统计分组，就是根据统计研究的需要，按照一定的标志，将统计总体划分为若干个组成部分的一种统计研究方法。总体的这些组成部分，称为"组"，也就是大总体中的小总体。将统计总体划分为不同部分所依据的标志，称为"分组标志"。统计分组使同一组内的各单位在分组标志上的性质相同或相近，不同组内的各单位在分组标志上的性质相异。对统计总体进行的分组，是由统计总体中各个单位所具有的"差异性"特征所决定的。统计总体中的各个单位，一方面在某一个或几个标志上具有相同的性质，可以被结合在同一个总体中；另一方面在其他标志上具有彼此不完全相同的性质，从而又可以被区分为性质不同的若干个组成部分。例如，在全部工业企业这个总体中，我们可以按照企业生产规模将企业划分为大型企业、中型企业和小型企业三个组，每一组内各企业生产规模相同或相近，而组与组企业之间的生产规模差异较大。又如，可以把全国人口这个总体，按性别、年龄、民族、职业等标志划分为不同的组。

可见，统计分组实质上是对统计总体内部进行结构分类。它是统计特有的方法，在统计工作中发挥着重要作用。只有对总体进行科学的分组，才能对社会经济现象进行分门别类的研究，通过对现象各个局部的了解，可以更加深刻地认识事物的本质。

二、统计分组的作用

统计分组在统计认识过程中的作用很多，主要表现在以下几个方面：

（一）区分社会经济现象的类型

把复杂社会经济现象区分为各个性质不同的组成部分，以认识事物质的差别，这种统计分级具有政治经济意义。我国正处在社会主义初级阶段，划分社会经济类型是极为重要的，它直接反映了社会生产关系和社会经济结构的特点。例如，1997年我国按经济类型划分的固定资产投资完成情况如表3-1所示。

表3-1　1997年我国按经济类型划分的固定资产投资完成情况

经济类型	实际完成/亿元	比重/%
国有经济	13 091.72	52.49
集体经济	3 850.87	15.44

续表

经济类型	实际完成/亿元	比重/%
个体经济	3 429.42	13.75
联营经济	123.12	0.49
股份制经济	1 387.21	5.56
外商投资经济	1 955.94	7.84
港、澳、台投资经济	937.14	3.76
其他经济	165.68	0.66
合计	24 941.10	100.00

这种划分较改革开放以前有显著的不同。1978 年以前，我国的经济类型主要是全民所有制和集体所有制两种基本类型。党的十一届三中全会以后，随着改革开放的不断深入，出现了以公有制为主体、多种经济成分并存的格局，经济类型呈现多样化，表 3-1 中的经济类型就显示了这一特点。运用统计分组法来区分经济类型，是研究生产关系与生产力的适应状况的重要手段。

(二) 反映社会经济现象总体的内部结构

从数量上反映总体内部的结构是统计研究的重要任务。在分组的基础上以计算各部分占总体的比重来表达总体内部结构，可体现部分与整体的关系以及各部分之间存在的差别和相互联系，反映事物从量变到质变的过程，帮助人们掌握事物的特征，认识事物的性质。而且，通过比较总体内部结构的动态变化，还可以揭示现象发展变化的过程和规律。

例如，我国人口就业结构的变化情况（见表 3-2），就基本上说明了我国三次产业结构的变化，反映了我国产业结构调整的进程。如果将这一结构与其他国家相比较，还可以显示我国劳动力的就业特点。

表 3-2 我国人口就业结构的变化情况 单位:%

产业类别	1980 年	1985 年	1990 年	1995 年	1997 年
第一产业	68.7	62.4	60.1	52.2	49.9
第二产业	18.2	20.8	21.4	23.0	23.7
第三产业	13.1	16.8	18.5	24.8	26.4

(三) 分析社会经济现象之间的依存关系

社会经济现象之间广泛存在着相互依存的关系，利用分组法可以从数量上反映现象之间相互联系、相互依存和相互制约的关系。即根据研究目的，按照一定标志对总体进行分组，然后观察相关标志的变化。像农作物的耕作深度与收成率之间以及合理密植与农产品产量之间、家庭工资收入与生活费支出之间、工人技术等级与产品质量之间、工人劳动生产率与产品成本之间、市场商品价格与其需求量之间等，都在一定程度上存在相互依存的关系。所有这些依存关系都可以通过统计分组来研究。例如，流通费用率与商品流转规模有关，其一般规律是流通费用率随商品流转规模的扩大而降低。现以表 3-3 为例予以说明。

表 3-3　商品销售额与流通费用率的关系

企业按月商品销售额分组/万元	企业数/个	流通费用率/%
200 以下	27	10.8
200~400	130	9.9
400~600	75	8.7
600~800	40	7.8
800~1 000	18	7.0
1 000 以上	10	6.3
合计	300	—

表 3-3 显示，200 万元以下的企业，流通费用率为 10.8%；随着商品销售额的不断增加，其流通费用率逐渐降低；当商品销售额达到 1 000 万元以上时，其流通费用率仅为 6.3%。可见，两者之间属于一种反向变化的依存关系。

上述三种作用中，反映社会经济现象总体的内部结构是最基本的，区分社会经济现象的类型是反映社会经济现象总体内部结构的特例，分析社会经济现象之间的依存关系是反映社会经济现象总体内部结构的扩展。

三、统计分组的类型

（一）品质分组和变量分组

按照分组标志表现形式的不同，统计分组分为品质分组和变量分组两种。

品质分组是指按品质标志将总体分为若干组。如职工按性别分组，按文化程度分组；工业企业按所有制分组等。在这里，"性别"、"文化程度"、"所有制"，都属于品质标志。

变量分组是按数量标志将总体分为若干组。如职工按年龄分组，按工资额分组；工业企业按总产值分组等。在这里，"年龄"、"工资额"、"总产值"，都属于数量标志。

（二）简单分组和复合分组

按照分组标志多少的不同，统计分组可以分为简单分组和复合分组两种。

只选择一个分组标志的分组叫简单分组。如学生按性别分组、企业按所有制形式分组等。

按两个或两个以上标志对总体进行的分组叫复合分组。具体地说，它是先按一个标志分组，然后再按另一个标志将已分好的各个组又划分为若干小组。例如，将某机床加工车间工人按工种和性别进行分组就是复合分组：

全部工人 ⎰ 车工 ⎰ 男
　　　　 ⎱　　　⎱ 女
　　　　　铣工 ⎰ 男
　　　　　　　⎱ 女
　　　　　刨工 ⎰ 男
　　　　　　　⎱ 女

（三）离散变量分组和连续变量分组

按照变量在取值范围内是否能够连续取值，变量分组可以分为离散变量分组和连续变量分组两种。

离散变量分组是指按离散型变量对总体所进行的分组。如商店按职工人数分组、工业企业按机器设备数分组、医院按拥有病床数分组、牛奶场按拥有牛头数分组等。

连续变量分组是指按连续型变量对总体所进行的分组。如商店按销售额分组、工厂按产值分组等。

（四）单项式分组和组距式分组

按照分组结果的形式不同，变量分组又可以分为单项式分组和组距式分组两种。

单项式分组是以一个变量值代表一个组，例如工人按看管机器台数分为看管1台、2台、3台等；组距式分组是以两个变量值界定的一个区间代表一个组，例如学生按成绩分为50~60分、60~70分、70~80分、80~90分、90~100分五个组。

按离散变量分组，若变量值的变异范围较小，则适宜采用单项式分组；若数值变异范围较大，则采用组距式分组。而按连续变量分组一般只能采用组距式分组。

四、统计分组的方法

（一）分组标志的选择

统计整理的关键在于统计分组，而统计分组的关键又在于分组标志的选择。分组标志选择的正确与否，是统计分组能否充分发挥作用的前提。因为分组标志一经确定，必然突出总体各单位在该标志下的差异，也就掩盖了总体各单位在其他标志下的不同，所以，同一总体由于选择的分组标志不同，对其认识可能会得出不同甚至相反的结论。为此，选择分组标志时一定要遵循以下几方面的原则：

1. 要根据统计研究的目的选择分组标志

对于同一总体进行分组，由于研究的目的不同，须采用不同的分组标志。例如，同样对工业这样一个总体分组，当研究工业企业规模结构时，应选择"生产能力"作为分组标志，以说明大、中、小型企业构成情况；而在研究工业内的部门结构时，则必须按"部门"进行分类。只有根据不同的研究目的，选择合适的分组标志，才能使统计分组的资料更好地满足研究的需要。

2. 要选择现象中最具有本质特征的标志作为分组标志

如果说明某一研究目的的标志有多个，则要抓住有本质特征的关键性标志作为分组的依据。如上例对企业规模的划分，就有许多标志，如企业职工人数、企业固定资产、生产能力等，但只有生产能力最能够综合企业多方面的因素，最好地体现企业规模的大小，所以，生产能力是划分企业规划大小的最具有本质特征的标志。

3. 要结合被研究现象所处的历史条件和经济状况选择分组标志

时间的变化，会使一些过去能较好体现现象本质特征的分组标志变得不再适用，所以研究同一问题时，应根据历史的发展，视具体情况的变化来选择分组标志。如研究工业企业的生产能力问题，在机械化程度低下的情况下，生产能力的大小主要取决于企业劳动力的数量，那时要反映企业生产能力的大小可以把职工人数作为主要标志。但在现代化工业企中，随着机械化程度的提高，职工人数的多少不再是决定企业生产能力的最重要因素，而是以企业固定资产代之，因此固定资产成为研究工业企业生产能力的一个重要分组标志。以上就体现了分组标志在不同历史条件下的变化。然而，在同一历史条件下，在不同的经济部门或生产部门中，由于它们的经济条件不同，因此也必须分别对待。例如，当今时代，对劳动密集型、技术密集型、资金密集型的企业，就不能选用同一标准来说明规模的大小。显然，对劳动密集型企业，选用职工人数说明其规模比较合适；对资金密集型和技术密集型企业，则应选用固定资产或专利技术拥有量作为标志更合适。

（二）品质分组的方法

按品质标志分组，是指选择反映事物属性差异的品质标志后，根据其变异范围区分各组界限，将总体划分为若干个性质不同的组成部分。例如，研究国民经济总体时，按"经济类型"分组，其可划分为国有经济、集体经济、个体经济、联营经济、股份制经济等；按"隶属关系"分组，其可划分为中央企业、省属企业、地区企业、县属企业、乡镇企业等；按"国民经济部门"分组，其可划分为工业企业、商业企业、金融企业、农业企业等。再如，研究人口构成状况时，按"性别"分组，其可划分为男和女；按"文化程度"分组，其可划分为大学及其以上、高中、初中、小学、半文盲和文盲；按"民族"分组，其可划分为汉族、少数民族等。

按品质标志分组在有些情况下比较简单，即分组标志一经确定，各组的特征也同时被确定，组与组的界限十分清晰。如人口按性别分为男、女两组；企业按组织形式分为股份公司、合伙企业、合资企业等均属此类。但在有些情况下，按品质标志分组显得比较复杂，组与组的界限不易划分。对这些复杂问题的分组，统计上常称为分类。分类法在统计工作中发挥着重要作用，如国民经济部门分类、产品分类、职业分类等。分类不仅涉及复杂的分组技术，而且也涉及国家的政策和科学理论，因而要十分慎重。为了保证各种分类的科学性、统一性和完整性，便于各个部门掌握和使用，国家统计局会同有关部门制定了统一的分类目录，在全国范围内实行。如商品分类目录、工业产品分类目录、工业部门分类目录等。

（三）变量分组的方法

如何划分职业类型？

按数量标志分组，是指选择反映事物数量差异的数量标志，根据其变异范围区分各组界限，将总体划分为若干个性质不同的组成部分。例如，研究居民家庭贫富状态时，按恩格尔系数（即食品类支出占整个居民家庭消费支出的比重）分组，将其在60%以上的划分为贫困家庭，50%~60%的为温饱家庭，40%~50%为小康家庭，40%以下的为富裕家庭。再如，我国在研究人的成长状况时，按年龄分组，0~6岁为婴幼儿，7~17岁为少年儿童，18~59岁为中青年，60岁（其中女性55岁）以上为老年。数量标志反映的是事物特定内容的数量特征，其概念是具体明确的。但按数量标志分组，并不是单纯地确定各组间的数量差异，而是要通过分组体现的数量变化来确定现象的不同性质和不同类型。因此，根据变量值的大小来准确划分性质不同的各组界限并不容易，这要求我们在按数量标志分组时，首先分析总体中可能有多少种性质不同的组成部分，然后再研究确定各组成部分之间的数量界限。

根据总体各单位某一数量标志值的变动特征，可供选择的分组方式有单项式分组和组距式分组两种。

1. 单项式分组

单项式分组即按每一个具体变量值对现象总体所进行的分组。如工人按看管设备台数分组（见表3-4）。

单项式分组一般适用于离散型变量，且在变量值不多、变动范围有限的条件下采用。当离散型变量变动范围比较大、统计单位数又很多时，若采用单项式分组，把每一变量值作为一组，则必然会使分组数过多，各组次数过于分散，不能反映总体内部各部分的性质和差异，从而失去了统计分组的真正意义。至于连续型变量，由于其变量值无法——列举，因此更不能采用单项式分组。在这些情况下就需要采用组距式分组方法。

表3-4 某工厂工人看管设备台数情况

按工人看管设备台数分组/台	工人数/人
1	20
2	40
3	15
4	15
合计	90

2. 组距式分组

组距式分组即按变量值的一定范围对现象总体所进行的分组。在现象总体的变动范围内，将其划分为若干个区间，各区间内的所有变量值作为一组，其性质相同，组与组之间的性质相异。与单项式分组相比较，组距式分组中各组的变量值不是某一具体的点值，而是一个区间。例如，对我国土地状况的研究（见表3-5）。

表3-5 我国土地状况分组

按海拔高度分/米	面积/万平方千米	占总面积比重/%
500以下	241.7	25.18
500~1 000	162.5	16.93
1 000~2 000	239.9	24.99
2 000~3 000	67.6	7.04
3 000以上	248.3	25.86
合计	960.0	100.00

组距式分组一般在变量值变动幅度较大的条件下采用。在组距式分组中，涉及组限、组距、组数、组中值等分组要素。

组限，用来表示各组之间界限的变量值，是决定事物质量的数量界限。其中，每一组最小的变量值为下组限，简称为下限；最大的变量值为上组限，简称为上限。在表3-5中，左栏数据都是组限，在第二组中"500"是下限，"1 000"是上限。

组距式分组中，常常会遇见首末两组"开口"的情况，即用"×××以下"表示第一组，用"×××以上"表示最后一组，这些有上限无下限或有下限无上限的组，称为开口组。如表 3-5 中"500 以下"和"3 000 以上"两组。

　　组限的表达形式与变量的特点密切相关。如果分组标志是连续型变量,则组限一般用重合式表达;如果分组标志是离散型变量,则组限一般用不重合式表达。所谓重合式,就是相邻两组中,前一组的上限与后一组的下限数值相重叠。如表 3-5 中各组的组限 500 米、1 000 米、2 000 米、3 000 米,既作为前一组的上限,又作为后一组的下限,数值重叠。那么这些变量值应归属于哪一组呢?统计上一般按"上限不在内"的原则进行处理,反过来说,就是下限在内,即作为上限的变量值应归属于后一组,如"1 000 米"应归属于第三组(即 1 000 ~ 2 000);所谓不重合式,就是相邻两组中,前一组的上限与后一组的下限两变量值紧密相连但不重叠。例如,2015 年 11 月 1 日零时我国人口年龄构成抽样调查资料(见表 3-6),按年龄将全国人口分为 0 ~ 14 岁、15 ~ 59 岁、60 岁及以上三组,组与组之间变量值紧密衔接,但不重叠。凡年龄超过 14 岁但不满 15 岁的,属于 0 ~ 14 岁组;凡年龄超过 59 岁但不满 60 岁的,仍属于 15 ~ 59 岁组。

表 3-6　2015 年 11 月 1 日零时我国人口年龄构成抽样调查资料

按年龄分组/岁	人口数/万人	占总人口比重/%
0 ~ 14	22 696	16.52
15 ~ 59	92 471	67.33
60 及以上	22 182	16.15
合计	137 349	100.00

　　组距,是指一组变量值的区间长度,也就是每一组的上限与下限之间的差量,即"组距 = 上限 - 下限"。如表 3-5 中,第二组的组距 = 1 000 米 - 500 米 = 500 米。

　　组距式分组中,根据各组的组距是否相等可以分为等距分组和异距分组。各组组距都相等的分组称为等距分组,不相等则称为异距分组。采用等距分组还是异距分组,要根据研究目的和现象的特点来决定。等距分组时,组距相等,各组次数分布不受组距大小的影响,便于比较,有利于现象间依存关系的研究。异距分组时,各组次数的多少受组距大小影响,为了比较则需要借助于次数密度指标。

　　组数,即分组个数。在所研究总体一定的情况下,组数的多少和组距的大小是紧密联系的。一般说来,组数和组距成反比关系,即组数少,则组距大;组数多,则组距小。如果组数太多,组距过小,会使分组资料烦琐、庞杂,难以显现总体内部的特征和分布规律;如果组数太少,组距过大,可能会失去分组的意义,达不到正确反映客观事实的目的。在确定组距和组数时,应注意保证各组都能有足够的单位数,组数既不能太多,也不宜太少,应以能充分、准确体现现象的分布特征为宜。

　　组中值,即各组变量值的代表性水平。在重合式组限的分组中,它是各组上限与下限的简单平均数;在非重合式组限的分组中,它是本组下限与后一组下限的简单平均数。即

$$\text{重合式表达组限闭口组组中值} = \frac{\text{上限} + \text{下限}}{2}$$

$$\text{非重合式表达组限闭口组组中值} = \frac{\text{本组下限} + \text{后一组下限}}{2}$$

　　当遇到缺少上限或下限的开口组时,其组中值以相邻组组距为依据计算,即

$$\text{缺下限开口组组中值} = \text{上限} - \frac{\text{邻组组距}}{2}$$

$$\text{缺上限开口组组中值} = \text{下限} + \frac{\text{邻组组距}}{2}$$

应当指出,在组距式分组中,组距掩盖了分布在组内各单位的实际变量值,因此需要用组中值来代表该组的一般水平,这就是组中值在统计分析研究中被广泛采用的原因。

任务四 统计资料汇总

统计资料汇总的工作内容,主要是在统计分组的基础上,汇总计算出各组及总体的单位数、标志总量。

什么是"四上"企业?

一、统计资料汇总的方法

统计资料汇总的方法主要有两种:手工汇总和电子计算机汇总。

(一)手工汇总

手工汇总是用算盘或小型计算器进行的汇总。常用的手工汇总方法有四种。

1. 划记法

划记法是在汇总表上通过划点、划线或划其他符号的方式来汇总统计资料的方法。这种方法主要用来汇总各组次数及总体次数。

2. 过录法

过录法与划记法的不同之处在于它将划记号改为抄录数值。因而,它不仅可以满足计算各组单位数及总体单位数的需要,而且可以满足计算各组标志值总和及总体标志值总和的需要。如果中途发现数据的分配计算有错误,则便于核对、调整,无须全部返工。

3. 折叠法

折叠法是在汇总大量格式相同的调查表时,将所有调查表中需要汇总的某一栏(行)数字,通过折叠的方式使它们都显现在一条直线上,将暂时不汇总的其他数据掩盖起来,然后用算盘或计算器进行汇总的一种快速简便作法。这种方法实质上与过录法相同,只是用折叠代替了抄录。

4. 分票法

分票法是基层单位普遍使用的汇总方法。作法是将采集来的原始记录,按照统计台账所设指标的要求,进行分组或分类,然后将各组或各类原始记录加总计算,填写到统计台账。分票法的实质是过录法的简便运用。

手工汇总速度慢、易出差错,已被逐步淘汰,取而代之的是现代化的汇总技术——电子计算机汇总。

(二)电子计算机汇总

电子计算机汇总,是统计工作现代化的重要标志之一。它不仅具有计算量大、速度快、准确程度高的特点,而且可以进行逻辑运算和数据储存。

运用电子计算机进行资料的汇总,大体上分六个步骤:

1. 编程序

所谓程序，是指按计算机语言对计算机所要进行的工作所作的流程排列。这边就是根据汇总方案编制计算机运行程序，包括统计分组、汇总、制表等。

2. 编码

编码是把各种形式的统计资料（数字型、文字型、图表型等）转换成便于计算机识别和处理的专门的数码的过程。编码的质量不仅影响数据录入的速度和质量，而且将影响数据处理的最终成果。

3. 数据录入

数据录入就是把经过编码后的统计资料通过录入设备记载到计算机的储存介质（如软磁盘、磁带、纸带、穿空卡片等）上，以备计算机操作时调用。

4. 逻辑检查

逻辑检查也称"编辑"，就是按照事先规定的一套逻辑检查规则对输入电子计算机的原始数据进行分析、比较、筛选、整理等，将误差超过允许范围的一些数据退回审改，把在允许范围以内的个别错误由计算机按编辑规则自行改正。决定逻辑检查效果的关键是制定的编辑规则是否合乎情理。

5. 制表打印

制表打印是指所有数据经过逻辑检查（编辑）之后，由电子计算机按照事先规定的汇总表式和汇总层次进行统计制表，并通过输出设备把结果打印出来。

6. 建立数据库

将原始资料汇总制表打印以后，标志着统计整理工作已经结束，但对资料的使用才刚刚开始。要使这些资料能够充分发挥作用，必须进一步对其进行深入的分析研究。因此，必须建立统计资料的数据库，以便随时调用这些资料。

二、统计资料汇总的组织形式

在我国，统计资料汇总的组织形式有三种：逐级汇总、集中汇总和综合汇总。

（一）逐级汇总

逐级汇总是按照一定的统计管理体制，自下而上地逐级进行调查资料的汇总，我国定期统计报表多采用这种组织形式进行汇总。逐级汇总的优点是能够就地检查和纠正错误，在满足上级领导部门要求的同时，还可以满足各地区、各系统领导部门的需要。其缺点是需要较长时间才能汇总出全国性的统计资料。

（二）集中汇总

集中汇总是将全部调查资料集中到组织调查的最高机关或它指定的机构直接进行汇总。这种组织形式的优点是不经过中间环节，可以大大缩短汇总时间，便于贯彻统一的汇总纲要，并且可以使用现代化的汇总手段来提高汇总效率和质量。因此，对时效性强的快速普查和对汇总要求很高的一些重要调查，常常采用集中汇总形式。其缺点是资料中的差错不便于就地发现和改正，也不能及时满足各地区、各部门的对统计资料的需要。

（三）综合汇总

在统计实践中，也可以将逐级汇总形式和集中汇总形式结合使用，从而形成综合汇总形式。即一方面对一些最基本的统计指标实行逐级汇总,另一方面又将全部调查资料实行集中汇总。例如我国1982年和1990年两次全国人口普查就采用了这种方式进行汇总,即几个主要分组和指标采用逐级汇总方式,以便得到汇总结果就地提供各方面使用;同时对全部调查资料采用分省、市、自治区集中汇总,然后由中央再一次汇总。这样,既保证了必要的人口资料的及时使用,又保证了对人口情况进行深入分析研究的需要。

三、分配数列

（一）分配数列的含义

在统计资料分组和汇总的基础上,将各组组别（组名）与次数（或频数）依次编排而成的数列就叫作次数分配数列,也称次数分布数列,简称分配数列或分布数列。分配数列是统计整理的一种重要形式,又是分析次数分布和总体构成的重要方法。

分配数列包括两个基本要素:

（1）组别（组名）：也就是各组的名称,可以是品质组名,也可以是变量组名。

（2）次数（频数）：分布在各组的总体单位数称为次数,也叫频数。各组次数与总次数之比称为频率,也叫比率或比重。

（二）分配数列的种类

分配数列根据分组标志的特征不同,可以分为两大类:

（1）品质分配数列：简称品质数列,由品质组别和次数（或频数）组成,如表3-7所示。

（2）变量分配数列：简称变量数列,是由变量组名与各组次数（或频数）组成的。变量数列根据分组形式的不同可分为单项数列（见表3-4）与组距数列（见表3-5、表3-6）。组距数列根据每组组距是否相等,又分为等距数列与异距数列。分配数列根据分组标志和数据特征不同可有下列分类:

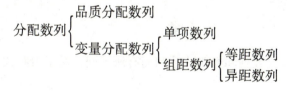

表3-7 某高校学生人数性别分配

性别	人数/人	频率/%
男	732	57.14
女	549	42.86
合计	1 281	100

对于品质数列,只要分组标志与标准定得恰当,各组的划分就比较容易解决。对于变量数列,因为决定各组的数量界限往往因人的主观认识而异,所以按同一数量标志分组可能会出现多种分配数列。为了使变量数列能较准确地反映总体的分布特征,下面着重介绍变量数列编制的一般方法。

（三）分配数列的表现形式

分配数列的表现形式有两种：次数分布表和次数分布图。

1. 次数分布表

表 3-5～表 3-8 就是四张格式规范的次数分布表，其中表 3-5、表 3-6 都是组距式数列的次数分布表，表 3-7 为品质数列的次数分布表，表 3-8 为单项式数列的次数分布表。

表 3-8　某电业局发电厂拥有发电机组的分布

拥有发电机组数/套	发电厂数/个	频率/%
1	35	28.0
2	48	38.4
3	26	20.8
4	12	9.6
5	4	3.2
合计	125	100.00
组名（各组变量值）	次数	频率

一般情况下，次数分布表各栏的编排顺序为：第一栏为组名栏，第二栏为次数栏，第三栏为频率栏，如表 3-8 所示。此外，编制次数分布表还要注意以下几点：

（1）第一行和最后一行需要用细线与中间各行隔开。第一行为纵标目行，其中的各项目为各栏的具体的名称；最后一行为合计行，需要在这一行合计出总次数、总频率等。

（2）中间各行不需要用细线隔开，只有当行数太多时，可以每一定行数用细线隔开一次。

（3）顶线和底线需要用粗线。

（4）左右两端是开放式的，不能够封口。

（5）需要有总标题，置于表的上方居中位置。

2. 次数分布图

变量数列的次数分布图的绘制因单项式数列和组距式数列而有所不同，对于组距式数列，又有等距数列和异距数列的差别。

1）单项式数列次数分布图

单项式数列次数分布图的绘制比较简单，以横轴表示变量值，以纵轴表示次数（或频率），在坐标系中描出各组变量值和次数（或频率）所对应的坐标点，并用折线（或平滑曲线）连接各坐标点，即得单项式数列次数分布折线图（或曲线图）。

图 3-1 所示为表 3-8 单项式数列次数分布表所对应的次数分布折线图。

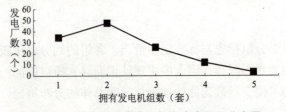

图 3-1　某电业局发电厂拥有发电机组分布图

2）等距数列次数分布图

组距式数列次数分布图有柱形图（也称为直方图）和折线图两种，但折线图是在柱形图的基础上绘制的，具体绘制步骤如下：

（1）以横轴代表变量值，并在上面标出各组组限值所在位置；以纵轴代表次数，并在上面标出次数刻度。

（2）以各组组距为宽（也可在组距中间位置以小于组距的长度为宽），次数为高，绘出各组所对应的矩形，矩形的底就是各组下限值和上限值所形成的区间（或为对应区间中间的一条线段），所得图形即为等距数列柱形图。

（3）将各组矩形顶的中点（即各组组中值与次数的交点）连成一条折线，并向两端下方延伸至与横轴相交，两个交点距离第一组矩形与最后一组矩形的长度都等于二分之一组距，即得次数分布折线图。

图3－2、图3－3就是根据表3－9绘制的等距数列次数分布柱形图和折线图。

表3－9　某城镇50户居民家庭人均月收入资料

居民家庭人均月收入/元	户数/户	户数的比重/%
700 ~ 800	4	8
800 ~ 900	6	12
900 ~ 1 000	8	16
1 000 ~ 1 100	12	24
1 100 ~ 1 200	9	18
1 200 ~ 1 300	5	10
1 300 ~ 1 400	4	8
1 400 ~ 1 500	2	4
合计	50	100

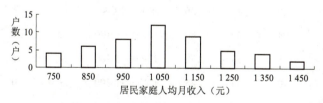

图3－2　居民家庭人均月收入（一）

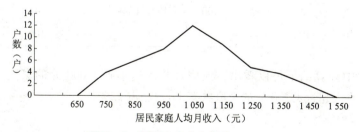

图3－3　居民家庭人均月收入（二）

（四）累计次数与累计频率

在分配数列中，次数和频率只能表明统计分组后各组的单位数及其比重分别是多少，但无法反映某组以前累计有多少单位和比重,也无法反映某组以后累计还有多少单位和比重。为此,需要计算各组累计次数和累计频率。

按照累计时方向的不同,累计次数和累计频率都可分为两种类型:向上累计和向下累计。

向上累计是从变量值小的组往变量值大的组累计,即从第一组开始往后累计,某一组的向上累计次数(或频率)就是将第一组到该组之间所有组的次数(或频率)累计加总。现以表3-9资料为例,第一组向上累计次数就等于该组次数(即4),第二组向上累计次数等于第一组与第二组次数之和(即4+6=10),第三组向上累计次数等于第一组到第三组次数之和(即4+6+8=18),第四组向上累计次数等于第一组到第四组次数之和(即4+6+8+12=30),依此类推,各组向上累计次数计算结果如表3-10所示。各组向上累计频率用同样方法计算。

向下累计是从变量值大的组往变量值小的组累计,即从最后一组开始往前累计,某一组的向下累计次数(或频率)就是将最后一组到该组之间所有组的次数(或频率)累计加总。现仍以表3-9资料为例,第一组向下累计次数等于最后一组到第一组之间各组次数之和(即2+4+5+9+12+8+6+4=50),第二组向下累计次数等于最后一组到第二组之间各组次数之和(即2+4+5+9+12+8+6=46),第三组向下累计次数等于最后一组到第三组之间各组次数之和(即2+4+5+9+12+8=40),第四组向下累计次数等于最后一组到第四组之间各组次数之和(即2+4+5+9+12=32),依此类推,各组向下累计次数计算结果如表3-10所示。各组向下累计频率用同样方法计算。

表3-10 累计频数与累计频率计算表

居民家庭人均月收入/元	户数/户	比重/%	向上累计		居民家庭人均月收入/元	户数/户	比重/%	向下累计	
			次数/户	频率/%				次数/户	频率/%
700~800	4	8	4	8	700~800	4	8	50	100
800~900	6	12	10	20	800~900	6	12	46	92
900~1 000	8	16	18	36	900~1 000	8	16	40	80
1 000~1 100	12	24	30	60	1 000~1 100	12	24	32	64
1 100~1 200	9	18	39	78	1 100~1 200	9	18	20	40
1 200~1 300	5	10	44	88	1 200~1 300	5	10	11	22
1 300~1 400	4	8	48	96	1 300~1 400	4	8	6	12
1 400~1 500	2	4	50	100	1 400~1 500	2	4	2	4
合计	50	100	—	—	合计	50	100	—	—

从表3-10中计算结果可以看出,人均月收入达不到1 000元的家庭共有18户、占36%,而人均月收入超过1 200元的家庭共有11户、占22%。

(五)次数分布的主要类型

由于社会经济现象性质的不同,各种统计总体都有不同的次数分布,形成各种不同类型的分布特征。概括起来,各种不同性质的社会现象的次数分布主要有四种类型:钟形分布、U形分布、J形分布和洛伦茨分布。这里只介绍前三种分布。

1. 钟形分布

如果一个次数分配数列呈现这样的特征：较大变量值和较小变量值的分配次数都较少，中间变量值分配次数较多，绘制成的曲线图形宛如一口钟，就可以称该现象的次数分布为钟形分布，有时也称为丘形分布，如图 3-4 所示。社会经济现象中许多变量的分布属于钟形分布类型，如农作物的单位面积产量、商品市场价格、学生考试成绩、人口的身高体重等，都是低水平和高水平的单位数量较少，而中间水平的单位数量较多。由此可见，钟形分布的特征是"中间大，两头小"。

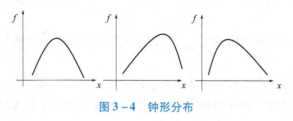

图 3-4　钟形分布

2. U 形分布

U 形分布的特征与钟形分布恰恰相反，靠近中间的变量值分布的次数少，靠近两端的变量值分布的次数多，形成"两头大，中间小"的 U 字形分布。如人口死亡现象按年龄分布便是如此。由于人口总体中幼儿和老年死亡人数较多，而中年死亡人数最少，因而死亡人数按年龄分组便表现为 U 形分布，如图 3-5 所示。

图 3-5　U 形分布

3. J 形分布

在社会经济现象中，也有一些统计总体分布曲线呈 J 形。J 形分布有正反两种情况：次数随变量值增大而增多，绘成的曲线图形如英文字母"J"，称为正 J 形分布，如图 3-6 所示，例如，投资按利润率大小分布；次数随变量值增大而减少，绘成的曲线图犹如反写的英文字母"J"，称为反 J 形分布，如图 3-7 所示，例如，人口总体按年龄大小的分布。

图 3-6　正 J 形分布图

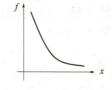

图 3-7　反 J 形分布图

任务五　编制统计表和绘制统计图

一、统计表

(一) 统计表的概念和构成

1. 统计表的概念

统计表是显示统计资料的形式之一。它以形式简明的表格表达统计数据的内容以及各指标间的数量关系。

经过统计汇总，得到表明社会经济现象总体单位数和一系列标志总量的统计资料。统计资料的表达形式有统计表、统计图和统计分析报告三种，其中统计表是表现统计资料的一种基本形式。

统计表是用纵横交叉的线条所绘制成的表格，是表现统计资料的一种形式。广义的统计表包括统计工作各个阶段所用的一切表格。本节所讲的统计表，是把它当作统计整理工作过程的最后一个步骤，当汇总结果体现在表上时，意味着统计整理过程的终止。

统计表的主要优点有：

(1) 能有条理、有系统地排列统计资料，使人在阅读时一目了然。

(2) 能合理地、科学地组织统计资料，使人在阅读时便于对照比较。

2. 统计表的构成

从外部形式看，统计表的构成如表3-11所示，包括总标题、横标目、纵标目和统计数字四个基本要素。

1) 总标题

它是统计表的名称，用以概括说明整个表的内容，一般位于表的上方居中。

2) 横标目（也称横行标题）

它是横行内容的名称，代表统计表所要说明的对象（总体及其分组），通常也称为主词，一般列在表内的左边。

3) 纵标目（也称纵栏标题）

它是纵栏内容的名称，是用来说明主词情况的统计指标名称，通常也称为宾词，一般列在表内的上方。

4) 统计数字

它是各项指标的具体数值，内容由横标目和纵标目所限定，其数字可以是绝对数、相对数或平均数。

另外，为了补充统计表中未说明的问题，统计表往往还附有一些说明，包括资料来源、指标计算方法、填报单位、填表人、填表日期等。

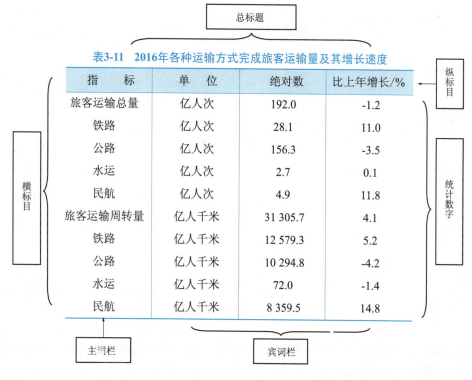

（二）统计表的分类

为了更好地发挥统计表在显示统计数据方面的作用，我们可以选择不同标志对统计表进行分类。

1. 调查表、汇总表和分析表

统计表按作用不同，可以分为调查表、汇总表和分析表。调查表是在统计调查中用于登记、搜集原始资料的表格；汇总表是用于统计资料整理、汇总的表格；分析表是用于统计分析的表格。

2. 空间数列表和时间数列表

统计表按所反映统计数列的时空性质不同，可以分为空间数列表和时间数列表。空间数列表又称静态表，是反映同一时间条件下不同空间范围内的统计数列的表格，可以说明社会经济现象在不同空间内的数量分布状态。时间数列表又称动态表，是反映同一空间条件下不同时间上的统计数列的表格，可以说明在既定的空间范围内，社会经济现象在不同时间上的变动过程。空间数列表和时间数列表还可以结合起来显示统计数据，形成时空数列表。

3. 简单表、分组表和复合表

统计表按对总体分组的情况不同，可以分为简单表、分组表和复合表。简单表是指对总体未作任何分组，仅按单位名称或时间顺序排列而成的统计表，如表3-13所示。分组表又称简单分组表，是对总体的统计单位按一个标志进行分组而形成的统计表，如表3-9所示。利用分组表可以深入分析现象的内部结构和现象间的相互依存关系。复合表又称复合分组表，是对总体的统计单位按两个或两个以上的标志进行交叉重叠分组而形成的统计表，如表3-12所示。复合表可以反映所研究对象受几种因素的共同影响而发生的变化。

表 3-12 复合分组类

工种	性别	人数/人	比重/%
（甲）	（乙）	（1）	（2）
车工	男 女 小计		
刨工	男 女 小计		
铣工	男 女 小计		
总计			

（三）统计表的编制规则

为使统计表更清楚地反映所研究现象数量特征，便于分析比较，编制统计表必须遵循科学、实用、简练、美观的原则。

（1）统计表的各种标题，特别是总标题的表述，应十分简明确切，概括表明表的内容，总标题内或标题下还应写明资料所属的地点和时间。

（2）统计表中主词各行和宾词各栏的排列，应有一个合理的顺序。一般应按先局部后整体的原则进行排列，即先列各个分组，后列总计。当没有必要列出所有各组时，可以先列总计，而后列出其中一部分的重要分组。

（3）如果统计表的栏数较多，则通常要加以编号，在主词及计量单位等栏，用甲、乙、丙等文字表示；在宾词指标各栏，则用1、2、3等数字编号，并说明其相互关系。

（4）统计表表式，一般是开口式的，即表的左右两侧不划纵线。

（5）表中数字应填写整齐，对准位数，如有相同的数字应该全部重写，切忌写"同上""同左"等字样；当没有数值时，应划"—"符号表示；缺乏某项资料时用符号"…"表示，表明不是漏填；当某项资料应免填时，用符号"×"表示。统计表数字部分不应留下空白。

（6）统计表纵栏之间必须用细纵线隔开，横行之间则不一定划线隔开。表的下部有合计横行时，在其上面以细线与其他数字隔开。表的上下两端线应用粗横线或用双横线封闭。

（7）统计表中必须注明数字资料的计量单位。当全表只有一种计量单位时，可以把它写在表头的右上方；当表中需要分别注明不同计量单位时，横行的计量单位可以专设一栏；纵栏的计量单位，要与纵标题写在一起。

（8）有时统计表应加注说明或注解。例如，某些指标有特殊的计算口径、某些统计资料只包括一部分地区、某些数字是由估算来插补的等，都要加以说明。有时还要注明资料来源，以便查考。说明和注解一般定在表的下端。

二、统计图

（一）统计图的概念和作用

通过几何图形或具体事物的形象和符号来表现社会经济现象数量关系的图形称为统计图。这种利用图形描述统计资料和分析研究成果的方法称为统计图示法。

统计图示法与统计表等其他方法相比较，有显著的优点，鲜明直观、形象生动、通俗易懂、一目了然，便于阅读和记忆，给人以明确而深刻的印象。因此，统计图示法在社会、经济生活中得到广泛应用：

第一，在统计分析、社会科学研究方面，运用多种多样的统计图，可以将复杂现象的数量特征及数量关系，清晰简明地揭示出来。统计图示法是统计分析的一种重要方法。

第二，在各种管理工作中，通过统计图可以及时了解生产经营状况和工作进程，掌握计划执行的情况，便于发现问题，采取措施，科学地调度指挥生产经营，改进工作。所以，统计图示法也是进行科学管理的一种有效手段。

第三，在宣传教育工作中，利用统计图直观、形象、通俗易懂的特点，向广大群众宣传社会主义建设成就，进行形势教育，激发人们的热情，鼓舞人们积极上进。所以，统计图示法又是对群众进行宣传教育且容易为群众接受的良好形式。

（二）统计图的分类

1. 按统计图图形的形式不同划分

1）几何图

它是利用点、线、面等几何图形来表现统计资料的图形。几何图又分为条形图、曲线图、面积图（平面图）等，都是以图形的大小、长短、多少或曲线的升降来表示现象的数量特征的。

2）象形图

它是利用事物的形象来表明现象的特点和数量对比关系的图形。这类图形实质上是几何图形的变形，也是以图形的大小、长短、多少来表现统计资料的。

3）统计地图

它是利用点、线、面或事物的形象在地图上显示现象的分布状况。

2. 按统计图的用途不同划分

1）宣传展示图

宣传展示图是进行宣传展览，供广大群众阅览用的图形。它所反映的数字资料以简要为宜，形式上要注意美观、生动，讲求艺术性。

2）工作示意与竞赛评比图

工作示意与竞赛评比图是用于经营管理与开展竞赛评比的图形。它所表示的统计指标数值要随着事物的发展而变化，数字资料要准确，形式上要注意通俗易懂、生动活泼。

3）分析总结图

分析总结图是作为分析研究和总结用的图形，一般用以反映某种现象的过程与结果。

此外，统计图还可按应用场所不同分为挂图、案图和书图；按制作材料不同分为普通制图、剪贴制图、照片制图、雕塑制图和实物制图等。

以上种种统计图是从不同的角度来观察的，在实际工作中经常将各种图形结合应用。

(三) 绘制统计图的基本规则

对绘制统计图的基本要求是：准确、鲜明、通俗易懂、便于比较。

为了达到这些要求，绘制统计图要遵守以下基本原则：

1. 要有明确的制图目的

绘制统计图，首先要明确绘图目的。因为制图的目的不同，所选用的图形也不同，所以对制图技术的要求也不同。如表明总体内部的结构和比较两个地区或两个单位同类指标的差别，所选用的统计图就不相同。

2. 根据制图目的选择统计资料

绘制统计图所选择的资料，一定要符合制图目的要求。如果绘制统计图是为了说明社会经济现象发展变化，则应选择动态的统计资料。在绘图前，要对统计资料进行审核，作到准确可靠。

3. 选择恰当的统计图形

选择统计图形时要根据绘制统计图的目的和统计资料的性质进行。如果是为了反映某种现象的内部结构，就要选用圆形图或条形结构图。如果是为了反映计划的完成情况，就要选用曲线图。

4. 统计图要有标题

标题要确切地反映统计图表示的内容，还要注明时间、地点和单位，有的还需要标明图例。

5. 绘制几何统计图形的比度要恰当

所谓比度，是指表示数值单位的线段。比度既不能过大，也不能过小，过大或过小，都影响统计图的美观和鲜明性。

(四) 常用的几种统计图

1. 柱形图

柱形图又称条形图、直方图，是以宽度相等的条形或长度的差异来显示统计指标数值多少或大小的一种图形。柱形图简明、醒目，是一种常见的统计图形。它可以用来说明或比较同一指标在不同时间、地点、单位的发展变化。图3-8（依据表3-13绘制）反映了我国国内生产总值（GDP）的变动情况。

表3-13　我国国内生产总值　　　　　　　　　　　　　　　　单位：亿元

年份/年	国内生产总值（GDP）	年份/年	国内生产总值（GDP）
2001	109 655.2	2007	265 810.3
2002	120 332.7	2008	314 045.4
2003	135 822.8	2009	340 902.8
2004	159 878.3	2010	401 202.0
2005	184 937.4	2011	472 882.0
2006	216 314.4	2012	519 470.0

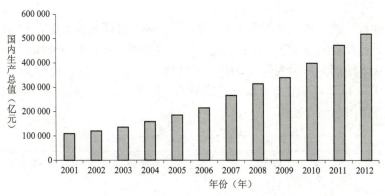

图 3-8　国内生产总值增长情况柱形图

绘制柱形图时，应将时间或单位绘在坐标的横轴上，指标绘在坐标的纵轴上；整个图形的长宽比例要协调，有美感；纵坐标的数值应从"0"开始，特殊处理要加以说明。

2. 圆形图

圆形图是以圆形或圆内扇形的面积大小来显示统计资料的一种图形。它主要用于反映现象的内部结构及其变化，如图 3-9（依据表 3-14 绘制）所示。

表 3-14　我国土地构成状况

按地形分	面积/万平方千米	比重/%
山地	320	33
高原	250	26
盆地	180	19
平原	115	12
丘陵	95	10
合计	960	100

绘制圆形图时，每个圆的面积代表 100%，然后分别绘制各部分所代表的百分比。其方法是用圆的总度数 360 度分别乘以各部分的比例，从而换算出相应部分在圆内的圆心角度数，据此分割圆内总面积。如果将不同时间或不同单位的圆形图绘制在一起，则应依据两者该项总量指标之间的比例关系来确定圆与圆之间的比例关系。圆形图要有图例说明。

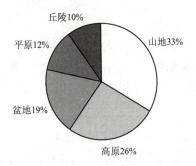

图 3-9　我国土地构成状况圆形图

3. 曲线图

曲线图又称折线图，是利用曲线的升、降变化来表示被研究现象发展变化趋势的一种图形。它在分析研究社会经济现象的发展变化、依存关系等方面具有重要作用。例如，图3-10（依据表3-15绘制）所示为我国2001—2012年年底总人口的变动曲线图，从中可清楚地看出我国2001-2012年年底总人口在这段时间内的增长趋势。在某些情况下，还可以将曲线图与其他几何图形结合使用。

表3-15 我国2001—2012年年底总人口

年份/年	年底总人口/万人	年份/年	年底总人口/万人
2001	127 627	2007	132 129
2002	128 453	2008	132 802
2003	129 227	2009	133 450
2004	129 988	2010	134 091
2005	130 756	2011	134 735
2006	131 448	2012	135 404

绘制曲线时，如果是某一现象的时间指标，则应将时间绘在坐标的横轴上，指标绘在坐标的纵轴上；如果是两个现象依存关系的显示，则可以将表示原因的指标绘在横轴上，表示结果的指标绘在纵轴上。同时，还应注意整个图形的长宽比例。

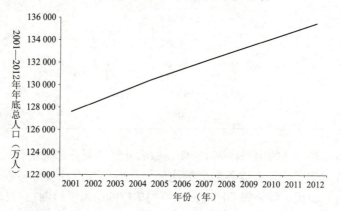

图3-10 我国2001-2012年年底总人口的变动曲线图

4. 象形图

象形图是以表示现象本身形象的长度、大小、多少来显示统计指标数值的一种图形。它是统计图中最具体、最鲜明生动的图形，可给人以深刻的印象，在进行成果展览、群众性宣传等方面得到了广泛的应用，图3-11（依据表3-16绘制）所示为我国2005年、2010年、2015年的原煤产量的增长情况。

表3-16 我国原煤产量增长情况

年份/年	原煤产量/万吨标准煤
2005	215 132

续表

年份/年	原煤产量/万吨标准煤
2010	341 322
2015	478 722

图 3-11　我国原煤产量增长情况

绘制象形图时，应先确定显示统计数据的面积，然后将实物形象与面积大小相结合，从而给人以具体、形象、生动活泼的感觉。

任务六　运用 Excel

一、数据分组

（一）运用 FREQUENCY 函数进行数据分组

例如：某班 50 名学生统计学原理考试成绩如下：

运用 FREQUENCY 函数进行数据分组

50	65	72	77	86	51	66	73	78	86
54	67	74	79	87	58	68	74	80	88
59	69	74	81	90	61	69	75	82	91
61	70	75	84	91	62	71	75	84	95
63	72	75	84	97	64	72	76	85	99

如果运用 FREQUENCY 函数将这 50 名学生按统计学原理成绩分成 59 分以下、60~69 分、70~79 分、80~89 分和 90~100 分五组，步骤如下：

（1）在 A1：A51 单元格区域分别输入纵标目"统计学原理成绩"及以上 50 名学生的成绩，在 B1：B6 单元格区域分别输入纵标目"分组上限"及各组上限 59、69、79、89、100，在 C1 单元格输入"频数"；

（2）使用鼠标拖选 C2：C6 单元格区域；

（3）在数据编辑栏中输入公式"=FREQUENCY（A2：A51，B2：B6）"，如图 3-12 所示。

也可以在功能区依次单击"公式"、"f_x（插入函数）"，在弹出的"插入函数"选择菜单中的"或选择类别（C）："中选择"全部"或者"统计"选项，在"选择函数（N）："

中选择"FREQUENCY",然后单击"确定",在出现的FREQUENCY函数对话框的Data_array 和 Bins_array 后分别输入"A2：A51"和"B2：B6",如图 3-13 所示;

图 3-12　在数据编辑栏中输入公式

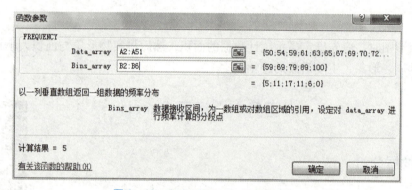

图 3-13　FREQUENCY 函数对话框

(4) 无论哪种情况,输入完成后,都要按下组合键 Ctrl + Shift + Enter,即可得到各组的频数资料,如图 3-14 所示。

图 3-14　FREQUENCY 函数分组结果

运用"直方图"工具进行统计分组并制作次数分布直方图

(二) 运用"直方图"工具进行统计分组并制作次数分布直方图

仍以上面 50 名学生统计学原理考试成绩为例,步骤如下:

(1) 在 A1：A51 单元格区域分别输入"统计学原理成绩"及以上 50 名学生的成绩,在 B1：B6 单元格区域分别输入"分组上限"及各组上限 59、69、79、89、100;

(2) 单击"数据"按钮中的"数据分析"按钮,选择其中的"直方图"并单击"确定"按钮，如图 3-15 所示；

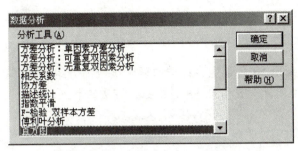

图 3-15 "数据分析"选择框

（3）在出现的直方图对话框的"输入区域（I）："后通过鼠标拖选方式输入"$A$1：$A$51"，在"接收区域（B）："后通过鼠标拖选方式输入"$B$1：$B$6"，单击"输出区域（O）："前的圆圈并在其后输入"D1"（见图 3-16）；

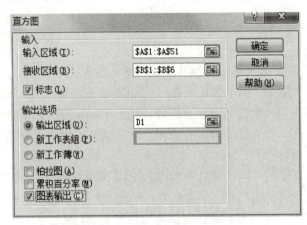

图 3-16 "直方图"对话框

（4）勾选"标志"和"图表输出"，最后单击"确定"按钮，就会得到以上 50 名学生成绩的次数分布表和次数分布直方图（见图 3-17）。

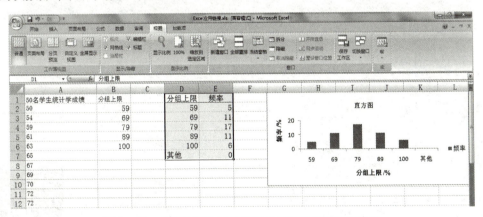

图 3-17 "直方图"工具数据分组与直方图绘制结果

二、运用 Excel 计算累计次数

表 3-17 所示为某班 50 名学生会计学原理考试成绩分组结果，我们用 Excel 计算各组向上累计次数和向下累计次数，方法如下：

运用 Excel 计算累计次数

表 3-17　某班学生会计学原理成绩分布

成绩	人数/人
59 以下	6
60～69	12
70～79	17
80～89	10
90～100	5
合计	50

（1）在一张空工作表的 A 单元列和 B 单元列输入表 3-17 中资料；

（2）在 C1 单元格输入"向上累计频数"，在 C2 单元格输入"=SUM（$B$2：B2）"并按回车键，即可得到第一组的向上累计频数，如图 3-18 所示；单击 C2 单元格并将光标指向其右下方的填充柄，等光标变为实心"+"时，按住左键将光标拖至 C6 单元格，即可得到其余各组的向上累计频数；

（3）在 D1 单元格输入"向下累计频数"，在 D2 单元格输入"=SUM（B2：$B$6）"并按回车键，即可得到第一组的向下累计频数；单击 D2 单元格并将光标指向其右下方的填充柄，等光标变为实心"+"时，按住左键将光标拖至 D6 单元格，即可得到其余各组的向下累计频数。

图 3-18　在单元格中输入公式

三、制作统计图

（一）柱形图、条形图、圆柱图、圆锥图与棱锥图

比较不同时间或不同地区（项目）的数值差异时，可用柱形图、条形

柱形图等

图、圆柱图、圆锥图或棱锥图。

例如：金山公司 2016 年第二季度经营业绩如表 3-18 所示。

表 3-18　金山公司 2016 年第二季度经营业绩

地区	实际销售额/万元	预测销售额/万元
北京	456	345
上海	562	854
广州	726	892
成都	851	238

用 Excel 绘制柱形图，步骤如下：

（1）将表中资料输入到一张 Excel 工作表的 A3：C7 单元格，并用鼠标选中 A3：C7 区域，如图 3-19 所示；

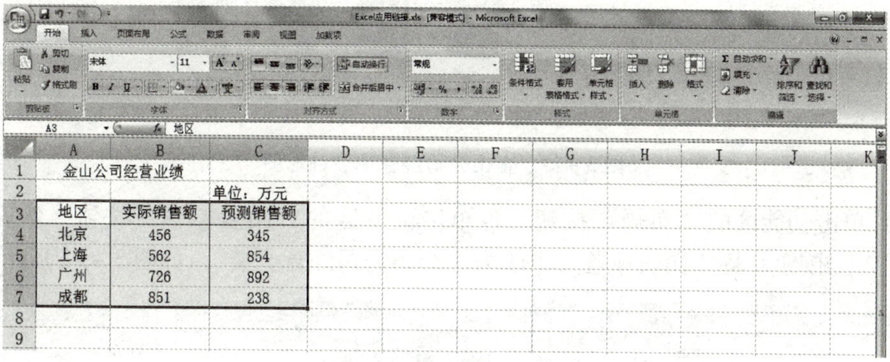

图 3-19　将金山公司经营业绩输入工作表

（2）单击功能区中的"插入"按钮，然后再单击图表区中的"柱形图"按钮，将会出现如图 3-20 所示的"图表类型"选项框；

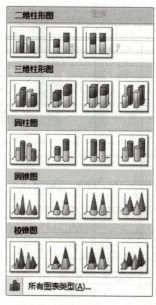

图 3-20　"图表类型"选项框

（3）单击选项框中"二维柱形图"下的最左端的第一种子图表类型，将会出现如图3-21所示的柱形图。

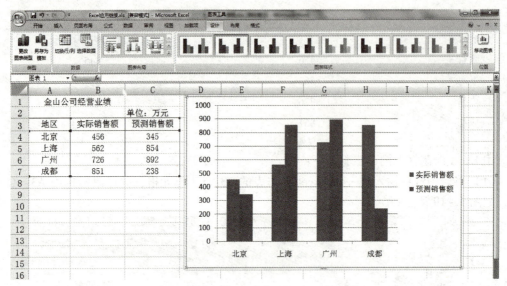

图3-21　金山公司经营业绩柱形图

（4）单击功能区的"布局"按钮，再单击标签区的"图表标题"按钮，然后再单击"图表上方"按钮，将"图表标题"更改为"金山公司经营业绩"，如图3-22所示。

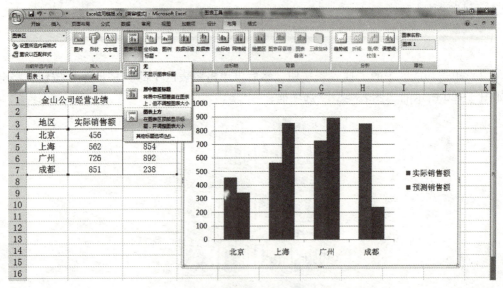

图3-22　设置"图表标题"

（5）依次单击"布局""坐标轴标题""主要横坐标轴标题（H）""坐标轴下方标题"，将出现的"坐标轴标题"更改为"地区"，如图3-23所示；然后再依次单击"布局""坐标轴标题""主要纵坐标轴标题（V）""竖排标题"，将出现的"坐标轴标题"更改为"销售额（万元）"，如图3-24所示。最后将绘制成如图3-25所示的柱形图。

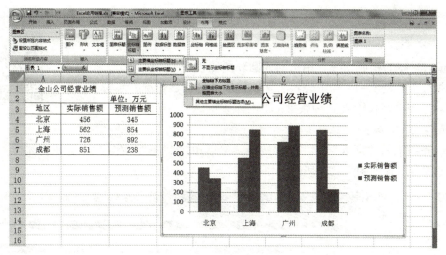

图 3-23　设置横坐标标题

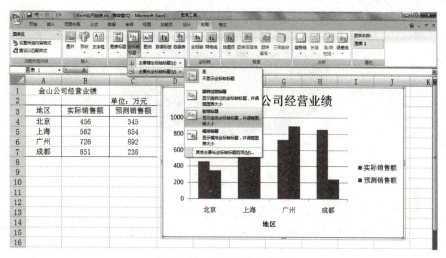

图 3-24　设置纵坐标标题

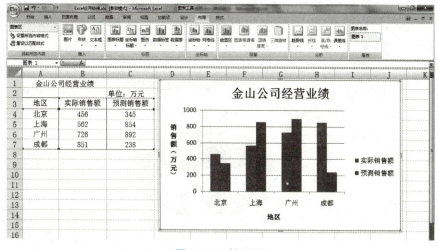

图 3-25　柱形图

条形图、圆柱图、圆锥图、棱锥图可以仿效上述步骤完成。

（二）饼图与圆环图

要显示总体的构成情况，用饼图或圆环图比较好。

用饼图显示表 3-18 金山公司实际销售额地区构成情况，步骤如下：

（1）将表中资料输入到一张 Excel 工作表的 A3：B7 单元格，并用鼠标选中 A4：B7 区域；

饼图等

（2）分别单击"插入""饼图"按钮，然后单击"三维饼图"下方最左端第一种子图表类型，将会出现如图 3-26 所示的饼图；

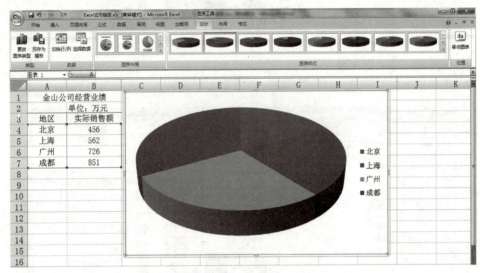

图 3-26　饼图

（3）单击"设计"按钮，然后单击"图表布局"区域上方中间的第二种布局按钮，将出现的图表上方的"图表标题"更改为"金山公司实际销售额地区构成"，结果如图 3-27 所示；

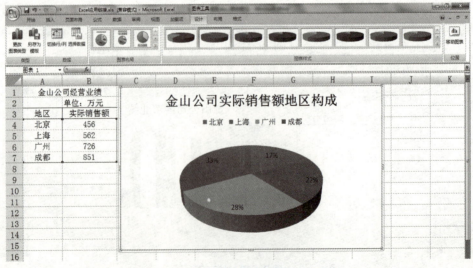

图 3-27　设置饼图图表布局和图表标题

（4）单击"布局""图例""在底部显示图例"按钮，即可得到如图3-28所示的饼图。

图3-28　饼图

圆环图可以仿效上述步骤完成。

（三）折线图、散点图与面积图

折线图、散点图与面积图都可以用来反映现象的发展变化过程或说明不同现象之间的依存关系。

例如：世纪公司2005—2014年商品销售额资料如表3-19所示。

折线图等

表3-19　世纪公司2005—2014年商品销售额

年份/年	商品销售额/亿元	年份/年	商品销售额/亿元
2005	4.80	2010	7.00
2006	5.33	2011	7.52
2007	6.76	2012	9.14
2008	7.38	2013	8.98
2009	6.54	2014	9.35

根据表3-19中资料绘制折线图（或散点图、面积图），方法如下：

（1）在一张空的Excel工作表的A1：B12单元格区域输入世纪公司表3-19商品销售额资料，并用鼠标选中A2：B12区域，注意年份要输成文本型；

（2）分别单击"插入""折线图"按钮，然后单击"二维折线图"下方第一种子图表类型，将会出现图3-29所示的折线图，将图表标题修改为"世纪公司2005—2014年商品销售额"；

图 3-29　折线图

（3）依次单击"布局""坐标轴标题""主要横坐标轴标题（H）""坐标轴下方标题"按钮，将出现的"坐标轴标题"修改为"年份"；

（4）依次单击"布局""坐标轴标题""主要纵坐标轴标题（V）""竖排标题"按钮，将出现的"坐标轴标题"修改为"商品销售额（亿元）"；

（5）依次单击"布局""图例""无（关闭图例）"按钮，即可得到图 3-30 所示的折线图。

图 3-30　折线图

散点图和面积图可以仿效上述步骤完成。

项目小结

统计整理是根据统计研究的目的，对统计调查所得的原始资料进行科学的分类、汇总，或对已初步加工的次级资料进行再加工，使之成为系统化、条理化的综合资料，以反映现象总体特征的工作过程。统计整理处于整个统计工作过程的中间环节,具有承前启后的作用。统计整理的内容包括对资料的审核、分组、汇总、编制统计表与绘制统计图等几个主要的环节。

资料审核分为汇总前审核与汇总后审核,汇总前审核主要是对资料的准确性、及时性和完整性进行审核;汇总后审核主要是对整理好的资料再一次进行审核,改正在汇总过程中所发生的各种差错,主要包括复计审核、表表审核、表实审核和对照审核四种方法。

统计分组,就是根据统计研究的需要,按照一定的标志,将统计总体划分为若干个组成部分的一种统计研究方法。

资料汇总主要有手工汇总和计算机汇总两种技术。统计汇总的组织形式主要有逐级汇总和集中汇总,也有两者结合的综合汇总形式。在统计分组的基础上,将各组组别(组名)与次数(或频率)依次编排而成的数列叫作分配数列。

统计表是用纵横交叉的线条所绘制成的表格,是表现统计资料的一种形式。广义的统计表包括统计工作各个阶段所用的一切表格。本节所讲的统计表,是指统计汇总表。

通过几何图形或具体事物的形象和符号来表现社会经济现象数量关系的图形称为统计图。

技能训练题

案例资料 **2016 年民间固定资产投资增长 3.2%**

2016 年,民间固定资产投资 365 219 亿元,比上年名义增长 3.2%(扣除价格因素实际增长 3.8%),增速比 1~11 月份提高 0.1%(见图 3-31)。民间固定资产投资占全国固定资产投资(不含农户)的比重为 61.2%,比 1~11 月份降低 0.3%,比上年降低 3.0%。

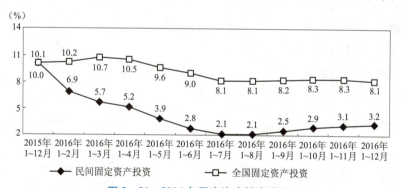

图 3-31 2016 年固定资产投资增速

分地区看,东部地区民间固定资产投资 164 674 亿元,比上年增长 6.8%,增速比 1~11 月份回落 0.2%;中部地区 107 881 亿元,增长 5.9%,增速回落 0.1%;西部地区 71 056 亿元,增长 2.4%,增速回落 0.5%;东北地区 21 608 亿元,下降 24.4%,降幅回落 1.6%。

分产业看,第一产业民间固定资产投资 15 039 亿元,比上年增长 18.1%,增速比 1~11 月份回落 0.5%;第二产业 182 507 亿元,增长 3.2%,增速提高 0.3%;第三产业 167 673 亿元,增长 2.0%,增速与 1~11 月份持平。

第二产业中,工业民间固定资产投资 180 970 亿元,比上年增长 3.4%,比 1~11 月份提高 0.3%。其中，制造业 163 852 亿元，增长 3.6%，提高 0.5%；电力、热力、燃气及水生产和供应业 10 956 亿元，增长 11.8%，回落 3.3%；采矿业 6 162 亿元，下降 13.0%，降幅扩大 0.9%。2016 年民间固定资产投资主要数据如表 3-20 所示。

表 3-20　2016 年民间固定资产投资主要数据

指　标	2016 年	
	绝对量/亿元	比上年增长/%
民间固定资产投资	365 219	3.2
分地区		
东部地区	164 674	6.8
中部地区	107 881	5.9
西部地区	71 056	2.4
东北地区	21 608	-24.4
分产业		
第一产业	15 039	18.1
第二产业	182 507	3.2
第三产业	167 673	2.0
分行业		
农林牧渔业	16 851	16.0
采矿业	6 162	-13.0
其中：煤炭开采和洗选业	1 864	-18.3
石油和天然气开采业	240	-4.6
黑色金属矿采选业	763	-35.4
有色金属矿采选业	1 034	-6.2
非金属矿采选业	2 000	1.1
制造业	163 852	3.6
其中：非金属矿物制品业	15 779	-1.3
黑色金属冶炼和压延加工业	3 416	1.8
有色金属冶炼和压延加工业	4 435	-6.3
通用设备制造业	12 140	-2.7
专用设备制造业	10 833	-3.2
汽车制造业	9 565	10.9
铁路、船舶、航空航天和其他运输设备制造业	2 139	-4.3
电气机械和器材制造业	11 173	9.1

续表

指　标	2016 年	
	绝对量/亿元	比上年增长/%
计算机、通信和其他电子设备制造业	6 508	8.0
电力、热力、燃气及水生产和供应业	10 956	11.8
其中：电力、热力生产和供应业	8 416	18.4
建筑业	1 963	-13.5
交通运输、仓储和邮政业	12 145	-2.4
其中：铁路运输业	212	-29.7
道路运输业	4 429	2.2
水利、环境和公共设施管理业	15 549	6.2
其中：水利管理业	1 186	12.8
公共设施管理业	13 441	5.8
教育	2 462	13.7
卫生和社会工作	2 455	19.9
文化、体育和娱乐业	4 059	4.1
公共管理、社会保障和社会组织	1 608	-25.6

资料来源：http://www.stats.gov.cn/tjsj/zxfb/201701/t20170120_1455950.html

（一）实训目的与要求

（1）认识统计表与统计图的作用。
（2）阅读所给资料，指出资料中都使用了哪些统计资料的表现形式。
（3）资料中的哪些数字资料还没有形象、生动地表现出来，请用一定的形式表现出来。

（二）实训内容

（1）统计表；
（2）统计图。

（三）实训形式

先独立思考，再分组讨论。

（四）实训地点

教室。

（五）实训时数

实训时数：2 学时。

思考题

一、判断题
1. 统计整理的关键是编制统计表。（　　）
2. 离散型变量只适合于进行单项式分组。（　　）
3. 凡是将总体按某个标志分组所形成的数列，都叫变量数列。（　　）
4. 编制变量数列时，在条件不变的情况下，组数分得越多，组距也越大。（　　）
5. U 形分布的特征是"两头小，中间大"。（　　）

二、单项选择题
1. 下列分组中按品质标志分组的是（　　）。
   A. 企业按年销售额分组　　　　　　B. 产品按等级分组
   C. 学生按学习成绩分组　　　　　　D. 人口按年龄分组
2. 按连续型变量进行分组时，其相邻两组的组限（　　）。
   A. 必须重叠　　　　　　　　　　　B. 必须间断
   C. 既可以重叠，又可以间断　　　　D. 应当是相邻的
3. 按连续型变量分组，若第一组为 100 以下，第二组为 100～150，第三组为 150～200，第四组为 200 以上，则数据（　　）。
   A. 100 在第一组　　　　　　　　　B. 150 在第二组
   C. 200 在第三组　　　　　　　　　D. 200 在第四组
4. 某连续型变量数列，其首组为 100 以下，若其邻组的组中值为 130，则首组的组中值为（　　）。
   A. 60　　　　　　　　　　　　　　B. 70
   C. 80　　　　　　　　　　　　　　D. 90
5. 变量数列中各组频率之和应该（　　）。
   A. 不等于 1　　　　　　　　　　　B. 等于 1
   C. 小于 1　　　　　　　　　　　　D. 大于 1

三、多项选择题
1. 下列分组按数量标志分组的有（　　）。
   A. 企业按所有制分组　　　　　　　B. 家庭按人口多少分组
   C. 土地按产量分组　　　　　　　　D. 学生按身高分组
   E. 职工按工资水平分组
2. 统计分组的主要作用有（　　）。
   A. 说明总体单位的数量特征　　　　B. 反映总体内部结构
   C. 研究现象之间的依存关系　　　　D. 划分现象的类型
   E. 反映总体的基本情况
3. 在组距式数列中，组中值（　　）。
   A. 是上限和下限之间的中点数值　　B. 用来代表各组标志值的平均水平
   C. 在开口组中无法确定　　　　　　D. 就是组平均数
   E. 在开口组中，可以参照相邻组的组距来确定
4. 下列属于离散型变量的有（　　）。

A. 进口的汽车数量　　　　　　　　B. 电视机台数
C. 医院床位数　　　　　　　　　　D. 粮食产量
E. 学生身高

5. 从内容来看，统计表由哪几个部分组成？（　　　）
A. 总标题　　　　　　　　　　　　B. 横标目
C. 纵标目　　　　　　　　　　　　D. 主词栏
E. 宾词栏

四、填空题

1. 统计整理是对调查得到的原始资料进行_____、_____，使其条理化、系统化，从而得到表现总体特征的综合统计资料的工作过程。

2. 统计整理是把反映_____特征的大量原始资料转化为反映_____的基本统计指标。

3. 统计分组按分组标志的多少分为_____和_____。

4. 在组距式数列中，表示各组界限的变量值称为_____，下限是指_____的变量值，上限是指_____的变量值，各组上限与下限之间的中点数值称为_____。

5. 统计表从表式上看，包括_____、_____、_____和_____四个部分。

五、简答题

1. 什么是统计整理？它有何作用？
2. 统计整理的基本内容有哪些？
3. 什么是统计分组？它的主要作用有哪些？
4. 什么是分配数列？它有哪些种类？
5. 什么是统计表？什么是统计图？

六、应用能力训练题

1. 安装 Excel "数据分析" 命令。

2. 某班 50 名学生经济学原理考试成绩如下：

50	65	72	77	86	51	66	73	78	86
54	67	74	79	87	58	68	74	80	88
59	69	74	81	90	61	69	75	82	91
61	70	75	84	91	62	71	75	84	95
63	72	75	84	97	64	72	76	85	99

运用 FREQUENCY 函数将这 50 名学生按经济学原理成绩分成 59 分以下、60～69 分、70～79 分、80～89 分和 90～100 分五组。

3. 运用 Excel "数据分析" 命令中的 "直方图" 工具对以上成绩进行统计分组和制作次数分布直方图。

4. 用 Excel 计算表 3-21 各组向上累计次数和向下累计次数。

表3-21 某班体育课成绩分布

成绩	人数/人
不及格	4
及格	12
中等	19
良好	12
优秀	3
合计	50

5. 长城公司2016年第二季度经营业绩如表3-22所示，请用Excel"图表向导"绘制条形图。

表3-22 长城公司经营业绩　　　　　　　　　　　　　　单位：万元

地区	实际销售额	计划销售额
北京	450	340
上海	560	850
天津	720	890
重庆	850	230

6. 请用Excel"图表向导"绘制表3-22中长城公司2016年实际销售额地区构成的圆环图。

7. 环球公司2006—2015年商品销售额资料如表3-23所示。

表3-23 环球公司2006—2015年商品销售额　　　　　　　单位：亿元

年份/年	产值	年份/年	产值
2006	580	2011	800
2007	633	2012	962
2008	776	2013	1 014
2009	838	2014	1 098
2010	754	2015	1 035

根据表中资料用Excel绘制面积图。

课后测试

项目四

静态分析指标

知识目标

理解总量指标、相对指标、平均指标和标志变异指标的含义；

掌握各种相对指标、平均指标和标志变异指标的计算方法；

了解总量指标、平均指标和标志变异指标的作用，了解总量指标的种类与计算方法，了解相对指标的表现形式。

能力目标

能够识别总量指标；

能够识别和计算各种相对指标；

能够计算各种平均指标；

能够计算各种标志变异指标。

导入阅读

2010 年第六次全国人口普查主要数据公报（第 1 号）

中华人民共和国国家统计局

2011 年 4 月 28 日

根据《全国人口普查条例》和《国务院关于开展第六次全国人口普查的通知》，我国以 2010 年 11 月 1 日零时为标准时点进行了第六次全国人口普查。在国务院和地方各级人民政府的统一领导下，在全体普查对象的支持配合下，通过广大普查工作人员的艰苦努力，目前已圆满完成人口普查任务。现将快速汇总的主要数据公布如下：

一、总人口

全国总人口为 1 370 536 875 人。其中：普查登记的大陆 31 个省、自治区、直辖市和现役军人的人口共 1 339 724 852 人；香港特别行政区人口为 7 097 600 人；澳门特别行政区人口为 552 300 人；台湾地区人口为 23 162 123 人。

二、人口增长

大陆 31 个省、自治区、直辖市和现役军人的人口，同第五次全国人口普查 2000 年 11 月 1 日零时的 1 265 825 048 人相比，10 年共增加 73 899 804 人，增长 5.84%，年平均增长率为 0.58%。

三、家庭户人口

大陆31个省、自治区、直辖市共有家庭户401 517 330户，家庭户人口为1 244 608 395人，平均每个家庭户的人口为3.10人，比2000年第五次全国人口普查的3.44人减少0.34人。

四、性别构成

大陆31个省、自治区、直辖市和现役军人的人口中，男性人口为686 852 572人，占51.27%；女性人口为652 872 280人，占48.73%。总人口性别比（以女性为100，男性对女性的比例）由2000年第五次全国人口普查的106.74下降为105.20。

五、年龄构成

大陆31个省、自治区、直辖市和现役军人的人口中，0~14岁人口为222 459 737人，占16.60%；15~59岁人口为939 616 410人，占70.14%；60岁及以上人口为177 648 705人，占13.26%，其中65岁及以上人口为118 831 709人，占8.87%。同2000年第五次全国人口普查相比，0~14岁人口的比重下降6.29%，15~59岁人口的比重上升3.36%，60岁及以上人口的比重上升2.93%，65岁及以上人口的比重上升1.91%。

六、民族构成

大陆31个省、自治区、直辖市和现役军人的人口中，汉族人口为1 225 932 641人，占91.51%；各少数民族人口为113 792 211人，占8.49%。同2000年第五次全国人口普查相比，汉族人口增加66 537 177人，增长5.74%；各少数民族人口增加7 362 627人，增长6.92%。

七、各种受教育程度人口

大陆31个省、自治区、直辖市和现役军人的人口中，具有大学（指大专以上）文化程度的人口为119 636 790人；具有高中（含中专）文化程度的人口为187 985 979人；具有初中文化程度的人口为519 656 445人；具有小学文化程度的人口为358 764 003人（以上各种受教育程度的人包括各类学校的毕业生、肄业生和在校生）。

同2000年第五次全国人口普查相比，每10万人中具有大学文化程度的由3 611人上升为8 930人；具有高中文化程度的由11 146人上升为14 032人；具有初中文化程度的由33 961人上升为38 788人；具有小学文化程度的由35 701人下降为26 779人。

大陆31个省、自治区、直辖市和现役军人的人口中，文盲人口（15岁及以上不识字的人）为54 656 573人，同2000年第五次全国人口普查相比，文盲人口减少30 413 094人，文盲率由6.72%下降为4.08%，下降2.64%。

八、城乡人口

大陆31个省、自治区、直辖市和现役军人的人口中，居住在城镇的人口为665 575 306人，占49.68%；居住在乡村的人口为674 149 546人，占50.32%。同2000年第五次全国人口普查相比，城镇人口增加207 137 093人，乡村人口减少133 237 289人，城镇人口比重上升13.46%。

九、人口的流动

大陆31个省、自治区、直辖市的人口中，居住地与户口登记地所在的乡镇街道不一致且离开户口登记地半年以上的人口为261 386 075人，其中市辖区内人户分离的人口为39 959 423人，不包括市辖区内人户分离的人口为221 426 652人。同2000年第五次全国人口普查相比，居住地与户口登记地所在的乡镇街道不一致且离开户口登记地半年以上的人口增加 116 995 327 人，增长 81.03%。

十、登记误差

普查登记结束后，全国统一随机抽取 402 个普查小区进行了事后质量抽样调查。抽查结果显示，人口漏登率为 0.12%。

资料来源：http：//www.stats.gov.cn/tjfx/jdfx/t20110428_402722253.htm

统计分析是统计整理的深入。在统计分析的各种方法中，统计指标法是最基本的方法。而统计指标中最基本的是静态分析指标。所谓静态分析指标，是指根据同一时间条件下总体各单位的标志值汇总计算的指标，或者根据同一时间条件下多个指标数值计算的指标。按照其表现形式不同，指标可以分为总量指标、相对指标、平均指标和标志变异指标。

任务一　计算总量指标

一、总量指标的意义

（一）总量指标的含义

总量指标是反映一定社会经济现象总体在具体时间、地点条件下的总规模、总水平的指标，它的数值表现为绝对数，因此也称为绝对指标。例如，2010 年 11 月 1 日零时的第六次全国人口普查，普查出全国总人口为 1 370 536 875 人，这一总量指标就反映了我国人口的总规模。又比如，2016 年全国货物进出口总额 243 386 亿元，其中，出口 138 455 亿元，进口 104 932 亿元，进出口差额（出口减进口）33 523 亿元，这些总量指标就反映了我国的进出口水平。总量指标反映的是现象总体外延的数量特征，都带有计量单位，即都是有名数。而且其数值大小受总体范围的制约，总体范围越大，总量指标数值就越大；反之，则越小。

（二）总量指标的意义

在社会经济生活中，总量指标有着极为重要的作用。

1. 总量指标是认识社会经济现象总体的起点

总量指标可以反映总体的基本状况和基本实力。例如，要了解一个国家的国情、国力和国民经济基本状况，就必须掌握这个国家的人口总数、土地面积、国民生产总值、国民收入、主要产品产量等状况，这些通常表现为总量指标。如我国 2016 年国内生产总值为 744 127 亿元，进出口总额为 243 386 亿元，社会消费品零售总额为 332 316 亿元，年底全国总人口为 138 271 万人等，都从不同方面表明了我国社会及经济的一些基本情况。

2. 总量指标是进行经济管理的主要依据

对经济活动进行管理，往往是通过计划的制订、执行和控制来完成的，而一些基本的计划指标常以总量指标的形式规定，没有总量指标是无法进行经济管理的。例如，国家"十二五"规划规定，五年中经济社会发展的主要目标有：城镇新增就业 4 500 万人，耕地保有量保持在 18.18 亿亩，森林蓄积量增加 6 亿立方米，全国总人口控制在 13.9 亿人以内，城镇保障性安居工程建设 3 600 万套，这些都是总量指标。

3. 总量指标是计算相对指标和平均指标的基础

一些基本的相对指标和所有的平均指标都是有关的总量指标对比的结果。总量指标是最基本的统计指标，没有总量指标就无法计算其他统计指标。

二、总量指标的种类

按照不同的标准，总量指标可以划分为不同的类型。

（一）总体单位总量和总体标志总量

按照说明总体内容的不同，总量指标可以分为总体单位总量和总体标志总量。

1. 总体单位总量

总体单位总量是反映总体内个体单位数量多少的总量指标，简称为总体总量或单位总量。例如，研究某市工业企业职工的收入状况，那么总体就是该市工业企业的全部职工，总体单位总量就是该市工业企业职工人数 10 万人。

2. 总体标志总量

总体标志总量是反映总体单位的标志值总和的总量指标，简称为标志总量。例如，上述研究某市工业企业职工的收入状况时，职工工资总额 15 000 万元就是一个总体标志总量。

需要注意的是，一个总量指标究竟属于总体单位总量还是属于总体标志总量，并不是固定不变的，随着研究目的及研究对象的变换而变换。如考察某地区工业企业生产经营状况时，全部工业企业构成一个总体，其中每一个企业为一个总体单位，则该地区工业企业数 200 家为总体单位总量，其可以反映该总体规模的大小，而该地区工业企业职工人数 20 万人是一个总体标志总量；如果我们考察该地区工业企业职工收入状况，全部工业企业职工构成一个总体，其中每名职工为一个总体单位，则该地区工业企业职工人数 20 万人就是总体单位总量，而全部职工工资总额 20 000 万元为一个总体标志总量。

（二）时期指标和时点指标

按照反映的时间状况不同，总量指标可以分为时期指标和时点指标。

1. 时期指标

时期指标是说明时期现象在一段时期内发展变化累积起来的总结果的总量指标。如某工厂 2016 年第一季度产品产量 1 500 吨、某商场 2016 年 4 月商品销售额 1 亿元、某地区 2016 年上半年出生人口数 3 000 人等都属于时期指标。

时期指标具有以下特点：

（1）同种时期指标不同时期的指标数值可以累计相加，加总之后的结果具有实际含义，表示更长一段时期指标数值。如将 1 月、2 月和 3 月的产品产量相加就是第一季度产品产量，将 1~12 月的商品销售额相加就是全年商品销售额，将上半年和下半年出生人口数相加就是全年出生人口数。

（2）时期指标数值的大小与时期长短有直接关系，一般来说，时期越长，时期指标数值越大；反之，越小。如 2016 年第一季度产品产量肯定会大于 2016 年 2 月的产品产量，2016 年 4 月商品销售额肯定会小于 2016 年全年商品销售额，上半年出生人口数肯定小于全年出生人口数。

（3）时期指标数值资料搜集要通过经常性调查方式。

2. 时点指标

时点指标是说明时点现象在某一时刻（瞬间）上的数量状况的总量指标，如某商业企业 2016 年 3 月末某商品库存量 200 台、2010 年 11 月 1 日零时全国人口数 1 370 536 875 人、某银行2016年年底存款余额20 215亿元等都是时点指标。

时点指标具有以下特点：

（1）同种时点指标不同时点的指标数值往往不能直接累加，加总之后的结果没有实际意义。

（2）时点指标数值的大小往往与时点间隔长短没有直接关系。

（3）时点指标数值资料搜集要通过一次性调查。

（三）实物指标、价值指标和劳动量指标

按照计量单位的不同，总量指标可分为实物指标、价值指标和劳动量指标。

1. 实物指标

实物指标是用反映事物自然属性或物理属性的实物单位来计量事物数量多少的总量指标。实物指标的实物单位一般有以下几种：

（1）自然单位，是按照被研究对象的自然表现状态来度量其数量多少的单位。如人按"人"，服装按"件"等。

（2）度量衡单位，是按照统一的度量衡制度规定的单位来计量被研究事物数量多少的单位。如重量以"千克"计量，长度以"米"计量等。

（3）多重单位或复合单位，指将两种或两种以上的计量单位结合起来使用形成的计量单位，多重单位如电动机以"千瓦/台"计量、起重机以"吨/台"计量等；而复合单位如发电量以"千瓦·小时"计量、货物周转量以"吨·千米"计量等。

（4）标准实物单位，是按照一种标准实物来折算其他有着类似用途实物数量多少的一种计量单位。如各种含氮量不同的氮肥，均折合成纯氮肥的数量再进行比较，则纯氮肥就是标准实物单位。

2. 价值指标

价值指标是以货币作为价值尺度来度量社会财富或劳动成果多少的一种总量指标。如商品销售额、工业总产值、利润额、负债额等。由于用价值指标来度量事物数量，使不能直接加总的经济现象的实物数量过渡到可以直接加总，具有较高的概括能力，所以价值指标是进行企业管理和国民经济核算的重要指标。

3. 劳动量指标

劳动量指标是以劳动时间作为计量单位的总量指标，一般用工时、工日计量。一个工人做一小时工，叫作一工时，八个工时等于一个工日。需要注意的是不同的企业之间，或不同时期的同一企业由于所处技术水平和历史阶段不同，其劳动量都是不能直接相加的。

三、总量指标的计算

总量指标的计算方法有直接计量法和间接推算法两种。

（一）直接计量法

直接计量法是通过对被研究对象进行直接计数、点数或测量后，将总量指标的数值计算出来的方法。如组织有关专业人员通过实际的丈量、计算得到某地2011年的小麦播种面积为123万亩，组织有关人员通过实际的清查盘点得到某企业某商品4月末库存量为1 340件等。

总产值、增加值究竟有什么区别和联系？

（二）间接推算法

间接推算法是根据现象之间的各种关系进行相互推算的方法。

1. 因素关系推算法

因素关系推算法是利用社会经济现象与其各个影响因素之间的关系，根据已知因素来推算未知因素的方法。如"总产量＝亩产量×亩数"，这一关系式中的某两项已知就可推算另一项。

2. 比例关系推算法

比例关系推算法是利用各种相关指标的比例关系来进行推算的一种方法。如某商业企业的流通费用率为 7%，该商业企业的商品销售额为 1 000 万元，则该企业的流通费用额就是 70 万元（即 1 000 万元×7%）。

3. 平衡关系推算法

平衡关系推算法是利用各种指标之间所存在的平衡关系来推算未知指标的方法。如"资产＝负债＋所有者权益"，已知该平衡式中的任意两个因素就可以推算出另一未知因素。

4. 抽样推断法

抽样推断法是指按照随机原则，从总体中抽取一部分单位构成样本，利用样本的数据去估算总体的数据。该部分内容将在项目七中作专门介绍。

任务二　计算相对指标

总量指标只能表明现象总体所达到的总规模和总水平，但要深入了解事物的状况，仅有总量指标远远不够，还要在总量指标所反映的现象总体外延数量特征的基础上，进行深入的对比分析，计算相对指标。

一、相对指标的含义、作用和表现形式

（一）相对指标的含义

相对指标也叫相对数，是社会经济现象中两个或多个有联系的统计指标数值的对比值。它反映了客观现象之间的数量对比关系和联系程度。如产品产量计划完成程度、人口性别比、年龄构成、人口密度等都是相对指标。

（二）相对指标的作用

在国民经济管理、企业经济活动分析和统计研究中，相对指标都具有十分广泛的作用，主要表现在以下方面：

1. 相对指标可以反映社会经济现象之间的相对水平和联系程度

许多社会经济现象之间存在着相互联系、相互制约的依存关系，而相对指标就可以反映现象之间的相对水平和联系程度，从而为我们更全面地认识事物的状况和本质提供依据。例如，人们常用计划完成相对数判断一个企业任务的完成情况，用老龄人口占总人口的比例来判断一个国家是否步入老龄化社会，用人均自然资源占有量衡量一个国家自然资源的禀赋量，等等。虽然这些相对指标不是唯一的评判标准，但仍然为我们分析研究问题带来了方便。

2. 相对指标提供了现象之间的比较基础

由于总量指标数值的大小与总体范围的大小直接相关，因此当不同总体的规模大小不同时，就不能用总量指标来比较它们的实力，此时可以考虑用相对指标来说明问题。例如，要比较两个商业企业盈利能力的大小，如果仅以利润总额进行比较就难以说明问题，因为它们的规模可能是不同的，而利润总额的多少直接受企业规模大小的影响。如果采用相对指标资本利润率来比较经营业绩，则可做出正确判断，因为资本利润率表明单位资本所实现的利润，排除了企业规模大小的影响。

（三）相对指标的表现形式

总量指标都带有计量单位，表现为有名数形式，而相对指标却不同，只有一部分强度相对指标采用双重单位表示，表现为有名数形式，其余强度相对指标和其他相对指标均为不具有计量单位的抽象数值，表现为无名数形式，可用系数、倍数、成数、百分数、千分数等形式表示。

1. 倍数和系数

倍数或系数是将对比的基数抽象化为 1 而计算出来的相对数。例如，甲车间有 6 名工人，乙车间有 12 名工人，则乙车间工人数是甲车间工人数的 2 倍。

2. 成数

成数是将对比的基数抽象化为 10 而计算出来的相对数。例如，粮食产量增加 2 成多，就是说粮食增产超过 2/10 或 20%。

"番"与"倍"

3. 百分数

百分数是将对比的基数抽象化为 100 而计算出来的相对数，是相对数表现形式中最常见的一种。如某企业销售额计划完成程度为 110%、资本利润率为 240%、女工占所有工人比重为 30% 等。1% 一般也可以叫一个百分点。

4. 千分数

千分数是将对比的基数抽象化为 1 000 而计算出来的相对数，适用于对比的分子数值比分母数值小许多的情况。如人口出生率、人口自然增长率等多用千分数表示。

二、相对指标的种类及计算

相对指标按作用与计算方法的不同，可分为计划完成相对指标、结构相对指标、比例相对指标、比较相对指标和强度相对指标。

（一）计划完成相对指标

计划完成相对指标，也叫计划完成相对数、计划完成百分比或计划完成程度指标，是社会经济现象的实际完成数与同期计划任务数对比而得到的相对数。计划完成相对指标一般用百分数表示，主要用于检查计划完成情况。其基本计算方式为：

$$计划完成相对指标 = \frac{实际完成数}{同期计划任务数} \times 100\%$$

公式中的分子、分母在指标含义、计算方法、计量单位、时间界限、空间范围等方面必须保持一致。由于该指标是以计划任务数为基准来检查计划的完成程度的，因此分子、分母不能调换位置。

1. 计划完成相对指标的计算

由于上级所下达的或自行制订的计划任务数可以用绝对数、相对数或平均数表示，因此，计划完成相对指标在计算形式上有所不同。

1）计划任务数为绝对数

这种情况用于检查总量指标计划完成程度，可按基本计算公式计算计划完成相对数。

例 4-1 某工业企业 2016 年工业总产值计划任务数为 1 500 万元，实际完成了 2 250 万元，则其计划完成相对数为：

$$\text{计划完成相对指标} = \frac{\text{实际总量指标数值}}{\text{同期计划总量指标数值}} \times 100\% = \frac{2\ 250}{1\ 500} \times 100\% = 150\%$$

计算结果表明，该企业超计划 50% 完成了当年的工业总产值任务。

2）计划任务数为相对数

这种情况下并没有直接告诉检查对象的计划数字及实际数字，往往只告诉计划提高率或降低率及实际提高率或降低率，此时可以检查任何形式指标的计划完成程度，而计划完成相对数可按以下公式计算：

$$\text{计划完成相对指标} = \frac{1 \pm \text{实际提高率（降低率）}}{1 \pm \text{计划提高率（降低率）}} \times 100\%$$

例 4-2 某公司计划规定劳动生产率 2016 年比 2015 年提高 8%，实际提高了 10%，则该公司劳动生产率计划完成相对数为：

$$\text{计划完成相对指标} = \frac{1 + 10\%}{1 + 8\%} \times 100\% = 101.85\%$$

计算结果表明，该公司的劳动生产率计划超额完成了 1.85%。

例 4-3 某工业企业某产品单位成本本年度计划降低 5%，实际降低了 6%，则该工业企业产品单位成本的计划完成相对数为：

$$\text{计划完成相对指标} = \frac{1 - 6\%}{1 - 5\%} \times 100\% = 98.95\%$$

计算结果表明该工业企业已超额 1.05% 完成了产品单位成本计划。

3）计划任务数为平均数

这种情况用于检查平均指标计划完成程度，也按基本计算公式计算计划完成相对数。

例 4-4 2016 年某工厂计划某种产品的单位成本为 50 元，实际上该产品的单位成本降到了 45 元，则该工厂产品单位成本计划完成相对数为：

$$\text{计划完成相对指标} = \frac{\text{实际平均水平}}{\text{计划平均水平}} \times 100\% = \frac{45}{50} \times 100\% = 90\%$$

计算表明该工厂产品单位成本实际比计划降低了 10%，超额完成计划。

在评价计划完成程度时，首先要判断指标的性质，对于收入、成果类指标，如产品产量、商品销售额、财政收入等，计划完成相对数大于 100% 表示超额完成计划任务，计划完成相对数小于 100% 表示没有完成计划任务；而对于成本、消耗类指标，如产品生产成本、商品流通费用额等，计划完成相对数小于 100% 表示超额完成任务，计划完成相对数大于 100% 表示没有完成任务。

2. 计划执行进度的检查

为保证计划的按时完成，在计划执行过程中，需要随时了解计划执行的进度，以便对后面的工作做出部署。

截至某阶段的计划执行进度可按以下公式计算：

$$计划执行进度 = \frac{计划期内截止到某阶段的累计实际完成数}{计划期总数} \times 100\%$$

例 4-5 某商业企业 2016 年计划商品销售额为 3 200 万元，到 9 月底累计商品销售额为 2 600 万元，则截止到 9 月底该商业企业商品销售额计划的执行进度为：

$$计划执行进度 = \frac{2\ 600}{3\ 200} \times 100\% = 81.25\%$$

计算结果表明，该企业在 3 个季度中完成全年计划任务的 81.25%，说明计划执行进度较快。

3. 中长期计划完成情况的检查

中长期计划一般指国家或企业的五年计划、十年计划和远景规划等。其完成情况的检查主要包括两项内容：一是计划完成的程度；二是在超额完成计划的情况下，提前完成计划的时间。由于计划目标有两种不同的规定方式，因此检查方法对应有两种不同的方法：

1）水平法

水平法适用于在计划制订中，以计划期最后一年应达到的能力水平为目标的情况。如产品产量、工业总产值、农业总产值等计划完成情况的检查均应使用水平法。这种情况下计划完成相对指标计算公式为：

$$计划完成相对指标 = \frac{计划期末年实际达到水平}{计划期末年规定应达到水平} \times 100\%$$

用水平法检查中长期计划完成情况时，只要在连续长度为 1 年的时间（不论是否在 1 个日历年度内）内实际达到水平恰好等于计划规定的最后一年应达到的水平，就算在这一年时间中刚好完成了计划，余下的时间为提前完成计划的时间。

例 4-6 某汽车制造企业"十二五"计划规定 2015 年汽车产量达到 500 万辆，实际上 2015 年的汽车产量为 600 万辆，而在 2014 年 10 月初到 2015 年 9 月底期间累计产量就达到了 500 万辆，则该汽车制造企业"十二五"汽车生产能力计划完成相对数为：

$$计划完成相对指标 = \frac{600}{500} \times 100\% = 120\%$$

提前完成计划的时间为 3 个月。

计算结果表明该汽车制造企业超额 20% 完成了"十二五"汽车生产能力计划，提前 3 个月完成了计划。

2）累计法

累计法适用于在计划制订中，以整个计划期累计应达到的总量为目标的情况。如造林面积、基本建设投资额等计划完成情况的检查均应使用累计法。这种情况下计划完成相对指标计算公式为：

$$计划完成相对指标 = \frac{计划期内实际累计完成数}{计划期内规定累计完成数} \times 100\%$$

用累计法检查中长期计划完成情况时，只要从计划期开始到某一时间止，实际累计完成数达到了计划规定的累计完成数，就算完成了计划，剩余的时间就是提前完成计划的时间。

例 4-7 某市"十二五"计划规定，5 年内累计完成基本建设投资额 50 亿元，实际截止到第四年年底累计的基本建设投资额就已达 50 亿元，而整个"十二五"期间的基本建设投资额实际累计为 60 亿元，则该市"十二五"基本建设投资额计划完成相对数为：

$$计划完成相对指标 = \frac{60}{50} \times 100\% = 120\%$$

提前完成计划的时间为 1 年。

计算结果表明该市超额 20% 完成了"十二五"计划，提前 1 年完成了计划。

（二）结构相对指标

结构相对指标，又称为结构相对数或比重指标，是在统计分组的基础上，将总体中某组（部分）的总量指标数值与总体总量指标数值进行对比所得到的相对数。结构相对指标一般用百分数表示，主要说明总体的内部构成情况。其计算公式为：

$$结构相对指标 = \frac{总体某组（部分）总量指标数值}{总体总量指标数值} \times 100\%$$

公式中的分子指标数值是分母指标数值的一部分，两者是从属关系，因此，它们必须在指标含义、计算方法、计量单位、时间界限等方面保持一致，并且不能互换位置。由于总体总量指标数值等于总体各组（部分）总量指标数值之和，因此总体各组（部分）的比重指标之和必然等于 100% 或 1。

计算结构相对指标时，进行比较的分子、分母指标只能是总量指标，既可以是单位总量，又可以是标志总量。

例如，2016 年年底，我国的人口总数为 138 271 万人，其中男性人口 70 815 万人，占人口总数的比重为 51.2%；女性人口 67 456 万人，占人口总数的比重为 48.8%，这表明了我国人口的性别构成状况。

再比如，2016 年，在我国的国内生产总值中，第一产业的比重为 8.6%，第二产业的比重为 39.8%，第三产业的比重为 51.6%，这表明了我国生产力的产业部门构成状况。

（三）比例相对指标

比例相对指标，又称为比例相对数，也是在统计分组的基础上，将同一总体内不同组（部分）的总量指标数值进行对比所得到的相对数。一般用百分数或 $x:y$ 的形式表示，用以反映总体内各组（部分）之间的联系与比例关系。其计算公式为：

$$比例相对指标 = \frac{总体某组（部分）总量指标数值}{总体另一组（部分）总量指标数值}$$

公式中的分子和分母分别是两个不同组（部分）的同种总量指标数值，是并列关系，因此，它们必须在指标含义、计算方法、计量单位、时间界限等方面保持一致，而且能够互换位置，调换之后计算的比例相对数的结果与调换之前的结果互为倒数，但两个结果都能够反映进行比较的两个组之间的比例关系，都属于比例相对指标。

计算比例相对指标时，进行比较的分子、分母指标只能用总量指标，既可以是单位总量，又可以是标志总量。如果是多个组的总量指标进行比较，结果通常要写成 $1:x:y$ 或 $x:y:1$ 的形式。

例如，某市有 202 万人，其中男性 102 万人，女性 100 万人，那么，该市人口的男女性别比为 102% 或者为 1.02:1。

再比如，2016 年在我国的国内生产总值中，第一、第二和第三产业的增加值比为 1:4.65:6.03。

(四) 比较相对指标

比较相对指标，又称为比较相对数，是将不同空间范围的同种指标数值进行比较所计算出来的相对数。比较相比指标一般用百分数或倍数表示，用以反映同一时间条件下同类事物在不同空间范围的差异程度，其中的不同空间范围可以指不同国家、不同地区，也可以指不同单位。其计算公式为：

$$比较相对指标 = \frac{某空间范围指标数值}{另一空间范围指标数值} \times 100\%$$

公式中的分子和分母分别是两个不同空间范围的同种指标数值，是并列关系，因此，它们也必须在指标含义、计算方法、计量单位、时间界限等方面保持一致，而且也能够互换位置，调换之后计算的比较相对数的结果与调换之前的结果互为倒数，但两个结果都能够反映进行比较的两个空间范围之间的差异程度，都属于比较相对指标。

计算比较相对指标时，进行比较的分子、分母指标既可以是总量指标，也可以是相对指标和平均指标。

例如，甲学校有60名教师，乙学校有80名教师，则甲学校教师数是乙学校的75%（即60/80）。

再比如，甲国人均国内生产总值为100 000美元/人，乙国人均国内生产总值是20 000美元/人，则甲国人均国内生产总值是乙国的5倍（即100 000/20 000）。

又比如，2016年甲企业劳动生产率为1.10万元/人，乙企业劳动生产率为1.00万元/人，则甲企业劳动生产率是乙企业的1.1倍（即1.10/1.00）。

(五) 强度相对指标

强度相对指标，又称为强度相对数，是将两个性质不同但又有密切联系的总量指标进行对比所计算出来的相对数。强度相对指标用来表明社会经济现象的强度、密度、普通程度和利用程度等状况。其计算公式为：

$$强度相对指标 = \frac{某一总量指标数值}{另一有联系而性质不同的总量指标数值}$$

公式中的分子和分母分别是两个性质不同的总量指标数值，它们在指标含义、计算方法上并不相同。

在社会经济统计中，强度相对指标具有比较重要的作用，主要体现在以下方面：

1. 它能够反映一个国家或一个地区的经济实力

一个国家或一个地区的经济实力受该国家或地区地域范围或人口多少的影响非常大，仅仅用总量指标来直接比较是很片面的，往往也得不出正确的结论，需要用强度相对数。例如，2016年我国的国民生产总值（属于总量指标）在所有国家中排在第2位，位于世界前列，但我国的人均国民生产总值（属于强度相对指标）却很少，只排到了第75位，相当靠后，而这个人均国民生产总值排名才基本上与我国人民的贫富现状相吻合。

2. 它能够反映事物的密度和普遍程度

人民生活是否便利、舒适，经常与一些事物的密度和普遍程度密切相关。例如，医疗网密度说明了人民就医便利的程度，电话普及率说明了电话普及的程度，人口密度说明了人口分布的稠密状况等，这些指标都属于强度相对数。

3. 它能够反映企业经济效益的好坏

总量指标会受到总体范围大小的直接影响，因此用总量指标比较企业间经济效益的好坏往往是不够准确的。例如,要比较两个不同规模商业企业的经济效益,不能直接用销售总额或利税总额等总量指标,而用流通费用率或资金利税率等强度相对指标就比较恰当。

与前几种相对指标比较,强度相对指标有以下特点:

(1) 强度相对指标并不是两个性质相同指标对比计算的结果,其分子、分母指标计量单位可能相同,也可能不同,从而导致一部分强度相对数没有计量单位,表现为无名数形式,一般用百分数或千分数表示,如流通费用率、资金利税率、人口出生率等;而另一部分带有计量单位,表现为有名数形式,如人口密度的计量单位为"人/平方千米",人均粮食产量的计量单位为"吨/人"等。

(2) 虽然强度相对指标的分子、分母指标之间不是从属关系或包含关系,但只有一部分强度相对数的分子和分母可以互换,从而形成正、逆两种指标,而其他强度相对数的分子、分母不能互换,只有一种指标。

例4-8 某城市有1 000 000人,零售商店4 000个,则该城市商业网点密度为:

$$商业网点密度 = \frac{4\,000\,个}{1\,000\,000\,人} = 4\,个/千人$$

计算结果表明,该城市每千人拥有4个零售商店。该指标数值越大,商业越发达,人民生活越方便。像这种越大越好的强度相对指标称为正指标。如果把分子和分母对换,则:

$$商业网点密度 = \frac{1\,000\,000\,人}{4\,000\,个} = 250\,人/个$$

计算结果表明,该城市每个零售商店平均为250人服务。该指标数值越大,说明商业就越欠发达,人民购物越不方便。像这种越大越不好的强度相对指标称为逆指标。

多数强度相对指标都只有一种计算方法,没有正指标与逆指标之分,如流通费用率、资本利税率、人口密度、人均粮食产量等。

(3) 有些强度相对指标的名称中带有"均"或"人均"等字眼,但因为它们不是同一总体的标志总量与单位总量对比计算出来的,分子、分母指标之间没有一一对应关系,所谓的"标志"不能作为所谓的"总体单体"的标志,所以算不上我们在后面将要学习的平均指标。如人均粮食产量、人均钢产量、人均国民收入等。

任务三 计算平均指标

平均指标按说明现象总体时间状态的不同,分为静态平均指标和动态平均指标两种。静态平均指标,又称静态平均数,是由同一时间条件下总体各单位的标志值计算出来的平均数;动态平均指标,又称动态平均数,是由不同时间条件下总体同种指标数值计算出来的平均数。一般所说的平均指标指的是静态平均指标。

一、平均指标的含义和作用

(一) 平均指标的含义

平均指标,又称平均数,是用来反映总体各单位某一数量标志值在一定时间、地点条件下所达到的一般水平的统计指标。例如,全班学生的平均成绩、全村耕地的平均亩产等,都是平均指标。平均指标将总体各单位标志值之间的差异抽象化了,用一个具体数值说明了总体所有单位标志值的一般水平,可能不等于总体内任何一个单位的具体水平,但对总体具有代表性。

(二) 平均指标的作用

平均指标在认识社会经济现象总体数量特征方面具有十分重要的作用,主要表现在以下方面:

1. 反映总体各单位变量值分布的集中趋势

总体各单位的变量值往往是大小不一,存在差异的,但这种差异并不是毫无限制的,它们总是围绕着平均数上下波动,以平均数为中心,因而平均指标反映了标志值变动的集中趋势。例如,人的身高,非常矮的人和非常高的人都较少,而多数人的身高趋近于一般水平(即平均身高)。

2. 比较同类现象在不同时空范围的差异

在不能直接用总量指标比较说明各单位的生产水平、经济效益或工作质量的差异的情况下,可以考虑用平均指标。例如,评价两个同类商业企业营业员的劳动效率,就不能用销售总额这个总量指标进行比较,而用平均指标人均销售额就比较恰当。

3. 分析现象之间的依存关系

在对总体进行分组的基础上,应用平均指标可以分析现象之间的相互依存关系。例如,把若干块耕地的每亩施肥量与平均亩产进行比较,可以发现施肥量和农作物产量之间的依存关系,即在一定范围内,施肥量与农作物产量之间成正相关关系。

二、平均指标的种类和计算方法

根据计算方法的不同,平均指标分为算术平均数、调和平均数、几何平均数、众位和中位数等,它们都可以反映现象的一般水平。算术平均数、调和平均数和几何平均数是根据总体各单位所有标志值来计算的,故统称为数值平均数;而众数和中位数是根据标志值所具有的特殊性质或所处的特殊位置来确定的,故统称为位置平均数。

(一) 算术平均数 ($\bar{x}$)

算术平均数就是通常所说的平均数,是指总体各单位的某一数量标志值之和(总体标志总量)除以总体单位数(总体单位总量)所计算的结果。其基本计算公式是:

$$算术平均数 = \frac{总体标志总量}{总体单位总量}$$

计算算术平均数的方法称为算术平均法。如果社会经济现象总体的标志总量等于各单位标志值的总和,计算平均数,就适合采用算术平均法。

算术平均数也是两个不同性质总量指标的对比结果,因而它和强度相对指标有相似的地方,但实质上它们有很大的区别。平均指标是同一个总体的标志总量与单位总量的对比结果,分子、分母指标之间存在一一对应关系,分子指标中的"标志"就是分母指标中"总体单体"的一个数量标志。例如,计算50名工人的平均工资,作为分子的工资总额就是这50名工人各自工资额的总和,与工人人数之间具有一一对应关系。

强度相对指标不是同一总体的标志总量与单位总量对比计算出来的,分子、分母指标之间没有一一对应关系,分子指标中的"标志"不是分母指标中"总体单体"的标志。例如,人均粮食产量是粮食总产量与人口数对比计算出来的,反映了人口发展对粮食生产能力的依赖程度。但是并非每个人都直接从事粮食生产,粮食产量并不是每个人的有效标志,粮食总产量也不是直接依附所有人口,两个指标之间没有直接的对应关系。

由于所掌握资料的形式不同,算术平均数有两种不同的计算方法,相应地有两种不同的形式:简单算术平均数与加权算术平均数。

1. 简单算术平均数

当已知总体各单位的标志值,且这些标志值未经分组形成变量数列时,宜采用该种形式。其计算过程是:将各单位的标志值相加得到总体标志总量,然后除以总体单位数(即总体单位总量),得到平均数。计算公式为:

$$\bar{x} = \frac{x_1 + x_2 + \cdots + x_n}{n} = \frac{\sum x}{n}$$

式中,$\bar{x}$ 代表算术平均数;x 代表各单位标志值;n 代表总体单位数。这种计算算术平均数的方法称为简单算术平均法。

例 4-9 某教研室有 10 名教师,年龄分别为 23 岁、26 岁、28 岁、34 岁、35 岁、35 岁、43 岁、46 岁、51 岁、53 岁,则该教研室教师的平均年龄为:

$$\bar{x} = \frac{\sum x}{n} = \frac{23+26+28+34+35+35+43+46+51+53}{10} = 37.4(岁)$$

2. 加权算术平均数

当所依据资料是在统计分组基础上所形成的变量数列资料时,宜采用该种形式。其计算过程是:将各组的变量值(或组中值)与各组的单位数相乘,计算出各组的标志总量,将各组标志总量相加得到总体标志总量,然后除以各组单位数之和(即总体单位总量),得到平均数。计算公式为:

$$\bar{x} = \frac{x_1 f_1 + x_2 f_2 + \cdots + x_n f_n}{f_1 + f_2 + \cdots + f_n} = \frac{\sum xf}{\sum f}$$

式中,x 代表各组变量值(或组中值);f 代表各组次数;n 代表组数。这种计算算术平均数的方法称为加权算术平均法。

例 4-10 某班 50 名学生年龄分布如表 4-1 所示。

表 4-1 某班 50 名学生年龄分布和平均年龄计算

年龄 (x)/岁	人数 (f)/人	比重 $\left(\dfrac{f}{\sum f}\right)$/%	年龄乘以人数 (xf)/岁	$x \cdot \dfrac{f}{\sum f}$
18	2	4	36	0.72
19	4	8	76	1.52
20	30	60	600	12.00
21	11	22	231	4.62
22	3	6	66	1.32
合计	50	100	1 009	20.18

则该班学生平均年龄为:

$$\bar{x} = \frac{\sum xf}{\sum f} = \frac{1\,009}{50} = 20.18(岁)$$

例 4 – 11 某学校 100 名教师工资月工资额分布如表 4 – 2 所示。

表 4 – 2 某学校 100 名教师月工资额分布和平均月工资额计算

月工资额/元	教师数 (f) /人	比重 $\left(\dfrac{f}{\sum f}\right)$ /%	组中值 x	工资总额 xf	$x \cdot \dfrac{f}{\sum f}$
3 000 以下	10	10	2 500	25 000	250
3 000 ~ 4 000	26	26	3 500	91 000	910
4 000 ~ 5 000	35	35	4 500	157 500	1 575
5 000 ~ 6 000	22	22	5 500	121 000	1 210
6 000 以上	7	7	6 500	45 500	455
合计	100	100	—	440 000	4 400

则该学校教师平均月工资额为：

$$\bar{x} = \frac{\sum xf}{\sum f} = \frac{440\ 000}{100} = 4\ 400(元)$$

因为从组距式数列已无法看出各个总体单位具体的变量值，所以总体算术平均数已不能够精确计算。按照上述加权算术平均数公式计算，是将组中值作为组内单位的平均水平，得到的一个近似结果。

从以上公式可以看出，决定加权算术平均数结果的因素有两个：各组变量值（或组中值）x 和次数 f。若各组变量值（或组中值）一定，则次数在计算加权算术平均数过程中具有权衡轻重的作用，即如果某组的次数越大，则计算出的平均数结果同该组变量值（或组中值）的差距越小；而某组的次数越小，则计算出的平均数结果同该组变量值（或组中值）的差距越大，所以称次数为权数。

权数除了用各组次数这种绝对数表示外，还可以用频率这种相对数形式表示。此时，加权算术平均数计算公式为：

$$\bar{x} = \frac{x_1 f_1 + x_2 f_2 + \cdots + x_n f_n}{f_1 + f_2 + \cdots + f_n}$$

$$= \frac{x_1 f_1 + x_2 f_2 + \cdots + x_n f}{\sum f}$$

$$= x_1 \frac{f_1}{\sum f} + x_2 \frac{f_2}{\sum f} + \cdots + x_n \frac{f_n}{\sum f}$$

$$= \sum \left(x \frac{f}{\sum f}\right)$$

式中，$\dfrac{f}{\sum f}$ 代表各组频率，其他符号同上。

比如，例 4 – 10 中，学生的平均年龄也可以这样计算：

$$\bar{x} = \sum \left(x \frac{f}{\sum f}\right) = 20.18(岁)$$

例4-11中，教师的月平均工资额也可以这样计算：

$$\bar{x} = \sum \left(x \frac{f}{\sum f} \right) = 4\,400（元）$$

权数

（二）调和平均数（$\bar{x}_h$）

调和平均数是指总体各单位标志值倒数的算术平均数的倒数，也称为倒数平均数。根据所掌握资料的形式不同，调和平均数分为简单调和平均数和加权调和平均数两种。

1. 简单调和平均数

当已知总体各单位的标志值，且这些标志值未经分组形成变量数列时，采用该种形式。其计算公式为：

$$\bar{x}_h = \frac{1}{\frac{\frac{1}{x_1}+\frac{1}{x_2}+\cdots+\frac{1}{x_n}}{n}} = \frac{n}{\frac{1}{x_1}+\frac{1}{x_2}+\cdots+\frac{1}{x_n}} = \frac{n}{\sum \frac{1}{x}}$$

式中，$\bar{x}_h$ 代表调和平均数；x 代表各单位标志值；n 代表总体单位数。

2. 加权调和平均数

当所依据资料是在统计分组基础上所形成的变量数列资料时，宜采用该种形式。其计算公式为：

$$\bar{x}_h = \frac{1}{\frac{\frac{1}{x_1}f_1+\frac{1}{x_2}f_2+\cdots+\frac{1}{x_n}f_n}{f_1+f_2+\cdots+f_n}} = \frac{\sum f_i}{\sum \frac{f_i}{x_i}}$$

式中，x 代表各组变量值（或组中值）；f 代表各组次数；n 代表组数。

实际上，在统计分析中，往往并不按调和平均数的上述定义直接进行计算，因为按此定义计算出的结果没有实际意义，并不代表各单位标志值的一般水平。统计工作中运用调和平均数，主要是运用它的以上两个运算公式，并且将它们作为加权算术平均数计算公式的变形公式使用。以下是变形过程：

设 x_i、f_i、m_i（$i=1、2、\cdots、n$）是变量数列各组的变量值、次数、标志总量，有 $x_if_i = m_i$ 及 $f_i = \frac{m_i}{x_i}$，则

$$\bar{x} = \frac{x_1f_1+x_2f_2+\cdots+x_nf_n}{f_1+f_2+\cdots+f_n} = \frac{\sum x_if_i}{\sum f_i} = \frac{\sum m_i}{\sum \frac{m_i}{x_i}}$$

不难发现，此式与加权调和平均数计算公式在形式上完全相同，而实际工作中就是按照该式中符号的含义来使用调和平均数的。当各组标志总量相等且等于1时，使用简单调和平均数公式计算平均数；当各组标志总量不完全相等时，使用加权调和平均数公式计算平均数。

例4-12 某天某种蔬菜，早市每斤0.25元，午市每斤0.2元，晚市每斤0.1元，现在从早市、午市、晚市各买1元的，则购回蔬菜的平均价格为：

$$\bar{x}_h = \frac{n}{\sum \frac{1}{x}} = \frac{1+1+1}{\frac{1}{0.25}+\frac{1}{0.2}+\frac{1}{0.1}} = 0.157\,9（元／斤）$$

例 4–13 若上例中，其他条件不变，现在从早市花 3 元购买，午市上花 2 元、晚市上花 1 元，则购回蔬菜平均价格为：

$$\overline{x_h} = \frac{\sum m}{\sum \frac{m}{x}} = \frac{3+2+1}{\frac{3}{0.25}+\frac{2}{0.2}+\frac{1}{0.1}} = 0.1875(元/斤)$$

例 4–14 某企业有甲、乙、丙三个车间，生产同一种产品，某月各车间产品单位成本、产量和总成本资料如表 4–3 所示。

表 4–3 某企业平均产品单位成本计算

车间	单位成本 (x)/（元·件$^{-1}$）	产量（$f = m \cdot x^{-1}$）/件	总成本（$m = xf$）/元
甲	6	300	1 800
乙	5	400	2 000
丙	4	500	2 000
合计	—	1 200	5 800

若掌握的是各车间产品单位成本和产量资料，则该企业平均产品单位成本为：

$$\overline{x} = \frac{\sum xf}{\sum f} = \frac{6\times 300 + 5\times 400 + 4\times 500}{300+400+500} = \frac{5\ 800}{1\ 200} = 4.83(元/件)$$

若掌握的是各车间产品单位成本和总成本资料，则该企业平均产品单位成本为：

$$\overline{x_h} = \frac{\sum m}{\sum \frac{m}{x}} = \frac{1\ 800 + 2\ 000 + 2\ 000}{\frac{1\ 800}{6} + \frac{2\ 000}{5} + \frac{2\ 000}{4}} = \frac{5\ 800}{1\ 200} = 4.83(元/件)$$

不难发现，加权算术平均数公式和加权调和平均数公式都可以计算一般所说的平均数，只不过依据的资料不同而已。若已知各组变量值（或组中值）及次数资料，则采用加权算术平均数公式计算平均数；若已知各组变量值（或组中值）及标志总量资料，则采用加权调和平均数公式计算平均数。

（三）几何平均数（$\overline{x_G}$）

几何平均数是对各变量值的连乘积开项数次方根。求几何平均数的方法叫作几何平均法。如果总水平、总成果等于所有阶段、所有环节水平、成果的连乘积而非总和，则求各阶段、各环节的一般水平、一般成果，要使用几何平均法计算几何平均数，而不能使用算术平均法计算算术平均数。根据所掌握资料的形式不同，几何平均数分为简单几何平均数和加权几何平均数两种形式。

1. 简单几何平均数

当已知总体各单位的标志值，且这些标志值未经分组形成变量数列时，采用该种形式。其计算公式为：

$$\overline{x_G} = \sqrt[n]{x_1 \cdot x_2 \cdots x_n} = \sqrt[n]{\prod x}$$

式中，$\overline{x_G}$ 代表几何平均数；x 代表各变量值；n 代表变量值项数。这种计算几何平均数的方法叫作简单几何平均法。

例 4-15 某工厂某产品的生产需要依次经过三个车间的三道工序,前道工序生产的产品合格方能进入下一道工序继续进行加工。已知三个车间的产品合格率分别为 87%、91% 和 89%,求三个车间平均的产品合格率。

由于全厂总的产品合格率等于三个车间产品合格率的连乘积而非总和,因此要采用几何平均法而非算术平均法计算各车间平均的产品合格率,即三个车间平均的产品合格率为:

$$\overline{x_G} = \sqrt[n]{\prod x} = \sqrt[3]{87\% \times 91\% \times 89\%} = 88.99\%$$

2. 加权几何平均数

当所依据资料是在统计分组基础上形成的变量数列资料时,采用该种形式。其计算公式为:

$$\overline{x_G} = \sqrt[f_1+f_2+\cdots+f_n]{x_1^{f_1} \cdot x_2^{f_2} \cdot \cdots \cdot x_n^{f_n}} = \sqrt[\Sigma f]{\prod x^f}$$

式中,x 代表各组变量值;f 代表各组次数;n 代表组数。这种计算几何平均数的方法叫作加权几何平均法。

例 4-16 某大型精密仪器的生产需要依次经过 10 道工序,前道工序生产的产品合格方能进入下一道工序继续进行加工,已知各工序的产品合格率如表 4-4 所示。

表 4-4 某仪器各生产工序产品合格率

产品合格率/%	工序数/道
91	1
92	2
93	3
94	3
95	1
合计	10

则该仪器各道工序平均的产品合格率为:

$$\overline{x_G} = \sqrt[\Sigma f]{\prod x^f} = \sqrt[10]{91\% \times 92\%^2 \times 93\%^3 \times 94\%^3 \times 95\%} = 93.09\%$$

(四)众数(M_0)

众数是指总体中出现次数最多的标志值。它与算术平均数的作用一样,也可以反映总体各单位标志值的一般水平,只是精确度较差。它是一种位置平均数,不受数列中极端变量值的影响,这是它与算术平均数的主要区别。值得注意的是,并非任何总体中都存在着众数,只有当总体各单位的标志值具有明显的集中趋势时,才存在众数,如果它们趋于均匀分布,就不存在众数。

要直接确定众数,只能依据分组资料。如果是未分组资料,首先应进行统计分组。

1. 单项式数列的众数

确定单项式数列的众数是非常容易的,次数最多的那一组的变量值就是众数。

例 4-17 某班 50 名学生年龄分布如表 4-5 所示。

表 4-5　某班 50 名学生年龄分布

年龄/岁	人数/人	向上累计人数	向下累计人数
16	2	2	50
17	4	6	48
18	28	34	44
19	14	48	16
20	2	50	2
合计	50	—	—

从表 4-5 可以直接看出，18 岁学生人数最多，为 28 人，因此 18 岁就是众数。

2. 组距式数列的众数

计算组距式数列的众数，相对来说要复杂一些，首先应将次数最多的那一组作为众数组，然后运用众数的下限公式或上限公式进行近似计算。

$$下限公式: M_0 = L + \frac{\Delta_1}{\Delta_1 + \Delta_2} \times d$$

$$上限公式: M_0 = U - \frac{\Delta_2}{\Delta_1 + \Delta_2} \times d$$

式中，M_0 代表众数；L 代表众数组下限；U 代表众数组上限；Δ_1 代表众数组次数与前一组次数之差；Δ_2 代表众数组次数与后一组次数之差；d 代表众数组组距。

例 4-18　某班 40 名学生某次英语课考试之后成绩分布如表 4-6 所示。

表 4-6　某班 40 名学生英语课成绩分布

成绩/分	人数/人	向上累计人数	向下累计人数
60 以下	1	1	40
60~70	7	8	39
70~80	18	26	32
80~90	12	38	14
90 以上	2	40	2
合计	40	—	—

从表 4-6 可以直接看出，70~80 组人数最多，为 18 人，因此该组最有可能是众数组。

运用下限公式计算：$M_0 = L + \frac{\Delta_1}{\Delta_1 + \Delta_2} \times d = 70 + \frac{18-7}{(18-7)+(18-12)} \times (80-70) = 76.47(分)$

运用上限公式计算：

$$M_0 = U - \frac{\Delta_2}{\Delta_1 + \Delta_2} \times d = 80 - \frac{6}{11+6} \times 10 = 76.47(分)$$

从计算结果可以看出，下限公式和上限公式的计算结果是一致的，实际统计工作中，用哪一个公式都可以。

(五) 中位数 (M_e)

中位数是指总体各单位的标志值按大小顺序排列后，位于中间位置的标志值。也就是说，中位数是位于标志值数列中心位置的那个标志值，在它的前后各有50%的标志值。可见，中位数是以处于中心位置的标志值代表总体各单位标志值的一般水平的，所以它与众数一样，代表性也较差。中位数也是一种位置平均数。

1. 未分组资料的中位数

确定未分组资料的中位数相对来说较为容易，首先将所有标志值按大小顺序排列，然后确定数列中间位置的标志值。如果数列是奇数项，则中间位置第 $\frac{n+1}{2}$ 项上的标志值即为中位数；如果数列是偶数项，则中间两个位置第 $\frac{n}{2}$ 项和第 $\frac{n}{2}+1$ 项前后两个标志值的算术平均数即为中位数。

例 4 – 19 有一学习小组，由7名学生组成，其年龄分别为：21岁、21岁、22岁、22岁、22岁、23岁、24岁。则在该学习小组学生的年龄中，中间位置为：$\frac{n+1}{2} = \frac{7+1}{2} = 4$，因为数列项数是奇数项，所以中位数就是中点位置（第4个位置）上的年龄22岁。

例 4 – 20 另有一学习小组，由8名学生组成，其年龄分别为：21岁、21岁、21岁、22岁、22岁、22岁、23岁、24岁。则在该学习小组学生的年龄中，中间两个位置分别为：$\frac{n}{2} = \frac{8}{2} = 4$、$\frac{n}{2}+1 = 4+1 = 5$，所以中位数是第4个位置上年龄22岁与第5个位置上年龄22岁的算术平均数，结果为22岁。

2. 已分组资料的中位数

已分组资料有单项式数列和组距式数列两种，它们的中位数确定方法各异。

1）单项式数列的中位数

确定单项式数列中位数时，首先用公式 $\frac{\sum f + 1}{2}$ 确定中点位置，然后计算各组累计次数并确定中位数组（即中位数所在组）及中位数。

例 4 – 21 确定表 4 – 5 中某班 50 名学生年龄的中位数。

中点位置为：$\frac{\sum f + 1}{2} = \frac{50 + 1}{2} = 25.5$

由于中位数处于第25.5位上，由向上累计次数可以看出，前两组累计人数为6人，而前三组累计人数为34人，因此中位数肯定在第三组，也就是说，第三组为中位数组，则第三组的变量值就是中位数，即中位数为18岁。

2）组距式数列的中位数

组距式数列与单项式数列中位数组的确定方法完全相同。不同的是，确定出组距式数列中位数组以后，需要运用中位数的下限公式或上限公式进行近似计算。

下限公式：$M_e = L + \dfrac{\dfrac{\sum f}{2} - s_{m-1}}{f_m} \times d$

上限公式：$M_e = U - \dfrac{\dfrac{\sum f}{2} - s_{m+1}}{f_m} \times d$

式中：M_e 代表中位数；L 代表中位数组下限，U 代表中位数组上限；f_m 代表中位数组的次数；s_{m-1} 代表中位数组以前各组次数总和（即前一组向上累计次数）；s_{m+1} 代表中位数组以后各组次数总和（即后一组向下累计次数）；$\sum f$ 代表总次数；d 代表中位数组的组距。

例 4-22 确定表 4-6 中某班 40 名学生英语课成绩的中位数。

中点位置为：$\dfrac{\sum f + 1}{2} = \dfrac{40 + 1}{2} = 20.5$

由于中位数处于第 20.5 位上，由向上累计次数可以看出，前两组累计人数为 8 人，而前三组累计人数为 26 人，因此中位数肯定在第三组，也就是说第三组为中位数组。

运用下限公式计算：

$$M_e = L + \dfrac{\dfrac{\sum f}{2} - s_{m-1}}{f_m} \times d = 70 + \dfrac{\dfrac{40}{2} - 8}{18} \times (80 - 70) = 76.67(分)$$

运用上限公式计算：

$$M_e = U - \dfrac{\dfrac{\sum f}{2} - s_{m+1}}{f_m} \times d = 80 - \dfrac{\dfrac{40}{2} - 14}{18} \times 10 = 76.67(分)$$

任务四　计算标志变异指标

一、标志变异指标的含义与作用

（一）标志变异指标的含义

标志变异指标又称标志变动度，是综合反映总体各单位标志值之间差异程度的一种统计指标。标志变异指标与平均指标是一个问题的两个方面，是相辅相成的。平均指标将总体各单位标志值之间的差异抽象化，反映了这些标志值的一般水平，说明了变量数列中变量值的集中点或集中趋势；而标志变异指标可以反映变量值的离中趋势，说明总体各单位标志值之间的差异大小或变异程度。

（二）标志变异指标的作用

标志变异指标在统计分析研究中的作用主要有三个方面：

1. 反映总体各单位标志值分布的离中趋势

平均指标反映总体各单位标志值的集中趋势，但是这些标志值毕竟不完全相同，有大有小，之间存在着差异，而标志变异指标则反映了总体各单位标志值之间的差异大小和分散程度。标志变异指标数值越大，说明总体各单位标志值之间差异越大；反之，就越小。

2. 可以说明平均指标的代表性程度

平均指标代表总体各单位标志值的一般水平，其代表性的高低，与标志变异指标数值大小成反向关系。一般情况下，标志变异指标数值越大，平均指标代表性越低；反之，则越高。例如，甲学习小组 5 名学生的成绩分别为 60 分、65 分、70 分、75 分和 80 分，乙学习小组 5 名学生的成绩分别为 30 分、40 分、80 分、100 分和 100 分，则不难通过计算得出两组的平均成绩都是 70 分，很明显甲组 5 名学生成绩之间的差异较小，而乙组 5 名学生成绩之间的差异较大，故甲组学生平均成绩代表性较高。

3. 能够说明现象变动的均匀性或稳定性程度

例如，A 企业 2016 年 4 个季度完成全年利润额计划百分比分别为 10%、20%、30% 和 40%，B 企业分别为 24%、27%、26% 和 23%。很显然，A 企业各季度利润额计划完成百分比之间差异大，存在前松后紧的情况；而 B 企业各季度计划完成百分比之间较为接近，计划执行进度较均匀。

二、标志变异指标的计算方法

标志变异指标按照计算方法和精确度的不同，分为全距、平均差、标准差和变异系数四种。下面分别介绍它们的特点和计算方法。

（一）全距（R）

全距也叫极差，是最简单的标志变异程度指标，是标志值中的最大值与最小值之差，以 R 表示。即：

$$R = 最大标志值 - 最小标志值$$

1. 未分组数据的全距

对于未分组数据，在计算全距时，首先应将所有数据按大小顺序排序，然后用最大值减去最小值，即是全距。

例如，在前述甲、乙两个学习小组中，甲组学生成绩的全距 $R_甲 = 80 - 60 = 20$（分），乙组学生成绩的全距 $R_乙 = 100 - 30 = 70$（分），由于 $R_甲 < R_乙$，因此在两组平均成绩相等的情况下，甲组学生平均成绩代表性较高。

2. 分组数据的全距

数据经过统计分组之后，一般要用变量数列表示其结果。

1）单项式数列的全距

单项式数列全距的计算亦非常简单，用最后一组变量值减去第一组变量值即可。

例 4 - 23 A 班 50 名学生年龄分布如表 4 - 7 所示。

表 4 - 7 A 班 50 名学生年龄分布

年龄/岁	人数/人
21	3
22	8
23	22
24	15
25	2
合计	50

则该班学生年龄的全距 $R = 25 - 21 = 4$（岁）

2）组中式数列的全距

组中式数列的全距只能近似计算，而且要求所有组必须都是闭口组，计算时用最后一组上限减去第一组下限即可。

例 4-24 甲企业 200 个工人按日产量分组，编成分配数列如表 4-8 所示。

表 4-8 甲企业 200 个工人日产量分布

日产量/件	工人数/人
10~20	10
20~30	20
30~40	50
40~45	90
50~60	30
合计	200

则该企业工人日产量的全距 $R = 60 - 10 = 50$（件）

全距计算简便，容易掌握。但极差只涉及最大和最小两个标志值，不是根据全部标志值计算的，容易受极端值的影响，不能充分说明各个标志值的具体变动情况，所以在应用时有较大的局限性。

（二）平均差（AD）

平均差是总体各单位标志值与算术平均数离差的绝对值的算术平均数，又称平均离差，用 AD 表示。

根据资料是否分组，平均差有简单平均式和加权平均式两种计算公式。

1. 简单平均式

当已知总体各单位的标志值，且这些标志值未经分组形成变量数列时，宜采用该种形式。其公式为：

$$AD = \frac{\sum |x - \bar{x}|}{n}$$

式中，x 代表变量值；$\bar{x}$ 代表算术平均数；n 代表变量值项数。

例 4-25 前述甲、乙学习小组学生成绩的平均差计算如表 4-9 所示，其中 $\bar{x} = 70$ 分。

表 4-9 甲、乙学习小组学生成绩的平均差计算

甲学习小组			乙学习小组		
成绩/分	离差	离差绝对值	成绩/分	离差	离差绝对值
x	$x - \bar{x}$	$|x - \bar{x}|$	x	$x - \bar{x}$	$|x - \bar{x}|$
60	-10	10	30	-40	40
65	-5	5	40	-30	30
70	0	0	80	10	10

续表

甲学习小组			乙学习小组		
成绩/分	离差	离差绝对值	成绩/分	离差	离差绝对值
x	$x - \bar{x}$	$\lvert x - \bar{x} \rvert$	x	$x - \bar{x}$	$\lvert x - \bar{x} \rvert$
75	5	5	100	30	30
80	10	10	100	30	30
合计	0	30	合计	0	140

甲组平均差 $AD_甲 = \dfrac{\sum \lvert x - \bar{x} \rvert}{n} = \dfrac{30}{5} = 6（分）$

乙组平均差 $AD_乙 = \dfrac{\sum \lvert x - \bar{x} \rvert}{n} = \dfrac{140}{5} = 28（分）$

由于 $AD_甲 < AD_乙$，故甲组学生平均成绩代表性较高，这与前述依据全距得出的结论相同。

2. 加权平均式

当依据资料是在统计分组基础上所形成的变量数列资料时，宜采用该种形式。其公式为：

$$AD = \dfrac{\sum \lvert x - \bar{x} \rvert f}{\sum f}$$

式中，x 代表各组变量值或组中值；f 代表各组次数，其他符号同前。

例 4-26 依据表 4-7 所示资料，A 班 50 名学生年龄平均差计算如表 4-10 所示。

表 4-10 A 班 50 名学生年龄平均差计算

年龄(x)/岁	人数(f)/人	xf	$x - \bar{x}_A$	$\lvert x - \bar{x}_A \rvert$	$\lvert x - \bar{x}_A \rvert f$
(1)	(2)	(3) = (1) × (2)	(4) = (1) − 23.1	(5) = |(4)|	(6) = (5) × (2)
21	3	63	−2.1	2.1	6.3
22	8	176	−1.1	1.1	8.8
23	22	506	−0.1	0.1	2.2
24	15	360	0.9	0.9	13.5
25	2	50	1.9	1.9	3.8
合计	50	1 155	—	—	34.6

$$\bar{x}_A = \dfrac{\sum xf}{\sum f} = \dfrac{1\ 155}{50} = 23.1（岁）$$

$$AD_A = \frac{\sum |x - \bar{x}|f}{\sum f} = \frac{34.6}{50} = 0.692(岁)$$

假设 B 班学生平均年龄 $\bar{x}_B = 23.1$ 岁，年龄平均差 $AD_B = 2$ 岁。因为 $\bar{x}_A = \bar{x}_B$，而 $AD_A < AD_B$，所以 A 班学生平均年龄代表性较高。

例 4 – 27 依据表 4 – 8 所示资料，甲企业 200 个工人日产量平均差计算如表 4 – 11 所示。

表 4 – 11　甲企业 200 个工人日产量平均差计算

日产量/件 (1)	工人数 (f)/人 (2)	组中值 (x) (3)	xf (4) = (3) × (2)	$x - \bar{x}_甲$ (5) = (3) − 40.5	$\lvert x - \bar{x}_甲 \rvert$ (6) = |(5)|	$\lvert x - \bar{x}_甲 \rvert f$ (7) = (6) × (2)
10~20	10	15	150	−25.5	25.5	255
20~30	20	25	500	−15.5	15.5	310
30~40	50	35	1 750	−5.5	5.5	275
40~50	90	45	4 050	4.5	4.5	405
50~60	30	55	1 650	14.5	14.5	435
合计	200	—	8 100	—	—	1 680

$$\bar{x}_甲 = \frac{\sum xf}{\sum f} = \frac{8\ 100}{200} = 40.5(件)$$

$$AD_甲 = \frac{\sum |x - \bar{x}|f}{\sum f} = \frac{1\ 680}{200} = 8.4(件)$$

假设乙企业工人平均日产量 $\bar{x}_乙 = 40.5$ 件，日产量平均差 $AD_乙 = 9$ 件。因为 $\bar{x}_甲 = \bar{x}_乙$，而 $AD_甲 < AD_乙$，所以甲企业工人平均日产量代表性较高。

从以上例子可以看出，平均差是根据全部标志值计算的，不仅仅受极端数值的影响，因此它能综合反映总体中各单位标志值之间的离散程度。平均差越大，表明总体单位标志变异程度越大，平均指标的代表性就越低；平均差越小，表明总体单位标志变异程度越小，平均指标的代表性就越高。

平均差之所以需要通过对变量值与算术平均数的离差取绝对值来计算，是因为这些离差的代数和为零，即 $\sum (x - \bar{x}) = 0$（从表 4 – 9 可以看出），不取绝对值就无从计算平均差。但是取绝对值运算不方便代数推导，所以在统计研究中较少使用。

（三）标准差（σ）

标准差又称均方差，是最常用的标志变异指标，是指总体各单位的标志值与算术平均数离差的平方的算术平均数的算术平方根，用 σ 表示。标准差的平方称为方差，用 σ^2 表示。

根据资料是否分组，标准差有简单平均式和加权平均式两种计算公式。

1. 简单平均式

当已知总体各单位的标志值，且这些标志值未经分组形成变量数列时，宜采用该种形式。其公式为：

$$\sigma = \sqrt{\frac{\sum (x - \bar{x})^2}{n}}$$

式中，x 代表变量值；$\bar{x}$ 代表算术平均数；n 代表变量值项数。

例 4-28 前述甲、乙学习小组学生成绩的标准差计算如表 4-12 所示，其中 $\bar{x} = 70$ 分。

表 4-12 甲、乙学习小组学生成绩的标准差计算

甲学习小组			乙学习小组		
成绩/分	离差	离差平方	成绩/分	离差	离差平方
x	$x-\bar{x}$	$(x-\bar{x})^2$	x	$x-\bar{x}$	$(x-\bar{x})^2$
60	-10	100	30	-40	1 600
65	-5	25	40	-30	900
70	0	0	80	10	100
75	5	25	100	30	900
80	10	100	100	30	900
合计	0	250	合计	0	4 400

甲组标准差 $\sigma_{甲} = \sqrt{\dfrac{\sum (x-\bar{x})^2}{n}} = \sqrt{\dfrac{250}{5}} = 7.07$（分）

乙组标准差 $\sigma_{乙} = \sqrt{\dfrac{\sum (x-\bar{x})^2}{n}} = \sqrt{\dfrac{4\,400}{5}} = 29.66$（分）

由于 $\sigma_{甲} < \sigma_{乙}$，故甲组学生平均成绩代表性较高，这与前述依据全距得出的结论相同。

2. 加权平均式

当依据资料是在统计分组基础上所形成的变量数列资料时，宜采用该种形式。其公式为：

$$\sigma = \sqrt{\frac{\sum (x - \bar{x})^2 f}{\sum f}}$$

式中，x 代表各组变量值或组中值；f 代表各组次数，其他符号同前。

例 4-29 依据表 4-7 所示资料，A 班 50 名学生年龄标准差计算如表 4-13 所示，其中 A 班平均年龄 $\bar{x}_A = 23.1$ 岁。

表 4-13 A 班 50 名学生年龄标准差计算

年龄（x）/岁	人数（f）/人	$x-\bar{x}_A$	$(x-\bar{x}_A)^2$	$(x-\bar{x}_A)^2 f$
(1)	(2)	(3) = (1) - 23.1	(4) = (3) × (3)	(5) = (4) × (2)
21	3	-2.1	4.41	13.23

续表

年龄（x）/岁	人数（f）/人	$x - \bar{x}_A$	$(x - \bar{x}_A)^2$	$(x - \bar{x}_A)^2 f$
（1）	（2）	（3）=（1）-23.1	（4）=（3）×（3）	（5）=（4）×（2）
22	8	-1.1	1.21	9.68
23	22	-0.1	0.01	0.22
24	15	0.9	0.81	12.15
25	2	1.9	3.61	7.22
合计	50	—	—	42.5

$$\sigma_A = \sqrt{\frac{\sum(x-\bar{x})^2 f}{\sum f}} = \sqrt{\frac{42.5}{50}} = 0.92(岁)$$

假设 B 班学生平均年龄 $\bar{x}_B = 23.1$ 岁，年龄标准差 $\sigma_B = 2.2$ 岁。因为 $\bar{x}_A = \bar{x}_B$，而 $\sigma_A < \sigma_B$，所以 A 班学生平均年龄代表性较高。

例 4-30 依据表 4-8 所示资料，甲企业 200 个工人日产量标准差计算如表 4-14 所示，其中甲企业平均日产量 $\bar{x}_甲 = 40.5$ 件。

表 4-14 甲企业 200 个工人日产量标准差计算

日产量/件	工人数（f）/人	组中值 x	$x - \bar{x}_甲$	$(x - \bar{x}_甲)^2$	$(x - \bar{x}_甲)^2 f$
（1）	（2）	（3）	（4）=（3）-40.5	（5）=（4）×（4）	（6）=（5）×（2）
10~20	10	15	-25.5	650.25	6 502.5
20~30	20	25	-15.5	240.25	4 805.0
30~40	50	35	-5.5	30.25	1 512.5
40~50	90	45	4.5	20.25	1 822.5
50~60	30	55	14.5	210.25	6 307.5
合计	200	—	—	—	20 950.0

$$\sigma_甲 = \sqrt{\frac{\sum(x-\bar{x})^2 f}{\sum f}} = \sqrt{\frac{20\ 950}{200}} = 10.23(件)$$

假设乙企业工人平均日产量 $\bar{x}_乙 = 40.5$ 件，日产量标准差 $\sigma_乙 = 12.3$ 件。因为 $\bar{x}_甲 = \bar{x}_乙$，而 $AD_甲 < AD_乙$，所以甲企业工人平均日产量代表性较高。

标准差与平均差一样，考虑到总体所有单位标志值之间的差异。标准差是通过对标志值与算术平均数的离差先平方最后再开平方根，来消除正负离差抵消问题的；对离差平方求平均数并开方，就恢复了原来的计算单位。标准差同其他标志变异指标比较，有较多优点，所以得到广泛运用。

全距、平均差和标准差都与平均指标的计量单位相同，也就是与各单位标志值的计量单位相同。这几种标志变异指标都是反映总体各单位标志值变异程度的绝对指标，其数值的大小，还要受总体单位标志值本身水平高低的影响。依据它们中的任何一个比较两个平均指标的代表性高低时，这两个平均指标必须含义相同、数值相等。如果两个总体的平均指标数值不相等甚至含义不相同，就不能直接依据它们比较平均指标代表性高低，而需要依据相对数形式的标志变异指标，即变异系数。

（四）变异系数

变异系数也称离散系数，是将全距、平均差或者标准差与平均指标进行对比得到的相对数，表现形式为无名数，常用百分数表示。变异系数可以克服平均指标数值不等或者含义不同的限制，来比较它们的代表性高低。

变异系数包括全距系数、平均差系数和标准差系数三种。最常用的是标准差系数，用 v_σ 表示，计算公式如下：

$$v_\sigma = \frac{\sigma}{\bar{x}} \times 100\%$$

例 4–31 甲、乙两个农场粮食平均亩产分别为 300 千克、400 千克；标准差分别为 7.5 千克、9 千克，试比较两个农场粮食平均亩产的代表性高低。

甲农场标准差系数 $v_\sigma = \dfrac{7.5}{300} \times 100\% = 2.5\%$

乙农场标准差系数 $v_\sigma = \dfrac{9}{400} \times 100\% = 2.25\%$

因为乙农场变异系数比甲农场小，所以乙农场的平均亩产更具有代表性。如果直接比较标准差，就会得出相反而错误的结论。

（五）是非标志的平均数和标准差

是非标志也叫交替标志，是指具体表现只有两种的标志。如"企业经济类型"分为国有与非国有，"产品质量"分为合格与不合格，"学习成绩"分为及格与不及格等，均为是非标志。是非标志多属于品质标志。

要测定是非标志的变异程度，也需要计算标准差。但是品质标志不能直接计算平均数和标志差，因此需要先将其具体表现人为数量化，然后再计算。是非标志表现数量化的方式很多，常用的一种方式就是把其中一方面的表现数量化为 1，而把另一方面的表现数量化为 0。通常把我们所研究或关心的那一方面的标志表现数量化为 1，而把剩余的那一方面的标志表现就数量化为 0。

设总体单位数为 N，具有某种属性（数量化为 1）的单位数为 N_1，其比重（也叫成数）为 $\dfrac{N_1}{N} = p$；不具有该种属性（数量化为 0）的单位数为 N_0，其比重为 $\dfrac{N_0}{N} = q$（或 $1-p$）。据此总体平均数和标志差计算如表 4–15 所示。

表 4–15 是非标志平均数和标准差计算

标志值 (x)	单位数 (f)	比重 ($\dfrac{f}{\sum f}$)	xf	$(x-\bar{x})^2$	$(x-\bar{x})^2 f$
1	N_1	p	N_1	$(1-p)^2$	$(1-p)^2 N_1$
0	N_0	q	0	p^2	$p^2 N_0$
合计	N	1	N_1	——	$(1-p)^2 N_1 + p^2 N_0$

$$\bar{x} = \frac{\sum xf}{\sum f} = \frac{N_1}{N} = p$$

$$\sigma = \sqrt{\frac{\sum(x-\bar{x})^2 f}{\sum f}} = \sqrt{\frac{(1-p)^2 N_1 + p^2 N_0}{N}} = \sqrt{(1-p)^2 p + p^2(1-p)} = \sqrt{p(1-p)} = \sqrt{pq}$$

以上计算结果表明，是非标志的平均数就是具有某种属性的单位数在总体中所占的比重；其标准差就是具有某种属性的单位数在总体中所占比重和不具有这种属性的单位数在总体中所占比重乘积的平方根。

任务五 运用 Excel

一、有关统计函数

（一）AVERAGE 函数

AVERAGE 函数用于计算简单算术平均数，其格式如下：

AVERAGE（参数1，参数2，参数3，…）

例如，用 AVERAGE 函数计算前述某班 50 名学生统计学原理的平均成绩的方法如下：

有关统计函数

（1）在一张空 Excel 工作表的 A1：A50 单元格区域分别输入 50 名学生的成绩；

（2）任意单击一个空单元格；

（3）分别单击"公式""f_x（插入函数）"按钮；（或在任一空单元格输入公式"=AVERAGE（A1：A50）"并按回车键即可得到平均成绩的结果为 74.78。）

（4）在弹出的"插入函数"选择菜单中的"或选择类别（C）："中选择"常用函数"或者"全部"或者"统计"选项，在"选择函数（N）："中选择"AVERAGE"，然后单击"确定"，如图 4-1 所示；

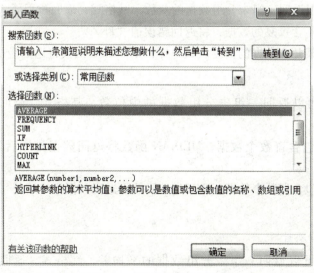

图 4-1 "粘贴函数"对话框

(5) 在出现的 AVERAGE "函数参数" 对话框的 "Number1" 后通过鼠标拖拉方式输入上述 50 个成绩的单元格区域的引用 A1：A50，最后单击 "确定"，如图 4-2 所示，即可求得 50 名学生的平均成绩为 74.78 分。

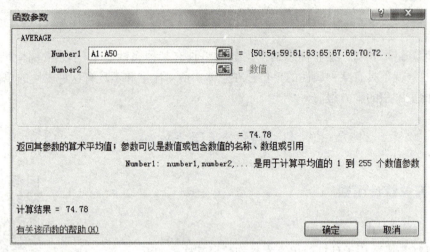

图 4-2　AVERAGE "函数参数" 对话框

（二）HARMEAN 函数

HARMEAN 函数用于计算简单调和平均数，其格式如下：

HARMEAN（参数 1，参数 2，参数 3，…）

HARMEAN 函数计算简单调和平均数的过程与 AVERAGE 函数计算简单算术平均数的过程基本一致。

（三）GEOMEAN 函数

GEOMEAN 函数用于计算简单几何平均数，其格式、计算过程同 AVERAGE 函数。

（四）MODE 函数

MODE 函数可以返回一组未分组数据的众数，其格式、返回过程同 AVERAGE 函数。

若数据集合中不含重复的数据，将返回错误值 "#N/A"。

若数据集合中某几个数据的重复次数一样，则 MODE 函数将返回最小的数据数值。

（五）MEDIAN 函数

MEDIAN 函数可以返回一组未分组数据的中位数，其格式、返回过程同 AVERAGE 函数。

若数据集合中包含奇数个数据，MEDIAN 函数将返回数据排序后处于中间位置上的数据。

若数据集合中包含偶数个数据，MEDIAN 函数将返回数据排序后处于中间位置上的两个数据的平均值。

（六）AVEDEV 函数

AVEDEV 函数可以返回一组未分组数据的平均差，其格式、返回过程同 AVERAGE 函数。

（七）VARP 函数

VARP 函数可以返回一组未分组数据的总体方差，其格式、返回过程同 AVERAGE 函数。

（八）STDEVP 函数

STDEVP 函数可以返回一组未分组数据的总体标准差，其格式、返回过程同 AVERAGE 函数。

（九）STDEV 函数

STDEV 函数可以返回一组未分组数据的样本标准差，其格式、返回过程同 AVERAGE 函数。其计算公式与 STDEVP 函数计算公式略有不同，STDEV 函数计算公式为：$s = \sqrt{\dfrac{\sum(x-\bar{x})^2}{n-1}}$，而 STDEVP 函数计算公式为：$\sigma = \sqrt{\dfrac{\sum(X-\bar{X})^2}{N}}$。

二、一些常用函数

下面几个函数都可以在"数学与三角函数"中找到。

一些常用函数

（一）SUM 函数

SUM 函数可以返回一组未分组数据的总和，其格式、返回过程同 AVERAGE 函数。

（二）ABS 函数

ABS 函数可以返回给定数值的绝对值，其格式如下：

ABS（参数）

例如：在一个空单元格输入"= ABS（- 100）"并按回车键，结果等于 100；如果 A1 单元格中包含 - 16，则在另一个空单元格输入"= ABS（A1）"并按回车键，结果等于 16。

（三）SQRT 函数

SQRT 函数可以返回给定数值的算术平方根，其格式如下：

SQRT（参数）

例如：在一个空单元格中输入"= SQRT（16）"并按回车键，结果等于 4；如果 A1 单元格包含 10，B1 单元格包含 15，在另一个空单元格输入"= SQRT（A1 + B1）"并按回车键，结果等于 5。

注意：SQRT 函数的参数必须为非负值，如果参数为负，则 SQRT 函数将返回错误值"#NUM！"。

（四）SUMSQ 函数

SUMSQ 函数可以返回一组未分组数据的平方和，其格式同 AVERAGE 函数。

（五）SUMPRODUCT 函数

SUMPRODUCT 函数可以返回若干数组中彼此对应元素的乘积的和，其格式如下：

SUMPRODUCT（数组 1，数组 2，数组 3，…）

例如：在一张空工作表的 A1：A4 单元格区域输入数字 1~4，在 B1：B4 单元格区域输入数字 5~8，在 A5 单元格输入"= SUMPRODUCT（A1：A4，B1：B4）"，按回车键可得结果等于 70，即 1×5 + 2×6 + 3×7 + 4×8 = 70。

三、公式构造与复制

Excel 的每一个单元格都是一个功能强大的计算器，我们要充分利用 Excel 的函数和自己构造的公式在单元格中快速准确地完成统计计算工作。

Excel 还具有复制单元格中内容或计算公式的功能，只要单击某单元格并将鼠标指向其右下角的填充柄向右或向下拖动，就可以将该单元格中的内容或计算公式复制到右边或下边的其他单元格。

公式构造与复制

例如：世纪公司 2016 年职工工资分级资料如表 4–16 所示。

表 4–16　世纪公司 2016 年职工工资分级

年工资/元	人数/人
20 000 以下	80
20 000 ~ 30 000	270
30 000 ~ 40 000	400
40 000 ~ 50 000	230
50 000 以上	20
合计	1 000

根据表中资料用 Excel 计算世纪公司 1 000 名职工工资的众数、中位数、算术平均数和标准差的方法如下：

（1）在一张空工作表的 A1：B8 单元格区域输入表中资料。

（2）在 A9 单元格输入"＝30 000＋（（400－270）/（（400－270）＋（400－230）））＊（40 000－30 000）"，完毕按回车键，就可计算出众数等于 34 333.33。

（3）在 C2 单元格输入"向上累计人数"；在 C3 单元格输入"＝SUM（＄B＄3：B3）"并按回车键，就可计算出第一组向上累计人数等于 80；单击 C3 单元格并将鼠标指向其右下角填充柄，向下拖动至 C7 单元格，就可计算出第二组到第五组向上累计人数分别等于 350、750、980 和 1 000。根据各组的向上累计人数可以判定第三组为中位数组。

（4）在 B9 单元格输入"＝30 000＋（（B8/2－SUM（B3：B4））/B5）＊(40 000－30 000)"，完毕按回车键，就可计算出中位数等于 33 750。

（5）在 D3：D7 单元格区域分别输入各组的组中值 15 000、25 000、35 000、45 000 和 55 000。

（6）在 C9 单元格输入"＝SUMPRODUCT（B3：B7，D3：D7）/B8"，完毕按回车键，就可以计算出算术平均数等于 33 400。

（7）在 E3 单元格输入"＝D3－＄C＄9"并按回车键，然后单击 E3 单元格并将鼠标指向其右下方填充柄拖动至 E7 单元格，这样就可以计算出各组组中值与算术平均数的离差。

（8）在 D9 单元格输入"＝SQRT（SUMPRODUCT（E3：E7，E3：E7，B3：B7）/B8）"，完毕按回车键，就可以计算出标准差等于 9 350.94。

四、利用"描述统计"工具进行平均指标和标志变异指标的计算

利用"描述统计"工具计算

"描述统计"工具可以一次同时计算出一组未分组数据的算术平均数、

众数、中位数、全距、方差和标准差等指标值。

例如：计算前述某班 50 名学生统计学原理考试成绩的算术平均数、众数、中位数、全距、方差和标准差等指标值的方法如下：

（1）在一张空工作表 A1：A51 单元格区域分别输入"统计学原理成绩"及前述 50 名学生的成绩；

（2）单击"数据"按钮中的"数据分析"按钮，选择其中的"描述统计"并单击"确定"；

（3）在出现的"描述统计"对话框的"输入区域（I）："后输入"$A$1：$A$51"，单击"输出区域（O）："并在其后输入"$B$2"，勾选"标志位于第一行（L）""汇总统计（S）""第 K 大值（A）：""第 K 小值（M）："，最后单击"确定"，即可得到各平均指标与标志变异指标数值，如图 4-3、图 4-4 所示。

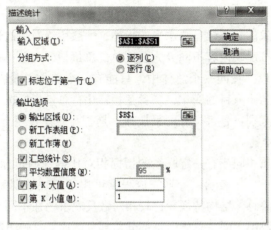

图 4-3 "描述统计"对话框

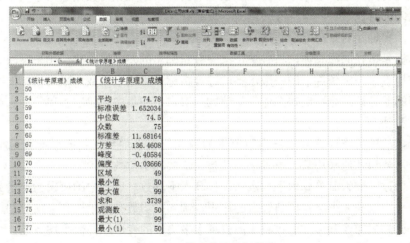

图 4-4 描述统计分析结果

"描述统计"工具输出结果有关术语的解释：

平均：算术平均数

标准误差：抽样平均误差

中位数：中位数

众数：众数

标准差：样本标准差
样本方差：样本方差
峰度：峰度
偏度：偏度
区域：全距
最小值：最小值
最大值：最大值
求和：标志值总和
观测数：总频数

项目小结

总量指标是反映现象的总规模、总水平的指标，一般用绝对数的形式表示，是最基本的指标。总量指标的种类按反映内容不同分为总体单位总量指标和总体标志总量指标，分别简称为单位总量和标志总量。在同一个总体中，只能有一个单位总量，而可以有多个标志总量。二者具有相对性，随研究目的变化，二者互相转化；总量指标按反映时间不同分为时期指标和时点指标。二者区别：是否具有可累加性；是否与时期长短有关系；是否连续登记。要求能判断、区别具体指标。

相对指标是两个性质相同或有一定联系的指标相对比得到的指标。相对指标多以系数、倍数、成数、百分数、千分数表示。计划完成程度可用于反映计划完成程度或计划执行进度；结构相对数反映现象总体结构特征。比较相对数反映事物在不同空间、地区、单位之间的差异程度。比例相对数用于同一总体内，部分与部分的比，反映事物内部的比例关系。前四种相对数均为同类经济现象中不同指标数值的对比，强度相对数则适用于两个有联系的不同类现象之间的对比。这些指标在使用时，要始终注意对比指标的可比性相对指标和总量指标结合运用，多种相对指标综合运用。

平均指标是指在同质总体内将各单位某一数量标志的差异抽象化，用来反映总体在一定时间、一定地点、一定条件下的一般水平的综合指标，也叫平均数。平均指标的特征：将总体各单位间的差异抽象化；反映总体变量值的一般水平和集中趋势。各单位标志值以平均数为中心上下波动。

平均指标的种类依计算方法分为数值平均数和位置平均数。数值平均数包括算术平均数、调和平均数和几何平均数；位置平均数包括众数和中位数。

算术平均数可分为简单算术平均数和加权算术平均数。后者中的权属为变量数列中各组的次数，对平均数的大小起着权衡轻重的作用。调和平均数有简单调和平均数和加权调和平均数之分，通常把加权调和平均数看作加权算术平均数的变形。几何平均数是 n 个变量值乘积的 n 次方根，常用于发展速度、比率等变量的平均。

标志变异指标是说明总体各单位标志值差异程度的综合指标。平均指标和标志变异指标分别从两个侧面描述了总体分布的特征，即总体分布的集中趋势和离中趋势。标志变异指标有全距、平均差、标准差和变异系数四种。标准差是常用指标。众数是总体中出现次数最多的变量值。中位数是在顺序排列的变量数列中，居于中间位置的变量值。各种平均指标的应用原则是：在同质总体中计算和应用平均数，用组平均数补充说明总平均数，用分布数列补充说明总平均数。

技能训练题

案例资料

某大学大二年级甲班学生的学号、性别、年龄及某次期末考试后的英语成绩和体育成绩资料如表 4-17 所示；乙班有 50 人，有 7 名任课教师，全班英语总成绩为 3 950 分，全班在学校当年的春季田径运动会上计划获取总分 300 分，实际获得 330 分。

表 4-17　某大学大二年级甲班学生的学号、性别、年龄及某次期末考试后的英语成绩及体育成绩资料

学号	性别	年龄/岁	英语成绩/分	体育成绩/分
1	女	19	71	85
2	男	20	66	95
3	男	19	90	90
4	女	18	83	95
5	男	21	72	80
6	男	22	61	95
7	女	23	67	80
8	男	19	70	90
9	女	20	81	95
10	男	21	72	95
11	男	19	68	95
12	女	20	29	75
13	男	20	74	95
14	男	19	80	95
15	男	19	60	85
16	女	21	26	80
17	男	22	64	90
18	女	19	61	40
19	女	19	84	95
20	女	20	53	80
21	男	23	93	95
22	女	18	68	95
23	女	21	67	90
24	男	19	80	75
25	男	20	74	95
26	女	19	74	85
27	女	20	90	95
28	男	20	58	90
29	男	19	90	95
30	男	19	82	95
31	女	21	52	90

续表

学号	性别	年龄/岁	英语成绩/分	体育成绩/分
32	女	19	52	50
33	女	20	63	80
34	男	23	42	90
35	男	19	75	90
36	男	20	25	95
37	男	22	71	85
38	男	10	67	90
39	女	20	53	90
40	男	19	70	90

(一) 实训目的与要求

(1) 要求学生根据不同的研究目的，对所掌握的统计资料能灵活运用各种统计分析方法——静态分析指标方法来分析实际问题，从而加强学生对这些理论与方法的理解及实际应用。

(2) 依据所给资料，计算有关总量指标，如"甲班学生人数规模""甲班各性别人数规模""甲班各年龄人数规模"。

(3) 依据所给资料，计算有关相对指标，如"乙班运动会获得总分的计划完成相对数""甲班男生占全班人数的比重""甲班女生占全班人数的比重""甲班各档次分数的人数的比重""甲班男女生比例相对数""甲班与乙班人数的比较相对数""甲班与乙班英语总成绩的比较相对数""甲班与乙班英语平均成绩的比较相对数""乙班每10人所拥有的任课教师数"。

(4) 直接依据所给资料，使用简单算术平均法计算有关平均指标，如"甲班的平均年龄""甲班英语平均成绩""甲班体育平均成绩"；对甲班学生按年龄进行单项式分组，对甲班学生的英语成绩与体育成绩分别按"60分以下""60~70分""70~80分""80~90分""90分以上"进行组距式分组，然后使用加权平均法再计算"甲班的平均年龄""甲班英语平均成绩""甲班体育平均成绩"；比较两种方法的结果是否相同，哪种方法更为准确。

(5) 直接依据所给资料，使用简单平均法计算有关标志变异指标，如"甲班学生年龄的全距、平均差、标准差"、"甲班学生英语成绩的全距、平均差、标准差"、"甲班学生体育成绩的全距、平均差、标准差"；对分组资料使用加权平均法，再计算上述标志变异指标，并将两种方法的结果进行比较；依据分组资料及其平均指标和标志变异指标，计算"甲班学生年龄的全距系数、平均差系数、标准差系数""甲班学生英语成绩的全距系数、平均差系数、标准差系数""甲班学生体育成绩的全距系数、平均差系数、标准差系数"，并比较说明哪一个平均指标代表性大。

(二) 实训内容

(1) 总量指标；
(2) 相对指标；
(3) 平均指标；

（4）标志变异指标。

（三）实训形式

先独立思考，再分组讨论。

（四）实训地点

教室。

（五）实训时数

4 学时。

思考题

一、判断题

1. 总体单位总量与总体标志总量，可以随研究对象的变化而发生变化。（   ）
2. 一般而言，时期指标数值的大小与时期长短成正比，时点指标数值的大小与时点间隔成反比。（   ）
3. 计划完成程度大于100%表示超额完成计划，小于100%表示未完成计划。（   ）
4. 国民收入中积累额与消费额之比为1:3，这是一个比较相对指标。（   ）
5. 强度相对指标的数值都是用有名数表示的，因此都可以计算它们的正指标和逆指标。（   ）
6. 权数对算术平均数的影响作用取决于权数本身绝对值的大小。（   ）
7. 调和平均数经常作为算术平均数的变形来使用。（   ）
8. 众数是总体中出现最多的次数。（   ）
9. 标志变异指标数值越大，说明总体中各单位标志值的变异程度就越大。（   ）
10. 甲数列的标准差系数为1.2%，乙数列的标准差系数为2.7%，则甲数列的平均指标的代表性肯定大于乙数列的平均指标的代表性。（   ）

二、单项选择题

1. 下列指标属于总量指标的是（   ）。
   A. 出勤率   B. 及格率
   C. 人均粮食占有量   D. 学生人数
2. 下列指标中属于时点指标的是（   ）。
   A. 商品销售额   B. 商品销售量
   C. 平均每人销售额   D. 商品库存额
3. 将对比的基数抽象化为10，则计算的相对指标称为（   ）。
   A. 倍数   B. 成数
   C. 百分数   D. 千分数
4. 计划规定成本降低3%，实际降低了5%，则计划完成（   ）。
   A. 98.1%   B. 102.1%
   C. 101.9%   D. 97.94%
5. 在出生婴儿中，男性占53%，女性占47%，这些是（   ）。
   A. 结构相对指标   B. 强度相对指标

C. 比较相对指标　　　　　　　　　D. 比例相对指标

6. 计算平均指标最常用的方法和最基本的形式是（　　）。

A. 算术平均数　　　　　　　　　　B. 调和平均数

C. 众数　　　　　　　　　　　　　D. 中位数

7. 在分配数列中，当标志值较小而权数较大时，计算的加权算术平均数（　　）。

A. 接近于标志值较大的一方　　　　B. 接近于标志值较小的一方

C. 接近于中间水平的标志值　　　　D. 不受权数影响

8. 在只掌握各组标志值和各组标志总量的情况下，宜采用（　　）。

A. 加权算术平均数　　　　　　　　B. 几何平均数

C. 加权调和平均数　　　　　　　　D. 简单算术平均数

9. 标志变异指标中易受极端数值影响的是（　　）

A. 全距　　　　　　　　　　　　　B. 平均差

C. 标准差　　　　　　　　　　　　D. 标准差系数

10. 两个总体平均数不等，但标准差相等，则有（　　）

A. 两个平均数代表性相同　　　　　B. 较大的平均数代表性小

C. 较小的平均数代表性小　　　　　D. 无法判断

三、多项选择题

1. 下列统计指标属于总量指标的是（　　）。

A. 工资总额　　　　　　　　　　　B. 商业网点密度

C. 商品库存量　　　　　　　　　　D. 人均国民生产总值

E. 进出口总额

2. 下列属于时点指标的有（　　）。

A. 某地区人口数　　　　　　　　　B. 某地区人口死亡数

C. 某城市大学在校学生人数　　　　D. 某农场每年年底生猪存栏数

E. 某企业月末在册职工人数

3. 分子与分母绝对不可互换计算的相对指标有（　　）。

A. 计划完成程度相对指标　　　　　B. 结构相对指标

C. 比例相对指标　　　　　　　　　D. 比较相对指标

E. 强度相对指标

4. 下列属于结构相对指标的有（　　）。

A. 男性比重　　　　　　　　　　　B. 产品合格率

C. 国民收入积累率　　　　　　　　D. 恩格尔系数

E. 汇率

5. 下列统计指标属于强度相对指标的有（　　）。

A. 人口密度　　　　　　　　　　　B. 人均国民收入

C. 人口死亡率　　　　　　　　　　D. 经济发展速度

E. 平均亩产

6. 平均指标的作用有（　　）。

A. 说明总体的一般水平

B. 测定总体各单位分布的离散程度

C. 对不同时间、不同地点、不同部门的同质总体平均指标进行对比

D. 测定总体各单位分布的集中趋势

E. 在对现象总体进行分组的基础上，可以分析现象之间的依存关系

7. 加权算术平均数的大小（　　）。

　　A. 受各组频率或频数的影响　　　　B. 受各组标志值大小的影响

　　C. 受各组标志值和权数的共同影响　D. 只受各组标志值大小的影响

　　E. 只受权数大小的影响

8. 下列属于位置平均数的有（　　）。

　　A. 算术平均数　　　　　　　　　　B. 调和平均数

　　C. 几何平均数　　　　　　　　　　D. 众数

　　E. 中位数

9. 与平均指标有相同计量单位的标志变异指标有（　　）。

　　A. 全距　　　　　　　　　　　　　B. 平均差

　　C. 标准差　　　　　　　　　　　　D. 变异系数

　　E. 以上都是

10. 平均指标与标志变异指标的关系是（　　）。

　　A. 平均指标是对总体各单位标志值一般水平的测度，代表程度取决于标志变异指标的大小

　　B. 标志变异指标越大，平均指标代表性越小

　　C. 标志变异指标越小，平均指标代表性越好

　　D. 平均指标和标志变异指标分别反映同一总体的集中趋势和离散趋势

　　E. 两者无关系

四、填空题

1. 总量指标按反映总体内容的不同，可分为＿＿＿＿和＿＿＿＿，按反映时间状况的不同，可分为＿＿＿＿和＿＿＿＿。

2. 总量指标的计量单位除实物单位外，还有＿＿＿＿和＿＿＿＿。

3. 相对指标的表现形式有两种：＿＿＿＿和＿＿＿＿，除强度相对指标外，其他都用＿＿＿＿表示。

4. 检查"五年"计划执行情况时，如计划指标是按计划期末年应达到的水平下达的，应采用＿＿＿＿计算；如计划指标是按全期累计完成量下达的，则采用＿＿＿＿计算。

5. 用强度相对指标计算时，分子、分母指标可以互换位置，从而形成＿＿＿＿和＿＿＿＿两种指标，其中数值越大越好的指标是＿＿＿＿，越小越好的指标是＿＿＿＿。

6. 平均指标反映了总体各单位某一数量标志值的＿＿＿＿。

7. 权数有两种表现形式，即＿＿＿＿权数和＿＿＿＿权数，由此产生了计算加权算术平均数的两种计算公式，即＿＿＿＿和＿＿＿＿。

8. 众数是在总体中出现次数＿＿＿＿的那个标志值，中位数是位于数列＿＿＿＿位置的那个标志值。它们都是＿＿＿＿平均数。

9. 标志变异指标的种类有＿＿＿＿、＿＿＿＿、＿＿＿＿和＿＿＿＿。

10. 标志变异指标数值越大，说明平均数对总体的代表程度_____；反之，则_____。

五、简答题

1. 什么是总量指标？它在统计中有什么作用？
2. 总量指标可以做哪些分类？其中，时期指标和时点指标各有什么特点？
3. 什么是相对指标？有哪些表现形式？
4. 什么是平均指标？它有什么作用？
5. 为什么说调和平均数是算术平均数的变形？
6. 什么是权数？它在加权算术平均数和加权调和平均数中有何不同？
7. 强度相对指标和平均指标有何异同？试举例说明。
8. 为什么说众数和中位数是位置平均数？这两者之间有何异同？
9. 什么是标志变异指标？它有哪些作用？
10. 标志变异指标有哪些种类？其中最常用的是什么指标？

六、应用能力训练题

1. 我国 2016 年三个产业增加值资料如表 4-18 所示：

表 4-18 我国 2016 年三个产业增加值

产业分类	增加值/亿元
一产业	63 671
二产业	296 236
三产业	384 221
合计	744 128

试根据表 4-18 资料，计算我国增加值的结构相对指标。

2. 某股份公司下属三个企业某年第三季度生产情况资料如表 4-19 所示：

表 4-19 某公司生产情况统计

企业	总产值/万元		职工平均人数/人		全员劳动生产率		完成计划 %
	计划数	实际数	计划数	实际数	计划数/（万元·人$^{-1}$）	实际数/（万元·人$^{-1}$）	
甲	600	632	470	468			
乙	650	651	480	484			
丙	700	718	500	503			
合计							

试根据表 4-19 资料，计算表中各空栏指标。

3. 某厂计划规定，第一季度单位产品成本比上年同期降低 8%，实际执行结果比上年同期降低了 10%，问：该厂第一季度产品单位成本的计划完成程度如何？

4. 某县某年粮食生产情况如表 4-20 所示：

表 4-20　某县某年粮食生产情况

按亩产量分组/千克	播种面积比重/%
300 以下	8
300～400	35
400～600	45
600 以上	12
合计	100

试根据表 4-20 资料计算该县粮食平均亩产量。

5. 某年某月某工业企业按工人劳动生产率高低分组，生产班组数和产量资料如表 4-21 所示：

表 4-21　某企业劳动生产率情况统计

按劳动产率分组/（件·人$^{-1}$）	生产班组数	产量/件
80～90	10	12 750
90～100	7	9 500
100～110	5	7 350
110～120	1	3 450
120 以上	2	1 875
合计	25	34 925

试计算该企业工人平均劳动生产率。

6. 某年某月甲、乙两个集贸市场某种农产品价格及成交量、成交额的资料如表 4-22 所示：

表 4-22　甲、乙两个集贸市场某种农产品交易情况

等级	价格/（元·千克$^{-1}$）	甲市场成交额/万元	乙市场成交量/万千克
甲	2.0	1	4
乙	3.0	4	3
丙	4.0	5	1
合计	—	10	8

试比较该农产品在甲、乙两个市场的价格水平，并说明其高低的原因。

7. 某生产车间的工人技术级别分布情况如表 4-23 所示：

表 4-23　某生产车间的工人技术级别分布情况

技术级别	1	2	3	4	5	6	7	8
工人数/人	20	30	60	100	70	20	10	6

试确定该车间工人技术级别的众数和中位数。

8. 某车间工人月加工零件资料表如表4-24所示：

表4-24　某车间工人月加工零件资料

按加工零件数分组/件	工人数
100以下	5
100~120	12
120~140	20
140~160	35
160~180	18
180以上	10
合计	100

试确定该车间工人加工零件数的众数和中位数。

9. 甲、乙两单位职工工资分组资料如表4-25所示：

表4-25　甲、乙两单位职工工资分组资料

月工资/元	甲单位人数/人	乙单位人数比重/%
4 000以下	4	2
4 000~6 000	25	8
6 000~8 000	84	30
8 000~10 000	126	42
10 000以上	28	18
合计	267	100

根据表4-25资料：

（1）比较甲乙两单位哪个单位工资水平高；

（2）说明哪个单位平均工资更具有代表性。

10. 某车间有两个小组，每组都是7名工人，每人日产零件数如下：

第一组：20　40　60　70　80　100　120

第二组：67　68　69　70　71　72　73

试计算两个小组每人平均日产量、全距、平均差、标准差，并比较哪一组的平均数代表性大。

11. 某班50名学生数学考试成绩如下：

50	65	72	77	86	51	66	73	78	86
54	67	74	79	87	58	68	74	80	88
59	69	74	81	90	61	69	75	82	91
61	70	75	84	91	62	71	75	84	95
63	72	75	84	97	64	72	76	85	99

试用 Excel 有关函数分别计算这 50 名学生成绩的平均数、调和平均数、几何平均数、众数、中位数、平均差、总体方差、总体标准差和样本标准差。

12. 下面有两列数据，试用 Excel 有关函数计算这 10 个数据的总和、总和的绝对值、总和的算术平均根、10 个数据的平方和及各行数据的乘积和。

51	66
58	68
61	69
62	71
64	72

13. 世纪公司 2016 年职工工资分级资料如表 4−26 所示，试根据表中资料用 Excel 计算世纪公司 1 000 名职工工资的众数、中位数、算术平均数和标准差。

表 4−26　世纪公司 2016 年职工工资分级

年工资/元	人数/人
10 000 以下	8
10 000 ~ 20 000	27
20 000 ~ 30 000	40
30 000 ~ 40 000	23
40 000 以上	2
合计	100

14. 用 Excel "数据分析" 的 "描述统计" 工具计算前述 50 名学生数学考试成绩的算术平均数、众数、中位数、全距、方差和标准差。

课后测试

项目五

动态分析法

知识目标

理解动态数列的含义。

掌握各种动态数列水平指标和速度指标的计算方法；掌握长期趋势变动分析的移动平均法和最小平方法；掌握季节变动分析的按月（季）平均法。

了解动态数列的种类、编制原则和影响因素；了解长期趋势变动分析的指数平滑法；了解季节变动分析的趋势剔除法。

能力目标

能够编制动态数列；

能够计算动态数列水平指标和速度指标；

能够进行长期趋势变动分析和预测；

能够进行季节变动分析和预测。

导入阅读　2016 年全国居民收入稳步增长　居民消费进一步改善

国家统计局住户办主任　王萍萍

据对全国 16 万城乡居民家庭的抽样调查，2016 年，全国居民人均可支配收入 23 821 元，比上年名义增长 8.4%，扣除价格因素，实际增长 6.3%，与前三季度持平；全国居民人均消费支出 17 111 元，名义增长 8.9%，扣除价格因素，实际增长 6.8%，比前三季度提高 0.4%。全国居民收入稳步增长，居民消费进一步改善。

一、居民收入稳步增长，为到 2020 年实现收入翻番的目标打下一个好基础

（1）人均居民收入实际增长略快于人均 GDP 增长。2016 年，全国国内生产总值即 GDP 实际增速为 6.7%，2016 年人口自然增长率为 5.86‰，扣除人口总量自然增长因素后的人均 GDP 实际增速为 6.1%。尽管全国居民人均可支配收入实际增速略低于 GDP 总量增速，但从可比角度看，全国居民人均可支配收入的实际增速高于人均 GDP 实际增速 0.2%。

（2）农村居民收入增长继续快于城镇居民。按常住地分，城镇居民人均可支配收入 33 616元，比上年名义增长 7.8%，实际增长 5.6%；农村居民人均可支配收入 12 363 元，名义增长 8.2%，实际增长 6.2%。农村居民人均收入名义增速和实际增速分别高于城镇居民 0.4%和 0.6%。城乡居民收入比由上年同期的 2.73 下降为 2.72，城乡居民的收入差距继续缩小。

（3）工资、经营、财产三项收入稳步增长。2016 年，全国居民人均工资性收入 13 455 元，比上年名义增长 8.0%。其中，城镇居民人均工资性收入 20 665 元，名义增长 6.9%。交通运输仓储和邮政、金融、房地产、科教文卫等服务行业从业人员的收入增长较快，对冲了采矿、制造、建筑、批发零售、住宿餐饮等行业工资增长放缓乃至下降对工资性收入的负面影响。农村居民人均工资性收入 5 022 元，名义增长 9.2%。农民工返乡和就近务工增加使本地农民工数量增长 3.4%，农民工月均收入水平增长 6.6%，两项因素叠加带动农村居民工资性收入仍然增长较快。全国居民人均经营净收入 4 218 元，名义增长 6.6%，其中人均三产经营净收入增长 10.6%。全国居民人均财产净收入 1 889 元，名义增长 8.6%，其中出租房屋财产性收入增长 9.9%，转让承包土地经营权租金净收入增长 12.4%。

（4）转移收入加快增长。2016 年，全国居民人均转移净收入 4 259 元，名义增长 11.7%，增速比前三季度提高 1.4%。主要是因为各地全面落实中央关于改善民生和打赢脱贫攻坚战的要求，综合扶贫力度空前加大，低保、医疗标准陆续提高，企业退休人员基本养老金继续上调，惠农补贴陆续发放到位。调查结果表明，全国居民人均社会救济扶贫和补助补贴收入增长 13.7%，其中农村居民人均获得的直接到户扶贫款增长 187.0%；人均从政府得到的实物产品和服务收入增长 30.4%；人均报销医疗费增长 14.4%；人均离退休、养老金收入增长 12.9%。

居民收入稳步增长为实现翻番目标打下一个好基础。2010 年全国居民人均可支配收入为 12 520 元，2016 年为 23 821 元，2011—2016 年全国居民人均可支配收入名义增长 11 301 元，扣除物价水平，累计实际增长 62.6%，为到 2020 年实现居民收入比 2010 年翻番的目标打下一个好基础。据此测算，在未来四年内，只要居民收入年均实际增速在 5.33% 以上，到 2020 年居民收入比 2010 年翻番的目标就可实现。

二、居民消费进一步改善，恩格尔系数继续下降

（1）城乡居民消费平稳增长。2016 年，城镇居民人均消费支出 23 079 元，比上年名义增长 7.9%，实际增长 5.7%；农村居民人均消费支出 10 130 元，名义增长 9.8%，实际增长 7.8%。农村居民人均消费名义增速和实际增速分别高于城镇居民 1.9% 和 2.1%。

（2）食品消费支出比重（恩格尔系数）继续下降。2016 年，全国居民人均食品烟酒消费支出增长 7.0%，占消费支出的比重为 30.1%，比上年回落 0.5%。其中，城镇居民和农村居民的食品烟酒消费支出比重分别为 29.3% 和 32.2%，分别比上年下降 0.4% 和 0.8%；全国居民人均衣着支出增长 3.3%，在消费支出中的比重为 7.0%，比上年下降 0.4%。

（3）与个人发展和享受相关的支出增长迅猛。居民人均居住、用品及服务、医疗保健、交通通信支出分别增长 9.6%、9.7%、12.3% 和 12.0%，增速比上年提高 2.8%、2.8%、0.8% 和 0.4%。人均文化教育支出也保持了 11.2% 的较快增长。更进一步看，体育健身活动支出增长 13.7%，购买化妆品等个人用品的支出增长 16.8%，美容美发洗浴支出增长 12.2%，购买汽车等交通工具支出增长 19.8%。居民也更加乐于购买社会化服务，人均用于家政服务的支出增长 24.7%，人均用于旅馆住宿的支出增长 11.7%。

（4）居住条件和环境不断改善。2016 年城镇居民人均居住面积 36.6 平方米，比上年增长 2.2%，农村居民人均居住面积 45.8 平方米，比上年增长 4.2%。2016 年全国居民中有管道供水入户的户比重为87.1%,比上年提高2.6%;有安全饮用水的户比重为90.3%,比上年提高1.5%;有卫生厕所的户比重为70.7%,比上年提高2.5%;有洗澡设施的户比重为78.9%,比上年提高3.7%;获取饮用水无困难的户比重为94.3%,比上年提高0.9%;居住竹草土坯房的户比重为1.2%,比上年下降0.3%。

(5) 耐用消费品升级换代趋势明显。2016年全国居民每百户家用汽车拥有量为27.7辆,比上年增长21.9%;每百户助力车拥有量为53.2辆,比上年增长11.6%;每百户空调拥有量为90.9台,比上年增长11.5%;每百户电冰箱拥有量为93.5台,比上年增长5.0%;每百户抽油烟机拥有量为48.6台,比上年增长6.3%;每百户热水器拥有量为76.2台,比上年增长7.0%。其中,农村居民耐用消费品升级换代趋势更加明显,部分耐用消费品拥有量上升速度较快,每百户家用汽车、空调、热水器、抽油烟机拥有量分别比上年增长31.3%、22.7%、13.6%和19.9%。

资料来源:http://www.stats.gov.cn/tjsj/sjjd/201701/t20170120_1456174.html

任务一 认识动态数列

一、动态数列的含义

社会经济现象的规模水平、比例关系等都随着时间的推移而处在变化之中。为了分析社会经济现象在时间上的变动,即从动态上研究社会经济现象的发展变化过程,需要编制动态数列。**动态数列又称为时间数列、时间序列,是指同类社会经济现象的统计指标数值按时间先后顺序排列而形成的统计数列。**表5-1就是某铁路分局货运量等几个指标的动态数列。

表5-1 某铁路分局货运量等几个指标的动态数列

年份/年	货运量/万吨	职工年平均工资/元	工资指数(1957年=100)
1957	135	445	100.0
1965	535	624	140.0
1975	1 223	590	132.6
1980	1 975	580	130.3
1985	3 712	762	171.2
1990	4 679	1 148	258.0
1995	6 635	2 008	451.2
2000	11 471	6 984	1 569.4

一般来说,动态数列是由两个基本要素构成的,一是客观现象的所属时间,如表5-1中的1957年、1965年等;二是反映客观现象不同时间数量特征的各个具体指标数值,如表5-1中各年的货运量、职工年平均工资和工资指数等。在动态数列中,指标数值也称为发展水平。

动态数列在统计分析中有着极其重要的作用。首先,通过编制动态数列,可以描述社会经济现象的发展过程;其次,通过动态数列可以研究社会经济现象的发展速度、发展趋势等规律，如表 5-1 中的货运量、职工年平均工资，在 1965—2000 年表现为不断增长的趋势；最后，通过动态数列还可以对社会经济现象进行预测。

二、动态数列的种类

动态数列按其指标表现形式的不同，分为绝对数动态数列、相对数动态数列和平均数动态数列 3 种。其中，绝对数动态数列是基本数列，其余两种是根据绝对数动态数列计算出的派生数列。3 种数列从不同方面反映社会经济现象发展变化的过程。

(一) 绝对数动态数列

绝对数动态数列又称为绝对指标动态数列或总量指标动态数列，是反映社会经济现象在各个时间达到的总规模、总水平的动态数列。绝对数动态数列由于指标所反映现象总体的时间状况不同，又可分为时期绝对数动态数列和时点绝对数动态数列。

1. 时期绝对数动态数列

时期绝对数动态数列简称时期数列，是反映某种社会经济现象在不同时期内发展变化累计总量的绝对数数列。如表 5-1 中的货运量数列就是一个时期数列。时期数列有如下特点：

1) 时期数列中各项指标数值可以直接相加

由于时期数列中每一个指标数值是表示在一段时期内发展变化形成的总量，因此相加后的指标数值就表示研究现象在更长时期内的总量。例如 1 年的货运量是各月货运量的总和，5 年的基本建设投资额是由每年投资额加总而来的。

2) 时期数列中每项指标数值的大小与其对应时期的长短有直接关系

数列中各项指标数值对应的时期可以为 1 个月，也可以为 1 个季度、1 年，甚至更长时间，这就要根据具体研究的目的来确定。对于用来研究现象发展变化进度的动态数列，时期可以短一些；对于用于历史进程的研究，时期可以长一些。例如研究我国 "一五" 至 "十二五" 期间国民经济的发展变化情况，就可以 5 年为一个时期。一般而言，在时期数列中，时期越长，指标数值越大；时期越短，指标数值就越小。

3) 时期数列中的每一项指标数值都是通过连续登记（即经常性调查）取得的

时期数列由于反映的是现象在一段时期内发展变化累计的总量，因此必须将这段时间内每天所产生的数量结果逐一登记后进行累计。

2. 时点绝对数动态数列

时点绝对数动态数列简称时点数列，是指反映某种社会经济现象在不同时点（时刻）上的状况及其水平的绝对数动态数列。如年底人口数、物资库存量等数列就是时点数列。时点数列有如下特点：

(1) 时点数列中各项指标数值不能相加，加总后的结果不具有实际意义。

(2) 时点数列指标数值的大小，与时点间隔的长短一般无直接关系。

因为时点数列中的每一项指标数值只表明现象在各个瞬间上的数量，因而时间间隔的长短对指标值大小一般不会发生直接的影响。如年底的职工人数、物资库存量不一定就比年内各月底的数值大。

(3) 时点数列中的每一项指标数值都是通过一次性登记（即一次性调查）取得的。

时点指标虽然是反映现象在某一时刻的数量，但现实中不可能对每一瞬间的数量都进行登记，因此习惯上以 "天" 作为瞬间单位，如月初、月末、季初、季末、年初、年底以及具体日期（如 3 月 10 日）等都属于时点概念。

（二）相对数动态数列

相对数动态数列又称为相对指标动态数列，是由一系列同种相对指标数值按时间先后顺序排列而成的动态数列。它反映社会经济现象之间的数量对比关系或说明现象的结构、分布密度等的发展变化过程。如表 5-1 中的工资指数数列就是相对数动态数列。

由于相对指标主要表现为两个绝对指标之比，而绝对指标又分为时期指标和时点指标，因此相对数动态数列通常可通过两个时期数列对比、两个时点数列对比或者一个时期数列和一个时点数列对比而进行编制。

（三）平均数动态数列

平均数动态数列又称为平均指标动态数列，是由一系列同种平均指标数值按时间先后顺序排列而成的动态数列。它反映某一社会经济现象一般水平的变化过程或者发展趋势。如表 5-1 中，职工年平均工资数列就是平均数动态数列。

平均指标也表现为两个绝对指标之比，因此，平均数动态数列也可以由两个时期数列对比、两个时点数列对比或者一个时期数列和一个时点数列对比而编制。

三、动态数列的编制原则

动态数列显示现象的发展变化规律，各项指标数值要具有可比性。因此，可比性是编制动态数列应遵循的基本原则。其具体体现在以下方面：

（一）时间长短应该相等

动态数列中的各项指标如果是时期指标，则各项数值对应的时期长度应该相等。因为时期指标的数值大小与时期长短有直接关系，所以只有时期长度一致，才能保证各指标值之间的可比性。动态数列中的各项指标如果是时点指标，那么相邻数值之间的时间间隔长度最好相等，以便于对比分析。

有时出于特定目的的需要，也可以把不同时间长度的同种指标数值组成动态数列来进行比较分析，如表 5-2 所示。

表 5-2　我国几个重要时期钢产量情况统计

时间/年	1900—1949	1953—1957	1981—1985	1986—1990	1991—1995
钢产量/万吨	765	1 667	20 304	27 372	42 478

以上动态数列中的第 1 项指标数值为中华人民共和国成立以前 50 年钢产量的总和，后 4 项指标数值均为 5 年的钢产量之和，虽然它们的时间长度不相等，但能说明问题，即说明中华人民共和国成立前经济落后和中华人民共和国成立后钢铁工业的迅速发展的情况。此例旨在说明动态数列中时间要求的灵活性。但就一般情况而言，仍应使数列中各项指标的时间长度相等。

（二）总体范围应该一致

如果随着时间的推移，被研究现象所属的空间范围发生了变动，就会使有关指标数值前后不具有可比性，那么应该对变动之前或者之后的指标数值进行调整，使各个时间上总体范围保持一致。例如，将四川省 1991—2000 年的社会生产总值按年份先后排列编制动态数列。

需要注意这个问题,因为重庆市于 1997 年从四川省独立出去成立了直辖市,所以在编制的动态数列中,各年的指标数值要么都包含重庆市的社会生产总值、要么都不包含,而不能 1997 年之前的包含、1997 年之后的不包含。

(三) 经济内容必须相同

动态数列中的指标,有时会出现名称相同,其经济内容或经济含义却不相同的情况,如果不注意,就会影响我们对问题的分析。如商品价格有购进价格和销售价格之分,如果把这两种价格混在一起编制动态数列,就会导致我们得出错误的分析结论。因此,编制动态数列,不仅要看名称,而且要注意内容。

(四) 计算方法应该统一

动态数列中各项指标数值的计算方法应该统一,并保持不变。例如,要研究工业企业劳动生产率的变动,产量用实物量还是用价值量,人数用全部职工数还是用生产工人数,前后都要统一起来。

任务二 计算动态数列水平指标

反映现象发展变化水平的指标有:发展水平、平均发展水平、增长量和平均增长量四种。

一、发展水平

发展水平就是动态数列中的每项指标数值,具体反映了某种社会经济现象在不同发展时期或时点上实际达到的水平。它是计算各种动态分析指标的基础。

发展水平既可以是总量指标,也可以是相对指标或者平均指标。

发展水平按在动态数列中的位置不同,把第一项称为最初水平,通常用 a_0 表示;把最后一项称为最末水平,通常用 a_n 表示;把其余中间各项称为中间水平,分别以 a_1, a_2, …, a_{n-1} 表示。

发展水平按在动态分析中的作用不同,将被研究时期的发展水平称为报告期水平或计算期水平,通常用 a_i 表示;将作为比较时期的发展水平称为基期水平或基础水平,通常用 a_0 或 a_{i-1} 表示。

二、平均发展水平

平均发展水平是根据数列中不同时期(或时点)上的发展水平计算的平均数,属于动态平均数或序时平均数。平均发展水平和前述的一般平均数(静态平均数)有相同之处,但也存在区别,具体表现为:静态平均数是根据变量数列计算的,而动态平均数是根据动态数列计算的;静态平均数是将总体各单位在同一时间上的标志值差异抽象化、从时间截面反映总体的一般水平;而动态平均数是将总体在不同时间上的指标数值差异抽象化、从时间过程上反映总体的一般水平。它们的相同之处在于,都是把个别数量的差异抽象化,反映现象的一般水平。

平均发展水平在动态分析中具有重要的意义,可以把时间长短不等的统计指标由不可比变为可比,并消除现象在短期内波动的影响,便于观察发展变化趋势和规律性。

动态数列的发展水平,可以是绝对数,也可以是相对数或平均数,因此,平均发展水平可以根据绝对数动态数列计算,也可以根据相对数或平均数动态数列计算。其中,由绝对数动态数列计算平均发展水平是最基本的方法。

(一)根据绝对数动态数列计算平均发展水平

绝对数动态数列分为时期数列和时点数列两种,由于它们具有不同的性质和特点,因而在平均发展水平的计算方法上也不一样。

1. 依据时期数列计算

由于时期数列的各项指标数值可以相加,因此依据时期数列计算平均发展水平可采用简单算术平均法。其计算公式为:

$$\bar{a} = \frac{a_1 + a_2 + a_3 + \cdots + a_n}{n} = \frac{\sum_{i=1}^{n} a_i}{n}$$

式中,$\bar{a}$代表平均发展水平;a_i($i=1,2,3,\cdots,n$)代表各期发展水平;n代表数列项数。

例 5-1 某企业 2016 年 4 个季度的销售额资料如表 5-3 所示。

表 5-3 某企业 2016 年 4 个季度的销售额

季度	第一季度	第二季度	第三季度	第四季度
销售额/万元	45	40	48	50

则该企业 2016 年各季度平均销售额为:

$$\bar{a} = \frac{\sum a}{n} = \frac{45 + 40 + 48 + 50}{4} = 45.75(万元)$$

2. 依据时点数列计算

时点数列有连续时点数列和间断时点数列之分,这两种时点数列中又有间隔相等与间隔不等两种表现形式。

1)连续时点数列的平均发展水平

连续时点数列是指一段时间中每日的时点指标数值都能够获知的动态数列。它有两种情况,一是数列中的各项指标数值为逐日登记、逐日排列的;二是数列中的各项指标数值为非逐日登记、逐日排列的,只在发生变动时进行统计,或者连续几日不变时同时给出。通常将前者称为间隔相等的连续时点数列,后者称为间隔不等的连续时点数列。

(1)间隔相等的连续时点数列。间隔相等的连续时点数列平均发展水平的计算采用简单算术平均法,即将每日的时点指标数值加总之后除以总日历天数。计算公式为:

$$\bar{a} = \frac{\sum_{i=1}^{n} a_i}{n}$$

式中,a_i代表逐日给出的时点指标发展水平。

例如,已知某企业一个月内每天的工人数,如果计算该月每天平均工人数,则将每天工人数相加之和除以该月的日历天数即可求得。

(2)间隔不等的连续时点数列。间隔不等的连续时点数列平均发展水平的计算采用加权算术平均法。

$$\bar{a} = \frac{\sum af}{\sum f}$$

式中，a 代表给出的各项时点指标数值；f 代表给出的各项时点指标数值连续出现的天数。

例 5-2 某企业某年 1 月份产品库存额变动情况如表 5-4 所示。

表 5-4 企业某年 1 月份产品库存额变动情况

日期	1 日	9 日	15 日	31 日
库存额/万元	38	45	30	25

则该企业该年 1 月份平均产品库存额为：

$$\bar{a} = \frac{\sum af}{\sum f} = \frac{38 \times 8 + 45 \times 6 + 30 \times 16 + 25 \times 1}{31} = \frac{1\,079}{31} = 34.81(万元)$$

2）间断时点数列的平均发展水平

间断时点数列是指只能获知一段时间中一部分日期的时点指标数值的动态数列。它有两种情况，一是数列中相邻两项指标数值之间的时间间隔长度都大致相等，如都间隔 1 个月、1 个季度或者 1 年等；二是数列中相邻两项指标数值之间的时间间隔长度不完全相等，如有的间隔 1 个月而有的间隔 3 个月。通常将前者称为间隔相等的间断时点数列，后者称为间隔不等的间断时点数列。

（1）间隔相等的间断时点数列。间隔相等的间断时点数列平均发展水平的计算公式为：

$$\bar{a} = \frac{\frac{a_1 + a_2}{2} + \frac{a_2 + a_3}{2} + \cdots + \frac{a_{n-1} + a_n}{2}}{n - 1}$$

$$= \frac{\frac{a_1}{2} + a_2 + \cdots + a_{n-1} + \frac{a_n}{2}}{n - 1}$$

利用这种方法计算平均发展水平有一个前提条件，即假定现象在相邻两个时点之间的发展变动是均匀的。首先以每一小段的中间值代表该小段的平均水平，然后再计算各小段的平均水平的简单算术平均数，得到整个被研究时期的平均发展水平。这种方法称为"首尾折半法"。

例 5-3 某企业某年第一季度工人数资料如表 5-5 所示。

表 5-5 某企业某年第一季度工人数统计情况

日期	1 月 1 日	2 月 1 日	3 月 1 日	4 月 1 日
工人人数/人	160	180	170	186

则该企业第一季度平均工人数为：

$$\bar{a} = \frac{\frac{a_1}{2} + a_2 + \cdots + a_{n-1} + \frac{a_n}{2}}{n - 1} = \frac{160/2 + 180 + 170 + 186/2}{3} = 174.3(人)$$

(2) 间隔不等的间断时点数列。间隔不等的间断时点数列平均发展水平的计算公式为：

$$\bar{a} = \frac{\frac{a_1+a_2}{2}f_1 + \frac{a_2+a_3}{2}f_2 + \cdots + \frac{a_{n-1}+a_n}{2}f_{n-1}}{f_1 + f_2 + \cdots + f_{n-1}}$$

式中，$f_i(i=1,2,3,\cdots,n-1)$ 代表各相邻时点指标数值的时间间隔长度。

这里计算所遵循思想与间隔相等的间断时点数列相似，只是计算各小段的平均水平的平均数时采用的是加权算术平均法，权数为各相邻时点指标数值之间的时间间隔长度。

例 5-4 某企业 2016 年工人数资料如表 5-6 所示。

表 5-6 某企业 2016 年工人数统计情况

日期	1月1日	5月1日	8月1日	11月30日	12月31日
工人人数/人	200	230	280	275	270

则 2016 年该企业平均工人数为：

$$\bar{a} = \frac{\frac{a_1+a_2}{2}f_1 + \frac{a_2+a_3}{2}f_2 + \cdots + \frac{a_{n-1}+a_n}{2}f_{n-1}}{f_1 + f_2 + \cdots + f_{n-1}}$$

$$= \frac{\frac{200+230}{2} \times 4 + \frac{230+280}{2} \times 3 + \frac{280+275}{2} \times 4 + \frac{275+270}{2} \times 1}{12}$$

$$= \frac{3\,007.5}{12} = 250.6(人)$$

从理论上讲，在计算时点数列平均发展水平的四种方式中，以第一种为最优，其准确性最高，但在实际工作中往往受客观条件的限制；第三种使用的最多、最为普遍，因为它适用于我国的定期统计制度；第四种有时使用，主要适用于非定期的专门调查。

(二) 根据相对数动态数列计算平均发展水平

相对数动态数列是由具有互相联系的两个绝对数动态数列对比构成的，因此首先要分别计算出分子数列和分母数列的平均发展水平，然后将两者进行对比，求出相对数动态数列的平均发展水平。相对数动态数列平均发展水平计算公式为：

$$\bar{c} = \frac{\bar{a}}{\bar{b}}$$

式中，$\bar{c}$ 代表相对数动态数列的平均发展水平；$\bar{a}$ 代表分子动态数列的平均发展水平；$\bar{b}$ 代表分母动态数列的平均发展水平。

由于相对数动态数列可由两个时期数列、两个时点数列或由一个时期数列和一个时点数列对比形成，而时期数列与时点数列的平均发展水平的计算方法又不同，因此相对数动态数列的平均发展水平计算分为以下 3 种情况：

(1) 分子数列、分母数列均属于时期数列的相对数动态数列，其平均发展水平的计算公式为：

$$\bar{c} = \frac{\bar{a}}{\bar{b}} = \frac{\sum a/n}{\sum b/n} = \frac{\sum a}{\sum b}$$

例 5-5 某企业 2016 年某种产品产值计划完成情况如表 5-7 所示。

表 5-7　某企业 2016 年某种产品产值计划完成情况

季度	第一季度	第二季度	第三季度	第四季度
实际产值（a）/万元	880	850	870	890
计划产值（b）/万元	860	845	850	860
计划完成程度（c）/%	102.33	100.59	102.35	103.49

计划完成程度数列是相对数动态数列，是由实际产值数列和计划产值数列这两个时期数列对比计算出来的。

则该企业 2016 年产品产值的平均计划完成程度为：

$$\bar{c} = \frac{\bar{a}}{\bar{b}} = \frac{880+850+870+890}{860+845+850+860} = \frac{3\,490}{3\,415} = 1.022(\text{或}\,102.2\%)$$

（2）分子数列、分母数列均属于时点数列的相对数动态数列，其平均发展水平的计算公式因数列的不同情况而有所不同。但在实际工作中最常见的是间隔相等的间断时点数列对比而成的相对数动态数列，其平均发展水平的计算公式为：

$$\bar{c} = \frac{\bar{a}}{\bar{b}} = \frac{\left(\dfrac{a_1}{2}+a_2+a_3+\cdots+a_{n-1}+\dfrac{a_n}{2}\right)/(n-1)}{\left(\dfrac{b_1}{2}+b_2+b_3+\cdots+b_{n-1}+\dfrac{b_n}{2}\right)/(n-1)}$$

$$= \frac{\dfrac{a_1}{2}+a_2+a_3+\cdots+a_{n-1}+\dfrac{a_n}{2}}{\dfrac{b_1}{2}+b_2+b_3+\cdots+b_{n-1}+\dfrac{b_n}{2}}$$

例 5-6　某企业 2016 年第一季度各月初职工人数及工人数资料如表 5-8 所示。

表 5-8　某企业 2016 年第一季度各月初职工人数与工人数统计情况

日期	1月1日	2月1日	3月1日	4月1日
全体职工（b）/人	500	570	580	600
其中：工人（a）/人	420	450	485	512
工人占全部职工比重（c）/%	84.0	78.9	83.6	85.3

工人占全部职工比重动态数列是一个相对数动态数列，由工人数数列和全体职工数数列这两个时点数列对比而得，这里分子数列和分母数列都属于间隔相等的间断时点数列。

则该企业 2016 年第一季度工人数占全部职工人数的平均比重为：

$$\bar{c} = \frac{\dfrac{a_1}{2}+a_2+a_3+\cdots+a_{n-1}+\dfrac{a_n}{2}}{\dfrac{b_1}{2}+b_2+b_3+\cdots+b_{n-1}+\dfrac{b_n}{2}}$$

$$= \frac{\dfrac{420}{2}+450+485+\dfrac{512}{2}}{\dfrac{500}{2}+570+580+\dfrac{600}{2}} = \frac{1\,401}{1\,700} = 0.824(\text{或}\,82.4\%)$$

(3) 分子数列、分母数列中一个是时期数列而另一个是时点数列的相对数动态数列，其平均发展水平的计算公式为：

$$\bar{c} = \frac{\bar{a}}{\bar{b}} = \frac{(a_1 + a_2 + \cdots + a_{n-1} + a_n)/n}{(\frac{b_0}{2} + b_1 + \cdots + b_n + \frac{b_{n+1}}{2})/[(n+1)-1]}$$

$$= \frac{a_1 + a_2 + \cdots + a_{n-1} + a_n}{\frac{b_0}{2} + b_1 + \cdots + b_n + \frac{b_{n+1}}{2}}$$

例 5-7 某百货公司 2016 年第一季度各月商品销售额、月末商品库存额和商品流转次数资料如表 5-9 所示。

表 5-9 某百货公司 2016 年第一季度各月商品销售额、月末商品库存额和商品流转次数统计情况

月份	上年 12 月	1 月	2 月	3 月
商品销售额（a）/万元	——	300	400	280
月末商品库存额（b）/万元	70	75	55	75
商品流转次数（c）/次	——	4.14	6.15	4.31

商品流转次数动态数列是一个相对数动态数列，由商品销售额数列和月末商品库存额数列对比得到，它们分别属于时期数列和间隔相等的间断时点数列。

则该公司 2016 年第一季度平均每月商品流转次数为：

$$\bar{c} = \frac{a_1 + a_2 + \cdots + a_{n-1} + a_n}{\frac{b_0}{2} + b_1 + \cdots + b_n + \frac{b_{n+1}}{2}} = \frac{300 + 400 + 280}{\frac{70}{2} + 75 + 55 + \frac{75}{2}} = \frac{980}{202.5} = 4.84(次)$$

（三）根据平均数动态数列计算平均发展水平

平均数有静态平均数和序时平均数之分，如果平均数动态数列由静态平均数组成，则其平均发展水平的计算方法与相对数动态数列的计算方法完全相同；如果平均数动态数列由序时平均数组成，则其平均发展水平需要根据不同情况采用不同方法计算。

当动态数列中各序时平均数的计算时期或间隔相等时，可用简单算术平均法计算，即：

$$\bar{a} = \frac{\sum a}{n}$$

当动态数列中各序时平均数的计算时期或间隔不等时，可用加权算术平均法计算，即：

$$\bar{a} = \frac{\sum af}{\sum f}$$

三、增长量

增长量又称增减量，是现象在一定时期内发展水平的绝对增减量，即报告期水平与基期水平之差。它说明某种社会经济现象报告期水平比基期水平增加（或减少）了多少。其计算公式为：

增长量 = 报告期水平 - 基期水平

当报告期水平大于基期水平时,计算结果为正值,表示现象水平的增加;当报告期水平小于基期水平时,增长量为负值,表示现象水平的减少,有时又称负增长。有些现象的变化以正值增长量为好,如产值、利润等;有些现象则以负值增长量为好,如成本、费用等。

增长量由于在比较计算时,采用的基期不同,分为累计增长量和逐期增长量两种。

累计增长量是指现象报告期水平与某一固定基期水平之差,说明报告期水平较某一固定基期水平的绝对增减量。固定基期往往就是最初期,固定基期水平往往就是最初水平 a_0。

动态数列 $a_0, a_1, a_2, \cdots, a_n$ 各期累计增长量用符号表示分别为:

$$a_1 - a_0, a_2 - a_0, \cdots, a_n - a_0$$

逐期增长量是指现象报告期水平与前一期水平之差,说明报告期水平较前一期水平增减的绝对量,用符号表示分别为:

$$a_1 - a_0, a_2 - a_1, \cdots, a_n - a_{n-1}$$

累计增长量与逐期增长量之间具有两方面的数量关系:一是某一时期累计增长量等于之前各时期的逐期增长量之和;二是后一时期累计增长量与前一时期累计增长量之差等于后一时期逐期增长量。用公式表示分别为:

$$a_n - a_0 = (a_1 - a_0) + (a_2 - a_1) + (a_3 - a_2) + \cdots + (a_n - a_{n-1})$$

$$a_m - a_{m-1} = (a_m - a_0) - (a_{m-1} - a_0)$$

现以我国"十二五"期间国内生产总值的资料为例加以说明(见表 5-10)。

表 5-10 我国"十二五"期间国内生产总值增长情况　　　单位:亿元

年份/年		2010	2011	2012	2013	2014	2015
国内生产总值		397 983	484 124	534 123	588 019	635 910	676 708
增长量	累计	—	86 141	136 140	190 036	237 927	278 725
	逐期	—	86 141	49 999	53 896	47 891	40 798

在实际工作中,为了消除季节变化的影响,常常要计算年距增长量指标,它是用本年某季(月)的发展水平减去上年同季(月)发展水平所得的差额,其计算公式如下:

$$年距增长量 = 本期发展水平 - 上年同期发展水平$$

例 5-8 某市今年 1 月份毛线的零售额为 2 000 万元,去年 1 月份为 1 800 万元,则年距增长量为:2 000 - 1 800 = 200(万元)

四、平均增长量

平均增长量又称平均增减量,是指现象在若干连续时期内平均每期增减变化的数量,即各期逐期增长量的序时平均数。它说明现象在若干连续时期内每期增减变化的一般水平,其计算公式为:

$$平均增长量 = \frac{逐期增长量之和}{逐期增长量项数} = \frac{累计增长量}{数列项数 - 1}$$

例 5-9 根据表 5-10 的资料计算我国"十二五"期间国内生产总值平均每年增长量为:

$$平均增长量 = \frac{86\ 141 + 49\ 999 + 53\ 896 + 47\ 891 + 40\ 798}{5} = \frac{278\ 725}{6 - 1} = 55\ 745(亿元)$$

任务三 计算动态数列速度指标

反映现象发展变化速度的指标有发展速度、增长速度、平均发展速度和平均增长速度4种。

一、发展速度

发展速度是指某种社会经济现象报告期水平与基期水平之比。发展速度属于动态相对数，说明了现象报告期水平已发展到基期水平的百分之多少或多少倍，反映了现象的发展方向和程度。其计算公式为：

$$发展速度 = \frac{报告期水平}{基期水平}$$

发展速度大于1（或100%）表示上升，小于1（或100%）表示下降。由于对比基期的不同，发展速度又分为定基发展速度和环比发展速度。

定基发展速度是动态数列中各报告期水平与某一固定基期水平之比（固定基期一般是最初期），反映现象从最初期到报告期之间一段较长时期内的发展变动程度。因此，定基发展速度又称为总发展速度。其计算公式为：

$$定基发展速度 = \frac{报告期水平}{固定基期水平}$$

定基发展速度用符号表示为：$\frac{a_1}{a_0}, \frac{a_2}{a_0}, \cdots, \frac{a_n}{a_0}$。

例如，表5-11中我国"十二五"期间粮食产量的定基发展速度，就是由2011—2015年各年发展水平分别与2010年的发展水平对比而得。

表5-11 我国"十二五"期间粮食产量统计情况

年份/年	发展水平/万吨	增长量/亿元		发展速度/%		增长速度/%		增长1%的绝对值/万吨
		累计	逐期	定基	环比	定基	环比	
（甲）	（1）	（2）	（3）	（4）	（5）	（6）	（7）	（8）
2010	54 641	—	—	—	—	—	—	—
2011	57 121	2 480	2 480	104.54	104.54	4.54	4.54	546.41
2012	58 958	4 317	1 837	107.90	103.22	7.90	3.22	571.21
2013	60 194	5 553	1 236	110.16	102.10	10.16	2.10	589.58
2014	60 703	6 062	509	111.09	100.85	11.09	0.85	601.94
2015	62 144	7 503	1 441	113.73	102.37	13.73	2.37	607.03

环比发展速度是动态数列中各报告期水平与前一期水平之比，反映现象逐期发展变动的程度。其计算公式为：

$$环比发展速度 = \frac{报告期水平}{前一期水平}$$

环比发展速度用符号表示为：$\dfrac{a_1}{a_0}, \dfrac{a_2}{a_1}, \dfrac{a_3}{a_2}, \cdots, \dfrac{a_n}{a_{n-1}}$。

例如，表5-11中我国"十二五"期间粮食产量的环比发展速度，就是由2011—2015年各年发展水平分别与前一年的发展水平对比而得。

上述两种发展速度之间存在着两方面的数量关系：

第一，某一时期定基发展速度等于之前各相应时期环比发展速度的连乘积，即：

$$\dfrac{a_n}{a_0} = \dfrac{a_1}{a_0} \times \dfrac{a_2}{a_1} \times \dfrac{a_3}{a_2} \times \cdots \times \dfrac{a_n}{a_{n-1}}$$

例5-10 由表5-11得，2015年的定基发展速度为：
113.74% = 104.54% × 103.22% × 102.10% × 100.85% × 102.37%

第二，后一时期定基发展速度与前一时期定基发展速度之比等于后一时期的环比发展速度，即：

$$\dfrac{a_i}{a_{i-1}} = \dfrac{a_i}{a_0} \Big/ \dfrac{a_{i-1}}{a_0}$$

例5-11 由表5-11得，2015年的环比发展速度102.37% = 113.73% ÷ 111.09%。

为了消除季节因素对社会经济现象发展变化的影响，在计算月份或季度发展速度时，可选用上年同期作为对比的基期，计算年距发展速度。此外，还可以选用历史最高水平的时间作为对比的基期，以反映在报告期已经超过或不及历史最高水平的程度。

二、增长速度

增长速度又称为增减速度，是现象报告期增长量与基期发展水平之比。它说明了报告期水平比基期水平增减了百分之多少或多少倍。其计算公式为：

$$增长速度 = \dfrac{报告期增长量}{基期水平} = \dfrac{报告期水平 - 基期水平}{基期水平} = 发展速度 - 1$$

当发展速度大于1（或100%）时，增长速度为正值，表示现象增长的程度；当发展速度小于1（或100%）时，增长速度为负值，表示现象减少的程度。

增长速度由于采用基期不同，也分为定基增长速度和环比增长速度。

定基增长速度是现象报告期的累计增长量与某一固定基期水平之比，表明现象从最初期到报告期之间的较长一段时期内总的增长速度。其计算公式为：

$$定基增长速度 = \dfrac{报告期累计增长量}{固定基期水平}$$

$$= \dfrac{报告期水平 - 固定基期水平}{固定基期水平}$$

$$= 定基发展速度 - 1$$

定基增长速度用符号表示为：$\dfrac{a_1 - a_0}{a_0}, \dfrac{a_2 - a_0}{a_0}, \cdots, \dfrac{a_n - a_0}{a_0}$ 或 $\dfrac{a_1}{a_0} - 1, \dfrac{a_2}{a_0} - 1, \cdots, \dfrac{a_n}{a_0} - 1$。

例如，表5-11中我国"十二五"期间各年粮食产量的定基增长速度可以用各年累计增长量分别除以固定基期（2010年）水平计算，也可以由各年定基发展速度减去100%计算而得。

环比增长速度是指现象报告期逐期增长量与前一期水平之比，表明现象逐期增减的程度。其计算公式为：

$$环比增长速度 = \frac{报告期逐期增长量}{前一期水平} = \frac{报告期水平 - 前一期水平}{前一期水平}$$

$$= 环比发展速度 - 1$$

环比增长速度用符号表示为：$\frac{a_1 - a_0}{a_0}, \frac{a_2 - a_1}{a_1}, \cdots, \frac{a_n - a_{n-1}}{a_{n-1}}$ 或 $\frac{a_1}{a_0} - 1, \frac{a_2}{a_1} - 1, \cdots, \frac{a_n}{a_{n-1}} - 1$。

例如，表 5-11 中我国"十二五"期间各年粮食产量的环比增长速度可以用各年逐期增长量分别除以前一年水平计算，也可以由各年环比发展速度减去 100% 计算而得。

值得注意的是，定基增长速度和环比增长速度之间没有直接的换算关系，这一点与定基发展速度和环比发展速度不同。

与发展速度一样，增长速度也可以计算年距增长速度，还可以计算报告期水平与历史最高水平的差异程度。

为了把水平指标和速度指标结合起来，进一步反映增长速度的实际效果，有必要计算环比增长速度的一个百分点所代表的绝对量，通常称为增长 1% 的绝对值。其计算公式为：

$$增长 1\% 的绝对值 = \frac{逐期增长量}{环比增长速度 \times 100}$$

$$= \frac{逐期增长量}{\frac{逐期增长量}{前一期水平} \times 100}$$

$$= \frac{前一期水平}{100}$$

从表 5-11 中可以看出，我国 2011—2015 年粮食产量每年增长 1% 的绝对值是不同的，2011 年仅为 546.41 万吨，2015 年为 607.03 万吨，两者的差距为 60.62 万吨。可见，运用增长 1% 的绝对值分析问题是非常必要的。

三、平均发展速度与平均增长速度

社会经济现象在不同时期的发展程度是不同的。为了说明社会经济现象在若干连续时期内每期发展、增长变化的一般程度，需要将现象在各个时期中的速度差异加以抽象，计算平均速度指标。平均速度指标有平均发展速度和平均增长速度两种。

平均发展速度是指社会经济现象各环比发展速度的序时平均数，说明在若干连续时期内平均每期发展变化的程度。平均增长速度又称平均增减速度，说明现象在若干连续时期内平均每期增长或降低的程度，是根据它与平均发展速度的关系推算出来的。其计算公式为：

$$平均增长速度 = 平均发展速度 - 1（或 100\%）$$

（一）平均发展速度的计算方法

根据所依据资料的不同，平均发展速度的计算方法有两种，一种是水平法（或称几何平均法）；另一种是累计法（或称方程式法）。

1. 水平法（几何平均法）

由于社会经济现象总发展速度不等于各期环比发展速度之和，而等于各期环比发展速度的连乘积，因此平均发展速度不能用一般的算术平均法计算，而要用几何平均法计算，这种方法称为水平法。其计算公式为：

$$\bar{x} = \sqrt[n]{x_1 \cdot x_2 \cdot x_3 \cdot \cdots \cdot x_n} = \sqrt[n]{\prod x}$$

式中，$\bar{x}$ 代表平均发展速度；x 代表各期环比发展速度；n 代表环比发展速度的项数；$\prod$ 代表连乘符号。

例 5 – 12 已知我国粮食产量 2011—2015 年的环比发展速度分别为 104.54%、103.22%、102.10%、100.85%、102.37%，则 2011—2015 年平均发展速度为：

$$\begin{aligned}\bar{x} &= \sqrt[n]{\prod x} \\ &= \sqrt[5]{104.54\% \times 103.22\% \times 102.10\% \times 100.85\% \times 102.37\%} \\ &= \sqrt[5]{113.73\%} \\ &= 102.61\%\end{aligned}$$

则 2011—2015 年我国粮食产量平均增长速度为：102.61% – 1 = 2.61%。

由于动态数列中环比发展速度等于报告期水平除以前一期水平，因此计算平均发展速度的公式又可以表示为：

$$\bar{x} = \sqrt[n]{x_1 \cdot x_2 \cdot x_3 \cdot \cdots \cdot x_n} = \sqrt[n]{\frac{a_1}{a_0} \times \frac{a_2}{a_1} \times \cdots \times \frac{a_n}{a_{n-1}}} = \sqrt[n]{\frac{a_n}{a_0}}$$

接上例，已知我国粮食产量 2010 年为 54 641 万吨，2015 年为 62 144 万吨，则 2011—2015 年平均发展速度为：

$$\bar{x} = \sqrt[n]{\frac{a_n}{a_0}} = \sqrt[5]{\frac{62\ 144}{54\ 641}} = \sqrt[5]{1.1373} = 102.61\%$$

上式中，$\frac{a_n}{a_0}$ 是第 n 期的定基发展速度，也就是第 1 期到第 n 期的总发展速度，如果用 R 表示总发展速度，则平均发展速度的公式还可以表示为：

$$\bar{x} = \sqrt[n]{\frac{a_n}{a_0}} = \sqrt[n]{R}$$

接上例，已知我国粮食产量 2011—2015 年的总发展速度（即 2015 年的定基发展速度）为 113.73%，则 2011—2015 年平均发展速度为：

$$\bar{x} = \sqrt[n]{R} = \sqrt[5]{113.73\%} = 102.61\%$$

计算结果表明，用以上三个公式计算的平均发展速度相同（有时出现小数不一致的情况，是计算过程中四舍五入造成的）。

以上计算平均发展速度的三个公式，虽然形式不同，但其实质与计算结果均完全相同。计算平均发展速度，究竟采用哪个公式，主要取决于所掌握的资料。如果所掌握的资料是各期的环比发展速度，则用第一个公式；如果掌握的资料是最初水平和最末水平或各期发展水平，则用第二个公式；如果已知末期的定基发展速度，则用第三个公式。

用水平法计算平均发展速度具有两个特点：

第一，这种方法侧重于考察最末一期的发展水平。即根据最初水平和按此方法计算的平均发展速度所推算出来的最末一期水平等于最末一期的实际水平，即 $a_0 \bar{x}^n = a_n$；而其他各期都不一定相等，即 $a_0 \bar{x}^i = a_i (i = 1, 2, \cdots, n - 1)$ 不一定成立。

第二，这种方法不能准确反映动态数列中间水平的起伏状况。从理论上讲，用水平法计算的平均发展速度，是对若干连续时期各期环比发展速度的平均，受各个时期发展水平的影响；但从上述第二个公式可以看出，它只突出了最初水平和最末水平的影响，不能全面反映现象各期发展水平高低的差别。

因此，在运用平均发展速度这一指标时，应注意最初水平与最末水平是否受特殊因素影响；同时，要联系各期环比发展速度加以分析，既要看水平，也要看速度，必要时用分段平均发展速度补充总平均发展速度，以对现象的发展做出全面客观的评价。

2. 累计法（方程式法）

累计法是以最初水平与各期发展水平的总和为基础，利用一元高次方程式来计算平均发展速度的方法。其计算方程式为：

$$\bar{x} + \bar{x}^2 + \bar{x}^3 + \cdots + \bar{x}^n = \frac{\sum_{i=1}^{n} a_i}{a_0}$$

解出这个高次方程所得 $\bar{x}$ 的正根，就是所求的平均发展速度。但是，解这个高次方程式是比较复杂的，因此，在实际统计工作中，都是根据事先编制好的"平均增长速度查对表"来查对取得。查表求平均发展速度的步骤为：

首先，根据 $\sum_{i=1}^{n} a_i/a_0$ 的计算值判断资料的增减类型。如果计算值大于 n（即平均发展速度 >100%），则属于递增类型，应查递增速度表；如果计算值小于 n（即平均发展速度 <100%），则属于递减类型，应查递减速度表；如果计算值等于 n，则平均增长速度等 0，而平均发展速度等于 100%，不需要查表。

其次，根据 n 和 $\sum_{i=1}^{n} a_i/a_0$ 的计算值，从"平均增长速度查对表"中查出相应平均递增速度或递减速度。

最后，根据查表所得的递增速度或递减速度加上 1（或 100%），即为所求的平均发展速度。

例 5-13 我国 2010—2015 年粮食产量资料见表 5-12。

表 5-12 我国 2010—2015 年粮食产量统计情况

年份/年	发展水平/亿元
2010	54 641
2011—2015	299 120

根据以上资料，用累计法查表求得 2010—2015 年平均发展速度如下：

第一，判断资料的增减类型

$$\sum_{i=1}^{n} a_i/a_0 = \frac{299\,120}{54\,641} = 5.474\,3 > 5$$

计算结果表明是递增类型，应查递增速度表。

第二，查"平均增长速度查对表"（见表 5-13），即依据 5.474 3（即 547.43%）和 5 两个数值查表。

在表 5-13 中"5 年"栏内，最接近 547.43% 的数值为 546.84%。该数同行左边的

3.0%就是平均递增速度。

第三,求平均发展速度,即 3.0% + 100% = 103.00%。

表 5-13 累计法递增速度查对表(摘选)(间隔期为 1~5 年)

平均每年增长/%	各年发展水平总和为基期的/%				
	1 年	2 年	3 年	4 年	5 年
2.1	102.10	206.34	312.77	421.44	532.39
2.2	102.20	206.65	313.40	422.50	534.00
2.3	102.30	206.95	314.01	423.53	535.57
2.4	102.40	207.26	314.64	424.60	537.20
2.5	102.50	207.56	315.25	425.63	538.77
2.6	102.60	207.87	315.88	426.70	540.40
2.7	102.70	208.17	316.49	427.73	541.97
2.8	102.80	208.48	317.12	428.80	543.61
2.9	102.90	208.78	317.73	429.84	545.20
3.0	103.00	209.09	318.36	430.91	546.84
3.1	103.10	209.40	319.00	432.00	548.50
3.2	103.20	209.70	319.61	433.04	550.10
3.3	103.30	210.01	320.24	434.11	551.74
3.4	103.40	210.32	320.88	435.20	553.41
3.5	103.50	210.62	321.49	436.24	555.01
3.6	103.60	210.93	322.12	437.31	556.65
3.7	103.70	211.24	322.76	438.41	558.34
3.8	103.80	211.54	323.37	439.45	559.94
3.9	103.90	211.85	324.01	440.54	561.61
4.0	104.00	212.16	324.65	441.64	563.31

用于计算平均发展速度的水平法和累计法各有特点,水平法侧重于现象达到最末水平应有的平均发展速度,其目的在于考查末期的发展水平;而累计法侧重于现象实现各期发展水平的总和应有的平均发展速度,目的在于考查各期的累计发展水平。这两种方法,应根据现象的特点区别采用。例如,基本建设投资额、造林绿化面积等,这类指标比较注重长时间的累计总量计划完成情况,可以采用累计法计算其平均发展速度;产值、产量等许多经济效益指标,侧重于考查最末一年达到的水平,可以采用水平法计算其平均发展速度。另外,由于水平法计算起来较为方便,因此它是计算平均发展速度的常用方法。

运用平均发展速度和平均增长速度,既可以分析现象在较长时期内的发展变化状况,也可以用于预测未来。特别是在制订长期计划和战略规划中,平均发展速度和平均增长速度有突出的应用价值。

(二) 计算和应用平均速度指标应注意的问题

1. 速度的发展方向应基本一致

因为平均发展速度代表了若干时期各环比发展速度的一般水平，所以如果各环比发展速度的变动方向不一致，上下起伏很大，则由此计算出的平均发展速度就缺乏现实意义，其代表性就差。例如，某商业企业商品零售额6年的环比发展速度分别为：102%、102%、103%、85%、101%、100.7%，有上升，有下降，变化方向不一致，由此求出的平均发展速度为98.73%，说明该企业商品零售额在6年中平均以1.27%的速度在向下递减，但事实上并不是这样。所以，对于这种稳定性差的现象计算平均发展速度的意义就不大。但是，如果在某一较长时期内，偶尔有极少数几期的速度变动方向不同，由此计算的平均发展速度的方向与绝大多数环比发展速度的变动方向是一致的，则仍能应用计算。

2. 计算分段平均速度来补充说明总平均速度

用水平法计算现象在较长时期内发展和增减变化的平均速度时，其实质是反映了现象的最末水平与最初水平之间的变化，并没有反映中间各期水平的变化，平均速度的高低只取决于最末水平和最初水平。当最末水平和最初水平不高时，中间各期水平无论怎样变化，即使大起大落，也不影响平均速度，在这种情况下计算出的总平均速度，就很难代表全期的一般速度。因此，通常在计算总平均速度的同时，还要分段计算平均速度，并将总平均速度与分段平均速度结合起来应用，以利于确切地反映现象在较长时期内平均发展和增减的程度。例如，要分析中华人民共和国成立以来我国粮食产量的平均发展速度，除了计算总的平均速度外，还有必要按恢复时期、各个五年计划时期分段计算其平均速度，加以补充说明。

3. 计算的平均速度应与现象发展的绝对水平相结合

水平指标是速度指标分析的基础，速度指标分析是水平指标分析的深入和继续，要求把它们结合起来使用。因为如果每期增长量保持不变，就意味着增长速度是逐期下降的，所以只有把两者结合起来使用，才能更全面、更深入地对现象进行分析判断。

任务四　动态数列因素分析

在分析社会经济现象动态变化时，计算动态数列水平指标和速度指标，只是分析了事物变化的一个方面。然而事物的发展变化是多种因素共同作用的结果，因此有必要对动态数列进行因素分析。动态数列的因素分析，就是运用统计分析方法测定动态数列各影响因素对其发展变化的影响，以认识经济现象发展变化的规律，为预测现象的未来发展提供依据。

一、动态数列的影响因素

社会经济现象的发展变化错综复杂，影响动态数列的因素多种多样，有政治因素、经济因素、社会因素和自然技术因素等。如果将这些影响因素按照使现象产生变化的形式重新归类，其可分为长期趋势变动、季节变动、循环变动和不规则变动4种。

（一）长期趋势变动（T）

长期趋势变动是动态数列变动的基本形式。它是指在一些持续的、决定性的基本因素的作用下，现象发展水平在很长一段时期内沿着一个方向，持续向上或向下变动的趋势。经济现象的长期趋势变动一旦形成，就总能延续一段相当长的时期，即使如股票市场这种变化较快的经济现象，其形成的向上趋势（牛市）或向下趋势（熊市）也总能延续数月乃至数年。因此，认识和掌握事物的长期趋势，可以把握事物发展变化的基本特点，对正确预测经济现象的发展具有十分重要的意义。

（二）季节变动（S）

季节变动是指社会经济现象由于受到自然条件或者社会风俗等因素的影响，在1年以内随着季节更替而出现的周期性波动。其变动特点是，随着季节的更换，按一定的时间间隔，现象呈周期重复的变化。如大多数农副产品的生产都因季节更替而存在淡季和旺季，这样以农副产品为原料的加工工业生产、商业部门农副产品的购销和交通运输部门的货运量等也随之出现季节变动。认识和掌握季节变动，对于短期行动决策有重要的作用。

（三）循环变动（C）

循环变动是指现象由于受到多种不同因素的影响，在若干年中发生的周期性涨落起伏波动。它既不同于朝单一方向变动的长期趋势变动，也不同于周期在1年内的季节变动。如有些农作物受自然条件的影响，在若干年中出现的丰歉情况，就是循环变动的一种表现。再如国内生产总值、股票价格和大多数的经济指标均有明显的经济周期变动特征。

（四）不规则变动（I）

动态数列除了以上各种变动以外，还有由临时的、偶然的因素或不明原因引起的非趋势性、非周期性的随机变动，这种随机变动就是不规则变动。如洪水、地震或一些偶然因素对社会经济造成的影响及结果。不规则变动是不以人的意志为转移的，是无法预知和控制的。如股票市场受突然出现的利好或利空消息的影响使股票价格产生的波动。

动态数列分析的任务就是采用科学的方法，将受各个因素影响的变动分别测定出来，作好预测，为决策提供依据。动态数列如上分解以后，可以认为 Y（即动态数列发展水平）是这四个因素的函数。它们之间的关系，可以用加法模型或者乘法模型表示。

加法模型为：$Y = T + S + C + I$

乘法模型为：$Y = T \times S \times C \times I$

相对而言，乘法模型应用得较广泛。在乘法模型中，动态数列发展水平 Y 和长期趋势值 T 用绝对数表示，季节变动、循环变动和不规则变动用相对数表示。

二、长期趋势变动分析

长期趋势变动分析是指对动态数列进行加工、整理，在加工、整理过程中剔除季节变动、循环变动和不规则变动对现象的影响，只保留长期趋势变动的影响，最后形成一个由趋势值构成的新动态数列的一种统计分析方法。长期趋势变动分析的方法较多，常用的有以下几种：

（一）移动平均法

移动平均法就是从动态数列中的第一项开始，按一定的项数求序时平均数，逐项移动，边移动边平均，从而形成以序时平均数构成的新动态数列。它采取"移动平均"的方式把一段时间内的指标差异抽象化，消除偶然因素的影响，从而实现对原数列中不规律变化的修匀，以反映社会经济现象的基本变动趋势。一般来说，这种方法的移动平均项数越多，修匀的效果越好，曲线就越平滑；移动平均的项数越少，修匀的效果越差，曲线的平滑度就越差。

例 5 – 15 某企业 2006—2015 年的商品销售额资料如表 5 – 14 所示。

表 5 – 14 某企业 2006—2015 年商品销售额资料 单位：亿元

年份/年	商品销售额	三项移动平均	五项移动平均	四项移动平均	四项移动平均正位
2006	4.80	—	—	—	—
2007	5.33	5.63	—	—	—
2008	6.76	6.49	6.16	6.07	6.29
2009	7.38	6.89	6.60	6.50	6.71
2010	6.54	6.97	7.04	6.92	7.02
2011	7.00	7.02	7.52	7.11	7.33
2012	7.52	7.89	7.84	7.55	7.80
2013	9.14	8.55	8.40	8.16	8.46
2014	8.98	9.16	—	8.75	—
2015	9.35	—	—	—	—

1. 三项移动平均

第一个平均数 $= \dfrac{4.80 + 5.33 + 6.76}{3} = 5.63$ 对正第二项原值；

第二个平均数 $= \dfrac{5.33 + 6.67 + 7.38}{3} = 6.49$ 对正第三项原值；

……

依此类推，边移动、边平均，求得三项移动平均新数列共 8 项。

2. 五项移动平均

第一个平均数 $= \dfrac{4.80 + 5.33 + 6.76 + 7.38 + 6.54}{5} = 6.16$ 对正第三项原值；

第二个平均数 $= \dfrac{5.33 + 6.76 + 7.38 + 6.54 + 7.00}{5} = 6.60$ 对正第四项原值；

……

依此类推，边移动、边平均，求得五项移动平均新数列共 6 项。

3. 四项移动平均

第一个平均数 $= \dfrac{4.80 + 5.33 + 6.76 + 7.38}{4} = 6.07$ 对正第二项和第三项原值的中间；

第二个平均数 $= \dfrac{5.33 + 6.76 + 7.38 + 6.54}{4} = 6.50$ 对正第三项和第四项原值的中间；

……

依此类推，边移动、边平均，求得四项移动平均新数列共 7 项。由于每个平均数和原动态数列的时间错位半期，并不是原数列各时间的趋势值，因此还必须进行一次正位平均。即再进行一次两项移动平均，这样新序时平均数数列的各期数值才能和原动态数列对正，形成新的正位平均数列共 6 项。

从表 5-14 的计算结果可以看出，移动平均可以使动态数列中短期的偶然因素弱化，整个数列被修匀得更加平滑，波动趋于平稳。

值得注意的是，用移动平均法修匀后得到的新数列趋势值项数比原数列发展水平项数减少了，如上例中，三项移动平均趋势值首尾共少 2 项。新旧数列项数的关系为：新数列项数 = 原数列项数 - 移动平均项数 + 1。因此，用移动平均法分析长期趋势变动时移动项数不要确定得太多，否则资料缺项较多，以致影响分析的效果。

运用移动平均法的关键是移动项数的确定。如果数列中有自然周期，就应以该周期长度作为移动平均的项数。例如，在按季度排列的资料中，按 4 项进行移动平均；在按月份排列的资料中，按 12 项进行移动平均。如果没有自然周期，则一般使用奇数项为好，这样计算出的序时平均数就能与原动态数列对正位置，测定过程比较简单；如果采用偶数项移动平均，计算出的序时平均数和原动态数列不能一次对正位置，还需要进行一次正位平均（即二项移动平均），测定过程较为烦琐。

（二）最小平方法

最小平均法又称最小二乘法，是依据动态数列的观察值与趋势值的离差平方和为最小值的理论思想，拟合一种趋势模型，然后利用多元函数求极值的原理，推导出求解模型中未知参数的标准联立方程组，并求解出参数得到模型的具体方程，进而据此方程推算各期的趋势值。

最小平方法是分析长期趋势变动的最重要方法。它可以拟合直线趋势模型和曲线趋势模型（二次曲线模型、指数曲线模型或者双曲线模型等）。对某一现象应选择哪一种趋势模型进行拟合，主要取决于现象发展变化的特点。

1. 直线趋势模型

如果动态数列的逐期增长量（也称一次增长量）大致相等，或动态数列散点图上各个点近似位于一条直线上，就可以将现象的变动趋势拟合成直线趋势模型。其一般形式为：

$$\hat{y} = a + bt$$

式中，$\hat{y}$ 代表动态数列的趋势值；t 代表动态数列的时间单位；a 和 b 为参数，分别代表直线的截距和斜率。

模型中的参数 a 和 b 通常用最小平方法来求。最小平方法的数学出发点是：

$$\sum (y - \hat{y})^2 = 最小值 \quad (y 为动态数列观察值，即发展水平)$$

即

$$\sum (y - a - bt)^2 = 最小值$$

令 $Q(a,b) = \sum (y - a - bt)^2$，

根据多元函数求极值的理论，则二元函数 $Q(a, b)$ 取最小值时有：

$$\begin{cases} \dfrac{\partial Q}{\partial a} = 0 \\ \dfrac{\partial Q}{\partial b} = 0 \end{cases}，即 \begin{cases} \sum 2(y - a - bt) \times (-1) = 0 \\ \sum 2(y - a - bt) \times (-t) = 0 \end{cases}，即 \begin{cases} \sum y = na + b \sum t \\ \sum ty = a \sum t + b \sum t^2 \end{cases}。$$

这是一个关于参数 a 和 b 的二元一次方程组，称为求解参数 a 和 b 的标准联立方程组，解之即得 a 和 b，如下：

$$\begin{cases} b = \dfrac{n\sum ty - \sum t \sum y}{n\sum t^2 - (\sum t)^2} \\ a = \dfrac{\sum y}{n} - b\dfrac{\sum t}{n} = \bar{y} - b\bar{t} \end{cases}$$

将 a、b 的值代入直线趋势模型中,便可以得到与实际观察值相对应的直线趋势方程。由此可以形成一条趋势直线,既可以用其认识现象的发展变化动态,还可以用其预测未来。

例 5 – 16 用最小平方法一般法计算我国 2006—2012 年各年年底总人口资料如表 5 – 15 所示。

表 5 – 15 最小平方法一般法计算

年份/年	年底总人口（y）/万人	逐年增长量/万人	t/万吨	ty	t^2	$\hat{y}$/万人
甲	(1)	(2)	(3)	(4)	(5)	(6)
2006	131 448	—	1	131 448	1	131 468.89
2007	132 129	681	2	264 258	4	132 124.93
2008	132 802	673	3	398 406	9	132 780.96
2009	133 450	648	4	533 800	16	133 437.00
2010	134 091	641	5	670 455	25	134 093.04
2011	134 735	644	6	808 410	36	134 749.07
2012	135 404	669	7	947 828	49	135 405.11
合计	934 059	—	28	3 754 605	140	934 059.00

观察表 5 – 15 发现,年底总人口的逐期增长量大体相等,因此,我们可以拟合一条趋势直线进行分析,并用最小平方法估算直线趋势模型参数。有关中间数据计算如表 5 – 15 所示,代入参数 a、b 的标准联立方程组有:

$$\begin{cases} 934\,059 = 7a + 28b \\ 3\,754\,605 = 28a + 140b \end{cases}$$

解此联立方程组,得:

$$\begin{cases} b = \dfrac{7 \times 3\,754\,605 - 28 \times 934\,059}{7 \times 140 - 28^2} = \dfrac{128\,583}{196} = 656.04 \\ a = \dfrac{934\,059}{7} - 656.04 \times \dfrac{28}{7} = 133\,437 - 2\,624.14 = 130\,812.86 \end{cases}$$

把 a 和 b 之值代入直线趋势模型的一般形式,得到直线趋势方程为:

$$\hat{y} = 130\,812.86 + 656.04t$$

根据这个方程,可以计算动态数列各年对应的趋势值 $\hat{y}$,见表 5 – 15 第 (6) 栏。如果预测我国 2015 年年底总人口（此时 $t=10$）,可以估算如下:

$$\hat{y}_{2015} = 130\,812.86 + 656.04 \times 10 = 137\,373.21(万人)$$

为了简化计算过程,a、b 两参数还可以采用简捷法计算。由于直线趋势模型中的 t 为时间序号,因而可以设任一时间为原点（即 $t=0$）,当我们把动态数列的原点移至数列中间时，$\sum t = 0$。在奇数项的条件下，数列中间一项为原点，前后两端的时间序号按正负对称设置，即按 -5，-4，-3，-2，-1，0，1，2，3，4，5，两头延伸；在偶数项的条件下，数列中间两项的中点为原点，则时间序号分别按 -5，-3，-1，1，3，5，两头延伸。

由于 $\sum t = 0$，上述标准联立方程组及参数 a、b 求解公式可以简化如下：

$$\begin{cases} \sum y = na \\ \sum ty = b \sum t^2 \end{cases}$$

则

$$\begin{cases} a = \dfrac{\sum y}{n} \\ b = \dfrac{\sum ty}{\sum t^2} \end{cases}$$

例 5-17 仍以表 5-15 资料为例，用简捷法计算，如表 5-16。

表 5-16 最小平方法简捷法计算

年份/年	年底总人口 y/万人	t/万吨	ty	t^2	$\hat{y}$/万人
甲	(1)	(2)	(3)	(4)	(5)
2006	131 448	-3	-394 344	9	131 468.89
2007	132 129	-2	-264 258	4	132 124.93
2008	132 802	-1	-132 802	1	132 780.96
2009	133 450	0	0	0	133 437.00
2010	134 091	1	134 091	1	134 093.04
2011	134 735	2	269 470	4	134 749.07
2012	135 404	3	406 212	9	135 405.11
合计	934 059	0	18 369	28	934 059.00

依据表 5-16 资料，直线趋势模型的 a、b 两参数值为：

$$\begin{cases} a = \dfrac{\sum y}{n} = \dfrac{934\ 059}{7} = 133\ 437 \\ b = \dfrac{\sum ty}{\sum t^2} = \dfrac{18\ 369}{28} = 656.04 \end{cases}$$

将 a、b 值代入直线趋势模型的一般形式，得直线趋势方程为：

$$\hat{y} = 133\ 437 + 656.04t$$

根据此方程计算的各年趋势值如表 5-16 第（5）栏所示。

如果预测我国 2015 年年底总人口（此时 $t=6$），则可估算如下：

$$\hat{y}_{2015} = 133\ 437 + 656.04 \times 6 = 137\ 373.21（万人）$$

可以看出，当动态数列项数 n 为奇数时，用一般法和简捷法确定的两个直线趋势方程中 b 是相等的而 a 不相等，但是两种方法计算的各年趋势值却完全相同，两种方法预测的 2015

年年底总人口的结果也相同。但要注意，当动态数列项数 n 为偶数时，两种方法确定的直线趋势方程中 a、b 都不相同，一般法的 b 是简捷法的 2 倍。

2. 二次曲线趋势模型

大量的社会经济现象是非线性发展的，所以，研究各种类型的曲线模型是非常必要的。如果动态数列的发展变化有一个转弯形态或二次增长量大致相等，则说明现象的发展变化大体表现为二次曲线，我们就可以将现象的变动过程拟合为二次曲线趋势模型。其一般形式为：

$$\hat{y} = a + bt + ct^2$$

式中，c 代表曲线的曲率，其他符号与前相同。

二次曲线趋势模型中的 a、b、c 为未知参数，同样可用最小平方法进行估计，一般法下求解它们的标准联立方程组为：

$$\begin{cases} \sum y = na + b\sum t + c\sum t^2 \\ \sum ty = a\sum t + b\sum t^2 + c\sum t^3 \\ \sum t^2 y = a\sum t^2 + b\sum t^3 + c\sum t^4 \end{cases}$$

简捷法下的标准联立方程组为：

$$\begin{cases} \sum y = na + c\sum t^2 \\ \sum ty = b\sum t^2 \\ \sum t^2 y = a\sum t^2 + c\sum t^4 \end{cases}$$

将上述标准联立方程组求解，就可得到 a、b、c 的值，再将这三个参数值代入二次曲线趋势模型一般形式，即为所求的二次曲线趋势方程。它同样可以帮助我们认识事物发展变化的规律，预测事物的未来。

例 5-18 用最小平方法一般法计算某公司 2010—2016 年产品产量，资料如表 5-17 所示。

表 5-17 最小平方法一般法计算

年份/年	年度顺序 (t)	产量 (y)/万吨	t^2	ty	$t^2 y$	t^4	$\hat{y}$/万吨
（甲）	(1)	(2)	(3)	(4)	(5)	(6)	(7)
2010	-3	6.07	9	-18.21	54.63	81	5.52
2011	-2	7.42	4	-14.84	29.68	16	8.09
2012	-1	9.40	1	-9.40	9.40	1	9.78
2013	0	10.64	0	0	0	0	10.59
2014	1	11.34	1	11.34	11.34	1	10.52
2015	2	9.49	4	18.98	37.96	16	9.57
2016	3	7.46	9	22.38	67.14	81	7.74
合计	0	61.82	28	10.25	210.15	196	61.81

从表 5-17 中观察到，该公司产品产量在 2010—2016 年有一个明显的转弯状态，即 2014 年为转折点，此前为逐渐上升状态，此后为逐渐下降状态。因此，我们可以拟合一条二次曲线趋势模型进行分析，并用最小平方法估计其模型参数。有关中间数据计算如表

5-17所示，代入简捷法的标准联立方程组为：

$$\begin{cases} 61.82 = 7a + 28c \\ 10.25 = 28b \\ 210.15 = 28a + 196c \end{cases}$$

解方程组得

$$\begin{cases} a = 10.59 \\ b = 0.37 \\ c = -0.44 \end{cases}$$

把 a、b、c 之值代入二次曲线趋势模型的一般形式，得二次曲线趋势方程为：

$$\hat{y} = 10.59 + 0.37t - 0.44t^2 (以2013年为原点)$$

根据这个模型计算的各年趋势值如表5-17第（7）栏所示。如有必要，也可用此模型进行预测。

3. 指数曲线趋势模型

当动态数列的各期环比发展速度（或环比增长速度）大体相同，即发展变化近似等比速度时，可用指数曲线作为趋势线。模型一般形式为：

$$\hat{y} = ab^t$$

要用最小平方法求解参数 a 和 b，先要把指数模型的参数线性化，方法是对模型两边取对数（常用对数或自然对数）：

$$\lg \hat{y} = \lg a + t \lg b$$

令 $\hat{Y} = \lg \hat{y}, A = \lg a, B = \lg b$，则

$$\hat{Y} = A + Bt$$

根据最小平方法原理，推导出求解 A、B 的标准联立方程组为

$$\begin{cases} \sum Y = nA + B \sum t \\ \sum tY = A \sum t + B \sum t^2 \end{cases}$$

将上述标准联立方程组求解，即可求出 A、B 之值。由于 A、B 为对数值，因此需要查反对数表求得 a、b 值。把参数 a、b 之值代入指数曲线趋势模型一般形式，可以求得与动态数列各观察值对应的指数曲线趋势方程，由此形成一条趋势线，据此可以进行预测。

例5-19 用最小平方法一般法计算某市近年来彩电销售量，资料如表5-18所示。

表5-18 最小平方法一般法计算　　　　　　　　　　　　　　单位：千台

年份/年	年次（t）	销售量（y）	较上年增长率/%	$Y=\lg y$	Yt	t^2
2011	1	5.3	—	0.724 3	0.724 3	1
2012	2	7.2	36	0.857 3	1.714 6	4
2013	3	9.6	33	0.982 3	2.946 9	9
2014	4	12.9	34	1.110 6	4.442 4	16
2015	5	17.1	33	1.233 0	6.165 0	25
2016	6	23.2	36	1.365 5	8.193 0	36
合计	21	75.3	—	6.273 0	24.186 2	91

由于动态各年环比增长速度大致相等，因而可以拟合指数曲线趋势模型。将表中数据代入标准联立方程组：

$$\begin{cases} 6.273 = 6A + 21B \\ 24.1862 = 21A + 91B \end{cases}$$

解之得

$$\begin{cases} A = \lg a = 0.59936 \\ B = \lg b = 0.12747 \end{cases}$$

则

$$\begin{cases} a = 3.975 \\ b = 1.341 \end{cases}$$

把 a、b 之值代入指数曲线趋势模型一般形式，得：

$$\hat{y} = 3.975 \times 1.341^t$$

只需把要预测年份对应的 t 值代入上述方程，就可以得到该年彩电销售量的预测值。例如 2017 年的预测值为：

$$\hat{y}_{2017} = 3.975 \times 1.341^7 = 31.00(千台)$$

需要说明的是，动态数列的趋势模型是根据过去的历史资料进行的分析，只有在这种趋势继续发展的情况下，趋势模型才可以用于预测。如果现象的发展改变了过去的方向，就不能简单地用趋势模型进行预测，否则就会得出错误的结论。

(三) **指数平滑法**

移动平均法使用历史数据进行长期趋势测定和预测时，对近期观测值给予相同的权数而对较早历史数据的权数突然截止为 0 的处理方法，未免过于简单，不尽合理。事实上，接近预测所在期的历史数据比远离它的历史数据对预测更重要、更有价值。根据数据离预测期的远近分别给以不同大小的权数的预测方法相对来说比较合理，于是指数平滑法便应运而生。

按照赋予时间序列中近期数据以较大的权数，远期数据以较小的权数的原则来平均这些数据，从而得到预测值时，一个简单易做的方法就是根据权数衰减快慢的要求来选择一个数值 θ，并且 $0 < \theta < 1$，然后应用指数 θ^j 来进行加权平均。

如果将 y_{t-j} 乘以 θ^j，再加总，得到的则不是一个加权平均数，因为所有的 θ^j 加在一起不等于 1，事实上它们的和为：

$$\sum_{j=0}^{\infty} \theta^j = \frac{1}{1-\theta}$$

所以，欲对动态数列取加权平均数作为下期预测值，就应当取权数为 $(1-\theta)\theta^j$，则下一期 (第 $t+1$) 的预测值是：

$$\hat{y}_{t+1} = \sum_{j=0}^{\infty} (1-\theta)\theta^j y_{t-j}$$

实际上，动态数列都是有限的，但只要这个数列足够长，所计算的结果就可以作为上式的近似值。按照实际序列 $y_1, y_2, \cdots, y_t$ 共 t 个有限数据，可取 $\hat{y}_{t+1} = \sum_{j=0}^{\infty}(1-\theta)\theta^j y_{t-j}$，$j = 0, 1, 2, \cdots, t-1$；并指定 $\alpha = 1 - \theta$，则上式变为：

$$\hat{y}_{t+1} = \sum_{j=0}^{t-1} \alpha(1-\alpha)^j y_{t-j}$$

该式就是常见的指数平滑法预测公式，其中 α 为平滑参数。

把 $\hat{y}_{t+1} = \sum_{j=0}^{\infty}(1-\theta)\theta^j y_{t-j}$ 式转化为 $\hat{y}_{t+1} = \sum_{j=0}^{t-1}\alpha(1-\alpha)^j y_{t-j}$ 式后,使平滑参数 α 同权数衰减得快慢有了直观的联系。当 α 值很小时,$\alpha(1-\alpha)^j$ 衰减得很慢,这时指数平滑法几乎等效于跨距 n 较大时的简单移动平均法;当 α 值较大时,给近期观测值的权数就比较大,对预测值的影响也较大,而给远期观测值的权数比较小,对预测值的影响也就微弱。

指数平滑法除了上述的直观性强外,被普遍采用的主要原因是:方法简便,具有递推性质,而且连续预测时,只需要储存最低限度的数据。因为:

$$\hat{y}_{t+1} = \sum_{j=0}^{\infty}\alpha(1-\alpha)^j y_{t-j} = \alpha(1-\alpha)^0 y_t + \alpha(1-\alpha)^1 y_{t-1} + \alpha(1-\alpha)^2 y_{t-2} + \cdots$$
$$= \alpha(1-\alpha)^0 y_t + (1-\alpha)\alpha(1-\alpha)^0 y_{t-1} + \alpha(1-\alpha)^1 y_{t-2} + \alpha(1-\alpha)^2 y_{t-3} + \cdots$$
$$= \alpha y_t + (1-\alpha)\hat{y}_t$$

该式表明,在时期 t 时不必知道以往的观测值(因而也就不必储存它们),只要有本期的实际数据和本期的预测值,就可将第 $t+1$ 期的预测值计算出来,这就是指数平滑法最重要的优点之一。

对 $\hat{y}_{t+1} = \alpha y_t + (1-\alpha)\hat{y}_t$ 式并项后还可以得到指数平滑法的另一种形式:

$$\hat{y}_{t+1} = \hat{y}_t + \alpha(y_t - \hat{y}_t)$$

在该式中,用指数平滑法得出的新预测值只是本期预测值加上 α 乘以本期的预测误差。直观上这点很容易理解,因为一般本期的预测误差中,一部分是由于事物发展中的本质因素变动所引起的,所以,在下一期的预测中要进行调整,以便纠正这种误差;其余部分可以认为是由于偶然原因引起的,不必予以调整。α 的数值就决定了预测误差中属于发展中的本质因素变动所引起的,从而需要调整的比重。

例 5-20 某木材公司用指数平滑法预测某种产品的销售量,计算过程和预测结果如表 5-19 所示。

表 5-19 某木材公司用指数平滑法预测某种产品的销售量的计算过程和预测结果 ($\alpha = 0.7$)

时间序号 (t)	实际销售量 (y)/千元	预测值 ($\hat{y}_{t+1} = \alpha y_t + (1-\alpha)\hat{y}_t$)/千元
1	10	11 *
2	12	$0.7 \times 10 + 0.3 \times 11 = 10.3$
3	13	$0.7 \times 12 + 0.3 \times 10.3 = 11.5$
4	16	$0.7 \times 13 + 0.3 \times 11.5 = 12.6$
5	16	$0.7 \times 16 + 0.3 \times 12.6 = 15.0$
6	15	$0.7 \times 16 + 0.3 \times 15.0 = 15.7$
7	16	$0.7 \times 15 + 0.3 \times 15.7 = 15.2$
8	17	$0.7 \times 16 + 0.3 \times 15.2 = 15.8$
9	15	$0.7 \times 17 + 0.3 \times 15.8 = 16.6$
10	14	$0.7 \times 15 + 0.3 \times 16.6 = 15.5$
11	13	$0.7 \times 14 + 0.3 \times 15.5 = 14.5$

续表

时间序号（t）	实际销售量（y）/千元	预测值（$\hat{y}_{t+1} = \alpha y_t + (1-\alpha)\hat{y}_t$）/千元
12	14	$0.7 \times 13 + 0.3 \times 14.5 = 13.5$
13		$0.7 \times 14 + 0.3 \times 13.5 = 13.9$

* 初始预测值取第 1 期、第 2 期观测值的算术平均数，即 $\hat{y}_1 = 11$（千元）。

三、季节变动分析

在按月或按季编制的动态数列中，往往存在着一种周而复始的周期性变动。比如某些商品的需求量与季节有关，像服装行业、食品行业等都有明显的季节性。季节变动的测定，就是测定各季节的季节指数。季节指数是根据所给资料，求出的各季（或月）平均数对全时期总平均数的比率，说明各季（或月）水平比全期总平均水平高或低的程度，即季节变动的一般规律。研究季节变动的目的，在于认识、掌握季节变动的规律，及时组织生产、交通运输、安排好市场供应等。

测定季节变动的方法有按月（季）平均法和趋势剔除法两大类。前者不考虑长期趋势变动；后者考虑长期趋势变动且先剔除长期趋势的影响，再求季节指数。

（一）按月（季）平均法

在进行季节变动分析和预测时，应先将动态数列观测值绘成曲线图。观察在不同年份的相同季度或相同月份有无周期性波动，确定是否有季节变动。当确定有季节变动时，我们可以用按月（季）平均法测定季节指数。步骤如下：

（1）计算各年同月（季）的平均数；
（2）计算各年所有月（季）的总平均数；
（3）求各月（季）平均数对总平均数的比率即季节指数。季节指数计算公式为：

$$某月（季）季节指数 = \frac{该月（季）平均数}{所有月（季）总平均数} \times 100\%$$

例 5 – 21 某企业某商品 2011—2015 年各季度销售额资料如表 5 – 20 所示，用按月（季）平均法测定各季度指数。

表 5 – 20 用按月（季）平均法测定各季度指数

销售额/万元　　季度 年份/年	第一季度	第二季度	第三季度	第四季度	合计
2011	—	—	13	17	30
2012	4	6	14	15	39
2013	7	8	16	20	51
2014	8	10	19	25	62
2015	16	12	—	—	28
季平均/万元	8.75	9.00	15.50	19.25	13.13（平均）
季节指数/%	66.67	68.57	118.00	146.67	400.00

第一步，计算各季度的季平均数。此处季平均数是指各年同季度的平均数，如第一季度的平均数 $= \dfrac{4+7+8+16}{4} = 8.75$；

第二步，计算总平均数。此处总平均数是指所有季度的平均数，也等于各季度平均数的平均数，即总平均数 $= \dfrac{8.75+9.00+15.50+19.25}{4} \approx 13.13$；

第三步，计算各季度的季节指数，如第一季度季节指数 $= \dfrac{第一季度平均数}{总平均数} \times 100\% = \dfrac{8.75}{13.13} \times 100\% \approx 66.67\%$。

有了季节指数，就可知道商品销售量按季变化的信息：第一季度最低，第二季度略升，第三、第四季度大幅度上升。由此可得出结论：该商店该商品的销售第一、第二季度为淡季，第三、第四季度为旺季。

按月（季）平均法求季节指数有一个明显的缺点，即没有考虑长期趋势的影响，比如在有趋势上升的资料中，后期各月（季）水平较前期同月（季）水平有较大提高，因此，在月（季）平均数中后期比前期同月（季）数字要有较大作用。但在按月（季）平均法中，各年同月（季）的数字等同对待，不分轻重。怎样解决这个问题呢？办法是：首先把长期趋势变动的影响剔除，然后求季节指数，这就是趋势剔除法。

（二）趋势剔除法

剔除长期趋势变动后再计算季节指数的方法有很多，这里介绍的是一种比较常用的移动平均趋势剔除法。这种方法是将按自然周期计算出的移动平均数作为长期趋势值加以剔除，然后测定季节指数。其分析步骤如下：

（1）对各年的按月（季）资料（Y）进行12项（4项）移动平均，求出长期趋势（T）；

（2）将各月（季）实际值（Y）除以趋势值（T）得 $\dfrac{Y}{T}$，并按月（季）排列；

（3）对各年同月（季）的 $\dfrac{Y}{T}$ 平均，消除不规则变动，得到各月（季）平均数 S'；

（4）由于季节指数之和应为1 200%（400%），故对各月（季）平均数 S' 进行调整，得到总和为1 200%（400%）的季节指数 S。调整公式为：

某月（季）季节指数 $S =$ 该月（季）平均数 $S' \times$ 调整系数

$$调整系数 = \dfrac{1\,200\%(400\%)}{\sum S'}$$

例 5 – 22 某禽蛋加工厂2011—2015年各月销售额资料如表5 – 21所示，用趋势剔除法测定各月季度指数如下：

第一步，对动态数列资料（用 Y 表示）进行移动平均，计算12个月移动平均数。由于12是偶数，因此需要进行正位平均，才能对准各月的销售额。例如，第一个12个月移动平均数38.1是用2011年1—12月销售额总和除以12得来的；第二个12个月移动平均数38.5是用2011年2月—2012年1月销售额总和除以12得来的，以下依次类推。这样得来的移动平均数都列在相应的两个月之间，需要进行正位平均，即对刚形成的12个月移动平均数数列进行二项移动平均。例如，第一个正位平均数38.3是对第一个12个月移动平均数38.1

和第二个 12 个月移动平均数 38.5 的平均,列在 2011 年 7 月的位置上;第二个正位平均数 38.7 是对第二个 12 个月移动平均数 38.5 和第三个 12 个月移动平均数 38.8 的平均,列在 2011 年 8 月的位置上,以下依此类推。于是得到从 2011 年 7 月起到 2015 年 6 月止共计 48 个月的趋势值(用 T 表示)。

第二步,剔除趋势值。方法是用各月趋势值 T 去除实际值 Y,从而形成一个相对数数列。例如,2011 年 7 月剔除趋势值后相对数为 $\frac{Y}{T} = \frac{8}{38.3} = 0.209$(或 20.9%);2011 年 8 月剔除趋势值后相对数为 $\frac{Y}{T} = \frac{9}{38.7} = 0.233$(或 23.3%),以下依此类推。这些相对数都是用趋势值去除实际值得来的,是消除了长期趋势变动后得到的新数列。

第三步,将相对数数列重新排列(见表 5-22),计算各年同月平均数。例如,1 月平均数 $= \frac{37.7 + 50.4 + 49.3 + 51.0}{4} = 47.1$,2 月平均数 $= \frac{135.6 + 137.3 + 136.7 + 142.4}{4} = 138.0$,以下依此类推,从而形成一个由月平均数 S' 构成的动态数列。

第四步,由于各月平均数 S' 合计为 1 195.1%,不等于 1 200%,因此要进行调整。调整系数 $= \frac{1\ 200\%}{1\ 195.1\%} = 1.004\ 1$。用这个系数分别乘以各月平均数 S' 得到各月季节指数 S,列于表 5-22 中的最末一行。

表 5-21 用趋势剔除法测定各月季度指数

年份/年	月份/月	销售额(Y)/万元	12 个月移动平均数/万元	正位平均数(趋势值)(T)/万元	$\frac{Y}{T}$/%
甲	乙	(1)	(2)	(3)	(4)
2011	1	10			
	2	50			
	3	80			
	4	90			
	5	50			
	6	20			
	7	8	38.1	38.3	20.9
	8	9	38.5	38.7	23.3
	9	10	38.8	39.0	25.6
	10	60	39.3	39.4	152.4
	11	50	39.5	39.5	126.4
	12	20	39.6	39.7	50.4
			39.8		

续表

年份/年	月份/月	销售额（Y）/万元	12个月移动平均数/万元	正位平均数（趋势值）（T）/万元	$\dfrac{Y}{T}$/%
甲	乙	(1)	(2)	(3)	(4)
2012	1	15		39.8	37.7
	2	54	39.8	39.8	135.6
	3	85	39.8	39.9	213.2
	4	93	39.9	40.5	229.4
	5	51	41.2	41.3	123.4
	6	22	41.5	41.6	52.9
	7	9	41.7	42.0	21.4
	8	9	42.3	42.5	21.2
	9	11	42.8	42.9	25.7
	10	75	43.0	43.1	174.1
	11	54	43.2	43.4	124.5
	12	22	43.6	43.6	50.4
			43.7		
2013	1	22	43.7	43.7	50.4
	2	60	43.8	43.7	137.3
	3	88	44.0	43.9	200.6
	4	95	44.5	44.3	214.7
	5	56	44.7	44.6	125.6
	6	23	44.8	44.7	51.4
	7	9	44.8	44.8	20.1
	8	10	45.2	45.0	22.2
	9	14	45.3	45.3	30.9
	10	81	45.7	45.5	178.0
	11	56	46.0	45.8	122.2
	12	23	46.6	46.3	49.7
2014	1	23	46.8	46.7	49.3
	2	64	46.9	46.8	136.7
	3	90	47.0	47.0	191.7
	4	99	47.3	47.2	209.9
	5	60	47.6	47.5	126.4
	6	30	47.8	47.7	62.9
	7	11	47.9	47.8	23.0
	8	12	48.4	48.2	24.9
	9	15	48.7	48.5	30.9
	10	85	48.6	48.6	174.8
	11	59	48.8	48.7	121.2
	12	25	48.9	48.8	51.2

续表

年份/年	月份/月	销售额（Y）/万元	12个月移动平均数/万元	正位平均数（趋势值）（T）/万元	$\dfrac{Y}{T}$/%
甲	乙	(1)	(2)	(3)	(4)
2015	1	25		49.0	51.0
	2	70	49.1	49.2	142.4
	3	93	49.3	49.4	188.2
	4	98	49.6	49.8	196.8
	5	62	50.0	50.1	123.8
	6	32	50.2	50.3	63.6
	7	13	50.4		
	8	14			
	9	19			
	10	90			
	11	61			
	12	28			

表5－22 各月季度指数

Y/T/% 年份/年 月份/月	2011	2012	2013	2014	2015	月平均数（S）'/%	季节指数（S）/%
1	—	37.7	50.4	49.3	51.0	47.1	47.3
2	—	135.6	137.3	136.7	142.4	138.0	138.6
3	—	213.2	200.6	191.7	188.2	198.4	199.2
4	—	229.4	214.7	209.9	196.8	212.7	213.6
5	—	123.4	125.6	126.4	123.8	124.8	125.3
6	—	52.9	51.4	62.9	63.6	57.7	57.9
7	20.9	21.4	20.1	23.0	—	21.4	21.4
8	23.3	21.2	22.2	24.9	—	22.9	23.0

续表

Y/T/% \ 年份/年 \ 月份/月	2011	2012	2013	2014	2015	月平均数 $(S)'/\%$	季节指数 $(S)/\%$
9	25.6	25.7	30.9	30.9	—	28.3	28.4
10	152.4	174.1	178.0	174.8	—	169.8	170.5
11	126.4	124.5	122.2	121.2	—	123.6	124.1
12	50.4	50.4	49.7	51.2	—	50.4	50.6
合计	—	—	—	—	—	1 195.1	1 200.0

任务五　运用 Excel

一、运用 Excel 计算各种动态分析指标

例如：表 5-23 中所给数字是 1986—1991 年我国电视机生产量资料，用 Excel 计算有关水平指标和速度指标的方法如下：

运用 Excel 计算各种动态分析指标

表 5-23　1986—1991 年我国电视机生产量情况

年份/年	1986	1987	1988	1989	1990	1991
电视机产量/万台	1 459.4	1 934.4	2 505.1	2 766.5	2 684.7	2 691.4

(1) 在一张空工作表 A1：G3 单元格区域输入表中资料。

(2) 在 C4 单元格输入"= C3 - B3"并按回车键，单击 C4 单元格并将鼠标指向其右下方填充柄，按住左键拖动至 G4，即可得到 1987—1991 年各年的逐期增长量。单击"开始"按钮，在"数字"区域单击"增加小数位数"或"减少小数位数"按钮，使各年的逐期增加量保留两位小数。以下各指标同样保留两位小数，操作过程与此处相同。

(3) 在 C5 单元格输入"= C3 - \$B\$3"并按回车键，单击 C5 单元格并将鼠标指向其右下方填充柄，按住左键拖动至 G5，即可得到 1987—1991 年各年的累计增长量。

(4) 在 C6 单元格输入"= C3/B3"并按回车键，单击 C6 单元格并将鼠标指向其右下方填充柄，按住左键拖动至 G6，即可得到 1987—1991 年各年的环比发展速度。单击"开始"按钮，在"数字"区域单击"%（百分比式样）"按钮，使各年的环比发展速度呈现为百分比形式。以下速度分析指标同样呈现百分比形式，操作过程与此处相同。

(5) 在 C7 单元格输入"= C3/\$B\$3"并按回车键，单击 C7 单元格并将鼠标指向其右下方填充柄，按住左键拖动至 G7，即可得到 1987—1991 年各年的定基发展速度。

(6) 在 C8 单元格输入"= C4/B3"（或"= C6 - 1"）并按回车键，单击 C8 单元格并将鼠标指向其右下方填充柄，按住左键拖动至 G8，即可得到 1987—1991 年各年的环比增长速度。

(7) 在 C9 单元格输入"= C5/\$B\$3"（或"= C7 - 1"）并按回车键，单击 C9 单元格并将鼠标指向其右下方填充柄，按住左键拖动至 G9，即可得到 1987—1991 年各年的定基

（8）在 C10 单元格输入"＝C4/（C8＊100）"（或"＝B3/100"）并按回车键，单击 C9 单元格并将鼠标指向其右下方填充柄，按住左键拖动至 G10，即可得到 1987—1991 年各年的增长 1% 的绝对值。

（9）用鼠标拖动选中 B11：G11 单元格范围。单击"开始"按钮，在"对齐方式"区域单击"合并后居中"按钮，在合并形成的 B11 单元格输入"＝AVERAGE（B3：G3）"并按回车键，即可得到 1986—1991 年平均电视机产量。

（10）合并 C12：G12 单元格范围，在合并形成的 C12 单元格输入"＝AVERAGE（C4：G4）"（或"＝G5/5"）并按回车键，即可得到 1987—1991 年的平均增长量。

（11）合并 C13：G13 单元格范围，在合并形成的 C13 单元格输入"＝GEOMEAN（C6：G6）"并按回车键，即可得到 1987—1991 年的平均发展速度。

（12．平均发展速度减去 1 就等于平均增长速度。

用鼠标拖动选中 A2：G14 单元格范围。单击"开始"按钮，在"字体"区域单击"边框"按钮右侧下箭头，在弹出的下拉列表中单击"所有边框（A）"选项。再次单击"开始"按钮及其"字体"区域中"边框"按钮右侧下箭头，在弹出的下拉列表中单击"其他边框（M）…"选项，在弹出的"设置单元格格式"对话框中的"边框"选项卡中单击取消表格中左边框和右边框，即可为上述资料和计算出的动态分析指标形成的表格设置好规范的边框，如图 5-1 所示。

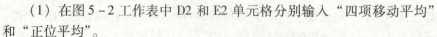

图 5-1　用 Excel 计算动态分析指标

二、用"移动平均"工具分析长期趋势变动

例如：广州新大新公司 2010—2014 年的分季度销售额资料如图 5-2A、B、C 单元列所示，使用"移动平均"工具进行长期趋势变动分析的方法如下：

（1）在图 5-2 工作表中 D2 和 E2 单元格分别输入"四项移动平均"和"正位平均"。

（2）单击"数据"按钮中的"数据分析"按钮，选择其中的"移动平均"并单击"确

用"移动平均"
工具分析长期
趋势变动

定",弹出如图 5-3 所示的对话框。

(3)在"移动平均"对话框的"输入区域(I):"后输入待分析数据区域的单元格区域"$C$2:$C$22",在"间隔(N):"后输入进行移动平均计算的项数 4,在"输出区域(O):"输入将要输出结果所在位置左上角单元格的引用"$D$3"。

(4)勾选"标志位于第一行(L)",最后点击"确定",即可得到正位平均前的新数列。

(5)因为 4 项移动平均为偶数项移动平均,所以还需再来一次间隔为 2 的正位平均,方法基本是一样的,即在"移动平均"对话框的"输入区域(I):"后输入"$D$6:$D$22",在"间隔(N):"后输入"2",在"输出区域(O):"输入"$E$4",不再勾选"标志位于第一行(L)";结果如图 5-2 所示。

图 5-2 用"移动平均"工具进行长期趋势变动分析

图 5-3 "移动平均"对话框

三、用"回归"工具分析长期趋势变动

例如:布公主咖啡坊 2008—2014 年销售额数据如表 5-24 所示,用 Excel"回归"工具计算直线趋势模型方法如下:

(1)将表中数据输入 Excel 工作表 B、C 单元列,但为简化计算,我们需对收入年份重新取值,2008—2014 年分别取值 1~7,如图 5-4 所示。

(2)单击"数据"按钮中的"数据分析"按钮,选择其中的"回归"单点击"确定",

用"回归"工具分析长期趋势变动

弹出如图 5-5 所示的"回归"对话框。

(3) 在"回归"对话框中,"Y 值输入区域 (Y):"中输入 2008—2014 年销售额实际观察值所在单元格区域的引用"\$C\$2:\$C\$9","X 值输入区域 (X):"中输入 2008—2014 年年度顺序号的所在单元格区域的引用"\$B\$2:\$B\$9",单击"新工作表组 (P):",勾选"标志 (L)",最后单击"确定",即可得到有关参数数值(见图 5-6)。

(4) 直线趋势模型为:$\hat{y} = 12\,392.43 + 6\,117.61t$。

表 5-24　布公主咖啡坊 2008—2014 年销售额

年份/年	销售额/万元
2008	21 000
2009	24 948
2010	29 043
2011	34 100
2012	41 948
2013	49 719
2014	57 282

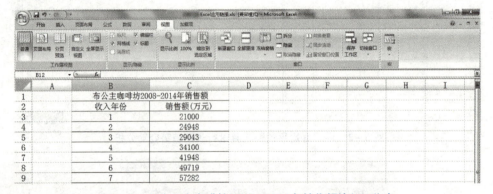

图 5-4　将布公主咖啡坊 2008—2014 年销售额输入工作表

图 5-5　"回归"对话框

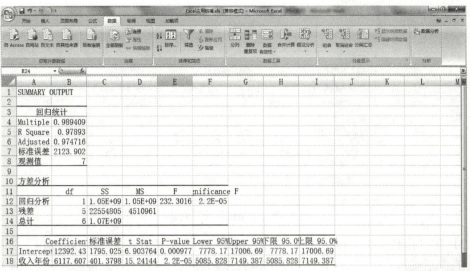

图 5-6　回归分析结果

四、用"指数平滑"工具分析长期趋势变动

例如：佳家电器行 2014 年 1—12 月份某电器销售数量资料如表 5-25 所示，用"指数平滑"工具计算有关各月销售数量预测值的方法如下：

用"指数平滑"工具分析长期趋势变动

表 5-25　佳家电器行 2014 年 1—12 月份某电器销售数量

销售月份/月	1	2	3	4	5	6	7	8	9	10	11	12
销售数量/台	63	81	72	63	54	70	78	80	90	50	60	70

（1）将表中资料输入一张空 Excel 工作表，A 单元列输入销售月份，B 单元列输入销售数量，如图 5-7 所示。

图 5-7　将佳家电器行 2014 年 1—12 月份某电器销售数量输入工作表

（2）单击"数据"按钮中的"数据分析"按钮，选择其中的"指数平滑"并单击"确定",弹出如图 5-8 所示的"指数平滑"对话框。

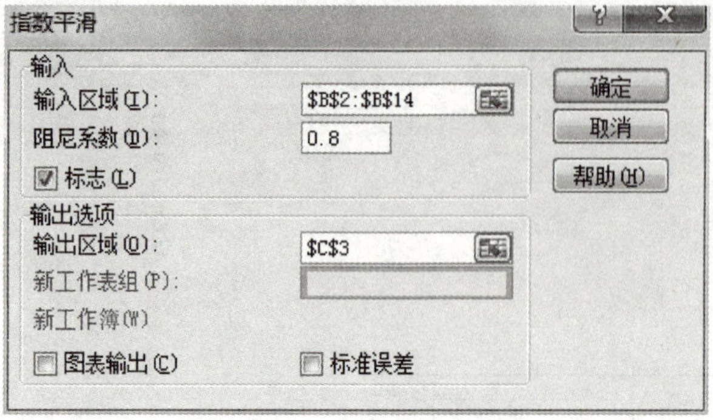

图 5-8 "指数平滑"对话框

（3）在"指数平滑"对话框的"输入区域（I）:"后输入"$B$2：$B$14","阻尼系数（D）:"后输入"0.8","输出区域（O）:"后输入"$C$3",勾选"标志（L）",最后将得到图 5-9 所示的数值内容。

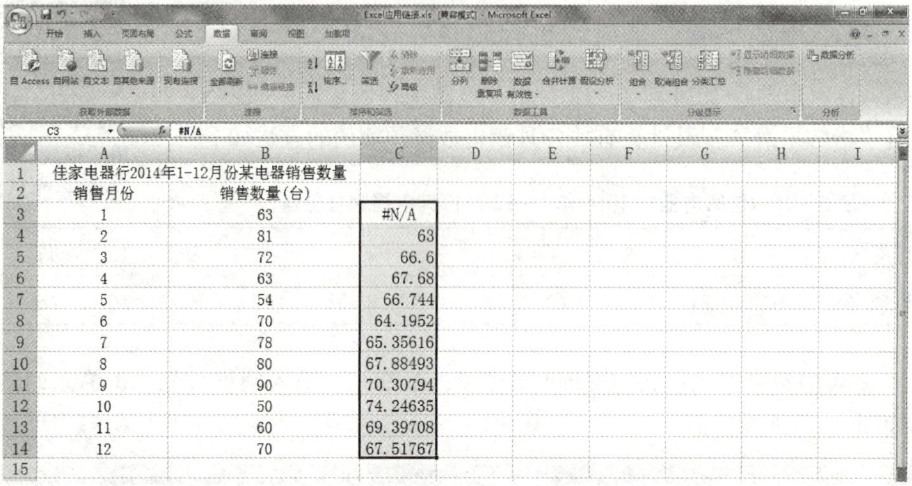

图 5-9 指数平滑分析结果

五、运用 Excel 进行季节变动分析

例如：兴发水产品加工公司 2011—2014 年产品加工价值数据如表 5-26 所示。

（一）按季平均法

按季（月）平均法
进行季节变动分析

方法如下：

（1）在一张空工作表的 A1：E6 单元格区域输入表中资料。

（2）在 A7 单元格输入"季平均",在 B7 单元格输入" = AVERAGE（B3：B6）"并按回车键,单击 B7 单元格并将鼠标指向其右下角的填充柄且按住左键一直拖动到 E7,就可得到各季的季平均数,保留两位小数如图 5-10 所示。

（3）在 F7 单元格输入" = AVERAGE（B7：E7）"或" = AVERAGE（B3：E6）"并按回车键,即可得到 4 年中 16 个季度的总平均数。

(4) 在 A8 单元格输入"季节指数",在 B8 单元格输入"=B7/\$F\$7"并按回车键,单击 B8 单元格并将鼠标指向其右下角的填充柄且按住左键一直拖动到 E8;单击"开始"按钮,在"数字"区域单击"%(百分比式样)"、"增加小数位数"或"减少小数位数"按钮,就可得到各季百分比形式的保留两位小数的季节指数。

用鼠标选中 B8:F8 单元格区域,单击"开始"按钮中"编辑"区域中的"∑自动求和"按钮,即可在 F8 单元格中计算出各季度季节指数总和为 400.00%。

表 5-26 兴发公司 2011—2014 年产品加工价值　　　　　　　　　　单位:万元

年份/年 \ 季度	1 季度	2 季度	3 季度	4 季度
2011	67	104	136	76
2012	72	110	135	82
2013	74	115	142	88
2014	78	179	211	95

图 5-10 按季平均法分析结果

(二) 趋势剔除法

方法如下:

(1) 在一张空工作表的 A1:C18 单元格区域输入表中资料,如图 5-11 所示。

(2) 计算 4 项移动平均数。在 D2 单元格输入"四项移动平均",在 D4 单元格输入公式"=AVERAGE(C3:C6)"并按回车键,然后将公式复制到 D5:D16 单元格,即可得到各项 4 项移动平均数。

趋势剔除法进行
季节变动分析

(3) 正位平均,也就是对 D 列的结果再进行一次二项移动平均。在 E2 单元格输入"趋势值",在 E5 单元格输入公式"=AVERAGE(D4:D5)"并按回车键,然后将公式复制到 E6:E16 单元格,即可得到 1996 年第 3 季度到 1999 年第 2 季度共 12 个季度产品加工价值的趋势值。

(4) 将实际值除以相应的趋势值。在 F1 单元格输入"C/E",在 F5 单元格输入公式

"=C5/E5"并按回车键,然后将公式复制到 F6:F16 单元格,即可形成一个新的相对数动态数列。

(5) 计算同季平均。在 G1 单元格输入"同季平均",在 G5 单元格输入公式"=(F5+F9+F13)/3"并按回车键,在 G6 单元格输入公式"=(F6+F10+F14)/3"并按回车键,在 G7 单元格输入公式"=(F7+F11+F15)/3"并按回车键,在 G8 单元格输入公式"=(F8+F12+F16)/3"并按回车键,即可得到各季的季平均数。

(6) 计算季节指数。在 H1 单元格输入"季节指数",在 H5 单元格输入公式"=G5*400%/SUM($G$5:$G$8)"并按回车键,再将公式复制到 H6:H8 单元格,就可得到各季的季度指数。

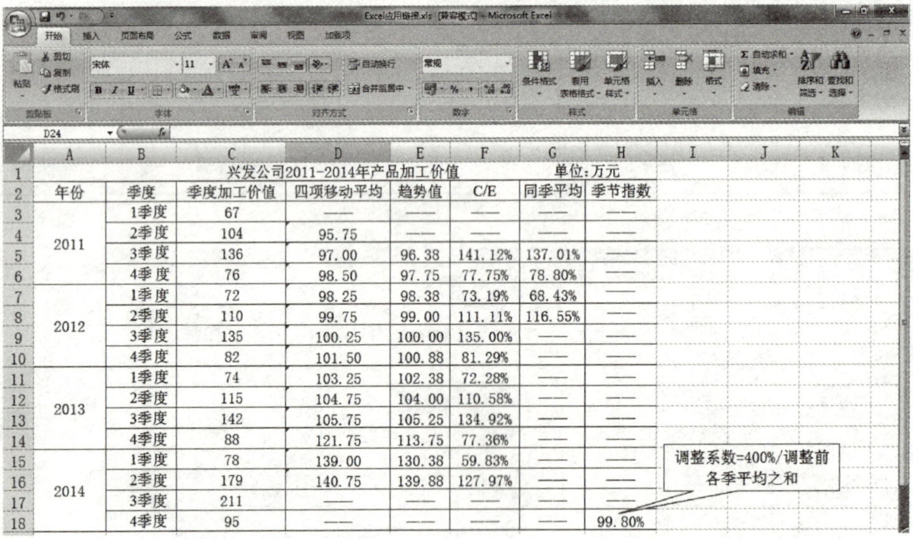

图 5-11 趋势剔除法分析结果

项目小结

动态数列是指同类社会经济现象的统计指标按时间顺序排列而形成的统计数列。动态数列由两个基本要素构成,一是现象的所属时间;二是反映客观现象各个具体指标的数值。

动态数列按其指标表现形式的不同,分为绝对数动态数列、相对数动态数列和平均数动态数列三种。其中,绝对数动态数列是基本数列,分为时期数列和时点数列两种。

编制动态数列应坚持以下原则:时间长短应该相等、总体范围应该一致、经济内容必须相同和计算方法应该统一。

动态数列的水平分析指标包括发展水平、平均发展水平、增长量和平均增长量。时点数列的平均发展水平计算较为复杂,要分为四种情况:间隔相等的连续时点数列、间隔不等的连续时点数列、间隔相等的间断时点数列、间隔不等的间断时点数列,分别采用相应的计算方法。相对数动态数列和静态平均数动态数列的平均发展水平的计算都是将分子数列的平均水平与分母数列的平均水平对比。

动态数列的速度分析指标包括发展速度、增长速度、平均发展速度和平均增长速度。发展速度与增长速度均有定基和环比之分。平均发展速度与平均增长速度的计算有水平法和累计法两种方法。

影响动态数列的因素有长期趋势变动、季节变动、循环变动和不规则变动四种。长期趋势变动分析的方法有移动平均法、最小平方法和指数平滑法。季节变动分析的方法，按是否消除长期趋势变动分为按月（季）平均法和趋势剔除法两种。

技能训练题

案例资料

某地区甲产品2011—2015年各季、各年收购量统计资料如表5-27所示。

表5-27　某地区甲产品2011—2015年各季、各年收购量统计资料　单位：万吨

年份/年	第一季度	第二季度	第三季度	第四季度	合计
2011	15	7	10	20	52
2012	16	8	12	20	56
2013	18	10	14	24	66
2014	21	17	19	27	84
2015	23	20	23	29	95

（一）实训目的与要求

（1）认识动态数列的作用。
（2）计算表5-27年份资料的各有关水平分析指标和速度分析指标。
（3）对表5-27分季度的资料分别使用移动平均法与指数平滑法进行长期趋势变动分析，使用按月（季）平均法与趋势剔除法进行季节变动分析。
（4）对表5-27年份资料分别使用最小平均法的一般法与简捷法进行长期趋势变动分析。

（二）实训内容

（1）动态数列的水平分析指标。
（2）动态数列的速度分析指标。
（3）长期趋势变动分析。
（4）季节变动分析。

（三）实训形式

先独立思考，再分组讨论。

（四）实训地点

教室。

（五）实训时数

4学时。

思考题

一、判断题

1. 在各种动态数列中，指标值的大小都受到指标所反映的时期长短的制约。　（　　）

2. 发展水平就是动态数列中的每一项具体指标数值，只能表现为绝对数。（　　）
3. 动态平均数与一般平均数完全相同，因为它们都是将各个变量值的差异抽象化。
（　　）
4. 若逐期增长量每年相等，则各年的环比发展速度是年年下降的。（　　）
5. 因为定基发展速度等于环比发展速度的连乘积，所以定基增长速度也等于环比增长速度的连乘积。（　　）
6. 增长1%的绝对值就是直接将同期的逐期增长量除以环比发展速度计算出来的。
（　　）
7. 水平法计算的平均发展速度只取决于最初水平和最末水平，与中间各期水平无关。
（　　）
8. 无论什么样的动态数列，都可以采用三项移动平均与四项移动平均进行修匀。
（　　）
9. 当各期的环比发展速度大致相等时，使用最小平方法进行长期趋势变动分析要拟合直线趋势模型。（　　）
10. 使用按月（季）平均法，计算出的各月（季）的季节指数之和等于1 200%（400%）。
（　　）

二、单项选择题

1. 在各种动态数列中，各指标值相加而有经济意义的是（　　）。
   A. 时点数列　　　　　　　　　　B. 时期数列
   C. 相对数动态数列　　　　　　　D. 平均数动态数列
2. 用来进行比较的基础时期的发展水平称为（　　）。
   A. 报告期水平　　　　　　　　　B. 中间水平
   C. 基期水平　　　　　　　　　　D. 最末水平
3. 1999年全国从业人员比上年增加629万人，这个指标是（　　）。
   A. 增长速度　　　　　　　　　　B. 增长量
   C. 平均增长速度　　　　　　　　D. 平均增长量
4. 定基发展速度等于（　　）。
   A. 环比发展速度的连乘积　　　　B. 环比发展速度的总和
   C. 环比增长速度的总和　　　　　D. 环比增长速度的连乘积
5. 已知某种现象的最初水平和最末水平，计算平均发展速度时采用（　　）。
   A. 最小平方法　　　　　　　　　B. 水平法
   C. 累计法　　　　　　　　　　　D. 无法计算
6. 编制动态数列的重要条件是其组成的每个指标值必须有（　　）。
   A. 可加性　　　　　　　　　　　B. 可比性
   C. 连续性　　　　　　　　　　　D. 相对性
7. 某地区各类学校在校学生，2015年比1985年增长80%，比2005年增长25%，则2005年比1985年增长（　　）。
   A. 55%　　　　　　　　　　　　B. 52.5%
   C. 44%　　　　　　　　　　　　D. 105%

8. 某企业从业人员 9 月末 2 510 人，10 月末 2 590 人，11 月末 2 614 人，12 月末 2 608 人，则第四季度企业从业人员平均人数为（　　）。

A. 2 614 人　　　　　　　　　　　B. 2 608 人

C. 2 588 人　　　　　　　　　　　D. 2 590 人

9. 动态数列中的最末水平等于（　　）。

A. 最初水平和总速度的乘积　　　　B. 最初水平和定基增长速度的乘积

C. 平均发展水平乘以平均发展速度　D. 平均发展水平乘以定基增长速度

10. 某国人口 2009 年年底为 12.6 亿人，若未来 10 年平均年递增 9‰，则 2019 年年底人口将达（　　）。

A. 13.78 亿人　　　　　　　　　　B. 13.66 亿人

C. 13.91 亿人　　　　　　　　　　D. 13.73 亿人

三、多项选择题

1. 动态数列又称时间数列，其构成要素主要是（　　）。

A. 现象名称　　　　　　　　　　　B. 现象指标数值所属时间

C. 指标名称　　　　　　　　　　　D. 指标数值

E. 计量单位

2. 动态数列的种类有（　　）。

A. 绝对数动态数列　　　　　　　　B. 相对数动态数列

C. 平均数动态数列　　　　　　　　D. 指数数列

E. 分配数列

3. 编制动态数列的原则有（　　）。

A. 指标名称应一致　　　　　　　　B. 时间长短应相等

C. 总体范围一致　　　　　　　　　D. 指标的经济内容应相同

E. 指标的计算方法和计量单位应一致

4. 分析现象发展水平的指标是（　　）。

A. 发展水平　　　　　　　　　　　B. 平均发展水平

C. 增长量　　　　　　　　　　　　D. 平均增长量

E. 发展速度

5. 平均发展水平的计算公式有（　　）。

A. $\bar{a} = \dfrac{\sum a}{n}$　　　　　　　　　　　B. $\bar{a} = \dfrac{\sum af}{\sum f}$

C. $\bar{a} = \dfrac{\dfrac{a_1}{2} + a_2 + \cdots + a_{n-1} + \dfrac{a_n}{2}}{n-1}$　　　D. $\bar{c} = \dfrac{\bar{a}}{\bar{b}}$

E. $\bar{a} = \dfrac{\dfrac{a_1+a_2}{2}f_1 + \dfrac{a_2+a_3}{2}f_2 + \cdots + \dfrac{a_{n-1}+a_n}{2}f_{n-1}}{f_1 + f_2 + \cdots + f_{n-1}}$

6. 增长量因采用基期的不同，分为（　　）。

A. 累计增长量　　　　　　　　　　B. 平均增长量

C. 逐期增长量　　　　　　　　　　D. 最末水平

E. 中间水平

7. 下列的计算式中不正确的是（　　）。

A. 定基增长速度 = 定基发展速度 – 1　　B. 发展速度 = 增长速度 – 1

C. 环比发展速度 = 环比增长速度 – 1　　D. 平均增长速度 = 平均发展速度 – 1

E. 累计增长量 = 逐期增长量之和

8. 平均发展速度的计算公式有（　　）。

A. $\bar{x} = \sqrt[n]{\prod x}$　　　　　　B. $\bar{x} = \sqrt[n]{R}$

C. $\bar{x} = \sqrt[n]{\dfrac{a_n}{a_0}}$　　　　　　D. $\bar{x} = \sqrt[n-1]{\dfrac{a_n}{a_0}}$

E. $\bar{x} = \sqrt[n+1]{\dfrac{a_n}{a_0}}$

9. 已知一时期数到的项数、平均增长量和平均增长速度，可推算出（　　）。

A. 各期发展水平　　　　　　　　　　B. 各期发展速度

C. 任一期水平与最初水平的比率　　　　D. 最末水平

E. 最初水平

10. 定基发展速度等于（　　）。

A. 总速度　　　　　　　　　　　　　B. 定基增长速度 – 1

C. 累计增长量除以基期水平　　　　　　D. 最末水平和最初水平之比

E. 环比发展速度的连乘积

四、填空题

1. 编制动态数列的基本原则是要使动态数列中各项指标数值具有_____。

2. 动态数列一般由两个要素构成，一个是现象所属的_____；另一个是反映客观现象的_____。

3. 根据动态数列中不同时间的发展水平所求的平均数叫_____，属于_____。

4. 由时期数列计算平均发展水平，可以直接应用简单算术平均法，这是由于时期数列具有_____的特点。

5. 发展速度根据采用的基期不同，分为_____和_____。

6. 环比增长速度是以_____为基期计算的增长速度，定基增长速度是以_____为基期计算的增长速度。

7. 计算平均发展速度的方法有_____和_____。

8. 平均增长速度和平均发展速度之间的联系是_____。

9. 动态数列的影响因素有_____、_____、_____和_____ 4 种。

10. 季节变动分析的方法主要有_____和_____ 2 种。

五、简答题

1. 什么是动态数列？编制动态数列应注意什么问题？

2. 动态数列与变量数列有何异同？

3. 时期数列与时点数列各有什么特点？

4. 序时平均数有哪些种类？它们与静态平均数有何异同？

5. 动态数列的水平分析指标有哪些种类？

6. 动态数列的速度分析指标有哪些种类？
7. 用水平法与累计法来计算平均发展速度有什么不同？二者各自的应用条件是什么？
8. 动态数列的影响因素有哪些？它们之间有什么样的关系？
9. 什么是长期趋势变动？如何分析长期趋势变动？
10. 什么是季节变动？如何分析季节变动？

六、应用能力训练题

1. 某商业企业 2015 年上半年各月利润额资料如表 5-28 所示。

表 5-28　某商业企业 2015 年上半年各月利润额

月份/月	1月	2月	3月	4月	5月	6月
利润额/万元	100	140	320	350	400	180

要求：计算该商业企业 2015 年上半年各月平均实现利润额。

2. 我国城乡居民储蓄存款年底余额资料如表 5-29 所示。

表 5-29　我国城乡居民储蓄存款年底余额

年份/年	1998	1999	2000	2001	2002
储蓄存款余额/万元	53 408	59 622	64 332	73 762	86 911

要求：计算 1998—2002 年我国居民储蓄存款平均余额。

3. 某个人存款账户 2015 年存款余额资料如表 5-30 所示。

表 5-30　某个人存款账户 2015 年存款余额

日期	1月1日	3月1日	4月30日	7月1日	9月30日	12月31日
存款余额/元	5 000	8 000	20 000	25 000	12 000	30 000

要求：计算该账户 2015 年日平均存款余额。

4. 某企业增加值与人数资料如表 5-31 所示。

表 5-31　某企业增加值和人数

月份	上年12月	1月	2月	3月	4月	5月	6月
增加值/万元	230	230	234	240	274	280	300
月末人数/人	130	134	138	142	144	144	148

要求：计算上半年平均每人每月生产增加值。

5. 某公司 2015 年各月末职工人数资料如表 5-32 所示。

表 5-32　某公司 2015 年各月末职工人数

月末	上年12月	2月	5月	7月	9月	11月	12月
全部职工人数/人	240	260	280	290	300	270	220
非生产工人人数/人	30	24	18	20	8	14	18

要求：计算全年平均的生产工人比重。

6. 某地区国内生产总值历年变化情况是：1995—1999 年每年递增 8%，2000—2005 年每年递增 5%，2006—2010 年每年递增 9%，2011—2015 年每年递增 7%。计算该地区 1995—2015 年国内生产总值的平均每年增长速度。

7. 某地区对外贸易总额，2009 年是 2005 年的 135.98%，2011 年较 2009 年增长 30.12%，2012—2015 年每年递增 6%，到 2015 年对外贸易总额已达 250 亿元。

要求：

(1) 计算 2006—2015 年该地区对外贸易总额的年平均增长速度；

(2) 若按此年平均增长速度发展，预测到 2021 年，该地区对外贸易总额将会达到什么规模。

8. 某地区某种产品 2010—2015 年的部分产量资料如表 5-33 所示。

表 5-33 某地区某种产品 2010—2015 年的部分产量计算

年份/年	产量/万吨	逐期增长量/万吨	环比发展速度/%	环比增长速度/%	增长1%的绝对值/万吨
2010	352	—	—	—	—
2011		25			
2012			106.3		
2013				7.25	
2014					
2015		33			4.60

要求：将表 5-33 中所缺数字填齐。

9. 某企业 2006—2015 年钢产量资料如表 5-34 所示。

表 5-34 某企业 2006—2015 年钢产量

年份/年	钢产量/百吨	年份/年	钢产量/百吨
2006	230	2011	257
2007	236	2012	262
2008	241	2013	276
2009	246	2014	281
2010	252	2015	286

要求：用最小平方法预测该企业 2016 年的钢产量。

10. 某地某类时令商品销售情况如表 5-35 所示。

表 5-35 某地某类时令商品销售情况   单位：万元

月份/月 年份/年	1	2	3	4	5	6	7	8	9	10	11	12
2014	72	62	38	20	5	3	4	11	80	90	82	85

续表

月份/月 年份/年	1	2	3	4	5	6	7	8	9	10	11	12
2015	65	70	40	28	7	4	5	13	96	148	134	110
2016	81	84	45	45	9	5	6	15	94	161	144	123

要求：根据表中资料使用按月（季）平均法与趋势剔除法进行季节变动分析。

11. 表5-36中所给数字是某省2010—2015年粮食产量资料，用Excel计算有关水平指标和速度指标。

表5-36 某省2010—2015年粮食产量情况

年份/年	2010	2011	2012	2013	2014	2015
粮食产量/万斤	1 400	1 930	2 500	2 760	2 680	2 690

12. 某公司2011—2015年的季度销售额资料如表5-37所示，试用Excel"数据分析"中的"移动平均"工具分别进行三项移动平均和四项移动平均的长期趋势分析。

表5-37 某公司2011—2015年的分季度销售额

年份/年	季度	销售额/千万元
2011	第一季度	253.0
	第二季度	291.5
	第三季度	296.9
	第四季度	329.5
2012	第一季度	292.0
	第二季度	328.8
	第三季度	322.5
	第四季度	355.7
2013	第一季度	305.8
	第二季度	349.5
	第三季度	352.8
	第四季度	375.2
2014	第一季度	320.5
	第二季度	362.5
	第三季度	370.5
	第四季度	396.4
2015	第一季度	333.5
	第二季度	385.1
	第三季度	385.6
	第四季度	408.5

13. 某企业 2010—2016 年的销售额数据如表 5-38 所示，用 Excel"回归"工具计算直线趋势模型。

表 5-38　某企业 2010—2016 年的销售额

年份/年	销售额/万元
2010	21 001
2011	24 940
2012	29 044
2013	34 101
2014	41 949
2015	49 718
2016	57 284

14. 某电器行 1~12 月份某电器销售数量资料如表 5-39 所示，试用 Excel"指数平滑"工具计算有关各月销售数量预测值（阻尼系数为 0.7）。

表 5-39　某电器行 1~12 月份某电器销售数量

月份/月	1	2	3	4	5	6	7	8	9	10	11	12
销售数量/台	62	80	73	63	54	70	78	81	91	50	60	70

15. 某水产品加工公司 1996—1999 年产品加工价值数据如图 5-12、图 5-13 所示，请用 Excel 强大的计算功能分别用按月（季）平均法和趋势剔除法进行季节变动分析（只需将图中空缺填齐）。

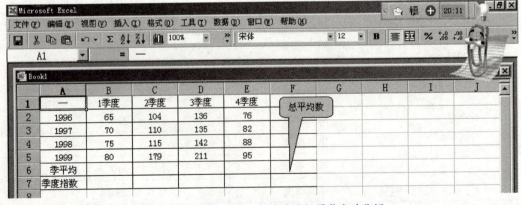

图 5-12　按月（季）平均法进行季节变动分析

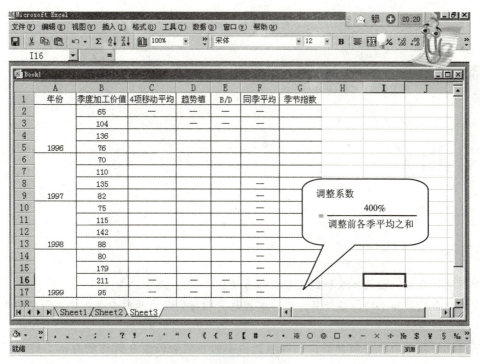

图 5-13　按趋势剔除法进行季节变动分析

课后测试

项目六

统计指数

知识目标

理解统计指数、指数体系和因素分析的含义；

掌握综合指数和平均指数计算方法，掌握总量指标变动的两因素分析方法和平均指标变动的因素分析方法；

了解统计指数的作用和种类，了解指数体系的作用和因素分析的种类，了解常用经济指数。

能力目标

能够运用综合指数形式计算总指数；

能够运用平均指数形式计算总指数；

能够对总量指标和平均指标的变动进行因素分析。

导入阅读　　　什么是价格指数？什么是 CPI

价格指数是反映不同时期一组商品（服务项目）价格水平的变化方向、趋势和程度的经济指标，是经济指数的一种，通常以报告期和基期相对比的相对数来表示。价格指数是研究价格动态变化的一种工具。

价格指数按其所包括范围的不同，分为个体指数（反映某一种商品价格水平升降程度的指数）、类指数（反映某一类商品价格水平升降程度的指数）、总指数（反映全部商品价格总水平升降程度的指数）。

以某地 2016 年 6 月和 7 月主要农产品价格行情为例：6 月份大米中籼米、粳米每千克的平均价格（下同）分别为 3.5 元、3.68 元，到 7 月份，其价格分别为 3.52 元、3.75 元，指数分别为 100.6%、101.9%。6 月份猪后臀尖肉、猪五花肉价格每千克分别为 25.92 元、24.5 元，到 7 月份，其价格分别为 25.55 元、23.5 元，价格指数分别为 98.6%、96.0%。

上文既描述了价格又反映了指数，可看出价格变动的特点为：大米价格微涨，猪肉价格小幅下降，既了解了大米、猪肉等农产品的价格水平，又掌握了其价格的变动程度。

CPI 是居民消费价格指数（Consumer Price Index）的简称。居民消费价格指数，是一个反映居民家庭一般所购买的消费商品和服务价格水平变动情况的宏观经济指标。它是度量一组代表性消费商品及服务项目的价格水平随时间而变动的相对数,用来反映居民家庭购买消费商品及服务的价格水平的变动情况。

居民消费价格统计调查的是社会产品和服务项目的最终价格,一方面同人民群众的生活密切相关,一方面在整个国民经济价格体系中也具有重要的地位。它是进行经济分析和决策、价格总水平监测和调控及国民经济核算的重要指标。其变动率在一定程度上反映了通货膨胀或紧缩的程度。一般来讲,物价全面地、持续地上涨就被认为发生了通货膨胀。

资料来源:http://www.stats.gov.cn/tjzs/zjCPI/t20110610_402731127.htm
http://www.stats.gov.cn/tjzs/CPI/t20090219_402557361.htm

任务一 认识统计指数

一、统计指数的定义和性质

在日常生活中,我们经常听到或看到各种物价指数。例如,《中华人民共和国2016年国民经济和社会发展统计公报》提供的数字表明,与2015年相比,2016年全年居民消费价格指数为102.0%,工业生产者出厂价格指数为98.6%,工业生产者购进价格指数为98.0%,固定资产投资价格指数为99.4%,农产品生产者价格指数为103.4%。这些数字是怎样计算出来的?它们反映了什么问题?为说明这些数字的含义,我们首先需要说明指数的定义和性质。

早在18世纪中叶,大量的黄金和白银涌入欧洲,导致物价飞涨,从而产生了反映商品价格变动的迫切要求,这就是物价指数产生的根源。为了掌握物价变动情况,1738年,法国学者杜托把路易十四时期的物价同路易十二时期的物价在分别汇总的基础上进行了对比,用以反映物价的综合变动情况,这是简单综合物价指数。后来统计指数的运用被推广到经济领域的各个方面。

统计指数简称指数,有广义和狭义两种定义。广义上说,统计指数是用以测定某个变量在时间或空间上变动方向和程度的相对数,即是同种变量或指标数值对比计算出来的相对数。如计划完成相对数、结构相对数、比例相对数、比较相对数和动态相对数都属于广义统计指数。狭义上说,统计指数是一种特殊的相对数,用来表明复杂社会经济现象总体数量的综合变动方向和程度的相对数。如上述商品零售价格指数、居民消费价格指数和农产品收购价格指数都属于狭义统计指数。

复杂现象总体是指数量上不能直接加总或对比的总体,其特点在于构成总体的各种事物具有不同的计量单位和使用价值,或者虽然计量单位相同,但使用价值不同。例如,各种工业产品的总的产量就是一个复杂总体。要反映这个总体在不同时期的变动情况,就不能将各种不同计量单位和使用价值的产品产量简单相加并进行对比。对于这样的复杂现象总体,统计就需要建立一种特殊的相对数,以解决不能简单相加和对比的问题。这种特殊的相对数就是狭义上的统计指数。本章主要讨论狭义上的统计指数。

为了更好地理解统计指数的含义,我们首先应明确统计指数的性质。概括地讲,统计指数具有如下性质:

（一）相对性

统计指数是一种相对数，可以反映一个变量或指标数值在不同时间或不同空间的相对变化方向和程度，如一种商品的价格指数或数量指数，这种指数称为个体指数；也可以反映一组变量的综合变动方向和程度，如居民消费价格指数，就反映了一组指定商品和服务的价格变动水平，这种指数称为总指数。变量或指标数值在不同时间上对比形成的指数称为时间性指数，在不同空间上对比形成的指数称为区域性指数。目前，时间性指数应用得比较广泛。

"指数"与"相对数"

（二）综合性

综合性是针对狭义统计指数而言的。狭义统计指数能够反映复杂现象总体一组变量在不同时间或不同空间的综合变动方向和程度，即能够说明总体中各种不同质事物某一数量指标或质量指标的总变动方向和程度。例如，居民消费价格指数（CPI）就说明了一组有代表性的商品与服务项目的价格报告期相对于基期而言总的变动方向和程度，而没有说明某一种商品或服务项目的价格变动情况。没有综合性，统计指数也不可能发展成为一种独立的理论和方法论体系。

（三）平均性

平均性也是针对狭义统计指数而言的。狭义统计指数是反映复杂现象总体中各种异质事物某一数量指标或质量指标变动情况的一个代表性数值，它将每一种事物数量指标或质量指标变动程度之间的差异抽象化了，反映了各种事物数量指标或质量指标的平均变动程度。例如，商品零售价格指数就反映了多种零售商品价格的平均变动水平。

二、统计指数的作用

统计指数是反映经济形势变化的指示器。在西方发达国家，指数已经成为广为接受和应用的测量经济条件变化的方法。指数的作用很多，概括起来主要有以下几个方面：

（一）反映现象总体变动的方向和程度

狭义统计指数是综合多种事物个别变动的代表值，可以反映所综合事物的变动方向和程度。例如，与2015年相比，2016年全年居民消费价格指数为102.0%，这个指数就说明了2016年全国各种居民生活消费品和服务价格总体比2015年上升了2.0%。而个体指数（属于广义统计指数）可以反映简单现象总体（属于同质总体）数量的变动方向和程度。例如，某商品销售价格个体指数为110%，就反映了该商品的销售价格报告期比基期上涨了10%。

（二）利用指数可以进行因素分析

如果某一指标等于其各影响因素的连乘积，那么我们就可以利用指数分析和测定该指标在总变动中，各影响因素分别变动使其变动的方向和程度。例如：由于商品销售额等于商品销售量乘以商品销售价格，因此我们就可以从商品销售量和商品销售价格两个方面来分析和测定商品销售额的总变动是如何形成的。

（三）研究事物在长时间内的发展变化规律

通过编制指数数列，将不同总体的动态数列进行比较分析，可以研究事物在长时间内的发展变化规律。例如，将农村工业品零售价格指数和农产品收购价格指数两个指数数列进行对比，可获得工、农业产品的综合比价指数数列，从而分析工、农业产品交换过程中的价格变化趋势。

三、统计指数的种类

根据不同的标准，可以将统计指数划分为不同的类型。

（一）按所反映的对象范围划分

按所反映的对象范围大小的不同，统计指数分为个体指数和总指数。

个体指数是反映一个项目或一个变量变动情况的相对数，即反映简单现象总体数量或指标数值的变动方向和程度。例如，我国1980年原煤产量为6.2亿吨，2016年为36.0亿吨，是1980年的580.6%；2016年我国的棉花、小麦产量分别为2015年的95.4%、99.0%；某地区2017年4月份牛肉价格为上年同期的102%，这些都是个体指数。又如，反映某种产品单位成本变动情况的相对数、反映某种商品销售量变动情况的相对数也都是个体指数。个体指数一般用 k 表示，如产品单位成本个体指数为 $k_z = \dfrac{z_1}{z_0}$，商品销售量个体指数为 $k_q = \dfrac{q_1}{q_0}$。

总指数是综合反映具有相同性质的若干变量总变动情况的相对数，即反映复杂现象总体数量或指标数值的综合变动方向和程度。例如，2016年全国工业生产者出厂价格指数为98.6%，表明我国2016年工业产品出厂价格总水平比2015年下降了1.4%。总指数一般用 $\bar{K}$ 表示，如产品单位成本总指数用 $\bar{K}_z$ 表示，商品销售量总指数用 $\bar{K}_q$ 表示。

（二）按所反映的指标性质划分

按所反映的指标性质的不同，统计指数分为数量指标指数和质量指标指数。

数量指标指数反映数量指标变动的方向和程度，表明总体外延的规模、水平、能力等数量特征变动的情况。如商品销售量指数、产品产量指数、货物周转量指数、职工人数指数等。

质量指标指数反映质量指标变动的方向和程度，表明总体内在的一般水平、各部分之间关系等数量特征变动的情况。如销售价格指数、产品单位成本指数、工人劳动生产率指数、平均工资指数等。

（三）按指数数列中各指数计算时选用的基期划分

按指数数列中各指数计算时选用的基期的不同，统计指数分为定基指数和环比指数。

定基指数是指在指数数列中的各期指数都以某一固定时期的水平作为对比基准的指数。例如，某地区2016年商品零售物价总指数，如以1980年为基期，为359.8%，以后各年零售物价总指数也都以1980年为固定基期，就是定基指数。

环比指数是指在指数数列中随着时间的推移，每期的指数都以其前一期的水平作为对比的基准。例如，某地区2016年商品零售物价总指数，如与2015年对比，为97%，而以后各年零售物价总指数也都以对应前一年为基期，就是环比指数。

（四）按所反映的时态划分

按所反映的时态的不同，统计指数分为动态指数和静态指数。

动态指数是把不同时间的同种指标数值进行对比,反映现象总体的发展变化情况的相对数。如前述商品零售价格指数、居民消费价格指数和农产品收购价格指数都属于动态指数。

静态指数是把同一时间不同空间或条件下的同种指标数值进行对比的相对数,反映现象总体水平在空间上的差异。如把不同地区的商品零售价格进行比较的地区价格指数,把实际值与计划值做比较的计划完成指数都属于静态指数。

(五) 按计算的方法和采用的形式划分

按计算的方法和采用的形式的不同,统计指数分为综合指数和平均指数。

综合指数是计算总指数的基本形式,包括数量指标综合指数和质量指标综合指数。

平均指数是对个体指数进行加权平均求得的总指数,包括加权算术平均指数和加权调和平均指数。

任务二 编制综合指数

综合指数是将两个总量指标进行对比形成的总指数。用来对比的同种总量指标中包含两个或两个以上的影响因素,但计算综合指数时只观察其中一个影响因素的变动,将其他影响因素固定下来,以排除其变动的影响,这样编制的总指数,称为综合指数。这种编制总指数的方法,称为综合指数法。

一、数量指标综合指数的编制

数量指标综合指数反映了数量指标的综合变动情况。现以商品销售量总指数的编制为例来说明数量指标综合指数的编制原理和计算方法。

表 6-1 所示为某商场销售的甲、乙、丙三种商品基期与报告期的销售量与销售价格资料。

表 6-1 某商场商品销售资料

商品名称	计量单位	销售量		销售价格/元		销售额/万元			
		基期 (q_0)	报告期 (q_1)	基期 (p_0)	报告期 (p_1)	$q_0 p_0$	$q_1 p_1$	$q_1 p_0$	$q_0 p_1$
甲	千克	5 000	6 000	230	250	115	150	138	125
乙	件	2 400	2 200	50	65	12	14.3	11	15.6
丙	盒	9 000	12 000	100	80	90	96	120	72
合计	—	—	—	—	—	217	260.3	269	212.6

根据表中资料,可以分别计算出每一种商品销售量个体指数:

甲商品销售量个体指数 $k_q = \dfrac{6\ 000}{5\ 000} \times 100\% = 120\%$

乙商品销售量个体指数 $k_q = \dfrac{2\ 200}{2\ 400} \times 100\% = 91.67\%$

丙商品销售量个体指数 $k_q = \dfrac{12\ 000}{9\ 000} \times 100\% = 133.33\%$

可以看出，三种商品销售量的变化程度各不相同，要考查它们销售量总的变化情况，必须计算销售量总指数。由于三种商品的计量单位、使用价值不同，因此不能将它们的销售量简单加总对比计算总指数，而应该先把不能直接相加的量变换成能够直接相加的量，然后再相加对比。我们知道，与销售量有关的销售额是可以对不同商品直接汇总的，由于销售额等于销售量乘以销售价格，因此可以通过引入价格因素，把销售量转化为销售额再进行加总对比。像价格这种能够将不能直接相加对比的指标转换成可以直接相加对比的指标的媒介因素，叫作同度量因素。为了只反映销售量的变动，排除同度量因素销售价格变动对指数计算结果的影响，应当将对比过程中分子、分母中的销售价格固定在相同的时期。根据同度量因素固定的时期不同，数量指标综合指数有三种不同的计算形式。

（一）以基期销售价格 p_0 作同度量因素

以基期销售价格 p_0 作同度量因素，销售量综合指数计算公式为：

$$\overline{K_q} = \dfrac{\sum q_1 p_0}{\sum q_0 p_0} = \dfrac{269}{217} \times 100\% = 123.96\%$$

$$\sum q_1 p_0 - \sum q_0 p_0 = 269 - 217 = 52(万元)$$

计算结果表明，报告期三种商品销售量总体比基期增长了 23.96%，销售量的增长使总销售额增加了 52 万元。

这里将同度量因素固定在基期的作法，由德国学者拉氏贝尔（Laspeyres）于 1864 年首先提出。此计算数量指标综合指数的公式称为拉氏公式，也叫基期加权综合指数公式。

（二）以报告期销售价格 p_1 作同度量因素

以报告期销售价格 p_1 作同度量因素，销售量综合指数计算公式为：

$$\overline{K_q} = \dfrac{\sum q_1 p_1}{\sum q_0 p_1}$$

$\sum q_1 p_1 - \sum q_0 p_1$ 为销售量增减而增减的商品销售额。

这里将同度量因素固定在报告期的作法，由德国学者派许（Paasche）于 1874 年首先提出。此计算数量指标综合指数的公式称为派氏公式，也叫报告期加权综合指数公式。

（三）以其他时期销售价格 p_n 作同度量因素

以其他时期销售价格 p_n 作同度量因素，销售量综合指数计算公式为：

$$\overline{K_q} = \dfrac{\sum q_1 p_n}{\sum q_0 p_n}$$

$\sum q_1 p_n - \sum q_0 p_n$ 为销售量增减而增减的商品销售额。

这里将同度量因素固定在其他时期的作法，由扬格（Young）于 1818 年首先提出。此计算数量指标综合指数的公式称为扬格公式，也叫固定期加权综合指数公式。

事实上，对同度量因素选择的时期不同，导致了上面三个综合指数公式计算的结果也各不相同。到底哪个公式更恰当呢？通常我们选择第一个公式，这是因为当采用基期价格 p_0

作同度量因素时，计算出的销售量总指数完全不受同度量因素销售价格变动的影响，仅仅反映了三种商品销售量 q 的综合变动；而用报告期价格 p_1 作同度量因素时，由于 p_1 是从 p_0 变化而来的，在指数中隐含有价格变动的影响，因此计算出的结果有偏差。同时，在实际生活中，我们更多地希望通过销售量的增长来增加销售额，而不是通过价格上涨来增加销售额，所以用 p_0 作同度量因素更符合指数编制的目的，并且在分析中更具有现实意义。而将同度量因素固定在不变的其他时期，一般只在编制指数数列时采用。

综上所述，编制数量指标综合指数，应选择质量指标作同度量因素，并将其固定在基期上，也就是应该采用基期加权综合指数公式计算数量指标综合指数。

二、质量指标综合指数的编制

质量指标综合指数反映质量指标的综合变动情况。这里仍以表 6-1 中某商场商品销售价格总指数为例来说明质量指标综合指数编制的一般原理和方法。根据表中资料，可以计算出每种商品的销售价格个体指数：

甲商品销售价格个体指数 $k_p = \dfrac{250}{230} \times 100\% = 108.70\%$

乙商品销售价格个体指数 $k_p = \dfrac{65}{50} \times 100\% = 130.00\%$

丙商品销售价格个体指数 $k_p = \dfrac{80}{100} \times 100\% = 80.00\%$

可以看出，三种商品销售价格的变化程度各不相同，要考查它们销售价格总的变化情况，必须计算销售价格总指数。由于三种商品的计量单位、使用价值不同，它们的销售价格也不能简单加总对比，因此应该先把不能直接相加的销售价格变换成能够直接相加的销售额，再相加对比。为了只反映销售价格的变动，排除同度量因素销售量变动对指数计算结果的影响，应当将对比过程中分子、分母中的销售量固定在相同的时期。根据同度量因素固定的时期不同，质量指标综合指数也有三种不同的计算形式。

（一）以基期销售量 q_0 作同度量因素

以基期销售量 q_0 作同度量因素，销售价格综合指数计算公式为：

$$\overline{K_p} = \frac{\sum q_0 p_1}{\sum q_0 p_0}$$

$\sum q_0 p_1 - \sum q_0 p_0$ 为销售价格升降而增减的商品销售额。

这个质量指标综合指数计算公式也是由拉氏贝尔首次使用的，也称为拉氏公式，也叫基期加权综合指数公式。

（二）以报告期销售量 q_1 作同度量因素

以报告期销售量 q_1 作同度量因素，销售价格综合指数计算公式为：

$$\overline{K_p} = \frac{\sum q_1 p_1}{\sum q_1 p_0} = \frac{260.3}{269} \times 100\% = 96.77\%$$

$$\sum q_1 p_1 - \sum q_1 p_0 = 260.3 - 269 = -8.7(万元)$$

计算结果表明，报告期三种商品销售价格总体比基期下降了 3.23%，销售价格的下降使总销售额减少了 8.7 万元。

这个质量指标综合指数计算公式也是由派许首次使用的，也称为派氏公式，也叫报告期加权综合指数公式。

（三）以其他时期销售量 q_n 作同度量因素

以其他时期销售量 q_n 作同度量因素，销售价格综合指数计算公式为：

$$\overline{K_p} = \frac{\sum q_n p_1}{\sum q_n p_0}$$

$\sum q_n p_1 - \sum q_n p_0$ 为销售价格升降而增减的商品销售额。

这个质量指标综合指数计算公式也是由扬格首次使用的，也称为扬格公式，也叫固定期加权综合指数公式。

同样，上面三个综合指数公式计算的结果也是各不相同的。到底哪个公式更恰当呢？通常我们选择第二个公式，这是因为当采用报告期销售量 q_1 作同度量因素时，虽然 q_1 是从 q_0 变化而来的，会在销售价格综合指数中带入销售量变动的影响，使计算出的结果有偏差，但是在实际生活中，厂商的商品销售量就是经常变动的，所以用 q_1 作同度量因素更符合现实情况。而采用基期销售量 q_0 作同度量因素时，虽然使计算结果仅仅反映了三种商品销售价格的综合变动，但是却与实际情况不符。而将同度量因素销售量固定在不变的其他时期时，同样一般只在编制指数数列时采用。

综上所述，编制质量指标综合指数，应选择数量指标作同度量因素，并将其固定在报告期上，也就是应该采用报告期加权综合指数公式计算质量指标综合指数。

任务三　编制平均指数

平均指数也反映复杂现象总体的总动态，是对个体指数进行加权平均计算出来的总指数。其编制原理是先计算出复杂现象总体中各组成部分的个体指数，再通过加权平均的方法综合测定出现象的平均变动程度，是编制总指数的另一种重要方法。

平均指数与综合指数二者之间既有区别，又有联系。其区别是：二者的编制方法不同，在解决同度量问题上综合指数采用的是先综合后对比的方法，而平均指数则是先对比（计算个体指数）后综合；另外，综合指数需要研究总体的全面资料，而平均指数对资料的要求并不严格，拥有非全面资料亦可。二者的联系是：在一定的条件下，两类指数公式间有变形关系。与综合指数比较，平均指数是一种非常重要的指数形式，在实践中有自己的特点和应用价值，如我国在编制商品零售价格总指数、农副产品收购价格总指数等指数时，都使用平均指数形式。平均指数分为加权算术平均指数和加权调和平均指数两种类型。

一、加权算术平均指数

加权算术平均指数是对各种现象的数量指标和质量指标的个体指数进行加权算术平均所求得的总指数，是综合指数的变形，从经济意义上看，则与综合指数无甚区别。下面从综合指数公式变形推导加权算术平均指数公式。

(一) 数量指标加权算术平均指数

$$\overline{K_q} = \frac{\sum q_1 p_0}{\sum q_0 p_0} = \frac{\sum \frac{q_1}{q_0} q_0 p_0}{\sum q_0 p_0}$$

若令 $k_q = \frac{q_1}{q_0}$，k_q 即是数量指标个体指数，则：

$$\overline{K_q} = \frac{\sum k_q q_0 p_0}{\sum q_0 p_0}$$

该式就是计算数量指标总指标的加权算术平均指数公式，因与加权算术平均数计算公式 $\bar{x} = \frac{\sum xf}{\sum f}$ 形式相同，故得名。

(二) 质量指标加权算术平均指数

$$\overline{K_p} = \frac{\sum q_1 p_1}{\sum q_1 p_0} = \frac{\sum q_1 p_0 \frac{p_1}{p_0}}{\sum q_1 p_0}$$

若令 $k_p = \frac{p_1}{p_0}$，k_p 即是质量指标个体指数，则：

$$\overline{K_p} = \frac{\sum k_p q_1 p_0}{\sum q_1 p_0}$$

该式就是计算质量指标总指数的加权算术平均指数公式。

从以上公式可以看出，加权算术平均指数是以对应个体指数 k_q 或者 k_p 为变量值，以对应综合指数公式中的分母项 $q_0 p_0$ 或者 $q_1 p_0$ 为权数，计算的加权算术平均数。但在实际运用时，通常只采用加权算术平均指数公式 $\overline{K_q} = \frac{\sum k_q q_0 p_0}{\sum q_0 p_0}$ 计算数量指标总指数，而很少采用加权算术平均指数公式 $\overline{K_p} = \frac{\sum k_p q_1 p_0}{\sum q_1 p_0}$ 计算质量指标总指数，因为权数 $q_1 p_0$ 的资料很少累积，很难取得。

下面举例说明加权算术平均指数的运用，仍以前述某商场商品销售量总指数为例，重新给定资料，如表6-2所示。

表6-2 某商场商品销售资料

商品名称	计量单位	销售量个体指数/% $k_q = q_1/q_0$	销售价格个体指数/% $k_p = p_1/p_0$	商品销售额/万元 基期 ($q_0 p_0$)	报告期 ($q_1 p_1$)
甲	千克	120	108.70	115	150
乙	件	91.67	130	12	14.3
丙	盒	133.33	80	90	96
合计	—	—	—	217	260.3

商品销售量总指数用加权算术平均指数公式计算的结果为：

$$\overline{K_q} = \frac{\sum k_q q_0 p_0}{\sum q_0 p_0} = \frac{120\% \times 115 + 91.67\% \times 12 + 133.33\% \times 90}{115 + 12 + 90} = \frac{269}{217} = 1.2396 \text{ 或 } 123.96\%$$

$$\sum k_q q_0 p_0 - \sum q_0 p_0 = 269 - 217 = 52 \text{（万元）}$$

计算结果表明，三种商品的销售量报告期比基期总体增长了 23.96%，由于销售量的增长而增加的销售额为 52 万元。

不难发现，用加权算术平均指数公式计算的商品销售量总指数结果与前述用基期加权综合指数公式计算的结果完全相同。

二、加权调和平均指数

加权调和平均指数是对各种现象的数量指标和质量指标的个体指数进行加权调和平均所求得的总指数，也是综合指数的变形。下面从综合指数公式变形来推导加权调和平均指数公式。

（一）数量指标加权调和平均指数

$$\overline{K_q} = \frac{\sum q_1 p_0}{\sum q_0 p_0} = \frac{\sum q_1 p_0}{\sum \frac{q_0}{q_1} q_1 p_0} = \frac{\sum q_1 p_0}{\sum \frac{1}{\frac{q_1}{q_0}} q_1 p_0}$$

若令 $k_q = \frac{q_1}{q_0}$，则：

$$\overline{K_q} = \frac{\sum q_1 p_0}{\sum \frac{q_1 p_0}{k_q}}$$

该式就是计算数量指标总指数的加权调和平均指数公式，因与加权调和平均数计算公式 $\overline{x_h} = \frac{\sum m}{\sum \frac{m}{x}}$ 形式相同，故得名。

（二）质量指标加权调和平均指数

$$\overline{K_p} = \frac{\sum q_1 p_1}{\sum q_1 p_0} = \frac{\sum q_1 p_1}{\sum q_1 p_1 \frac{p_0}{p_1}} = \frac{\sum q_1 p_1}{\sum q_1 p_1 \frac{1}{\frac{p_1}{p_0}}}$$

若令 $k_p = \frac{p_1}{p_0}$，则：

$$\overline{K_p} = \frac{\sum q_1 p_1}{\sum \frac{q_1 p_1}{k_p}}$$

该式就是计算质量指标总指数的加权调和平均指数公式。

从以上公式可以看出，加权调和平均指数是以对应个体指数 k_q 或者 k_p 为变量值，以对应综合指数公式中的分子项 q_1p_0 或者 q_1p_1 为权数，计算的加权调和平均数。但在实际运用时，通常只采用加权调和平均指数公式 $\overline{K_p} = \dfrac{\sum q_1p_1}{\sum \dfrac{q_1p_1}{k_p}}$ 计算数量指标总指数，而很少采用加权调和平均指数公式 $\overline{K_q} = \dfrac{\sum q_1p_0}{\sum \dfrac{q_1p_0}{k_q}}$ 计算数量指标总指数。

下面仍以前述某商场商品销售价格总指数为例来说明加权调和平均指数的运用。

商品销售价格总指数用加权调和平均指数公式计算的结果为：

$$\overline{K_p} = \dfrac{\sum q_1p_1}{\sum \dfrac{q_1p_1}{k_p}} = \dfrac{150 + 14.3 + 96}{\dfrac{150}{108.70\%} + \dfrac{14.3}{130\%} + \dfrac{96}{80\%}} = \dfrac{260.3}{269} = 0.9677 \text{ 或 } 96.77\%$$

$$\sum q_1p_1 - \sum \dfrac{q_1p_1}{k_p} = 260.3 - 269 = -8.7(\text{万元})$$

计算结果表明，三种商品的销售价格报告期比基期总体下降了 3.23%，由于销售价格的下降而减少的销售额为 8.7 万元。

不难发现，用加权调和平均指数公式计算的商品销售价格总指数结果与前述用报告期加权综合指数公式计算结果完全相同。

任务四　进行因素分析

一、指数体系

(一) 指数体系的概念

社会经济现象之间经常存在着相互影响、相互制约的关系，许多现象总体可分解为若干影响因素的乘积，从而导致这些现象总体的变动往往由几个影响因素的变动引起，在分析这种现象总体变动时，就需要研究各个影响因素的变动及其对总体变动产生的影响。

指数体系是指由三个或三个以上存在一定数量对等关系的统计指数所构成的有机整体。指数体系中的各个指数之间的数量对等关系表现在两个方面：一是现象总体指数等于各个影响因素指数的连乘积；二是一个受多因素影响指标的总增减量等于各影响因素分别变动使其增减数量之和。例如：

商品销售额指数 = 商品销售量指数 × 商品销售价格指数

即

$$\overline{K_{qp}} = \overline{K_q} \times \overline{K_p}$$

也就是

$$\dfrac{\sum q_1p_1}{\sum q_0p_0} = \dfrac{\sum q_1p_0}{\sum q_0p_0} \times \dfrac{\sum q_1p_1}{\sum q_1p_0}$$

商品销售额总增减额 = 销售量变动引起的销售额增减额 + 销售价格变动引起的销售额增减额

即
$$\sum q_1p_1 - \sum q_0p_0 = (\sum q_1p_0 - \sum q_0p_0) + (\sum q_1p_1 - \sum q_1p_0)$$

依据表 6-1 某商场甲、乙、丙三种商品销售量和销售价格资料计算的商品销售额指数和商品销售额总增减额分别为：

$$\overline{K_{qp}} = \frac{\sum q_1p_1}{\sum q_0p_0} = \frac{260.3}{217} = 1.1995 \text{ 或 } 119.95\%$$

$$\sum q_1p_1 - \sum q_0p_0 = 260.3 - 217 = 43.3(万元)$$

再依据前述商品销售量综合指数和商品销售价格综合指数的计算结果，可以发现以上指数体系中的数量对等关系具体表现为：

$$119.95\% = 123.96\% \times 96.77\%$$
$$43.3 = 52 - 8.7$$

同样道理，以下数量对等关系也是成立的：

产品总成本指数 = 产品产量指数 × 产品单位成本指数

产品总成本总增减额 = 产量变动引起的总成本增减额 + 单位成本变动引起的总成本增减额

产品原材料费用额指数 = 产品产量指数 × 单位产品原材料耗用量指数 × 原材料价格指数

产品原材料费用额总增减额 = 产量变动引起的原材料费用额增减额 + 单耗变动引起的原材料费用额增减额 + 原材料价格变动引起的原材料费用额增减额

指数体系中的指数之间之所以保持着以上两个方面的数量对等关系，就是因为现象总体与其影响因素之间在数量上存在着客观的、必然的联系。并非任意三个或三个以上指数就可以形成指数体系。以上举例的数量对等关系之所以成立，就是因为以下相关指标之间的关系存在：

商品销售额 = 商品销售量 × 商品销售价格

产品总成本 = 产品产量 × 产品单位成本

产品原材料费用额 = 产品产量 × 单位产品原材料耗用量 × 原材料价格

（二）指数体系的作用

指数体系在经济分析中具有重要意义，具体表现在两个方面：

（1）利用指数体系可以进行因素分析。

利用指数体系可以从相对数和绝对数两个方面分析现象总体指标的总变动中各影响因素的变动对其影响的方向、程度和绝对差额（即所引起的实际经济效果）。

（2）利用指数体系可以进行指数之间的相互推算。

因为在指数体系中，现象总体指数等于各个影响因素指数的连乘积，所以可以通过已知的某几个指数值推算另一个未知的指数值。例如：

①已知某地区商品销售量比基期增加了 15%，销售额比基期增加了 20%，那么商品销售价格怎么变化？

因为商品销售额指数 = 商品销售量指数 × 商品销售价格指数，由资料可知销售量指数为 115%，销售额指数为 120%，所以销售价格指数 = 销售额指数 ÷ 销售量指数 = 120% ÷ 115% = 104.3%，即销售价格比基期上涨了 4.3%。

②已知某企业职工人数增长了5%，总产值增长了12%，那么企业职工人均产值增长了多少？

因为总产值指数＝职工人数指数×职工人均产值指数，由资料可知企业职工人数指数为105%，总产值指数为112%，所以职工人均产值指数＝总产值指数÷职工人数指数＝112%÷105%＝106.7%，即职工人均产值比基期提高了6.7%。

二、因素分析

（一）因素分析的含义和基本原理

所谓因素分析，就是利用指数体系分析或测定客观现象总体的变动中各影响因素变动对其影响方向和程度的一种统计分析方法。我们可以从以下几个方面把握它的原理：

（1）因素分析的对象是一个受多种因素影响的现象总体指标。如商品销售额，它的影响因素分别是商品销售量和商品销售价格。

（2）因素分析的基本特点是，在测定某一个因素对现象总体指标变动的影响方向和程度时，假定其他影响因素保持不变。如在测定商品销售量变动对商品销售额变动的影响时，必须将商品销售价格的时期固定起来。

（3）因素分析的结果是：现象总体指数等于各个影响因素指数的连乘积，现象总体指标的总增减量等于其各影响因素分别变动使其增减数量之和。

（二）因素分析的步骤

无论待分析指标属于哪一种性质，因素分析时一般都要经过以下步骤：

（1）分析确定被研究对象（即待分析指标）及其影响因素；

（2）建立指数体系，写出两个方面的数量对等关系式；

（3）搜集资料，计算被分析指标的总变动程度和绝对量及各影响因素变动引起的程度和绝对量；

（4）根据计算的结果，做出分析结论和简要的文字说明。

（三）因素分析的种类

1. 两因素分析和多因素分析

按照待分析指标的影响因素多少，因素分析可以分为两因素分析和多因素分析。两因素分析时只有两个影响因素对待分析指标产生影响；而多因素分析时有三个或三个以上的影响因素对待分析指标产生影响。

2. 总量指标变动的因素分析、相对指标变动的因素分析和平均指标变动的因素分析

按照待分析指标的性质，因素分析可以分为总量指标变动的因素分析、相对指标变动的因素分析和平均指标变动的因素分析。总量指标变动的因素分析是要测定总量指标的总变动中受各影响因素变动的影响程度；相对指标变动的因素分析是要测定相对指标的总变动中分别受分子指标和分母指标变动的影响程度；平均指标变动的因素分析是要测定平均指标的总变动受各组平均水平和总体结构的影响程度。

（四）总量指标变动的因素分析

总量指标变动的因素分析就是利用综合指数编制原理，根据数量指标综合指数和质量指标综合指数组成的指数体系，对总量指标总变动中各影响因素的影响方向和程度进行分析。

1. 总量指标变动的两因素分析

这里分析的对象是总量指标，它受两个因素的影响，因素分析的目的是测定各个影响因素的变动对总量指标总变动影响的方向和程度。

例 6-1 某商业企业甲、乙、丙三种商品的基期和报告期的销售量和价格资料如表 6-3 所示，试对该商业企业三种商品销售额的变动进行因素分析。

表 6-3 总量指标变动因素分析计算

商品	销售量/件		价格/元		销售额/元		
	基期（q_0）	报告期（q_1）	基期（p_0）	报告期（p_1）	基期（q_0p_0）	报告期（q_1p_1）	假定（q_1p_0）
甲	1 000	1 200	16	15	16 000	18 000	19 200
乙	1 500	1 575	20	18	30 000	28 350	31 500
丙	2 000	2 180	25	25	50 000	54 500	54 500
合计	—	—	—	—	96 000	100 850	105 200

根据表 6-3 的资料计算三种商品销售额的总变动及其各影响因素变动对其影响程度及绝对额如下：

销售额的总变动：

$$\overline{K_q} = \frac{\sum q_1 p_1}{\sum q_0 p_0} = \frac{100\ 850}{96\ 000} = 105.05\%$$

在销售量和价格两因素共同变动影响下商品销售额的增加额为：

$$\sum q_1 p_1 - \sum q_0 p_0 = 100\ 850 - 96\ 000 = 4\ 850(元)$$

其中：

由于销售量变动而引起的销售额变动的程度为：

$$\overline{K_q} = \frac{\sum q_1 p_0}{\sum q_0 p_0} = \frac{105\ 200}{96\ 000} = 109.58\%$$

由于销售量增加而增加的销售额为：

$$\sum q_1 p_0 - \sum q_0 p_0 = 105\ 200 - 96\ 000 = 9\ 200(元)$$

由于价格变动而引起的销售额变动的程度为：

$$\overline{K_p} = \frac{\sum q_1 p_1}{\sum q_1 p_0} = \frac{100\ 850}{105\ 200} = 95.87\%$$

由于价格下降而减少的销售额为：

$$\sum q_1 p_1 - \sum q_1 p_0 = 100\ 850 - 105\ 200 = -4\ 350(元)$$

不难看出，以上各指数和各商品销售额增减额之间存在以下对应关系：

$$\frac{\sum q_1 p_1}{\sum q_0 p_0} = \frac{\sum q_1 p_0}{\sum q_0 p_0} \times \frac{\sum q_1 p_1}{\sum q_1 p_0}$$

即

$$105.05\% = 109.58\% \times 95.87\%$$

即
$$\sum q_1p_1 - \sum q_0p_0 = \left(\sum q_1p_0 - \sum q_0p_0\right) + \left(\sum q_1p_1 - \sum q_1p_0\right)$$
$$4\,850 = 9\,200 + (-4\,350)$$

以上计算结果表明,该企业报告期商品销售额比基期增加了 5.05%,增加额为 4 850 元。其中,销售量增长了 9.58%,使销售额增加了 9 200 元;价格下降了 4.13%,使销售额减少了 4 350 元。

2. 总量指标变动的多因素分析

在总量指标的变动受三个或三个以上因素影响时,利用因素分析法,分别测定这些因素的变动对总量指标总变动的影响方向和程度,就称为总量指标变动的多因素分析。

要进行多因素分析就需要了解多因素构成的指标体系,它是由两个因素构成的指标体系扩展而成的。如在"产品总产值=产品产量×产品价格"两因素指标体系中,等式右边各因素指标还可以细分,如"产品产量=工人数×工人劳动生产率",细分之后则形成三因素指标体系"产品总产值=工人数×工人劳动生产率×产品价格";若将工人数再细分为"工人数=职工人数×生产工人比重",则会形成四因素指标体系"产品总产值=职工人数×生产工人比重×工人劳动生产率×产品价格"。

由于多因素指标体系是在两因素指标体系基础上分解得到的,因此多因素间的排列顺序完全取决于两因素的排列顺序。所以,在确定多因素排列顺序时,应将数量指标排列在前,质量指标排列在后,且排列之后相邻两因素的乘积具有独立意义。如前例,要分析总产值的变动,可以用产品产量和产品价格两因素构成分析的因素指标体系,也可以用工人数、工人劳动生产率和产品价格三因素构成分析的因素指标体系。对于后一种情况,只有"工人数、工人劳动生产率、产品价格"这样的排列顺序才是正确的,因为"工人数×工人劳动生产率"表示产量,而"工人劳动生产率×产品价格"表示平均每个工人的总产值,都具有独立的经济意义。

因为在总量指标变动的多因素分析中,影响因素有三个或者三个以上,所以在测定某一个因素的变动对总量指标总变动的影响方向和程度时,需要将其他影响因素作为同度量因素,并将它们的时期固定起来。如果各个影响因素的排列顺序是正确的,那么排序靠前的数量指标作为靠后质量指标的同度量因素应固定在报告期,靠后质量指标作为靠前数量指标的同度量因素应固定在基期;被测定影响因素前后都有同度量因素的,前面的固定在报告期,后面的固定在基期。

例 6-2 某企业生产 A、B 两种产品,A 产品耗用甲材料,B 产品耗用乙材料,两种产品基期和报告期的产量、单位产量原材料耗用量及两种原材料单价资料如表 6-4 所示,试对该企业原材料费用额变动进行因素分析。

表 6-4 某企业产品产量及原材料消耗资料

品名	产品产量/万件		单耗/(公斤·件$^{-1}$)		原料单价/元			原材料消耗额/万元			
	q_0	q_1	m_0	m_1		p_0	p_1	$q_0m_0p_0$	$q_1m_1p_1$	$q_1m_0p_0$	$q_1m_1p_0$
A	0.60	0.62	3.6	3.2	(甲)	22	25	47.52	49.6	49.104	43.648
B	1.05	1.52	2.8	2.6	(乙)	18	19	52.92	75.088	76.608	71.136
合计	—	—	—	—		—	—	100.44	124.688	125.712	114.784

原材料费用额变动的因素分析可按"原材料费用额（qmp）= 产品产量（q）× 单耗（m）× 原材料单价（p）"指标体系来建立指数体系。

原材料费用额的总变动为：

$$\overline{K_{qmp}} = \frac{\sum q_1 m_1 p_1}{\sum q_0 m_0 p_0} = \frac{124.688}{100.44} = 1.2414 \text{ 或 } 124.14\%$$

原材料费用额总增加额为：

$$\sum q_1 m_1 p_1 - \sum q_0 m_0 p_0 = 124.688 - 100.44 = 24.248(万元)$$

其中：

由于产品产量变动而引起原材料费用额变动的程度为：

$$\overline{K_q} = \frac{\sum q_1 m_0 p_0}{\sum q_0 m_0 p_0} = \frac{125.712}{100.44} = 1.2516 \text{ 或 } 125.16\%$$

由于产品产量增加而增加的原材料费用额为：

$$\sum q_1 m_0 p_0 - \sum q_0 m_0 p_0 = 125.712 - 100.44 = 25.272(万元)$$

由于单耗变动而引起原材料费用额变动的程度为：

$$\overline{K_m} = \frac{\sum q_1 m_1 p_0}{\sum q_1 m_0 p_0} = \frac{114.784}{125.712} = 0.9131 \text{ 或 } 91.31\%$$

由于单耗下降而节约的原材料费用额为：

$$\sum q_1 m_1 p_0 - \sum q_1 m_0 p_0 = 114.784 - 125.712 = -10.928(万元)$$

由于原材料单价变动而引起原材料费用额变动的程度为：

$$\overline{K_p} = \frac{\sum q_1 m_1 p_1}{\sum q_1 m_1 p_0} = \frac{124.688}{114.784} = 1.0863 \text{ 或者 } 108.63\%$$

由于原材料单价上涨而增加的原材料费用额为：

$$\sum q_1 m_1 p_1 - \sum q_1 m_1 p_0 = 124.688 - 114.784 = 9.904(万元)$$

不难看出，以上各指数和各原材料费用额增减额之间存在以下对应关系：

$$\frac{\sum q_1 m_1 p_1}{\sum q_0 m_0 p_0} = \frac{\sum q_1 m_0 p_0}{\sum q_0 m_0 p_0} \times \frac{\sum q_1 m_1 p_0}{\sum q_1 m_0 p_0} \times \frac{\sum q_1 m_1 p_1}{\sum q_1 m_1 p_0}$$

即
$$124.14\% = 125.16\% \times 91.31\% \times 108.63\%$$

$$\sum q_1 m_1 p_1 - \sum q_0 m_0 p_0 = (\sum q_1 m_0 p_0 - \sum q_0 m_0 p_0) + (\sum q_1 m_1 p_0 - \sum q_1 m_0 p_0) + (\sum q_1 m_1 p_1 - \sum q_1 m_1 p_0)$$

即
$$24.248 = 25.272 + (-10.928) + 9.904$$

计算结果表明，报告期原材料费用额比基期增长了24.14%，增加了24.248万元，是由于产品产量增长了25.16%而增加原材料费用额25.272万元，原材料单耗下降了8.69%而节约原材料费用额10.928万元，原材料单价上涨了8.63%而增加原材料费用额9.904万元三个因素共同影响的结果。

（五）平均指标变动的因素分析

1. 平均指标指数体系的概念

这里探讨的平均指标仅仅指的是加权算术平均数，从其计算公式 $\bar{x} = \dfrac{\sum xf}{\sum f}$ 不难看出，其受两个因素的影响：一个是各组平均水平 x；另一个是各组单位数 f（决定了总体的结构或构成）。如果用平均指标指数（也叫可变构成指数）反映平均指标总的变动程度，用固定构成指数反映各组平均水平变动引起的平均指标变动程度，用结构影响指数反映总体结构变动引起的平均指标变动程度，那么这三个指数所构成的有机整体就是平均指标指数体系。

平均指标指数体系是另外一种类型的指数体系，与总量指标指数体系不同。总量指标指数体系中各个指数计算时进行对比的指标是总量指标，包含的因素是数量指标因素和质量指标因素；而平均指标指数体系中各个指数计算时进行对比的指标是平均指标，包含的因素是各组水平因素和总体结构因素。

平均指标指数体系在统计实践中被广泛运用，因为在社会经济现象中，很多指标是以平均指标形式表现的，所以经常需要对平均指标的变动及其受各因素变动的影响进行分析。此外，平均指标指数体系还可与总量指标指数体系结合起来，对复杂社会经济现象作更深入地分析。

2. 平均指标指数体系的编制

平均指标指数体系的编制方法，与总量指标指数体系的编制方法类似，即为了测定一个因素变动对平均指标变动的影响，需将另一个因素固定，以消除该因素的影响。编制原则是：当测定各组水平因素变动时，总体结构因素应固定在报告期；当测定总体结构因素变动时，各组水平因素应固定在基期。

3. 平均指标指数的形式

平均指标指数体系有基本形式和派生形式。

（1）平均指标指数体系的基本形式：

$$\dfrac{\dfrac{\sum x_1 f_1}{\sum f_1}}{\dfrac{\sum x_0 f_0}{\sum f_0}} = \dfrac{\dfrac{\sum x_1 f_1}{\sum f_1}}{\dfrac{\sum x_0 f_1}{\sum f_1}} \times \dfrac{\dfrac{\sum x_0 f_1}{\sum f_1}}{\dfrac{\sum x_0 f_0}{\sum f_0}}$$

即　　　　　　可变构成指数 = 固定构成指数 × 结构影响指数

$$\dfrac{\sum x_1 f_1}{\sum f_1} - \dfrac{\sum x_0 f_0}{\sum f_0} = \left(\dfrac{\sum x_1 f_1}{\sum f_1} - \dfrac{\sum x_0 f_1}{\sum f_1}\right) + \left(\dfrac{\sum x_0 f_1}{\sum f_1} - \dfrac{\sum x_0 f_0}{\sum f_0}\right)$$

即

平均指标总增减量 = 各组平均水平变动引起平均指标的增减量
　　　　　　　＋ 总体结构变动引起平均指标的增减量

（2）平均指标指数体系的派生形式：

$$\dfrac{\sum x_1 f_1}{\bar{x}_0 \sum f_1} = \dfrac{\sum x_1 f_1}{\sum x_0 f_1} \times \dfrac{\sum x_0 f_1}{\bar{x}_0 \sum f_1}$$

$$\sum x_1 f_1 - \bar{x}_0 \sum f_1 = \left(\sum x_1 f_1 - \sum x_0 f_1 \right) + \left(\sum x_0 f_1 - \bar{x}_0 \sum f_1 \right)$$

平均指标指数体系的基本形式和派生形式,在实质上是一致的,但在表现形式上和对比内容上是不相同的:一是基本形式中的对比指标是平均指标,而派生形式中对比指标是总量指标。二是基本形式和派生形式在相对分析时数值相同,而在绝对分析时,数值各异。

例 6-3 已知某市甲、乙、丙三个集市某农产品基期和报告期的平均价格和销售量资料如表 6-5 所示,试对该市该农产品总平均价格变动进行因素分析。

表 6-5 某种农产品集市销售情况

集市名称	平均价格/(元·千克$^{-1}$)		销售量/千克		销售额/万元		
	基期(x_0)	报告期(x_1)	基期(f_0)	报告期(f_1)	$x_0 f_0$	$x_1 f_1$	$x_0 f_1$
甲	8	8.4	10 000	120 000	8	100.8	96
乙	10	10.5	60 000	30 000	60	31.5	30
丙	9	9.2	30 000	50 000	27	46	45
合计	—	—	100 000	200 000	95	178.3	171

该市该农产品总平均价格为:

基期:$\bar{x}_0 = \dfrac{\sum x_0 f_0}{\sum f_0} = \dfrac{95}{10} = 9.5$(元/千克)

报告期:$\bar{x}_1 = \dfrac{\sum x_1 f_1}{\sum f_1} = \dfrac{178.3}{20} = 8.915$(元/千克)

假定:$\bar{x}_{01} = \dfrac{\sum x_0 f_1}{\sum f_1} = \dfrac{171}{20} = 8.55$(元/千克)

(1)按平均指标指数体系基本形式分析:

可变构成指数:

$$\dfrac{\dfrac{\sum x_1 f_1}{\sum f_1}}{\dfrac{\sum x_0 f_0}{\sum f_0}} = \dfrac{8.915}{9.5} = 0.9384 \text{ 或 } 93.84\%$$

总平均价格的下降量为:

$$\dfrac{\sum x_1 f_1}{\sum f_1} - \dfrac{\sum x_0 f_0}{\sum f_0} = 8.915 - 9.5 = -0.585 \text{(元/千克)}$$

固定构成指数:

$$\dfrac{\dfrac{\sum x_1 f_1}{\sum f_1}}{\dfrac{\sum x_0 f_1}{\sum f_1}} = \dfrac{8.915}{8.55} = 1.0427 \text{ 或 } 104.27\%$$

各集市平均价格变动引起总平均价格增加量为：

$$\frac{\sum x_1 f_1}{\sum f_1} - \frac{\sum x_0 f_1}{\sum f_1} = 8.915 - 8.55 = 0.365 \text{（元/千克）}$$

结构影响指数：

$$\frac{\dfrac{\sum x_0 f_1}{\sum f_1}}{\dfrac{\sum x_0 f_0}{\sum f_0}} = \frac{8.55}{9.5} = 0.9 \text{ 或 } 90\%$$

各集市销售量变动引起总平均价格下降量为：

$$\frac{\sum x_0 f_1}{\sum f_1} - \frac{\sum x_0 f_0}{\sum f_0} = 8.55 - 9.5 = -0.95 \text{（元/千克）}$$

不难看出，以上各指数和各总平均价格增减量之间存在以下对应关系：

$$93.84\% = 104.27\% \times 90\%$$
$$-0.585 = 0.365 - 0.95$$

计算和分析表明：报告期总平均价格比基期下降了 6.16%，其中，各集市平均价格变动使总平均价格上升了 4.27%，各集市销售量变动使总平均价格下降了 10%。报告期总平均价格比基期下降了 0.585 元，其中，各集市平均价格变动使总平均价格上升了 0.365 元，各集市销售量变动使总平均价格下降了 0.95 元。

（2）按平均指标指数体系派生形式分析：

相对分析：

$$\frac{\sum x_1 f_1}{\bar{x}_0 \sum f_1} = \frac{\sum x_1 f_1}{\sum x_0 f_1} \times \frac{\sum x_0 f_1}{\bar{x}_0 \sum f_1}$$

即

$$\frac{178.3}{9.5 \times 20} = \frac{178.3}{171} \times \frac{171}{9.5 \times 20}$$

即

$$93.84\% = 104.27\% \times 90\%$$

绝对分析：

$$\sum x_1 f_1 - \bar{x}_0 \sum f_1 = \left(\sum x_1 f_1 - \sum x_0 f_1\right) + \left(\sum x_0 f_1 - \bar{x}_0 \sum f_1\right)$$

即

$$178.3 - 190 = (178.3 - 171) + (171 - 190)$$

即

$$-11.7 = 7.3 - 19$$

计算和分析表明：在相对分析中，派生形式与基本形式的数值相同，经济意义也一样；但在绝对分析中，两者的数值不同，经济意义也不一样，基本形式反映的是总平均价格增减量，而派生形式反映的是总销售额增减量。

（六）平均指标指数体系与总量指标指数体系的结合运用

总量指标的变动中，常包含着平均指标因素变动的影响，因而对总量指标变动进行因素分析时，可以将平均指标指数体系与总量指标指数体系结合起来运用。但在运用过程中，平均指标指数体系应采用派生形式。现以工资总额为例，进行阐述。

$$\text{工资总额指数} = \text{平均工资指数} \times \text{职工人数指数}$$
$$= \text{固定构成指数} \times \text{结构影响指数} \times \text{职工人数指数}$$

以公式表示：

相对分析：

$$\frac{\sum x_1 f_1}{\sum x_0 f_0} = \frac{\sum x_1 f_1}{\sum x_0 f_1} \times \frac{\sum x_0 f_0}{\bar{x}_0 \sum f_1} \times \frac{\bar{x}_0 \sum f_1}{\bar{x}_0 \sum f_0} \quad (\text{注}: \bar{x}_0 \sum f_0 = \sum x_0 f_0)$$

绝对分析：

$$\sum x_1 f_1 - \sum x_0 f_0 = \left(\sum x_1 f_1 - \sum x_0 f_1 \right) + \left(\sum x_0 f_1 - \bar{x}_0 \sum f_1 \right) + \left(\bar{x}_0 \sum f_1 - \bar{x}_0 \sum f_0 \right)$$

例 6-4 某工厂技术工人和一般工人基期和报告期的工资总额和工人数资料如表6-6所示，试对该工厂工资总额变动进行因素分析。

表 6-6 某工厂工资总额和工人数

工人类别	工资总额/元			工人数/人		平均工资/元	
	基期 ($x_0 f_0$)	报告期 ($x_1 f_1$)	假定 ($x_0 f_1$)	基期 (f_0)	报告期 (f_1)	基期 (x_0)	报告期 (x_1)
技术工人	540 000	588 000	540 000	600	600	900	980
一般工人	200 000	504 000	450 000	400	900	500	560
合计	740 000	1 092 000	990 000	1 000	1 500	740	728

相对分析：

$$\frac{1\ 092\ 000}{740\ 000} = \frac{1\ 092\ 000}{990\ 000} \times \frac{990\ 000}{740 \times 1\ 500} \times \frac{740 \times 1\ 500}{740 \times 1\ 000}$$

即

$$\frac{1\ 092\ 000}{740\ 000} = \frac{1\ 092\ 000}{990\ 000} \times \frac{990\ 000}{1\ 110\ 000} \times \frac{1\ 110\ 000}{740\ 000}$$

即

$$147.57\% = 110.3\% \times 89.19\% \times 150\%$$

绝对分析：

$$1\ 092\ 000 - 740\ 000 = (1\ 092\ 000 - 990\ 000) + (990\ 000 - 1\ 110\ 000) + (1\ 110\ 000 - 740\ 000)$$

即

$$352\ 000 = 102\ 000 - 120\ 000 + 370\ 000$$

计算结果表明，该工厂工资总额之所以报告期比基期增加了47.57%，增加了352 000元，是因为两类工人各自的平均工资增长使工厂工资总额增加了10.3%，增加了102 000元；两类工人构成发生变动使工厂工资总额减少了10.81%，减少了120 000元；工人数增加使工厂工资总额增加了50%，增加了370 000元。

任务五 识记几种常用的经济指数

指数作为一种重要的经济分析指标和方法,在实践中获得了广泛的应用。我国目前编制的经济指数主要有商品零售价格指数、农副产品收购价格指数、居民消费价格指数和股票价格指数等,这些指数分别从不同的角度综合反映了全国范围相关商品(或产品)价格的变化情况。

一、商品零售价格指数

商品零售价格指数是由国家统计局定期编制公布的,反映市场商品零售价格变动趋势和变动幅度的价格指数。它的变动直接影响到城乡居民的生活支出和国家财政收入,影响居民购买力和市场供需平衡以及消费和积累的比例。

编制商品零售价格指数涉及代表规格品的选取、价格资料的采集以及各商品平均价格的计算和总指数的计算等方面。商品零售价格的调查范围包括食品、服装鞋帽、纺织品、中西药品等14类。国家统计局按照统一性和普遍性的原则,根据全国商品零售量大小,确定304种必报商品。各地可根据当地实际情况,适当增加一些调查品种,但增选商品不得超过45种。对代表规格品价格资料的采集,首先采用随机调查的方法确定调查点,每月定时采集实际成交价格并简单计算出平均价格,然后从下到上逐级加权平均计算类指数和总指数。

我国现行的商品零售价格指数的编制要点有:

(一)指数的分类

全部零售商品分为食品、衣着、日用杂品、文化用品、医药、燃料6大类。大类以下分小类,小类以下分若干细类(或商品集团),细类(或商品集团)下再选择若干代表规格品。例如,食品这一大类,分为粮食、副食品、烟茶酒、其他食品4小类。粮食这一小类,分有细粮、粗粮两个细类。细粮这一细类,再分有大米、面粉两个代表规格品。可想而知,全社会零售商品种类成千上万,分类只能适可而止。例如,大米作为代表规格品,包括糯米、粳米、籼米等,各种米还有质量等级之分,等等,不一而足。因此,在编制总指数时,只能在商品集团中选取一种或数种代表规格品作为代表。

(二)代表规格品的选择

针对代表规格品的选择,各地可以根据当地情况参考中央规定的《商品目录》酌情增减确定。但是应选择那些价格变动能够反映该商品集团价格变动趋势的商品作为代表品。例如规定以标准面粉作为面粉这一商品的代表规格品,以中等白米作为大米这一商品的代表规格品。

(三)典型地区的选择

商品零售价格总指数反映的是全国平均价格水平,既包括价格上涨较多的地区,也包括上涨不多甚至下降的地区。分地区来看,大中城市、东南沿海地区及东北部分地区平均物价上涨幅度较大。因此,选择具有代表性的典型地区作为物价调查点是很重要的。1985年的资料显示,国家统计局在全国抽选具有代表性的106个城市和77个县城作为调查点,并选择340种主要商品作为代表商品,派人到上述调查点里的6 000多个各种类型的商店和典型市场，直接调查登记城乡的实际价格，取得大量的商品价格资料。

（四）商品价格的确定

计算商品零售价格指数采用的商品价格，是按月、季、年编制的平均价格。月平均价格是将本月变价前后的价格以变价前后的天数通过加权算术平均计算的。例如，菜市 6 月 11 日某商品价格由 130 元降为 100 元，则月平均价格 $= \dfrac{130 \times 10 + 100 \times 20}{30} = 110$（元）。年平均价格是将 12 个月的平均价格简单算术平均计算。例如，某商品 1~6 月每月平均价格为 12 元，而 7~12 月每月平均价格为 14 元，则年平均价格 $= \dfrac{12 \times 6 + 14 \times 6}{12} = 13$（元）。

（五）固定权数的确定

商品零售价格总指数是长期连续不断地进行编制和计算的。因此，其所采用的权数必须是固定权数。商品零售价格总指数的权数，一般根据上年 1~3 季度消费的实际零售额和第 4 季度预计零售额（不包括对社会集团的消费品零售额），并参考本年度市场变化情况加以确定。各大类的权数应基本符合当地人民的消费构成。在确定权数时，首先确定大类的权数，其次确定小类的权数，最后确定商品的权数。各大、小类的零售额除包括指数中所选商品的零售额外，还包括未选商品的零售额。大类权数之和，大类中小类权数之和，小类中各商品的权数之和，均应等于 100（或 100%）。权数一律采用整数，不要小数。每年确定一次权数，年内不变。

（六）基期的选择

物价指数是报告期与基期对比而得的相对数，这种对比，只有在条件相同的情况下，才能说明物价水平的变化。用来作为对比基准的时期应是经济和生产比较稳定的时期，不宜选用那些非正常因素（如战争、自然灾害等）影响较大的时期为基期。同时，应选择较近时期作基期，因为基期相隔太远，就难以保证指数所包含项目的同质性。时间跨度过大的指数，往往夸大（偏高或偏低）价格变动的幅度。

商品零售价格指数的编制与计算过程如表 6-7 所示。

表 6-7　商品零售价格指数的编制与计算过程

类别及品名	规格	计量单位	平均价格/元 p_0	平均价格/元 p_1	权数 W	指数 $(k = p_1/p_0)$ /%	kW
总计					110	100.2	10 216
一、食品类					54	102.8	5 552
1. 粮食					46	102.6	4 720
（1）细粮					60	103.6	6 216
面粉	标准	千克	0.66	0.72	40	109.1	4 364
大米	机白	千克	0.60	0.60	60	100.0	6 000
（2）粗粮					40	101.0	4 040
玉米	东北玉米	千克	0.80	0.80	90	100.0	9 000

续表

类别及品名	规格	计量单位	平均价格/元		权数 W	指数 ($k=p_1/p_0$) /%	kW
			p_0	p_1			
杂豆	二等	千克	0.50	0.55	10	110.0	1 100
2. 副食品					42	102.5	4 305
3. 烟茶酒					8	108.4	867
4. 其他食品					4	97.2	389
二、衣着类					21	99.9	2 098
三、日用杂品类					11	98.8	1 087
四、文化用品类					5	108.8	540
五、医药类					3	110.0	330
六、燃料类					6	101.5	609

我国商品零售价格指数的编制程序是：先计算代表规格品指数，再计算小类指数，然后计算大类指数，最后编制总指数，其计算公式为：

$$I_P = \frac{\sum kW}{\sum W}$$

式中，$k = \frac{p_1}{p_0}$；$W = \frac{q_1 p_0}{\sum q_1 p_0} \times 100$。

具体计算步骤如下：

（1）计算出各代表规格品的价格个体指数。例如，面粉价格个体指数为：

$$k = \frac{p_1}{p_0} = \frac{0.72}{0.66} = 109.1\%$$

（2）根据各代表规格品的价格个体指数以及给出的权数，加权算术平均计算各细类价格总指数。例如，细粮细类价格总指数为：

$$I_p = \frac{\sum kW}{\sum W}$$

$$= \frac{109.1\% \times 40 + 100.0\% \times 60}{100} = 103.6\%$$

（3）根据细类价格总指数以及给出的权数，加权算术平均计算各小类价格总指数。例如，由细粮细类价格总指数和粗粮细类价格总指数计算的粮食小类价格总指数为：

$$I_p = \frac{\sum kW}{\sum W}$$

$$= \frac{103.6\% \times 60 + 101.0\% \times 40}{100} = 102.6\%$$

（4）根据小类价格总指数以及给出的权数，加权算术平均计算各大类价格总指数。例如由粮食小类、副食品小类、烟茶酒小类、其他食品小类计算的食品大类价格总指数为：

$$I_P = \frac{\sum kW}{\sum W}$$

$$= \frac{102.6\% \times 46 + 102.5\% \times 42 + 108.4\% \times 8 + 97.2\% \times 4}{100}$$

$$= 102.8\%$$

（5）根据各大类价格总指数以及给出的权数，加权算术平均计算商品零售价格总指数。即：

$$I_P = \frac{\sum kW}{\sum W}$$

$$= \frac{102.8\% \times 54 + 99.9\% \times 21 + 98.8\% \times 11 + 108\% \times 5 + 110\% \times 3 + 101.5\% \times 6}{100}$$

$$= 102.2\%$$

二、农副产品收购价格指数

农副产品收购价格指数旨在反映各种农副产品收购价格的综合变动程度。由此可以考虑收购价格变化对农业生产者收入和商业部门支出的影响。

我国的农副产品收购价格指数编制方法是从各类农副产品中选择276种主要产品，以它们各自的计算期收购额作为权数，加权调和平均得到各类别的农副产品收购价格指数和农副产品收购价格总指数。

（一）计算方法

农副产品收购价格指数采用加权调和平均法计算。其计算公式为：

$$\overline{K} = \frac{\sum q_1 p_1}{\sum \frac{1}{k} q_1 p_1} \left(k = \frac{p_1}{p_0} \right)$$

通过编制农副产品收购价格指数，可以观察分析农副产品收购价格水平的变动对农民货币收入和国家财政支出的影响，为计算和研究农产品与工业品交换的综合比价指数提供资料，为国家制定价格政策提供依据。

（二）资料的搜集

农副产品收购价格指数以省（市、区）为单位编制。调查范围包括各种经济类型的商业企业及其他单位，从乡（镇）村集体农业生产单位到农民个体以各种价格形式（国家定价、指导价和市场调节价）收购的粮食、经济作物、竹木材料、干鲜水果、土畜水产、药材等农副产品的价格、数量、金额等。价格资料采用分级汇总的方式，先由各调查县市将调查点的价格资料，整理计算出不同价格形式的平均价格，连同其收购量和收购额报省（市、区）有关部门，再由省（市、区）整理计算出全省（市、区）不同价格形式的平均价格和综合平均价格。

（三）计算步骤

（1）计算单项商品个体价格指数。整理计算出报告期全省（市、区）各种商品（或代表规格品）的综合平均价格，与基期各种商品（或代表规格品）相应的综合平均价格进行对比，求出该种商品（或代表规格品）的个体价格指数。

(2) 计算小类商品收购价格指数，采用加权调和平均指数公式计算。首先综合汇总报告期本小类商品的收购额 $\sum q_1 p_1$；然后以报告期各种商品的收购额 $q_1 p_1$ 除以其相应的个体价格指数 k，计算各种商品按基期（或上年）价格计算的假定收购额，加总求得按基期价格计算的小类商品假定的收购额 $\sum \frac{1}{k} q_1 p_1$；最后与报告期小类商品收购额 $\sum q_1 p_1$ 对比，求得小类商品价格指数 $\overline{K} = \dfrac{\sum q_1 p_1}{\sum \frac{1}{k} q_1 p_1}$。

(3) 计算大类商品收购额价格指数。首先综合汇总报告期本大类中各小类商品收购额 $\sum q_1 p_1$；然后以各小类的商品收购额 $q_1 p_1$ 除以相应的小类商品价格指数，加总求得按基期价格计算的假定收购额 $\sum \frac{1}{k} q_1 p_1$；最后对比计算大类商品收购价格指数。

(4) 按第三步的方法对各大类商品收购额进行汇总，最终计算出农副产品收购价格总指数。

三、股票价格指数

房屋价格为什么没有纳入 CPI 的计算

股票价格指数简称股价指数，是反映某一股票市场上多种股票价格变动趋势的一种相对数，其单位一般用"点"（Point）表示。股票价格的变动是证券市场最重要的经济现象之一。股价的涨落既可以为投资者带来利润，也可能使投资者遭受损失。编制股价指数在欧美等发达国家的证券统计中占有重要地位。

股价指数的编制方法有简单算术平均法和加权算术平均法两种形式，前者以美国的道·琼斯股价指数为代表，后者以知名度仅次于前者的标准—普尔公司的混合指数为代表。

（一）道·琼斯股价指数

道·琼斯股价指数是由美国新闻出版商道·琼斯公司计算并发布的，是历史最悠久的股票价格指数。最初组成道·琼斯股票价格平均数的股票只有 12 种，采用简单算术平均法计算。后来几经变动，选择的股票种类不断增加，从 1938 年至今增加到 65 种，其中包括 30 种工业股票、20 种交通运输业股票及 15 种公用事业股票，编制方法也从简单算术平均法改为平均数修正法。由于各股份公司经常有股数增加和股票折细的情况发生，这样，作为分母的股票总股数必然增加，促使单位股价降低，难以体现股票价格变动的真实情况，因此需要对分母做适当处理，以免平均数受到影响。这种方法称为平均数修正法，但其本质仍然是简单算术平均数。道·琼斯股票价格平均数以 1928 年 10 月 1 日为基期，即以该日的股价平均数为基数，以后各期股价平均数同基期相比计算出来的百分数就成为各期的股票价格指数。

例 6-5 假设某证券市场基期有 4 种股票出售，每股股票的收市价格分别为：$A = 25$ 元，$B = 40$ 元，$C = 15$ 元，$D = 30$ 元，则该市场基期股票价格平均数为：

$$\overline{P}_0 = \frac{\sum p_0}{n_0} = \frac{25 + 40 + 15 + 30}{4} = 27.5 \,(元)$$

再假设该市场报告期的股票价格有升有降，股票种类也有所增加，各种股票的每股收市价格分别为：$A = 35$ 元，$B = 45$ 元，$C = 20$ 元，$D = 20$ 元，$E = 40$ 元，则该市场报告期股票价格平均数为：

$$\overline{P}_1 = \frac{\sum p_1}{n_1} = \frac{35+45+20+20+40}{5} = 32 \text{（元）}$$

那么，该市场的股票价格指数为：

$$I_P = \frac{\overline{P}_1}{\overline{P}_0} \times 100\% = \frac{32}{27.5} \times 100\% = 116.4\%$$

计算结果表明，该市场的股票价格平均数水平上涨了大约 16.4 点。

由于道·琼斯指数的采样股票数目较少，且多是热门股，缺乏广泛的代表性，并且没有考虑权数，因此会导致少数几种流通性较小的股票价格的大幅度涨落对平均数产生很大的影响。

（二）标准—普尔混合指数

标准—普尔混合指数是由美国最大的证券研究机构标准—普尔公司编制发布的，用以反映美国股票市场行情变化的股票价格指数。标准—普尔混合指数最初的采样股票共 133 种，后增加到 500 种，包括 400 种工业股票、20 种运输业股票、40 种公用事业股票以及 40 种金融业股票。这种指数的计算采用加权算术平均法，以 1941—1943 年的平均市价总额为基期值，以上市股票数为权数。

由于该指数的 500 种采样股票市价总额约占纽约证券交易所所有股票价值的 80%，因此有很广泛的代表性。同时，它考虑了许多影响股价变动的因素，因而具有很高的敏感性。另外，在股票分割等情况下，由于只有股份的增加，股票的市价总额并未发生变化，因此在计算指数时不需要做调整。因为具有上述特点，所以标准—普尔指数在美国备受重视，如美国商业部出版的《商情摘要》一直把该指数作为经济周期变化的 12 个先行指标之一。

（三）纳斯达克指数

纳斯达克指数由纳斯达克证券市场编制发布。纳斯达克证券市场有限公司隶属于美国国家证券交易委员会。该协会是一个自律性的管理机构，几乎所有的美国证券经纪和交易商都是它的会员。纳斯达克证券市场创立于 1971 年。同年的 2 月 8 日，纳斯达克股市开始正式交易。美国设立纳斯达克证券交易所的主要目的是在电脑软、硬件及生物工程等高科技领域，为一些崭露头角而又无法在纽约证券交易所和美国证券交易所上市的小型公司提供风险资本的支持，以推动高科技产业的迅速发展。

纳斯达克指数的编制始于 1985 年 1 月，对在纳斯达克股市上市公司的股票价格，以资本量的大小为权数加权平均计算得出。纳斯达克指数主要有两个：NASDAQ 综合指数和 Nasdaq–100 指数。NASDAQ 综合指数包括在纳斯达克上市的所有美国公司和非美国公司的股票，每一家公司的股票通过其市值在综合指数中的比例来影响 NASDAQ 综合指数。现在 NAS-DAQ 综合指数包括 5 000 多家公司，超过了其他证券市场指数，具有广泛的基础，已成为最有影响力的证券市场指数之一。Nasdaq–100 指数，是由在纳斯达克证券市场上市的、最大的 100 家非金融性国内公司的 4 个指数综合而成的，反映纳斯达克成长最快的主要非金融性公司的情况，每一家公司的股票通过其市值在综合指数中的比例来影响 Nasdaq–100 指数。

任务六　运用 Excel

在 Excel 中，没有专门用于指数计算和因素分析的工具和统计函数，因此，本章利用 Excel 进行计算，主要是使用公式并结合填充柄功能进行操作完成。这里介绍如何利用 Excel

进行综合指数计算及因素分析。

一、综合指数的计算

以表 6-8 资料为例介绍利用 Excel 计算销售量综合指数和价格综合指数的过程,具体步骤如下:

综合指数的计算

表 6-8　某商场三种商品销售资料及综合指数计算

商品	销售量/件		价格/元		销售额/元			
	基期(q_0)	报告期(q_1)	基期(p_0)	报告期(p_1)	$q_0 p_0$	$q_1 p_1$	$q_1 p_0$	$q_0 p_1$
甲	100	100	0.1	0.115	10	10	11.5	11.5
乙	50	55	0.2	0.22	10	11	11.0	12.1
丙	20	25	0.3	0.315	6	7.5	6.3	7.875
合计	—	—	—	—	26	28.5	28.8	31.475

(1) 输入相关数据,如 Excel 工作表 A~E 列。

(2) 在 F4 单元格中输入公式"= B4 * D4"并按回车键,在 G4 单元格中输入公式"= C4 * E4"并按回车键,在 H4 单元格中输入公式"= C4 * D4"并按回车键,在 I4 单元格中输入公式"= B4 * E4"并按回车键。单击 F4 单元格并将鼠标指向其右下方填充柄按住左键拖动至 F6,即可得到各商品基期销售额。单击 G4 单元格并将鼠标指向其右下方填充柄按住左键拖动至 G6,即可得到各商品报告期销售额。单击 H4 单元格并将鼠标指向其右下方填充柄按住左键拖动至 H6,即可得到各商品假定销售额 $q_1 p_0$。单击 I4 单元格并将鼠标指向其右下方填充柄按住左键拖动至 I6,即可得到各商品假定销售额 $q_0 p_1$。

(3) 在 B7 单元格中输入公式"= SUM(H4:H6)/SUM(F4:F6)"并按回车键,在 B8 单元格中输入公式"= SUM(G4:G6)/SUM(H4:H6)"并按回车键,得到 $\bar{K}_q$ = 1.096 154,$\bar{K}_p$ = 1.104 386。

将 $\bar{K}_q$ 和 $\bar{K}_p$ 分别表示成百分比形式,即可得到销售量综合指数为 109.62%,价格综合指数为 110.44%,结果如图 6-1 所示。

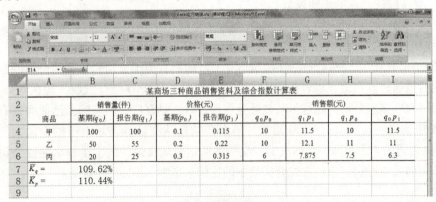

图 6-1　综合指数的计算

二、总量指标变动的因素分析

总量指标变动的因素分析

以表 6-9 资料为例介绍利用 Excel 对总成本的变动进行因素分析的过

程，具体步骤如下：

表 6－9　某工厂三种产品产量和单位成本

产品	计量单位	产量		单位成本/元		总成本/万元		
		基期（q_0）	报告期（q_1）	基期（p_0）	报告期（p_1）	q_0p_0	q_1p_1	q_1p_0
甲	万件	80	120	24	20	—	—	—
乙	万台	60	60	18	18	—	—	—
丙	万套	50	30	15	19	—	—	—
合计	—	—	—	—	—	—	—	—

（1）计算每一个“q_0p_0”和“$\sum q_0p_0$”：在 G4 中输入“＝C4＊E4”，回车得到结果；然后，使用填充柄功能按住鼠标左键向下拖，至 G6 单元格，松开鼠标，可得 G4～G6 结果。选定 G4：G7 区域，单击“开始”按钮，然后在“编辑”区域单击“Σ自动求和”按钮，就会在 G7 单元格出现该列的求和值。

（2）计算每一个“q_1p_1”和“$\sum q_1p_1$”：在 H4 中输入“＝D4＊F4”，回车得到结果；然后使用填充柄功能按住鼠标左键向下拖，至 H6 单元格，松开鼠标，可得 H4～H6 结果；最后在 H7 单元格中求 H4：H6 总和。

（3）计算每一个“q_1p_0”和“$\sum q_1p_0$”：在 I4 中输入“＝D4＊E4”，回车得到结果；然后使用填充柄功能按住鼠标左键向下拖，至 I6 单元格，松开鼠标，可得 I4～I6 结果；最后在 I7 单元格中求 I4：I6 总和。

（4）计算产量总指数、单位成本总指数和总成本指数：在 C9 中输入“＝I7/G7”并按回车键，求得产量总指数；在 C10 中输入“＝H7/I7”并按回车键，求得单位成本总指数；在 C11 中输入“＝H7/G7”并按回车键，求得总成本指数。用鼠标拖动选中上述三个总指数数值，单击“开始”和“%（百分比式样）”按钮，将指数数值表示成百分比形式。

（5）计算由于产量变动对总成本的影响数、由于单位成本变动对总成本的影响数和总成本变动总数：在 I9 中输入“＝I7－G7”按回车键，可求得产量变动对总成本的影响数；在 I10 中输入“＝H7－I7”按回车键，可求得单位成本变动对总成本的影响数；在 I11 中输入“＝H7－G7”按回车键，可求得总成本变动总数，结果如图 6－2 所示。

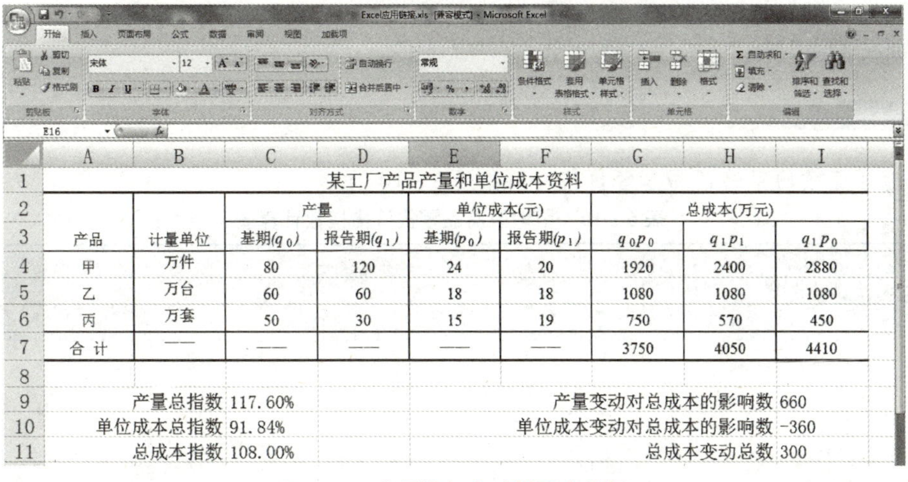

	A	B	C	D	E	F	G	H	I
1	某工厂产品产量和单位成本资料								
2			产量		单位成本(元)		总成本(万元)		
3	产品	计量单位	基期(q_0)	报告期(q_1)	基期(p_0)	报告期(p_1)	q_0p_0	q_1p_1	q_1p_0
4	甲	万件	80	120	24	20	1920	2400	2880
5	乙	万台	60	60	18	18	1080	1080	1080
6	丙	万套	50	30	15	19	750	570	450
7	合 计	——	——	——	——	——	3750	4050	4410
8									
9		产量总指数	117.60%					产量变动对总成本的影响数	660
10		单位成本总指数	91.84%					单位成本变动对总成本的影响数	-360
11		总成本指数	108.00%					总成本变动总数	300

图 6－2　总量指标变动的因素分析

项目小结

统计指数的定义有广义和狭义两种。广义上说,统计指数是用以测定某个变量在时间或空间上变动程度和方向的相对数。狭义上说,统计指数是一种特殊的相对数,用来表明复杂社会经济现象总体数量的综合变动。狭义的统计指数具有相对性、综合性与平均性的特点。统计指数的作用很多,概括起来主要有:综合反映复杂现象总体变动的程度和方向;利用指数可以进行因素分析;利用指数可以研究事物在长时期内的发展变化规律。

统计指数根据不同的标准可以划分为以下几种类型:指数按反映的对象范围不同,分为个体指数和总指数;指数按所反映的变量的性质不同,分为数量指标指数和质量指标指数;指数按数列中各指数计算时选用的基期不同,分为定基指数和环比指数;指数按所反映的时态的不同,分为动态指数和静态指数;而总指数按计算的方法和采用的形式的不同,又可分为综合指数和平均指数。

综合指数是两个总量指标相对比形成的指数。用来对比的总量指标中都包含两个或两个以上的因素,但计算综合指数时只观察其中一个因素的变动,将其他因素固定下来,以排除其他变动的影响,这样编制的总指数,称为综合指数。编制数量指标综合指数,应选择质量指标作同度量因素,并将其固定在基期上;编制质量指标综合指数,应选择数量指标作同度量因素,并将其固定在报告期上。

平均指数也反映复杂现象总体的总动态,是对个体指数进行加权平均计算出来的总指数。常用的平均指数的基本形式有:加权算术平均指数和加权调和平均指数。物量总指数常采用加权算术平均指数;物价总指数常采用加权调和平均指数。

指数体系是由三个或三个以上存在一定数量对等关系的指数构成的有机整体。所谓的数量对等关系包括两方面:总变动程度等于各因素变动程度的连乘积;总变动差额等于各因素变动影响差额之总和。

因素分析法,就是利用指数体系分析或测定客观现象总变动中各因素变动的影响方向和程度的方法。

统计指数作为一种重要的经济分析指标和方法,在实践中获得了广泛的应用。我国目前编制的经济指数主要有商品零售价格指数、居民消费价格指数、农副产品收购价格指数、股票价格指数等。这些价格指数编制方法各异。

技能训练题

案例资料

甲地区连续两年的商品零售价格资料如表 6-10 所示。

表 6-10 甲地区商品零售价格指数计算表

商品类别及名称	代表规格品	计量单位	平均价格/元		权数(W)	指数 ($K=P_1/P_0$)/%	KW
			去年 P_0	今年 P_1			
总指数					100		
一、食品类					51		
(一)粮食					35		

续表

商品类别及名称	代表规格品	计量单位	平均价格/元		权数 (W)	指数 ($K=P_1/P_0$) /%	KW
			去年 P_0	今年 P_1			
1. 细粮					65		
（1）面粉	标准	千克	2.40	2.52	40		
（2）大米	粳米	千克	3.50	3.71	60		
2. 粗粮					35	104.8	
（二）副食品					45	125.4	
（三）烟酒茶					11	126.0	
（四）其他食品					9	114.8	
二、衣着类					20	115.2	
三、日用品类					11	109.5	
四、文化娱乐用品类					5	110.4	
五、书报杂志类					2	108.6	
六、药及医疗用品类					6	116.4	
七、建筑装潢材料类					2	114.5	
八、燃料类					3	105.6	

（一）实训目的与要求

(1) 认识总指数的作用。

(2) 依据表 6-10 计算零售价格总指数。

(3) 说明这里的零售价格总指数的编制使用了哪一种方法。

(4) 依据计算结果，说明甲地区市场零售价格的变动情况。

（二）实训内容

(1) 总指数的作用；

(2) 总指数的编制方法。

（三）实训形式

先独立思考，再分组讨论。

（四）实训地点

教室。

（五）实训时数

2 学时。

思考题

一、判断题

1. 统计指数的定义有广义和狭义两种，总指数属于广义指数。 （   ）

2. 按反映现象总体范围大小的不同，统计指数可分为综合指数和平均指数两种。
（   ）
3. 同度量因素有两种作用：一是同度量作用；二是权数作用。（   ）
4. 数量指标指数以质量指标作为同度量因素；质量指标指数以数量指标作为同度量因素。
（   ）
5. 平均指数是以总指数为基础计算的总指数。（   ）
6. 在指数体系中，现象总体指数等于各影响因素指数之和；受多因素影响指标的总增减量等于各影响因素分别变动使其增减数量的连乘积。（   ）
7. 平均指标指数又称可变构成指数，可分解为固定构成指数和结构影响指数。（   ）
8. 指数体系包含的指数分为两大种：一种叫现象总体指数；另一种叫影响因素指数。
（   ）
9. 加权算术平均数的变动受两个因素的影响：一是各组平均水平变动的影响；二是总体结构变动的影响。（   ）
10. 如果商品销售量增长了5%，销售价格下降了5%，则销售额既不增长也不减少。
（   ）

二、单项选择题

1. 统计指数是表明现象变动方向和程度的（   ）。
   A. 绝对数　　　　　　　　　　　B. 相对数
   C. 平均数　　　　　　　　　　　D. 抽样数
2. 狭义统计指数是反映（   ）数量综合变动的相对数。
   A. 有限总体　　　　　　　　　　B. 无限总体
   C. 复杂现象总体　　　　　　　　D. 简单现象总体
3. 编制数量指标综合指数的一般原则是采用（   ）作为同度量因素。
   A. 基期数量指标　　　　　　　　B. 报告期数量指标
   C. 基期质量指标　　　　　　　　D. 报告期质量指标
4. 数量指标综合指数变形为加权算术平均指数时的权数是（   ）。
   A. q_1p_1　　　　　　　　　　　B. q_0p_0
   C. q_1p_0　　　　　　　　　　　D. q_0p_1
5. 若物价上涨，销售额持平，则销售量（   ）。
   A. 为零　　　　　　　　　　　　B. 减少
   C. 增长　　　　　　　　　　　　D. 不变
6. 如果零售价格上涨10%，销售量下降10%，那么销售额（   ）。
   A. 有所增加　　　　　　　　　　B. 有所减少
   C. 没有变化　　　　　　　　　　D. 无法判断
7. 某企业为了反映其所有车间生产工人劳动生产率水平的提高情况，需要编制（   ）。
   A. 数量指标综合指数　　　　　　B. 可变构成指数
   C. 结构影响指数　　　　　　　　D. 固定构成指数
8. 狭义的统计指数的性质有相对性、综合性和（   ）。
   A. 数量性　　　　　　　　　　　B. 对比性

C. 总体性　　　　　　　　　　　　D. 平均性

9. 由三个指数组成的指数体系中，两个影响因素指数的同度量因素通常（　　）。
A. 都固定在基期
B. 都固定在报告期
C. 一个固定在基期，另一个固定在报告期
D. 采用基期和报告期的平均

10. 某企业职工工资总额，今年比去年减少了2%，而平均工资上升了5%，则职工人数减少了（　　）。
A. 3%　　　　　　　　　　　　　　B. 10%
C. 7%　　　　　　　　　　　　　　D. 6.7%

三、多项选择题

1. 统计指数有（　　）的特点。
A. 综合性　　　　　　　　　　　　B. 总体性
C. 平均性　　　　　　　　　　　　D. 相对性
E. 数量性

2. 由数量指标综合指数（$\dfrac{\sum q_1 p_0}{\sum q_0 p_0}$）变形的平均指数形式有（　　）。

A. $\dfrac{\sum k_p q_1 p_0}{\sum q_1 p_0}$　　　　　　　　B. $\dfrac{\sum k_q q_0 p_0}{\sum q_0 p_0}$

C. $\dfrac{\sum k_p q_1 p_1}{\sum q_1 p_1}$　　　　　　　　D. $\dfrac{\sum q_1 p_0}{\sum \dfrac{1}{k_q} q_1 p_0}$

E. $\dfrac{\sum q_1 p_1}{\sum \dfrac{1}{k_p} q_1 p_1}$

3. 下列哪些指数是运用平均指数法编制的？（　　）
A. 商品销售量总指数　　　　　　　B. 深证成指
C. 商品零售物价总指数　　　　　　D. 农产品收购价格总指数
E. 上证综指

4. 只有使用（　　）作为权数时，平均指数才可能变形成综合指数。
A. $q_1 p_0$　　　　　　　　　　　B. $q_0 p_1$
C. $q_1 p_1$　　　　　　　　　　　D. $q_0 p_0$
E. W

5. 消费者价格指数是综合反映各种（　　）的价格变动程度的指数。
A. 零售商品　　　　　　　　　　　B. 行政管理与服务
C. 消费品　　　　　　　　　　　　D. 生活服务
E. 工业产品

6. 编制综合指数的一般原则是（　　）。
A. 数量指标指数以基期数量指标为同度量因素

B. 数量指标指数以基期质量指标为同度量因素
C. 数量指标指数以报告期数量指标为同度量因素
D. 质量指标指数以报告期数量指标为同度量因素
E. 质量指标指数以基期数量指标为同度量因素

7. 某商店在基期内售出某商品 100 公斤，报告期内售出 120 公斤，指数为 120%，该指数是（　　）。

  A. 综合指数   B. 总指数
  C. 个体指数   D. 数量指标指数
  E. 销售量指数

8. 平均指标指数体系的关系表现为（　　）。
  A. 固定构成指数等于结构影响指数乘以可变构成指数
  B. 可变构成指数等于结构影响指数乘以固定构成指数
  C. 固定构成指数等于可变构成指数除以结构影响指数
  D. 可变构成指数等于固定构成指数除以结构影响指数
  E. 结构影响指数等于可变构成指数除以固定构成指数

9. 下面哪些是反映平均指标变动的指数？（　　）
  A. 可变构成指数   B. 固定构成指数
  C. 结构影响指数   D. 算术平均指数
  E. 调和平均指数

10. 公式 $\dfrac{\sum q_1 p_0}{\sum q_0 p_0}$ 的经济意义是（　　）。
  A. 由于销售量变动而增减的销售额
  B. 由于价格变动使消费者增减的货币支出
  C. 综合反映价格和销售量变动的绝对额
  D. 综合反映销售额变动的绝对额
  E. 销售量变动使居民增减的货币支出

四、填空题

1. 统计指数按其反映的对象范围大小不同，可分为_____和_____两种。
2. 统计指数按其表明的指标性质不同，可分为_____和_____两种。
3. 统计指数按其所采用的基期不同，可分为_____和_____两种。
4. 总指数按其表现形式不同，可分为_____和_____两种。
5. 编制质量指标综合指数时，一般以_____作为同度量因素；而编制数量指标综合指数时，一般以_____作为同度量因素。
6. 平均指数是对_____进行加权平均而求得的总指数。
7. 平均指数分为两种，一种是_____；另一种是_____。
8. 在综合指数改变为加权算术平均指数形式时，必须以综合指数的_____作为权数；改变为加权调和平均指数时，必须以综合指数的_____作为权数。
9. 在指数体系中，现象总体指数等于各个影响因素指数的_____；受多因素影响指标的总增减量等于各影响因素分别变动使其增减数量_____。

10. 可变构成指数可以分解成两个指数：一个指数是_____；另一个指数是_____。

五、简答题

1. 广义统计指数与狭义统计指数有何差异？统计指数的作用是什么？
2. 统计指数分为哪些种类？
3. 什么是综合指数？
4. 什么是同度量因素？
5. 编制综合指数时怎样确定同度量因素？
6. 在一定条件下，综合指数与平均指数之间存在"变形"关系，为什么说它们仍然是相对独立的总指数编制方法？
7. 什么是平均指数？平均指数有哪两种计算方法？其相应的权数怎样确定？
8. 什么是指数体系？指数体系内的各个指数之间存在哪些方面的数量对等关系？
9. 什么是因素分析？因素分析有什么样的作用？
10. 如何编制商品零售价格指数？

六、应用能力训练题

1. 某厂生产甲、乙两种产品，2015年、2016年其产品产量和价格如表6-11所示。

表6-11　某厂2015年、2016年甲、乙两种产品的产量和价格

产品名称	计量单位	产量		价格/元	
		2015年	2016年	2015年	2016年
甲	件	20 000	24 000	4	5
乙	台	100	120	500	450

试计算：

（1）该厂工业总产值指数；
（2）该厂工业总产值的增加绝对数；
（3）产量增长对总产值变动的影响；
（4）价格变动对总产值变动的影响。

2. 某产品生产总费用2015年为12.9万元，比2014年多9 000元，单位产品成本比2014年低3%。

试确定：

（1）生产费用指数；
（2）产量指数；
（3）由于单位产品成本降低而节约的绝对量。

3. 已知某市2015年社会商品零售额为8 600万元，2016年增加到12 890万元，2016年零售价格上涨了11.5%。试推算该市零售额总变动中，零售量和零售价格两因素变动的影响程度和影响的绝对值。

4. 某企业生产的三种产品的资料如表6-12所示。

表 6-12 某企业生产的三种产品的资料

产品名称	生产费用/万元		产品产量增长率/%
	基期	报告期	
甲	20	24	25
乙	45	48.5	40
丙	35	48	40

计算：

(1) 产品产量总指数及由于产量增长而增加的生产费用；

(2) 单位产品成本总指数及由于单位成本下降而节约的生产费用。

5. 某商店四种商品的销售额和价格如表 6-13 所示。

表 6-13 某商店四种商品的销售额和价格

名称	单位	基期销售额/万元	报告期销售额/万元	个体价格指数/%
甲	米	800	900	95
乙	厘米	450	460	105
丙	件	900	1 200	110
丁	块	850	900	106

要求：

(1) 计算四种商品的销售价格总指数和销售量总指数；

(2) 对总销售额的变动进行因素分析。

6. 长风公司所属三个工厂生产同种产品，每件成本及产量如表 6-14 所示。

表 6-14 长风公司所属三个工厂各自产品每件成本及产量

工厂	每件成本/元		产量/万件	
	基期	报告期	基期	报告期
甲	25	24	15	15
乙	24	24	10	10
丙	22	21	10	25

根据表中的资料：

(1) 计算长风公司该产品的总平均成本指数；

(2) 分析长风公司总平均成本变动中各因素的影响是多少。

7. 某企业工人工资和工人数如表 6-15 所示。

表 6-15 某企业工人工资和工人数

工人类别	工资总额/万元		工人数/人		平均工资/元	
	基期	报告期	基期	报告期	基期	报告期
技术工人	12.6	15.0	280	300	450	500

续表

工人类别	工资总额/万元		工人数/人		平均工资/元	
	基期	报告期	基期	报告期	基期	报告期
普通工人	14.4	16.4	400	410	360	400
合计	27.0	31.4	680	710	397.06	442.25

试分析：

（1）企业工资总额变动受总平均工资变动及工人总数变动影响的程度及绝对额；

（2）企业总平均工资变动受两种工人平均工资变动及工人数构成变动影响的程度和绝对额；

（3）分析企业工资总额变动如何受到两种工人人数与平均工资及工人总数的影响。

8. 某厂2016年的产品产量比2015年增长了13.5%，产品总成本增长了10%，问：该厂2016年产品单位成本如何变动？

9. 某厂2016年比2015年职工人数增长2%，工业增加值增长20%，问：该厂全员劳动生产率提高了多少？

10. 价格降低后，同样多的人民币可多购商品15%，问：价格降了多少？

课后测试

项目七

抽样推断

知识目标

理解抽样推断及相关基本概念的含义；
掌握抽样误差、抽样估计和必要样本容量；
了解抽样推断的特点、作用、内容和理论依据，了解各种抽样组织形式。

能力目标

能够使用恰当的抽样组织方式和方法进行抽样调查；
能够进行抽样估计。

导入阅读　　用一例典型案例说明抽样调查方法的应用

我们通过一个典型的案例，来说明抽样方法的具体应用：为了解普通居民对某种新产品的接受程度，在一个城市中抽选1 000户居民开展市场调查，在每户居民中，选择1名家庭成员作为受访者。

总体抽样设计

由于一个城市中居民的户数可能多达数百万，因此除了一些大型的市场研究机构和国家统计部门之外，大多数企业都不具有这样庞大的居民户名单。这种情况决定了抽样设计只能采取多阶段抽选的方式。根据调查要求，抽样分为两个阶段进行，第一阶段是从全市的居委会名单中抽选出50个样本居委会；第二阶段是从每个被选中的居委会中，抽选出20户居民。

对居委会的抽选

从统计或者民政部门，我们可以获得一个城市的居委会名单。将居委会编上序号后，用计算机产生随机数的方法，可以简单地抽选出所需要的50个居委会。

如果在居委会名单中还包括了居委会户数等资料，则在抽选时可以采用不等概率抽选的方法。如果能够使一个居委会被抽中的概率与居委会的户数规模成正比，那么这种方法就是所谓的PPS（Probability Proportional to Size）抽样方法。PPS抽样是一种"自加权"的抽样方法，保证了在不同规模的居委会均抽选20户样本的情况下，每户样本的代表性是相同的，从而最终的结果可以直接进行平均计算。当然，如果资料不充分，无法进行 PPS 抽样，那么利用事后加权的方法，也可以对调查结果进行有效推断。

在居委会中的抽样

在选定了居委会之后，对居民户的抽选将使用居委会地图来进行操作。此时，需要派出一些抽样员，到各居委会绘制居民户的分布图，去了解居委会的实际位置、实际覆盖范围，并计算每一幢楼中实际的居住户数。然后，抽样员根据样本量的要求，采用等距或者其他方法，抽选出其中的若干户，作为最终访问的样本。

确定受访者

访问员根据抽样员选定的样本户，进行入户访问。以谁为实际的被调查者，是抽样设计中最后一个问题。如果调查内容涉及的是受访户的家庭情况，则对受访者的选择可以根据成员在家庭生活中的地位确定，例如，可以选择使用计算机最多的人、收入最高的人、实际负责购买决策的人，等等。

如果调查内容涉及的是个人行为，则家庭中每一个成年人都可以作为被调查者，此时就需要进行第二轮抽样，因为如果任凭访问员人为确定受访者，最终受访者就可能会偏向某一类人，例如家庭中比较好接触的老人、妇女等。

在家庭中进行第二轮抽样的方法是由美国著名抽样调查专家 Leslie Kish 发明的，一般称为 KISH 表方法。访问员入户后，首先记录该户中所有符合调查条件的家庭成员的人数，并按年龄大小进行排序和编号。随后，访问员根据受访户的编号和家庭人口数的交叉点，在表中找到一个数，并以这个数所对应的家庭成员作为受访者。

上述案例是一个典型的两阶段入户调查的现场抽样设计，从设计的全过程可以看到，随机性原则分别在选择居委会、选择居民户和入户后选择受访者等环节中得到体现。在任何一个环节中，如果随机原则受到破坏，都有可能对调查结果造成无法估计的偏差。调查中的抽样设计是一个复杂的技术环节，非专业的研究人员对此问题需要给予特殊关注。

资料来源：http：//www.ccidreport.com/market/article/content/402/200209/24904，html

任务一　掌握抽样推断基础知识

一、抽样推断的含义与作用

（一）抽样推断的含义

抽样推断是按照随机原则，从总体中抽出一部分单位作为样本，对样本进行详细的调查登记，并计算出样本指标数值，然后根据样本指标数值对总体的数量特征（总体指标数值）做出具有一定可靠程度的估计和判断的一种统计分析方法。

在现实生活中，我们要认识总体的数量特征，经常会遇到无法（或没必要）对总体中的所有单位进行全面调查的情况。例如，商品市场需求量、城市居民家庭收支情况、城乡居民的电视收视率以及民意测验等，都很难对每个单位进行观察登记，只能组织抽样调查，取得部分单位的实际资料，以此来估计和判断总体的数量特征，以达到对现象总体的认识。又如，对某厂生产的 10 000 只灯泡进行平均耐用时数的检验，就不能采用全面调查方法，因为检验之后灯泡就报废了，所以只能采用抽样推断的方法，从全部灯泡中随机抽出一部分灯泡进行调查,然后根据这部分灯泡的平均耐用时数,对全部灯泡的平均耐用时数做出具有一定可靠程度的估计或推断。

(二)抽样推断的特点

1. 抽样推断是由部分推算整体的一种认识方法

抽样调查是一种非全面调查,但调查的目的并不在于了解部分单位的情况,而只是作为一种手段,最终要认识总体的数量特征。抽样推断原理解决了这一问题,科学地论证了样本指标与相应的总体指标之间存在着内在的联系,两者的误差分布也是有规律可循的,并提出一套利用抽样调查的部分信息来推断总体数量特征的方法。这就大大提高了统计分析的认识能力,为信息采集和开发开辟了一条崭新的途径。

2. 抽样推断是建立在随机取样的基础上的

随机原则就是总体中样本单位的中选或不中选,不受客观因素的影响,每一单位都有相等的中选可能性。只有把抽样推断建立在随机样本的基础上,才可能事先掌握各种样本出现的可能性大小,提供样本指标数值的分布情况,计算样本指标的抽样平均误差,同时估计样本指标与总体指标之间抽样误差不超过一定范围的概率保证程度。只有坚持抽样的随机原则,抽样推断才可能利用概率论原理来研究样本指标与总体指标的关系,确定优良估计标准,为寻求更有效的抽样组织形式建立科学的理论基础。

3. 抽样推断是运用概率估计的方法

利用样本指标来估计总体指标,从数学上来讲是运用了不确定的概率估计法,而不是确定的数学分析方法。抽样推断原则上把由样本观察值所决定的样本指标看作随机变量。在实践中往往只抽取一个样本,并以样本指标数值为基础估计相应总体指标数值,接着需要解决的问题便是用这样估计的总体指标数值,其可靠程度究竟有多大。

4. 抽样推断的误差可以事先计算并加以控制

以样本指标估计相应的总体指标虽然存在一定的误差,但与其他统计估算不同,抽样误差范围可以事先通过有关资料加以计算,并且可以采取必要的抽样组织形式或者方法来进行控制,以保证抽样推断的结果达到一定的可靠程度。也可以这样说,抽样调查就是根据事先给定的允许误差范围或者可靠程度进行设计的,这些都是其他估算方法办不到的。

(三)抽样推断的作用

抽样推断是统计学中最重要的方法之一,广泛应用于自然、社会、经济研究等诸多领域。在社会主义市场经济条件下,它将发挥越来越重要的作用。抽样推断的作用主要表现在以下几个方面:

(1)在实际工作中,由于受客观条件或环境的限制,往往不可能或没必要搜集总体的全面资料,只可能或只需要利用样本资料推断总体的数量特征,这样既可以提高工作效率,也可以节约工作成本。对于无限总体,统计上无法进行全面调查了解,因而只有借助于抽样推断的方法来认识总体的数量特征。如要了解水库中的鱼苗数、森林的木材积蓄量等,适宜采用抽样调查进行推断。虽然有些总体是有限的,但是要了解其数量特征是没有必要开展全面调查的,这时在抽样调查基础上进行抽样估计,既可以达到研究目的,又可以节约研究时间和开支。如要了解居民对主要耐用消费品的需求量、粮食平均亩产等,同样适宜采用抽样调查进行推断。

(2) 许多产品的例行质量检查是带有破坏性的或消耗性的。如灯泡寿命试验要一直长期点亮直到烧毁，这是破坏性的试验；烟、酒的质量品尝均属消耗性质量检验，所以，对这些总体都无法进行全面调查。

(3) 对全面调查的资料进行评价与修正。如我国人口普查规定，在人口普查工作完毕后，还要按照规定的抽样方法抽取若干地区的人口进行复查。用抽样调查的资料，计算人口全面调查的差错率，再根据这个比率去修正普查数据，从而保证人口调查资料的质量，使调查资料更为准确，更接近于实际的数值。

(4) 对工业生产过程进行质量控制。对于成批或大量连续生产的产品生产过程，通过抽样方法可以及时提供有关产品质量的信息，分析各种可能的原因，以便采取措施，排除障碍，使生产过程保持正常，从而起到对生产过程进行质量控制的作用。

二、抽样推断的内容

抽样推断所面临的问题是对总体的数量特征不了解或了解很少，而且需要利用有限的样本信息对它进行估计和判断，以达到对总体数量特征的认识。抽样推断包括以下两方面内容：

（一）总体参数的估计

当我们不知道总体的数量特征时，根据样本资料对其水平、结构、规模等数量特征进行估计的方法称为总体参数的估计。

具体地讲，总体参数的估计是根据随机抽取的部分单位的特性来对总体的分布函数、分布参数或数字特征等进行推测估算的过程。它是统计推断的中心内容，其基本思想是对不同的估计问题构造不同的函数，来反映部分单位与总体之间的主要关系信息，并舍弃无关的次要部分，利用其主要关系来对总体做出推算和分析。

（二）总体参数的假设检验

当我们对总体的变化情况不了解时，可先对总体的状况做出某种假设，然后再根据抽样推断的原理，通过样本资料对所做假设进行检验，来判断这种假设的真伪，以决定我们行动的取舍，这种推断方法称为总体参数的假设检验。

具体地讲，假设检验是指根据我们的经验或不成熟的认识，在对总体的有关分布函数、分布参数或数字特征等信息做出某种假设的前提下，为了确定该假设的正确性，而自总体中随机抽取部分单位，利用部分与总体间的关系来对所提出的假设做出判断，以决定是否接受该假设的过程。

三、抽样推断中的基本概念

（一）全及总体和抽样总体

在抽样调查中，有两种不同的总体即全及总体和抽样总体。

1. 全及总体

全及总体简称总体，是指所要认识对象的全体，是由具有某些共同性质的许多单位组成的集合体。例如，我们要研究某城市职工的生活水平，则该城市全部职工即构成全及总体。我们要研究某乡粮食亩产水平，则该乡的全部粮食播种面积即是全及总体。

全及总体按照总体单位标志性质的不同,可以分为变量总体和属性总体两类。构成变量总体的各个单位可以用一定的数量标志加以计量。例如,要了解居民的收入水平,每个居民的"收入"就是一个数量标志,它反映了各个居民收入方面的数量特征。构成属性总体的各个单位是用一定的是非标志加以描述的。例如,要研究织布厂1 000台织布机的质量状况,每台织布机的"质量"就是一个是非标志,其表现一般用"完好"和"不完好"等文字加以描述。区分变量总体和属性总体是很重要的,总体不同,认识这一总体的方法也就不同。

通常全及总体的单位数用大写的英文字母 N 来表示。作为全及总体,单位数 N 即使有限,也往往很大,大到几千、几万、几十万甚至几百万。

2. 抽样总体

抽样总体也称样本,是从全及总体中随机抽取出来的一部分单位所组成的集合体。抽样总体的单位数通常用小写英文字母 n 表示。对于全及总体单位数 N 来说,n 是个很小的数,可以是 N 的几十分之一、几百分之一、几千分之一甚至几万分之一。一般说来,样本单位数达到或超过30个称为大样本,而在30个以下称为小样本。社会经济现象的抽样调查多取大样本。而自然试验观察则多取小样本。以很小的样本来推断很大的总体,这是抽样调查的一个特点。

如果说全及总体唯一确定,那么抽样总体就完全不是这样。从一个全及总体中可以抽取很多个抽样总体,全部样本的可能数目与样本容量和抽样方法有关。随机抽样本身是一种手段,目的在于对总体做出判断,因此,样本容量要多大,要怎样取样,样本的数目可能有多少,它们的分布又怎样,这些都关系到对总体判断的准确程度,都需要加以认真地研究。总体与样本的关系如图7-1所示。

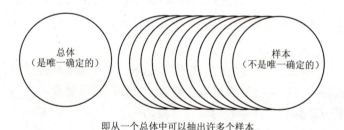

即从一个总体中可以抽出许多个样本

图7-1 总体与样本的不同性质

(二)全及指标和抽样指标

1. 全及指标

全及指标是指根据全及总体各个单位的标志值或标志特征计算的,反映总体某一方面特征或属性的综合指标。由于全及总体是唯一确定的,因而全及指标数值也是唯一确定的。

不同性质的总体,需要计算不同的全及指标。对于变量总体,由于各单位的标志可以用数量来表示,因此可以直接计算总体平均数,用大写英文字母 $\bar{X}$ 表示。

设总体有 N 个单位,各单位变量值为 X_1、X_2、…、X_N,则

$$\bar{X} = \frac{X_1 + X_2 + \cdots + X_N}{N} = \frac{\sum_{i=1}^{N} X_i}{N}$$

对于属性总体，由于各单位的标志不可以用数量来表示，只能用一定的文字加以描述，因此应该计算结构相对指标，称为总体成数，用大写英文字母 P 表示。它说明具有某种属性的单位数在总体中所占的比重。变量总体也可以计算成数，即在所规定的某变量值以上或以下的总体单位数的比重，视同具有或不具有某种属性的单位数的比重。

设总体 N 个单位中，有 N_1 个单位具有某种属性，N_0 个单位不具有该种属性，$N_1 + N_0 = N$，P 为总体中具有某种属性的单位数所占的比重，Q 为不具有该种属性的单位数所占的比重，则总体成数为

$$P = \frac{N_1}{N}$$

$$Q = \frac{N_0}{N} = \frac{N - N_1}{N} = 1 - P$$

此外，全及指标还有总体方差 σ^2 和总体标准差 σ，它们都是测量总体标志值离散程度的指标。

对于变量总体：

$$\sigma^2 = \frac{\sum (X - \bar{X})^2}{N}$$

$$\sigma = \sqrt{\frac{\sum (X - \bar{X})^2}{N}}$$

对于属性总体，成数方差 $\sigma^2 = P(1 - P)$，成数标准差 $\sigma = \sqrt{P(1 - P)}$，是用来反映属性总体是非标志变异程度的指标。

2. 抽样指标

抽样指标是指由抽样总体各个单位标志值或标志特征计算的，反映抽样总体某一方面特征或属性的综合指标。与全及指标相对应，抽样指标包括抽样平均数 $\bar{x}$、抽样成数 p、抽样标准差 s、抽样方差 s^2、抽样修正标准差 s_* 和抽样修正方差 s_*^2 等。其中抽样平均数和抽样成数用小写英文字母表示，以示区别。

设抽样有 n 个单位，各单位变量值为 x_1、x_2、$\cdots$、x_n，则抽样平均数为：

$$\bar{x} = \frac{x_1 + x_2 + \cdots + x_n}{n} = \frac{\sum_{i=1}^{n} x_i}{n}$$

设抽样总体 n 个单位中有 n_1 个单位具有某种属性，n_0 个单位不具有该种属性，$n_1 + n_0 = n$，p 为样本中具有某种属性的单位数所占的比重，q 为不具有该种属性的单位数所占的比重，则抽样成数为：

$$p = \frac{n_1}{n}$$

$$q = \frac{n_0}{n} = \frac{n - n_1}{n} = 1 - p$$

样本方差和样本标准差分别为：

$$s^2 = \frac{\sum (x - \bar{x})^2}{n}$$

$$s = \sqrt{\frac{\sum (x - \bar{x})^2}{n}}$$

样本修正方差和样本修正标准差分别为：

$$s_*^2 = \frac{\sum (x - \bar{x})^2}{n - 1}$$

$$s_* = \sqrt{\frac{\sum (x - \bar{x})^2}{n - 1}}$$

由于从一个全及总体中可以抽出许多个样本，样本不同，抽样指标的数值也就可能不同，因此抽样指标的数值不是唯一确定的。实际上，抽样指标是样本变量的函数，它本身是随机变量。

（三）样本容量和样本个数

样本容量和样本个数是两个有联系但又完全不同的概念。

1. 样本容量

样本容量是指一个样本所包含的单位数，通常用小写英文字母 n 表示。一个样本应该包含多少单位最合适，是抽样设计必须认真考虑的问题，必须结合调查任务的要求、总体标志值的变异情况以及抽样方法等多方面因素综合考虑。样本容量的大小不但关系到抽样调查的效果，而且关系到抽样方法的应用。通常将容量不少于 30 个的样本称为大样本，而不及 30 个的样本称为小样本。社会经济统计的抽样调查多属于大样本调查。

2. 样本个数

从总体 N 个单位中随机抽选 n 个单位构成样本，通常有多种抽选方法，每一种抽选方法实际上是 n 个总体单位的一种排列组合，一种排列组合便构成一个可能的样本，n 个总体单位的排列组合总数，称为样本个数或者样本的可能数目，常用小写英文字母 k 表示。从一个总体中究竟可以抽取多少个样本，是与样本容量以及抽样方法等多个因素有关系的，是一个比较复杂的问题。一个总体有多少样本，样本统计量就有多少种取值，从而形成该统计量的分布。而统计量的分布又是抽样推断的基础。虽然在实践上只抽取个别或少数样本，但要判断所取样本的可能性就必须联系到全部可能样本数目所形成的分布。

（四）重复抽样和不重复抽样

重复抽样和不重复抽样是两种具体抽取样本单位的方法。

1. 重复抽样

重复抽样，又称有放回抽样，是指从全及总体 N 个单位中随机抽取一个容量为 n 的样本时，每次抽中的单位经登记其有关标志表现后又放回总体中重新参加下一次抽选的抽样方法。每次从总体中抽取一个单位，可看作一次试验，连续进行 n 次试验就构成了一个样本。因此，重复抽样的样本是经 n 次相互独立的连续试验形成的，每次试验均是在相同的条件下完全按照随机原则进行的。

例 7-1 假设总体有 A、B、C、D、E 五个单位，现随机重复抽取 2 个单位组成样本，求样本个数。（$N=5$，$n=2$）

第一次抽取可能结果：5（抽后放回）。

第二次抽取可能结果：5。

样本个数为：$k = 5 \times 5 = 25$（个），即：

AA	AB	AC	AD	AE
BA	BB	BC	BD	BE
CA	CB	CC	CD	CE
DA	DB	DC	DD	DE
AA	EB	EC	ED	EE

重复抽样的特点：

(1) 在 n 次抽样中，总体每个单位在各次抽样中被抽取的概率都相同；

(2) 共可组成 $k = N^n$ 个样本，每个样本在各次抽样中被抽取的概率都相同。

例 7-2 假设总体有 A、B、C、D、E 五个单位，现随机重复抽取 3 个单位组成样本，求样本个数。（$N=5$，$n=3$）

样本个数为：$k = 5 \times 5 \times 5 = 125$（个）。

2. 不重复抽样

不重复抽样，又称无放回抽样，是指从全及总体 N 个单位中随机抽取一个容量为 n 的样本时，每次抽中的单位登记其有关标志表现后不再放回总体中参加下一次抽选的抽样方法。经过连续 n 次不重复抽选单位构成样本，实质上相当于一次性同时从总体 N 个单位中抽出 n 个构成样本。上一次的抽选结果会直接影响到下一次抽选，因此，不重复抽样的样本是经 n 次相互联系的连续试验形成的。

例 7-3 假设总体有 A、B、C、D、E 五个单位，现随机不重复抽取 2 个单位组成样本，求样本个数。（$N = 5$，$n = 2$）

第一次抽取：5（抽后不放回）。

第二次抽取：5 - 1。

样本个数为：$k = 5 \times (5 - 1) = 5 \times 4 = 20$（个），即：

—	AB	AC	AD	AE
BA	—	BC	BD	BE
CA	CB	—	CD	CE
DA	DB	DC	—	DE
EA	EB	EC	ED	—

不重复抽样的特点：

(1) 在抽样总体 n 个单位中，每一个是以不相同的概率被抽中的；

(2) 共可组成 $k = N(N-1)(N-2)\cdots(N-n+1) = \dfrac{N!}{(N-n)!}$ 个样本，每个样本在各次抽样中被抽取的概率都相同。

例 7-4 假设总体有 A、B、C、D、E 五个单位，现随机不重复抽取 3 个单位组成样

本，求样本个数。($N=5$，$n=3$)

样本个数为：$k = 5 \times (5-1) \times (5-2) = 5 \times 4 \times 3 = 60$ 个样本。

(五) 随机变量和随机变量的特征值

1. 随机变量

在数学中，将根据试验结果取什么值的变量称为随机变量。在统计学中，习惯上将随样本的随机性而体现出随机性的样本单位的变量称为随机变量。在抽样推断中，在样本没有形成之前，样本各单位的标志值 x_1、x_2、$\cdots$、x_n，及各抽样指标 $\bar{x}$、p、s、s^2、s_* 和 s_*^2，都属于随机变量。随机变量的某一确定的变量值在一次试验或一次抽样中出现的可能性大小称为该变量值在一次试验或一次抽样中出现的概率。

2. 随机变量的数学期望

随机变量的数学期望是指随机变量的所有可能取值以概率为权数的加权算术平均数，通常用 $E(X)$ 或 $\bar{X}$ 表示。

离散型随机变量的数学期望为：

$$\bar{X} = \sum_{k=1}^{\infty} X_k P_k$$

连续型随机变量的数学期望为：

$$\bar{X} = \int_{-\infty}^{+\infty} X \cdot f(X) \, \mathrm{d}X$$

式中，$f(X)$ 为连续型随机变量的概念密度函数。

3. 随机变量的方差

随机变量的方差也就是其标准差的平方，是随机变量的所有可能取值与其数学期望离差平方的数学期望，常用 $D(X)$ 或 σ^2 表示。

(六) 正态分布

正态分布是最常用的连续型随机变量的概率分布，它的特点是随机变量在其平均值附近的概率分配较多，而在远离平均值的地方概率分配很少。

正态分布的分布函数的一般形式为：

$$\varphi(X) = \int_{-\infty}^{X} f(X) \, \mathrm{d}X$$

式中，$f(X) = \dfrac{1}{\sigma \sqrt{2\pi}} e^{\frac{(X-\bar{X})^2}{2\sigma^2}}$ 是正态分布随机变量的概率密度函数；$\bar{X}$、σ^2 分别是正态分布随机变量的数学期望与方差。上述分布函数与概率密度函数的图形分别如图 7-2、图 7-3 所示。

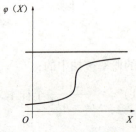

图 7-2 正态分布函数

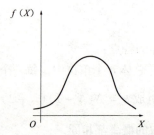

图 7-3 正态分布概率密度函数

如果 β 服从数学期望为 $\bar{X}$，方差为 σ^2 的正态分布，则简记为 $\beta \sim N(\bar{X}, \sigma^2)$。当 $\bar{X} \neq 0$ 或者 $\sigma^2 \neq 1$ 时，正态分布称为普通正态分布。当 $\bar{X} = 0$ 且 $\sigma^2 = 1$，正态分布称为标准正态分布，记为 $N(0, 1)$。普通正态分布可以标准化，也就是：

若 $\beta \sim N(\bar{X}, \sigma^2)$，则 $\mu = \dfrac{\beta - \bar{X}}{\sigma} \sim N(0, 1)$。

正态分布有如下特征：

(1) 正态分布的概率密度函数曲线为一对称的钟形曲线，对称线是 $X = \bar{X}$。
(2) 概率密度函数曲线与 X 轴之间所围成的面积等于 1。
(3) 在 $\bar{X}$ 附近时，正态分布的概率密度函数值较大；当远离 $\bar{X}$ 时，函数值较小。
(4) 当 X 趋于无穷时，概率密度函数曲线以 X 轴为渐近线。
(5) 概率密度函数曲线有两个拐点：$\bar{X} - \sigma$ 和 $\bar{X} + \sigma$，在这两个拐点之间，曲线向上凸；两个拐点之外，曲线向下凸。
(6) 概率密度函数曲线的凸起程度由随机变量的方差 σ^2 决定，σ^2 越大，曲线越低；相反就越高。
(7) 正态分布随机变量 X 在区间 $[\bar{X} - \sigma, \bar{X} + \sigma]$ 上，取值的概率等于 68.27%；在区间 $[\bar{X} - 2\sigma, \bar{X} + 2\sigma]$ 上，概率是 95.45%；在区间 $[\bar{X} - 3\sigma, \bar{X} + 3\sigma]$ 上，概率是 99.73%；等等。

四、抽样推断的理论依据

抽样推断是依据样本对总体的推算，因此统计量与被估算的总体指标之间的关系，就是推算的关键所在。而两者的关系主要通过统计量的分布来反映，且因样本容量的大小而有所区别。

（一）大样本统计量的推断依据——大数定律

大数定律是指在随机试验中，虽然每次出现的结果不同，但是大量重复试验结果的平均值却几乎总是接近于某个确定的值。其原因是，在大量试验中，受个别的、偶然的因素影响而产生的差异将会相互抵消，从而使现象的必然规律性显示出来。例如，观察个别或少数家庭的婴儿出生情况，发现有的生男有的生女，没有一定的规律性，但是通过大量的观察就会发现，男婴和女婴占婴儿总数的比重均会趋于 50%。

大数定律有若干个表现形式，这里仅介绍其中常用的两个重要定理：

1. 契比晓夫大数定理

设 $x_1, x_2, \cdots, x_n$ 是一列两两相互独立且服从同一分布的随机变量，它们存在有限的数学期望 $\bar{X}$ 和方差 σ^2，则对任意小的正数 ε，有：

$$\lim_{n \to \infty} P\left(\left| \dfrac{\sum x_i}{n} - \bar{X} \right| < \varepsilon \right) = 1$$

该定律的含义是：当 n 很大时，服从同一分布的随机变量 $x_1, x_2, \cdots, x_n$ 的算术平均数 $\bar{x} = \dfrac{\sum\limits_{i=1}^{n} x_i}{n}$ 将依概率 1 接近于这些随机变量的数学期望。

将该定律应用于抽样推断，就会有如下结论：随着样本容量 n 的增加，样本平均数将接近于总体平均数，从而为统计推断中依据样本平均数估计总体平均数提供了理论依据。

2. 贝努利大数定理

设 μ_n 是 n 次独立试验中事件 A 发生的次数，且事件 A 在每次试验中发生的概率为 p，则对任意正数 ε，有：

$$\lim_{n \to \infty} \left(\left| \frac{\mu_n}{n} - p \right| < \varepsilon \right) = 1$$

该定律是契比晓夫大数定律的特例，其含义是：当 n 足够大时，事件 A 出现的频率将几乎接近于其发生的概率，即频率的稳定性。

在抽样推断中，用样本成数去估计总体成数，其理论依据即在于此。

(二) 大样本统计量的分布律——中心极限定理

虽然大数定律揭示了大量随机变量的平均结果具有稳定性的规律，但没有涉及随机变量的分布问题。而中心极限定理说明的是在一定条件下，大量独立随机变量的平均数是以正态分布为极限的。中心极限定理也有若干个表现形式，这里仅介绍其中两个常用定理。

1. 辛钦中心极限定理

设随机变量 $x_1, x_2, \cdots, x_n$ 相互独立，服从同一分布，且有有限的数学期望 $\bar{X}$ 和方差 σ^2，则随机变量 $\bar{x} = \dfrac{\sum_{i=1}^{n} x_i}{n}$，在 n 无限增大时，服从参数为 $\bar{X}$ 和 $\dfrac{\sigma^2}{n}$ 的正态分布，即 $n \to \infty$ 时，$\bar{x} \sim N\left(\bar{X}, \dfrac{\sigma^2}{n} \right)$。

将该定理应用于抽样推断，就有这样一个结论：如果抽样总体的数学期望 $\bar{X}$ 和方差 σ^2 是有限的，那么无论总体服从什么分布，从中抽取容量为 n 的样本时，只要 n 足够大，其样本平均数 $\bar{x}$ 的分布就趋于数学期望为 $\bar{X}$，方差为 $\dfrac{\sigma^2}{n}$ 的正态分布。

2. 德莫佛——拉普拉斯中心极限定理

设 μ_n 是 n 次独立试验中事件 A 发生的次数，事件 A 在每次试验中发生的概率为 p，则当 n 无限大时，频率 $\dfrac{\mu_n}{n}$ 趋于服从参数为 p，$\dfrac{p(1-p)}{n}$ 的正态分布。即：

$$\frac{\mu_n}{n} \sim N\left(p, \frac{p(1-p)}{n} \right)$$

该定理是辛钦中心极限定理的特例。在抽样推断中，不论总体服从什么分布，只要 n 充分大，频率就近似服从正态分布。

(三) 小样本统计量的分布律

1. 小样本均值的分布律

1) t 分布

设随机变量 $X \sim N(0, 1)$，$Y \sim \chi^2(n)$，且 X 与 Y 相互独立，则随机变量 $T = \dfrac{X}{\sqrt{Y/n}}$ 的分布称为自由度为 n 的 t 分布，并记为 $T \sim t(n)$。

t 分布是英国统计学家戈塞特（1876—1937 年）于 20 世纪初首先发现的，并以笔名

"学生"发表了该研究成果,故称之为学生氏分布。t 分布形态上与正态分布很类似,是关于 $t=0$ 的对称分布,其密度曲线与正态分布相比,一般中心部分比正态分布低、两边比正态分布高,且取值也在 $-\infty$ 到 $+\infty$ 之间。对于不同的样本容量(确切说应该是不同的自由度)都有相应的 t 分布,并且当样本容量逐渐增大到一定量时,t 分布就近似于标准正态分布 $N(0,1)$。故通常 t 分布表只列出自由度为 1~30 的概率,当自由度大于 30 时,可应用正态分布。因此,在推断平均数时,大样本与小样本的界限一般为 30。

这里所说的自由度,通俗地说是能够自由取值的变量的数目。如容量为 n 的样本,在任何统计量都没有确定时,其自由度也为 n;若在样本均值已定的前提下,该样本中将有 $n-1$ 个单位的标志值是可以任意选定的,而由均值限定的第 n 个单位的标志值就不能任意选定了,所以,其自由度为 $n-1$。

在 $-\infty < t < +\infty$ 范围内,t 分布的概率及其临界值已编制成表,只要知道置信度(即概率)和自由度,便可查出相应的 t 分布临界值。因其与标准正态分布很类似,所以具体查表方法也与正态分布的类似。

2) 小样本均值的分布律

如果从均值为 $\bar{X}$,方差未知的正态分布总体中随机抽取 n 个单位组成样本,且 $n \leq 30$,则样本统计量 T 服从于自由度为 $n-1$ 的 t 分布。

$$T = \frac{\bar{x} - \bar{X}}{s/\sqrt{n-1}} = \frac{\bar{x} - \bar{X}}{s_*/\sqrt{n}} \sim t(n-1), 记作 T \sim t(n-1)。$$

2. 小样本方差的分布律

1) 卡方分布

设随机变量 $x_1, x_2, \cdots, x_n$ 皆服从 $N(0,1)$,且相互独立,则随机变量 $X = \sum_{i=1}^{n} x_i^2$ 所服从的分布称为 χ^2 分布,并记为 $X \sim \chi^2(n)$,其中,参数 n 为自由度。卡方分布是非对称分布,随着自由度的增大,接近于正态分布。

2) 小样本方差的分布律

如果有来自一般正态总体的随机样本,其均值为 $\bar{x}$,方差为 s^2,修正方差为 s_*^2,而以 σ^2 表示正态总体的方差,则统计量 $\frac{ns^2}{\sigma^2} = \frac{(n-1)s_*^2}{\sigma^2}$ 服从自由度为 $n-1$ 的 χ^2 分布,记为:$\frac{ns^2}{\sigma^2} = \frac{(n-1)s_*^2}{\sigma^2} \sim \chi^2(n-1)$。

任务二 计算抽样误差

抽样推断的目的,在于根据抽样指标数值估计全及指标数值,然而抽样总体终究不是全及总体,样本指标与总体指标之间往往存在着误差,而且不可避免。因此,在研究参数估计之前有必要先对抽样误差进行分析。

一、抽样误差

抽样误差是指抽样指标数值与被估计全及指标数值之差,即抽样平均数与总体平均数之差 $(\bar{x} - \bar{X})$,抽样成数与总体成数之差 $(p - P)$,等等。抽样误差的来源有两种:一种是登记性误差，即在调查过程中由于主客观原因而引起登记上的差错所造成的误差，如测量的工具或器具不够精确、观察的方法不够规范、人为的抄录笔误等造成的差错；另一种是代表性误差，即样本各单位的结构情况不足以代表总体的内部结构。代表性误差的发生，有以下两种情况：一种是由于违反抽样调查的随机原则，如有意地多选较好的单位或较差的单位进行调查而使样本缺乏充分代表性。这样，所据以计算的抽样指标必然会出现偏高或偏低现象，造成系统性误差。系统性误差和登记性误差都是抽样工作中的组织问题，应该采取措施避免发生或使其减少到最小限度。另一种情况，即使遵循随机原则，由于面对的样本有多个，只要被抽中的样本其内部构成比例和总体有出入，就会出现或大或小的偶然性的代表性误差。这种偶然性的代表性误差是无法消除的。

二、抽样实际误差

（一）抽样实际误差的概念

抽样实际误差是指在某次抽样推断中，确定的抽样指标数值与被估计总体指标数值之间的误差。即按照随机原则抽样时，在没有登记误差和系统性误差的条件下，单纯由于不同的随机样本得出不同的抽样指标实际值而产生的误差，属于偶然性的代表性误差。

比如某年级 100 名同学的平均体重 $\bar{X}$ = 55 千克，现随机地抽取 10 名同学为样本，其平均体重 $\bar{x}$ = 52 千克。若用 52 千克估计 55 千克，则抽样实际误差为 52 − 55 = −3（千克）；如果重新抽 10 名同学，测得 $\bar{x}$ = 57 千克，则抽样实际误差为 2 千克。

由本例不难看出，抽样实际误差既是一种随机性误差，也是一种代表性误差。说其是代表性误差，是因为利用总体的部分资料推算总体时，不论样本选取多么公正，设计多么完善，总还是有一部分单位而不是所有单位产生误差，是无法避免的。说其是随机性误差，是指按随机性原则抽样时，由于抽样的不同，会得到不同的抽样指标数值，由此产生的误差值各不相同。抽样实际误差中的代表性误差是抽样调查本身所固有的、无法避免的误差，但随机性误差可利用大数定律精确地计算并能够通过恰当的抽样设计加以控制。

（二）影响抽样实际误差的因素

1. 样本容量的多少

由于总体内各单位之间总存在着差异，在其他条件不变的情况下，大量观察总比小量观察易于发现总体规律或特征，因此样本容量越大，样本越能代表总体，抽样实际误差就越小；反之，样本容量越小，抽样实际误差就越大。当样本容量扩大到非常接近总体单位数时，抽样调查也就近于全面调查，抽样误差会缩小到几乎为零的程度。

2. 总体各单位标志值的差异程度

在其他条件不变的情况下，总体内各单位标志的差异程度越小即总体的标准差越小，则抽样误差就越小；反之，抽样误差就越大。抽样误差和总体单位之间的变异程度成正比。

3. 抽样方法

抽样方法不同，抽样误差也不同。一般说来，重复抽样的误差比不重复抽样的误差要大。

4. 抽样的组织形式

从同一总体中抽取相同样本容量的样本，采用简单随机抽样、等距抽样、类型抽样、整群抽样或者多阶段抽样等不同的抽样组织形式，所抽取的样本对于总体的代表性不同，其抽样实际误差也是不同的。

三、抽样平均误差

从一个总体中可以抽取很多个样本，各个抽样指标（抽样平均数、抽样成数等）数值往往不同，它们与总体指标（总体平均数、总体成数等）数值的离差（即抽样实际误差）也就不同。抽样平均误差就是反映抽样实际误差一般水平的指标，通常用抽样平均数（或抽样成数）的标准差来表示。

（一）抽样平均数的抽样平均误差

以 $\mu_{\bar{x}}$ 表示抽样平均数的抽样平均误差，$\bar{X}$ 表示总体平均数，σ 表示总体标准差，k 表示样本个数，$\bar{x}_i$ 表示各抽样平均数。根据定义有：

$$\mu_{\bar{x}} = \sqrt{\frac{\sum_{i=1}^{k}(\bar{x}_i - \bar{X})^2}{k}}$$

此式只是定义公式，实际推断中并不能用来计算抽样平均误差，因为我们往往只抽取一个或极少数样本，并且总体平均数本身就是待估计对象。

（1）当抽样方式为重复抽样时，样本标志值 $x_1, x_2, \cdots, x_n$ 是相互独立的，样本变量 x 与总体变量 X 同分布，根据辛钦中心极限定理，可得：

$$\mu_{\bar{x}} = \sqrt{\frac{\sigma^2}{n}} = \frac{\sigma}{\sqrt{n}}$$

它说明在重复抽样的条件下，抽样平均误差与总体标准差成正比，与样本容量的平方根成反比。

例 7-5 有 5 个工人的日产量分别为（单位：件）6、8、10、12、14，用重复抽样的方法，从中随机抽取 2 个工人的日产量，依据其一般水平来估计这 5 个工人的一般水平，则抽样平均误差为多少？

根据题意可得 $\bar{X} = \dfrac{6+8+10+12+14}{5} = 10$（件）

总体标准差 $\sigma = \sqrt{\dfrac{\sum(X-\bar{X})^2}{N}} = \sqrt{\dfrac{40}{5}} = \sqrt{8}$（件）

抽样平均误差 $\mu_{\bar{x}} = \dfrac{\sigma}{\sqrt{n}} = \dfrac{\sqrt{8}}{\sqrt{2}} = 2$（件）

（2）当抽样方式为不重复抽样时，样本标志值 $x_1, x_2, \cdots, x_n$ 不是相互独立的，根据数理统计知识可知：

$$\mu_{\bar{x}} = \sqrt{\frac{\sigma^2}{n}\left(\frac{N-n}{N-1}\right)}$$

当总体单位数 N 很大时，这个公式可近似表示为：

$$\mu_{\bar{x}} = \sqrt{\frac{\sigma^2}{n}\left(1 - \frac{n}{N}\right)}$$

与重复抽样相比，不重复抽样平均误差是在重复抽样平均误差的基础上，乘以

$\sqrt{(N-n)/(N-1)}$，而 $\sqrt{(N-n)/(N-1)}$ 总是小于 1，所以不重复抽样平均误差总是小于重复抽样平均误差。如前例，若改用不重复抽样方法，则抽样平均误差为：

$$\mu_{\bar{x}} = \sqrt{\frac{\sigma^2}{n}\left(\frac{N-n}{N-1}\right)} = \sqrt{\frac{8}{2}\left(\frac{5-2}{5-1}\right)} = 1.732(件)$$

在计算抽样平均误差时，如果未知总体标准差数值，则一般可以用样本标准差来代替近似计算。

(二) 抽样成数的抽样平均误差

总体成数 P 是指具有某种属性的单位数在总体单位数中的比重，它的平均数和标准差的计算方法和是非标志的平均数和标准差的计算方法相同，即 $E(X) = P$，$\sigma = \sqrt{P(1-P)}$。

根据抽样平均数的抽样平均误差和总体标准差之间的关系，可以得到抽样成数的抽样平均误差的计算公式。

1. 在重复抽样下

$$\mu_p = \frac{\sigma}{\sqrt{n}} = \sqrt{\frac{P(1-P)}{n}} \approx \sqrt{\frac{p(1-p)}{n}}$$

式中，μ_p 表示抽样成数的抽样平均误差；P 表示总体成数；p 表示抽样成数。

2. 在不重复抽样下

$$\mu_p = \sqrt{\frac{\sigma^2}{n}\left(\frac{N-n}{N-1}\right)} = \sqrt{\frac{P(1-P)}{n}\left(\frac{N-n}{N-1}\right)} \approx \sqrt{\frac{p(1-p)}{n}\left(\frac{N-n}{N-1}\right)}$$

当总体单位数 N 很大时，可近似地写成：

$$\mu_p = \sqrt{\frac{p(1-p)}{n}\left(1-\frac{n}{N}\right)}$$

例 7-6 要估计某高校 10 000 名在校生的近视率，现随机从中抽取 400 名，检查有近视眼的学生 320 名，试计算样本近视率的抽样平均误差。

根据已知条件：$p = \frac{n1}{n} = \frac{320}{400} = 0.8 = 80\%$

(1) 在重复抽样条件下，样本近视率的抽样平均误差：

$$\mu_p = \sqrt{\frac{p(1-p)}{n}} = \sqrt{\frac{0.8 \times 0.2}{400}} = 0.02 = 2\%$$

(2) 在不重复抽样条件下，样本近视率的抽样平均误差：

$$\mu_p = \sqrt{\frac{p(1-p)}{n}\left(1-\frac{n}{N}\right)} = \sqrt{\frac{0.8 \times 0.2}{400}\left(1-\frac{400}{10\,000}\right)} = 1.96\%$$

计算结果表明，用样本的近视率来估计总体的近视率的抽样平均误差为 2% 左右（即用样本的近视率来估计总体的近视率，其误差的绝对值平均说来在 2% 左右）。

四、抽样极限误差

抽样极限误差是从另外一个角度来分析抽样误差。在根据抽样指标来估计总体指标（即 $\bar{x} \to \bar{X}$ 或 $p \to P$）时，要达到完全准确、毫无误差，几乎是不可能的事情，所以在估计总体指标时就必须考虑抽样误差大小的问题。我们不希望误差太大，因为误差越大样本的价值便越小，但也不是误差越小越好，因为在一定条件下减少抽样误差势必要扩大样本容量，这样就会增加很多调查费用。所以在进行抽样估计时，应该根据所研究对象的变异程度和分析研究的限制条件确定可允许的最大误差范围，在这个范围内的样本都算是有效的。我们把这种抽样指标与总体指标之间可允许的最大误差范围称为抽样极限误差或抽样允许误差。

设 $\Delta_{\bar{x}}$、Δ_p 分别表示抽样平均数的抽样极限误差和抽样成数的抽样极限误差，则有：

$$|\bar{x} - \overline{X}| \leq \Delta_{\bar{x}}$$

$$|p - P| \leq \Delta_p$$

式中，$\bar{x}$ 与 p 分别表示有效样本的抽样平均数与抽样成数；$\overline{X}$ 与 P 分别表示待估计总体平均数与总体成数。容易将上面的不等式变换为：

$$\bar{x} - \Delta_{\bar{x}} \leq \overline{X} \leq \bar{x} + \Delta_{\bar{x}}$$

$$p - \Delta_p \leq P \leq p + \Delta_p$$

上面第一式表示被估计的总体平均数的范围 $\overline{X}$ 是以抽样平均数 $\bar{x}$ 为中心，在 $\bar{x} - \Delta_{\bar{x}}$ 至 $\bar{x} + \Delta_{\bar{x}}$ 之间变动。总长度为 $2\Delta_{\bar{x}}$ 的区间（$\bar{x} - \Delta_{\bar{x}}$，$\bar{x} + \Delta_{\bar{x}}$）称为总体平均数 $\overline{X}$ 的估计区间（置信区间）。在这个区间内，抽样平均数和总体平均数之间的绝对离差不超过 $\Delta_{\bar{x}}$。同样，上面第二式表示被估计的总体成数 P 的范围是以抽样成数 p 为中心，在 $p - \Delta_p$ 至 $p + \Delta_p$ 之间变动。总长度为 $2\Delta_p$ 的区间（$p - \Delta_p$，$p + \Delta_p$）称为总体成数 P 的估计区间（置信区间）。在这个区间内，抽样成数和总体成数之间的绝对离差不超过 Δ_p。

例 7-7 要估计某乡粮食亩产量和总产量水平，从该乡 8 000 亩粮食作物中用不重复抽样方法抽取 400 亩，求得其平均亩产量为 450 千克。如果规定抽样极限误差为 5 千克，试估计该乡粮食亩产量和总产量所在的置信区间。

解：根据已知条件：$\bar{x} = 450$，$\Delta_{\bar{x}} = 5$，则该乡粮食亩产量的区间落在 450 ± 5 千克的范围内，即 445 ~ 455 千克；粮食总产量在 8 000 ×（450 ± 5）千克的范围内，即 356 万 ~ 364 万千克。

例 7-8 要估计某农作物苗的成活率，现从播种这一品种的秧苗地块随机重复抽取秧苗 1 000 棵，其中死苗 80 棵，如果规定抽样极限误差为 2%，试估计该农作物苗的成活率所在的置信区间。

解：根据已知条件：$p = 92\%$，$\Delta_p = 2\%$，则该农作物苗的成活率的区间落在 92% ± 2% 的范围内，即 90% ~ 94%。

此外，基于概率估计的要求，抽样极限误差 $\Delta_{\bar{x}}$ 或 Δ_p 通常需要以抽样平均误差 $\mu_{\bar{x}}$ 或 μ_p 为标准单位来衡量。把极限误差 $\Delta_{\bar{x}}$ 或 Δ_p 分别除以 $\mu_{\bar{x}}$ 或 μ_p 得相对数 $\mu_{\frac{\alpha}{2}}$，表示抽样极限误差为抽样平均误差的 $\mu_{\frac{\alpha}{2}}$ 倍。$\mu_{\frac{\alpha}{2}}$ 是测量估计可靠程度的一个参数，称为抽样误差的概率度（也叫临界值）。

$$\mu_{\frac{\alpha}{2}} = \frac{\Delta_{\bar{x}}}{\mu_{\bar{x}}} \quad \Delta_{\bar{x}} = \mu_{\frac{\alpha}{2}} \mu_{\bar{x}}$$

$$\mu_{\frac{\alpha}{2}} = \frac{\Delta_p}{\mu_p} \quad \Delta_p = \mu_{\frac{\alpha}{2}} \mu_p$$

承例 7-7，若已知某乡粮食亩产的标准差为 $\sigma = 82$ 公斤，则平均亩产量的抽样平均误差为：

$$\mu_{\bar{x}} = \sqrt{\frac{\sigma^2}{n}\left(1 - \frac{n}{N}\right)} = \sqrt{\frac{(82)^2}{400}\left(1 - \frac{400}{8\ 000}\right)} = 4 \text{（公斤）}$$

概率度为：

$$\mu_{\frac{\alpha}{2}} = \frac{\Delta_{\bar{x}}}{\mu_{\bar{x}}} = \frac{5}{4} = 1.25$$

承例 7-8，根据求得的秧苗成活率 92%，可以求得农作物苗成活率的抽样平均误差为：

$$\mu_p = \sqrt{\frac{p(1-p)}{n}} = \sqrt{\frac{92\% \times 8\%}{1\,000}} = 0.008\,6 = 0.86\%$$

概率度为：

$$\mu_{\frac{\alpha}{2}} = \frac{\Delta_p}{\mu_p} = \frac{2\%}{0.86\%} = 2.33$$

任务三 抽样估计

抽样估计是指利用实际调查获取的样本指标数值来估计相应的总体指标数值。由于总体指标是表明总体数量特征的参数，因此也被称为参数估计。参数估计按方法的不同，可分为点估计和区间估计两种。

一、点估计

（一）点估计的概念

点估计也称定值估计，是以样本指标的实际值直接作为总体未知参数的估计值的一种推断方法。即：

$$\bar{x} = \bar{X}$$
$$p = P$$

例如，在例 7-7 中，因为样本平均亩产量 $\bar{x} = 450$ 千克，所以全乡粮食平均亩产量 $\bar{X} = 450$ 千克。

又如，在例 7-8 中，因为样本成活率 $p = 92\%$，所以该农作物苗的成活率 $P = 92\%$。

（二）统计量选择的优良标准

在对总体特征做出估计时，并非所有统计量都是优良的，从而产生了评价统计量是否优良的标准。衡量一个样本统计量是否是估计总体参数的优良统计量，一般有如下三条标准：

1. 无偏性

如果样本统计量的数学期望值等于被估计的总体参数本身，则该统计量是被估计参数的无偏统计量。如因为抽样平均数的数学期望等于总体平均数，所以抽样平均数（样本均值）就是总体平均数（总体均值）的无偏统计量。即：

$$E(\bar{x}) = \frac{\sum \bar{x}}{k} = \frac{\sum X}{N} = \bar{X}$$

2. 一致性

当样本容量 n 充分大时，若样本统计量充分地靠近被估计的总体参数本身，则该统计量是被估计总体参数的一致统计量。即：当 $n \to N$ 时，$\bar{x} \to \bar{X}$ 或者 $p \to P$。

统计量的一致性是从极限意义上讲的，它适用于大样本的情况。如果一个统计量是一致性统计量，那么采用大样本就更加可靠；当然，在样本容量 n 增大时，统计量的一致性会增强，但调查所需的人力、财力、物力也会相应增加。

3. 有效性

若一个统计量的方差比其他统计量的方差都小，则该统计量是被估计总体参数的有效统计量。有效性是指无偏性统计量中方差最小的统计量。无偏统计量只考虑统计量的平均结果是否等于待估计总体参数的真值，而不考虑统计量的每个可能值及其次数分布与待估计总体参数真值之间离差的大小。我们在解决实际问题时，不仅希望统计量是无偏的，而且希望该统计量所有抽样结果之间变异程度尽可能小，即要选择各无偏统计量中与被估计总体参数的离差较小的作为有效统计量。如抽样平均数、中位数和总体某一变量值都是总体平均数的无偏统计量，但在同样的样本容量下，抽样平均数是更为有效的统计量。即：

$$E(X) = \frac{\sum X}{N} = \bar{X} \quad \sigma^2 = \frac{\sum (X - \bar{X})^2}{N}$$

$$E(\bar{x}) = \frac{\sum \bar{x}}{k} = \bar{X} \quad \mu_{\bar{x}}^2 = \frac{\sum (\bar{x} - \bar{X})^2}{k} = \frac{\sigma^2}{n}$$

得 $\mu_{\bar{x}}^2 < \sigma^2$。

以上三个标准并不是孤立的，只要一个统计量能同时满足这三个标准，这个统计量就是一个好的统计量。

（三）点统计量的确定

对总体特征值（如平均数、成数、方差等）的估计，主要是借助于样本优良的统计量进行的，现按上述优良标准分别介绍主要统计量如下：

1. 总体平均数的统计量选择

如果总体平均数是待估计的参数，则根据样本单位变量值可计算抽样平均数、中位数、众数等，究竟选择哪一个统计量作为估计总体平均数的统计量，应该按选择标准来确定。数理统计已经证明，当总体平均数未知时，随机地从该总体中抽取一个容量为 n 的样本，则抽样平均数 $\bar{x}$ 是总体平均数 $\bar{X}$ 的一个无偏、有效和一致性的统计量。

2. 总体成数（比重）的统计量选择

抽样成数（比重）p 是总体成数（比重）P 估计的优良统计量，因为 p 是 P 的有效、一致和无偏性的统计量，这里可以把成数作为平均数的特例来证明。

3. 总体方差的统计量选择

按衡量统计量的三个标准，对样本方差 s^2 进行检验，发现其并不是总体方差 σ^2 的最优统计量。而样本修正方差 s_*^2 却较样本方差更为优良。需要注意的是，虽然 s_*^2 是总体方差 σ^2 的无偏统计量，但样本修正标准差 $s_* = \sqrt{\dfrac{\sum (x - \bar{x})^2}{n-1}}$ 却不是总体标准差 σ 的无偏统计量，只是随着样本容量 n 的增大，$E\left(s_* = \sqrt{\dfrac{\sum (x - \bar{x})^2}{n-1}}\right)$ 才趋于 σ，所以说 $s_* = \sqrt{\dfrac{\sum (x - \bar{x})^2}{n-1}}$ 是 σ 的渐近无偏统计量。

由于点统计量与总体未知参数之间并不一定完全相等，往往存在着误差，且不能确知误差的大小，因此在对总体参数进行估计时，更多地采用区间估计的方法。

二、区间估计

(一) 区间估计的概念

区间估计是指在抽样指标数值基础上以一定的概率保证程度推断出总体参数可能取值的一个区间的一种参数估计方法。区间估计结果包括两部分内容:一是总体参数可能取值的区间,称为置信区间;二是总体参数在这个区间上取值的概率,称为置信度。区间估计既表明了估计结果的准确程度,又表明了估计结果的可靠程度,所以区间估计是比较科学的参数估计方法。

美国:失业率是怎么统计的?

(二) 区间估计方法与要素

1. 总体平均数的区间估计

$$P(|\bar{x} - \bar{X}| \leq \Delta_{\bar{x}} = \mu_{\alpha/2}\mu_{\bar{x}}) = 1 - \alpha$$

即

$$P(\bar{x} - \mu_{\alpha/2}\mu_{\bar{x}} \leq \bar{X} \leq \bar{x} + \mu_{\alpha/2}\mu_{\bar{x}}) = 1 - \alpha$$
（置信区间） （置信度）

2. 总体成数的区间估计

$$P(|p - P| \leq \Delta_p = \mu_{\alpha/2}\mu_p) = 1 - \alpha$$

即

$$P(p - \mu_{\alpha/2}\mu_p \leq P \leq p + \mu_{\alpha/2}\mu_p) = 1 - \alpha$$
（置信区间） （置信度）

上述区间估计结果包含三个基本要素:

(1) 抽样指标数值 $\bar{x}$ 或 p;

(2) 抽样极限误差 $\Delta_{\bar{x}} = \mu_{\alpha/2}\mu_{\bar{x}}$ 或 $\Delta_p = \mu_{\alpha/2}\mu_p$;

(3) 置信度（概率保证程度）$1 - \alpha$。

其中临界值 $\mu_{\alpha/2}$ 和置信度 $1 - \alpha$ 之间是一一对应关系,知道一个可以查"标准正态概率双侧临界值表"(见附表三)获知另一个。

(三) 区间估计的步骤

1. 置信度约束下的区间估计

在置信度一定的情况下,可以采取如下步骤进行区间估计:

(1) 根据置信度 $1 - \alpha$ 查"标准正态概率双侧临界值表"确定临界值(概率度)$\mu_{\alpha/2}$。常用的置信度主要有 95%、95.45%、99.73% 等,对应的临界值分别是 1.96、2、3 等;

(2) 根据有关资料,计算抽样平均误差 $\mu_{\bar{x}}$ 或者 μ_p;

(3) 根据临界值和抽样平均误差计算抽样极限误差 $\Delta_{\bar{x}}$ 或者 Δ_p;

(4) 根据抽样指标数值和抽样极限误差构造置信区间。

例 7-9 某企业对某批电子元件进行检验,随机重复抽取 100 只,测得平均耐用时间为 1 000 小时,标准差为 50 小时,合格数为 94 只。要求以 95% 的概率保证程度,对该批产品的平均耐用时间与合格率做出区间估计。

根据题意可知:$n = 100$ 只,$\bar{x} = 1\ 000$ 小时,$s = 50$ 小时,抽样合格率 $p = \dfrac{n_1}{n} = \dfrac{94}{100} =$

94%, $1-\alpha=95\%$, 则:

(1) 临界值 $\mu_{\alpha/2}=1.96$；

(2) 平均耐用时间的抽样平均误差

$$\mu_{\bar{x}}=\frac{s}{\sqrt{n}}=\frac{50}{\sqrt{100}}=5(小时)$$

合格率的抽样平均误差

$$\mu_p=\sqrt{\frac{p(1-p)}{n}}=\sqrt{\frac{94\%\times(1-94\%)}{100}}=2.37\%$$

(3) 平均耐用时间的抽样极限误差

$$\Delta_{\bar{x}}=\mu_{\alpha/2}\mu_{\bar{x}}=1.96\times5=9.8（小时）$$

合格率的抽样极限误差

$$\Delta_p=\mu_{\alpha/2}\mu_p=1.96\times2.37\%=4.65\%$$

(4) 总体平均耐用时间的上、下限：

下限 $\bar{x}-\Delta_{\bar{x}}=1\ 000-9.8=990.2$（小时）

上限 $\bar{x}+\Delta_{\bar{x}}=1\ 000+9.8=1\ 009.8$（小时）

总体合格率的上、下限：

下限 $p-\Delta_p=94\%-4.65\%=89.35\%$

上限 $p+\Delta_p=94\%+4.65\%=98.65\%$

所以，在95%的概率保证程度下该批产品的平均耐用时间在990.2~1 009.8小时，合格率在89.35%~98.65%。

2. 允许误差约束下的区间估计

在允许误差一定的情况下，可以采取如下步骤进行区间估计：

(1) 根据有关资料，计算抽样平均误差 $\mu_{\bar{x}}$ 或者 μ_p；
(2) 根据允许误差和抽样平均误差计算临界值 $\mu_{\alpha/2}$；
(3) 根据临界值 $\mu_{\alpha/2}$ 查"标准正态概率双侧临界值表"确定置信度 $1-\alpha$；
(4) 根据抽样指标数值和抽样极限误差构造置信区间。

例7-10 从全校近万名学生中，随机重复抽取100名学生测得其平均身高为160厘米。根据以往经验，学生身高的标准差为3厘米。现要求以最大不超过0.6厘米的允许误差，来推断全体学生的平均身高。

根据题意可知：$n=100$ 名，$\bar{x}=160$ 厘米，$\sigma=3$ 厘米，$\Delta_{\bar{x}}=0.6$ 厘米，则：

(1) 平均身高的抽样平均误差 $\mu_{\bar{x}}=\frac{\sigma}{\sqrt{n}}=\frac{3}{\sqrt{100}}=0.3$（厘米）；

(2) 临界值 $\mu_{\alpha/2}=\frac{\Delta_{\bar{x}}}{\mu_{\bar{x}}}=\frac{0.6}{0.3}=2$；

(3) 置信度 $1-\alpha=95.45\%$；

(4) 全体学生平均身高的上、下限：

下限 $\bar{x}-\Delta_{\bar{x}}=160-0.6=159.4$（厘米）

上限 $\bar{x}+\Delta_{\bar{x}}=160+0.6=160.6$（厘米）

所以，在95.45%的概率保证程度下该校学生的平均身高在159.4~160.6厘米。

任务四　确定必要样本容量

在样本容量不变的情况下，增加估计的可靠程度，置信区间就会扩大，估计的精确度就会降低；在不降低可靠程度的前提下，增加估计的精确度，就只能扩大样本容量。当然，增大样本容量受到人力、物力和时间等条件的限制，所以需要在保证满足抽样估计对数据的精确度和概率把握程度（置信度）前提下，尽量缩小抽样数目，即确定必要样本容量。

一、平均数的必要样本容量

（一）重复抽样时

由 $\Delta_{\bar{x}} = \mu_{\alpha/2}\mu_{\bar{x}} = \mu_{\alpha/2}\sqrt{\dfrac{\sigma^2}{n}}$

得

$$n = \dfrac{\mu_{\alpha/2}^2 \sigma^2}{\Delta_{\bar{x}}^2}$$

（二）不重复抽样时

由 $\Delta_{\bar{x}} = \mu_{\alpha/2}\mu_{\bar{x}} = \mu_{\alpha/2}\sqrt{\dfrac{\sigma^2}{n}\dfrac{N-n}{N-1}}$

得

$$n = \dfrac{N\mu_{\alpha/2}^2 \sigma^2}{N\Delta_{\bar{x}}^2 + \mu_{\alpha/2}^2 \sigma^2}$$

例 7 – 11　某食品厂要检验本月生产的 10 000 袋某产品的重量，根据以往的资料，这种产品每袋重量的标准差为 25 克。如果要求在 95.45% 的置信度下，平均每袋重量的误差不超过 5 克，应至少抽查多少袋产品？

由题意可知：$N = 10\ 000$ 袋，$\sigma = 25$ 克，$1 - \alpha = 95.45\%$，$\Delta_{\bar{x}} = 5$ 克，则：
临界值 $\mu_{\alpha/2} = 2$

在重复抽样条件下 $n = \dfrac{\mu_{\alpha/2}^2 \sigma^2}{\Delta_{\bar{x}}^2} = \dfrac{2^2 \times 25^2}{5^2} = 100$（袋）

在不重复抽样条件下 $n = \dfrac{N\mu_{\alpha/2}^2 \sigma^2}{N\Delta_{\bar{x}}^2 + \mu_{\alpha/2}^2 \sigma^2} = \dfrac{10\ 000 \times 2^2 \times 25^2}{10\ 000 \times 5^2 + 2^2 \times 25^2} = 99$（袋）

计算结果表明，在其他条件相同的情况下，重复抽样所需要的必要样本容量大于不重复抽样所需要的必要样本容量。

在计算样本容量时，必须知道总体的方差，而在抽样调查之前，往往总体的方差是未知的。实际的作法是，用过去的资料替代，若过去曾有若干个方差，则应该选择最大的，以保证抽样估计的精确度；也可以进行一次小规模的调查，用调查所得的样本方差来替代总体的方差。

二、成数的样本容量

总体成数必要样本容量的确定方法与总体平均数必要样本容量的确定方法类似，都是根据抽样极限误差计算公式来进行推导的。

（一）重复抽样时

由 $\Delta_p = \mu_{\alpha/2}\mu_p = \mu_{\alpha/2}\sqrt{\dfrac{p(1-p)}{n}}$

得，
$$n = \dfrac{\mu_{\alpha/2}^2 p(1-p)}{\Delta_p^2}$$

（二）不重复抽样时

由 $\Delta_p = \mu_{\alpha/2}\mu_p = \mu_{\alpha/2}\sqrt{\dfrac{p(1-p)}{n}\dfrac{N-n}{N-1}}$

得，
$$n = \dfrac{N\mu_{\alpha/2}^2 p(1-p)}{N\Delta_p^2 + \mu_{\alpha/2}^2 p(1-p)}$$

例 7-12 为了检验某企业生产的 10 000 个显像管的合格率，需要确定样本容量。根据以往经验，该企业显像管的合格率为 90%。如果要求估计的允许误差不超过 2.75%，置信度为 95.45%，则至少应该抽取多少只显像管？

由题意可知：$N = 10\,000$ 个，$p = 90\%$，$\Delta_p = 2.75\%$，$1 - \alpha = 95.45\%$，则：

临界值 $\mu_{\alpha/2} = 2$

重复抽样条件下：

$$n = \dfrac{\mu_{\alpha/2}^2 p(1-p)}{\Delta_p^2} = \dfrac{2^2 \times 90\% \times (1-90\%)}{(2.75\%)^2} \approx 477 \text{（个）}$$

不重复抽样条件下：

$$n = \dfrac{N\mu_{\alpha/2}^2 p(1-p)}{N\Delta_p^2 + \mu_{\alpha/2}^2 p(1-p)} = \dfrac{10\,000 \times 2^2 \times 90\% \times (1-90\%)}{10\,000 \times (2.75\%)^2 + 2^2 \times 90\% \times (1-90\%)} \approx 455 \text{（个）}$$

从计算的结果可以看出，重复抽样应该抽 477 件检验，而不重复抽样应该抽 455 件。可见，在相同条件下，重复抽样需要的样本容量更大。

实际上，计算总体成数必要样本容量时需要已知总体成数而非抽样成数，但是总体成数通常是未知的、待估计的。同样，在实际抽样调查中，可用历史资料代替，如果有若干个历史成数可供选择，则应选择最靠近 50% 的成数，以使抽样成数的方差最大，保证估计的精确度；也可以先进行小规模的试调查，然后用样本成数来代替总体成数。

任务五　认识抽样组织形式

抽样组织形式是指在抽样过程中对总体的加工整理形式，常用的有简单随机抽样、类型抽样、等距抽样、整群抽样等。

一、简单随机抽样

（一）简单随机抽样的含义

简单随机抽样又称为纯随机抽样，是指不对总体作任何的分组或者排序，直接从总体中随机抽取调查单位的抽样调查方式。使用该方式时总体必须满足下列条件：

（1）代表性，即要求样本 $(x_1, x_2, \cdots, x_n)$ 中的每个 x 都与总体 X 具有相同的概率分布。

(2) 独立性，即要求样本 (x_1, x_2, …, x_n) 中的各 x 是相互独立的。

简单随机抽样是抽样中最基本的方式，适用于均匀总体，即具有某种特征的单位均匀地分布于总体的各个部分。在以后的学习中，如果不特别指明抽样组织形式，一般就是指简单随机抽样。

（二）简单随机抽样的方法

从总体中按简单随机抽样方式组织样本，有多种方法，最基本的方法是抽签法和随机数表法。

1. 抽签法

抽签法适用于单位数较少的总体。抽样步骤为：

第一步，将所有总体单位编号，通常按自然数顺序编为 1，2，3，…，N；

第二步，制作 N 个与所有总体单位编号相对应的号签，并将它们掺和均匀；

第三步，根据需要按重复抽样或不重复抽样方法，从所有号签中随机抽取 n 个号签，与之对应的总体单位即为抽中的样本单位。

2. 随机数表法

在大规模的社会经济调查中，总体单位数往往很大，如果使用抽签法，制作号签的工作量势必很大，在这种情况下通常要利用随机数字表来确定样本单位。随机数字表（见附表一）是用计算机、随机数字机等方法编制出来的一种统计表格，利用它可以组合产生随机数字。在利用随机数字表确定样本单位编号时，先要按照编号位数任意确定若干行或若干列数字，然后从任意一列或行开始，组合产生随机编号。若组合成的随机数字不超过最大编号 N，就是有效编号；若超过了最大编号 N，就须舍弃，继续组合，直到产生 n 个有效编号。如果采用重复抽样方法，则前面出现过的有效编号后面再出现，仍然有效；如果采用不重复抽样方法，则前面出现过的有效编号后面再出现，不再采用。

（三）简单随机抽样的平均误差

前面我们介绍的抽样平均误差计算公式，就是简单随机抽样方法的公式。

1. 重复抽样

在重复抽样方法下，抽样平均数和抽样成数的平均误差分别为：

$$\mu_{\bar{x}} = \sqrt{\frac{\sigma^2}{n}}$$

$$\mu_p = \sqrt{\frac{p(1-p)}{n}}$$

2. 不重复抽样

不重复抽样的平均误差与重复抽样的平均误差，只相差了一个系数 $\sqrt{\frac{N-n}{N-1}}$，且在总体很大或无限时，该系数可表示为 $\sqrt{1-\frac{n}{N}}$。此时抽样平均数和抽样成数的平均误差分别为：

$$\mu_{\bar{x}} = \sqrt{\frac{\sigma^2}{n} \cdot \frac{N-n}{N-1}} \approx \sqrt{\frac{\sigma^2}{n}\left(1-\frac{n}{N}\right)}$$

$$\mu_p = \sqrt{\frac{p(1-p)}{n} \cdot \frac{N-n}{N-1}} \approx \sqrt{\frac{p(1-p)}{n}\left(1-\frac{n}{N}\right)}$$

二、类型抽样

(一) 类型抽样的含义

类型抽样又称分层抽样或分类抽样。它是先对总体各单位按主要标志加以分组,然后再从各组中按随机原则抽取一定数量单位构成样本的抽样组织方式。

类型抽样适用于总体各单位在被研究标志上有明显差别或差别很大的情况。例如,研究农作物产量时,耕地有平原、丘陵和山地等;研究职工的工资水平时,各行业之间有明显的差别;等等。类型抽样实质上是一种把统计分组和抽样原理有机结合起来的抽样组织方式。分组使组中具有同质性,组间具有差异性,然后从各组中简单随机抽样。这样可以保证样本对总体具有更高的代表性,计算出的抽样误差也比较小。类型抽样应遵循的主要原则是:分组时,应使组内差异尽可能小,组间差异尽可能大。

(二) 类型抽样的方法

按照在各组中的抽选比例是否相等,类型抽样可分为等比例抽样和不等比例抽样两种。

1. 等比例抽样

等比例抽样就是按同样的抽样比例 n/N,确定各组中应抽取的样本单位数。假如组数为 m,各组单位数分别为 N_i ($i = 1, 2, 3, \cdots, m$),从中抽取的样本单位数分别为 n_i ($i = 1, 2, 3, \cdots, m$),则 $n_i/N_i = n/N$。

2. 不等比例抽样

不等比例抽样是指不按同一抽样比例确定各组中应抽取的样本单位数,即 n_i/N_i ($i = 1, 2, 3, \cdots, m$) 不完全相等。当某类单位在总体中占的比重过小时,按照等比例方法抽不到或只能抽到很少这样的单位,为了保证样本的代表性应采取不等比例抽样的方法。

(三) 类型抽样的平均误差

抽样平均数:$\bar{x} = \dfrac{\sum n_i \bar{x}_i}{\sum n_i}$

重复抽样的平均误差:$\mu_{\bar{x}} = \sqrt{\dfrac{\overline{\sigma_i^2}}{n}}$

不重复抽样的平均误差:$\mu_{\bar{x}} = \sqrt{\dfrac{\overline{\sigma_i^2}}{n}\left(1 - \dfrac{n}{N}\right)}$

式中,$\bar{x}_i$ 表示各组组内平均数;$\overline{\sigma_i^2}$ 表示组内方差的平均数。

例 7-13 某乡有耕地 20 000 亩,按平原和山区面积等比例抽取 400 亩组成样本。各组平均亩产和方差如表 7-1 所示。求抽样平均亩产和抽样平均误差,并以 95% 的概率估计该乡全部播种面积平均亩产的置信区间。

表 7-1 某乡某种粮食播种面积

耕地类型	播种面积 N_i/亩	抽样面积 n_i/亩	样本平均亩产 $\bar{x}_i$/千克	抽样方差 σ_i^2
平原	14 000	280	5 60	6 400
山区	6 000	120	350	22 500
合 计	20 000	400	497	11 236

$$\bar{x} = \frac{\sum n_i \bar{x}_i}{\sum n_i} = \frac{280 \times 560 + 120 \times 350}{280 + 120} = \frac{198\,800}{400} = 497\,(千克)$$

$$\overline{\sigma_i^2} = \frac{\sum n_i \sigma_i^2}{\sum n_i} = \frac{280 \times 6\,400 + 120 \times 22\,500}{280 + 120} = \frac{4\,492\,000}{400} = 11\,230$$

$$\mu_{\bar{x}} = \sqrt{\frac{\overline{\sigma_i^2}}{n}\left(1 - \frac{n}{N}\right)} = \sqrt{\frac{11\,230}{400} \times \left(1 - \frac{400}{20\,000}\right)} = 5.25\,(千克)$$

当置信度 $1 - a = 95\%$ 时，临界值 $\mu_{\alpha/2} = 1.96$，则：

抽样平均亩产的极限误差 $\Delta_{\bar{x}} = \mu_{\alpha/2}\mu_{\bar{x}} = 1.96 \times 5.25 = 10.29$（千克）

全部播种面积平均亩产的置信区间为：$\bar{x} \pm \Delta_{\bar{x}} = 497 \pm 10.29$

即可以 95% 的概率保证该乡农作物的平均亩产在 486.71～507.29 千克。

三、等距抽样

（一）等距抽样的含义

等距抽样又称机械抽样或者系统抽样，是先将总体单位按某一标志排序，然后按照固定的顺序和相同的间隔来抽选样本单位的抽样组织方式。

例如，若 $N = 200$，$n = 20$，则抽样间隔 $g = \frac{N}{n} = \frac{200}{20} = 10$，即平均每 10 个总体单位中抽取 1 个样本单位。

等距抽样的随机性体现在第 1 个样本单位的抽取上，在抽取这一个单位时，要绝对遵循随机原则，当这一个单位的位置确定后，以后各个样本单位的位置也就确定了。如上例中，若随机抽出来的第一个单位位于第 8 个位置上，则后面的样本单位的位置分别为 18、28、38、…、198。

按等距抽样组织方式抽取样本单位，能够使抽出的样本单位更均匀地分布在总体中，因此其抽样误差一般较简单随机抽样要小，特别是当研究的总体单位标志变异程度较大时，更能显示出等距抽样的优越性。

（二）等距抽样的方法

按照排序标志和被研究标志是否相关，等距抽样可以分为无关标志排序抽样和有关标志排序抽样两种。

1. 无关标志排序抽样

无关标志排序抽样是指排序的标志与被研究的标志无关。如观察学生考试成绩，按照姓氏笔画排序；观察产品的质量，按照生产的先后顺序取样等。无关标志排序抽样可以保证抽样的随机性。它实质上相当于简单随机抽样。

2. 有关标志排序抽样

有关标志排序抽样是指排序的标志与被研究标志相关。如农产品产量调查时，将地块按过去连续几年的亩产排序；家庭消费水平调查中，按收入额排序等。按有关标志排序可以利用辅助的信息，使抽样估计的效率提高，但必须采用科学的方法，避免由于抽样间隔与排序标志的周期性变化的重合所产生的系统性误差。

(三) 等距抽样的平均误差

等距抽样均为不重复抽样，按无关标志排序时，抽样平均误差可参照简单随机不重复抽样的公式计算；按有关标志排序时，抽样平均误差可参照类型抽样的公式计算。

例 7 – 14　年终在某储蓄所按定期储蓄存款进行每隔 5 户的等距抽样，得到表 7 – 2 资料。试以 95.45% 的概率估计平均定期存款额的范围。

表 7 – 2　某储蓄所定期储蓄存款资料

定期存款/百元	户数 (f)／户	组中值 x	xf	$(x-\bar{x})^2$	$(x-\bar{x})^2 f$
200 以下	58	100	5 800	107 107.44	6 212 231.40
200 ~ 400	150	300	45 000	16 198.35	2 429 752.07
400 ~ 600	200	500	100 000	5 289.26	1 057 851.24
600 ~ 800	62	700	43 400	74 380.17	4 611 570.25
800 以上	14	900	12 600	223 471.07	3 128 595.04
合计	484	—	206 800	—	17 440 000.00

由题意知：$n = 484$ 户，$g = 5$，$1 - \alpha = 95.45\%$，则：

$N = 484 \times 5 = 2\,420$（户）

$\mu_{\alpha/2} = 2$

$$\bar{x} = \frac{\sum xf}{\sum f} = \frac{206\,800}{484} = 427.27（百元）$$

$$s^2 = \frac{\sum (x - \bar{x})^2 f}{\sum f} = \frac{17\,440\,000.00}{484} = 36\,003.06$$

$$\mu_{\bar{x}} = \sqrt{\frac{\sigma^2}{n}\left(1 - \frac{n}{N}\right)} \approx \sqrt{\frac{s^2}{n}\left(1 - \frac{n}{N}\right)} = \sqrt{\frac{36\,033.06}{484}\left(1 - \frac{484}{2\,420}\right)} = 7.68（百元）$$

$\Delta_{\bar{x}} = \mu_{\alpha/2} \mu_{\bar{x}} = 2 \times 7.68 = 15.36$（百元）

$\bar{x} \pm \Delta_{\bar{x}} = 427.27 \pm 15.36$

即该储蓄所平均定期存款额在 411.91 ~ 442.63 百元，可靠程度为 95.45%。

四、整群抽样

（一）整群抽样的含义

整群抽样也叫分群抽样或集团抽样，是按照某一标志将总体划分为若干群，然后以群为单位从中随机抽取部分群，对中选中的所有单位进行全面调查的抽样组织方式。

在大规模的抽样调查中，如果总体单位多，且分布区域广，缺少进行抽样的抽样框，或按经济效益原则不宜编制某种抽样框，宜采用这种形式。因为整群抽样将抽样单位由总体单位扩大到群，所以它的抽样框是很简单的。例如，对某市居民的家庭收入进行调查，采用整群抽样，就可以按行政区域分为街道，然后随机抽取一些街道，进行全面调查。

整群抽样中的群，主要是自然形成的，如按行政区域、地理区域等。由于整群抽样的样本单位集中于群内,因此同样条件下,其样本较简单随机抽样的样本代表性要差,所以,应适当增加样本单位数,以提高估计的精确度。

(二) 整群抽样的平均误差

设总体中的全部单位被划分为 R 群,每群中所包含的单位数为 m,现从所有群中随机抽取 r 群组成样本。则各群的平均数为:

各抽样群平均数: $\bar{x}_i = \dfrac{\sum_{j=1}^{m} x_{ij}}{m}$ ($i = 1,2,3,\cdots,r$)

抽样平均数: $\bar{x} = \dfrac{\sum_{i=1}^{r} x_i}{r}$

群间方差: $s^2 = \dfrac{\sum (\bar{x}_i - \bar{x})^2}{r}$

整群抽样一般为不重复抽样,其抽样误差为: $\mu_{\bar{x}} = \sqrt{\dfrac{\sigma^2}{r}\left(\dfrac{R-r}{R-1}\right)} \approx \sqrt{\dfrac{s^2}{r}\left(1 - \dfrac{r}{R}\right)}$

任务六 运用 Excel

总体平均数的大样本区间估计

一、总体平均数的大样本区间估计

在样本为大样本,总体方差已知的情况下,总体平均数的置信区间为 $\bar{x} \pm \mu_{\alpha/2}\mu_{\bar{x}}$。在 Excel 中,我们可以利用 CONFIDENCE 函数计算出置信区间中的数值 $\mu_{\alpha/2}\mu_{\bar{x}}$。

CONFIDENCE 函数格式为:

CONFIDENCE (Alpha, Standard_dev, Size),其中 Alpha 用于推算置信度,置信度等于 $100 * (1 - \text{Alpha})\%$,例如,0.05 的 Alpha 值所指的是 95% 的置信度;Standard_dev 为总体标准差,且假定为已知;Size 为样本容量。

例 7-15 在某高校随机抽取 50 名即将毕业的大学四年级男生,测量其体重(单位:千克),结果如下;根据以往的统计数字,已知该高校大四男生体重的标准差为 7 千克,则用 95% 的置信度估计该高校大四男生平均体重的置信区间的方法如下:

50	65	72	77	86	51	66	73	78	86
54	67	74	79	87	58	68	74	80	88
59	69	74	81	90	61	69	75	82	91
61	70	75	84	91	62	71	75	84	95
63	72	75	84	97	64	72	76	85	99

(1) 在一张空工作表的 A1:J5 单元格区域分别输入上述 50 名男生的体重资料;

(2) 在 A6 单元格输入 "= AVERAGE (A1:J5)" 并按回车键,即可得到抽样平均数

为 74.78 千克;

(3) 在 A7 单元格输入 "=CONFIDENCE (0.05, 7, 50)" 并按回车键,也可单击 A7 单元格,然后单击编辑栏中的 "f_x(插入函数)" 按钮,在弹出的 "插入函数" 选择菜单中的 "或选择类别 (C):" 中选择 "全部" 或者 "统计" 选项,在 "选择函数 (N):" 中选择 "CONFIDENCE" 函数,然后单击 "确定";在出现的 CONFIDENCE "函数参数" 对话框的 "Alpha" 后输入 0.05,在 "Standard_dev" 后输入 7,在 "Size" 后输入 50,最后单击 "确定",即可得到区间估计的极限误差 $\Delta_{\bar{x}} = \mu_{\frac{\alpha}{2}}\mu_{\bar{x}}$ 为 1.94 千克,这样该高校大四男生平均体重的置信区间为 [74.78 − 1.94, 74.78 + 1.94],即 [72.84, 76.72],单位为千克。

二、总体平均数的小样本区间估计

使用 t 分布进行小样本总体平均数的区间估计与使用正态分布进行大样本总体平均数的区间估计的方法相似。在大样本总体平均数的区间估计中,平均数的置信区间为 $\bar{x} \pm \mu_{\alpha/2}\mu_{\bar{x}}$,而在小样本总体平均数的区间估计中,平均数的置信区间为 $\bar{x} \pm t_{n-1,\alpha/2}\mu_{\bar{x}}$,其中 $t_{n-1,\alpha/2}$ 是自由度为 $n-1$、双侧小概率分别为 $\alpha/2$ 时的 t 值,一般可通过查 t 值表取得相应的数值,而在 Excel 中,我们可以使用 TINV 函数来求得 t 值。

总体平均数的小样本区间估计

TINV 函数格式为:

TINV (Probability, degrees_freedom),其中 Probability 为 t 分布双侧概率值 α, degrees_freedom 为自由度。

例如:布公主饮料店的摩卡罐装咖啡的所有产品容量呈现正态分布,并且规定每罐容量为 600±10 毫升。质量管理人员想知道忠孝分店的摩卡罐装咖啡是否有容量不足的问题,于是随机抽样了 10 罐饮料,并且输入 Excel 工作表,如图 7-4 所示。在 95% 的置信度下,我们想知道该分店有没有偷工减料的嫌疑。

	A
1	罐装咖啡容量
2	600
3	605
4	607
5	595
6	588
7	610
8	603
9	590
10	598
11	600

图 7-4 布公主饮料店忠孝分店随机抽样的 10 罐饮料容量

(1) 单击 "数据/数据分析" 按钮,打开 "数据分析" 选择框。在选择框中选取 "描述统计",并单击 "确定" 按钮;

（2）在“描述统计”对话框“输入区域（I）:”后输入数据范围“A2：A11”，分组方式选择“逐列”，输出选项中，选择“新工作表组（P）:”，并勾选“汇总统计（S）”，最后单击“确定”按钮即可计算出样本的平均数、标准差等指标数值，如图7－5所示；

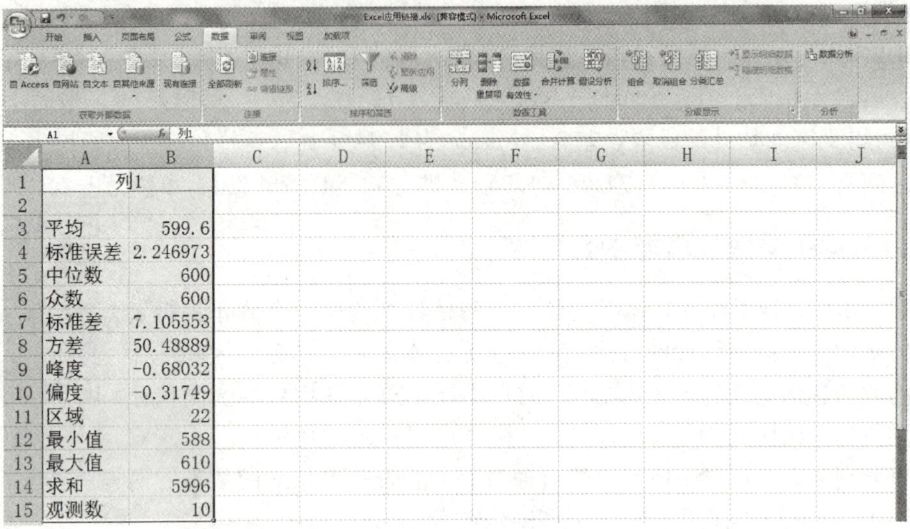

	A	B
1	列1	
2		
3	平均	599.6
4	标准误差	2.246973
5	中位数	600
6	众数	600
7	标准差	7.105553
8	方差	50.48889
9	峰度	-0.68032
10	偏度	-0.31749
11	区域	22
12	最小值	588
13	最大值	610
14	求和	5996
15	观测数	10

图7－5　描述统计分析结果

（3）在上述出现的新工作表D7单元格中输入“置信区间上限值”，同时在其后的E7单元格输入公式“＝B3＋TINV（0.05，9）＊B7/SQRT（B15）”，然后按回车键，即可求得置信区间上限值为604.683；

（4）在D8单元格中输入“置信区间下限值”，同时在其后的E8单元格输入公式“＝B3－TINV（0.05，9）＊B7/SQRT（B15）”，然后按回车键，即可求得置信区间下限值为594.517，如图7－6所示。

这样，我们就估计出忠孝分店的摩卡罐装咖啡的容量以95%的概率在594.517～604.683毫升，没有偷工减料。

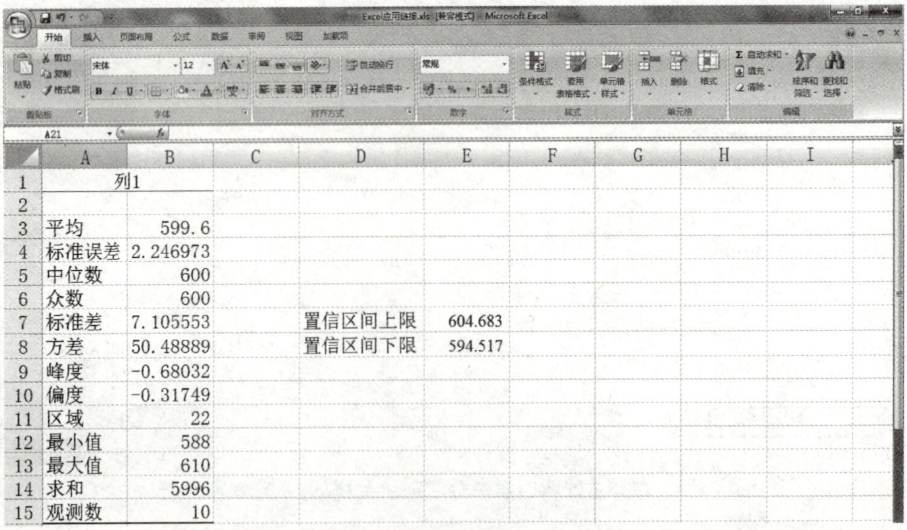

	A	B	C	D	E
1	列1				
2					
3	平均	599.6			
4	标准误差	2.246973			
5	中位数	600			
6	众数	600			
7	标准差	7.105553		置信区间上限	604.683
8	方差	50.48889		置信区间下限	594.517
9	峰度	-0.68032			
10	偏度	-0.31749			
11	区域	22			
12	最小值	588			
13	最大值	610			
14	求和	5996			
15	观测数	10			

图7－6　置信区间结果

三、总体方差区间估计

设 $x_1, x_2, \cdots, x_n$ 为来自正态总体 $N(\mu, \sigma^2)$ 的容量为 n 的样本，参数 σ^2 未知。为了估计 σ^2，可根据样本方差 s^2 来确定 $1-\alpha$ 的置信区间。

根据 χ^2 分布的定理，随机变量 $\chi^2 = \dfrac{(n-1)s^2}{\sigma^2}$ 服从自由度为 $n-1$ 的 χ^2 分布。对于给定的 α 值，可在 χ^2 分布表中查得 $\chi^2_{1-\frac{\alpha}{2}}$ 和 $\chi^2_{\frac{\alpha}{2}}$，使下式成立：

总体方差的
区间估计

$$P\left[\chi^2_{1-\frac{\alpha}{2}} < \frac{(n-1)s^2}{\sigma^2} < \chi^2_{\frac{\alpha}{2}}\right] = 1-\alpha$$

变换后，为：

$$P\left[\frac{(n-1)s^2}{\chi^2_{\frac{\alpha}{2}}} < \sigma^2 < \frac{(n-1)s^2}{\chi^2_{1-\frac{\alpha}{2}}}\right] = 1-\alpha$$

因此，总体方差 σ^2 的置信度为 $1-\alpha$ 的置信区间为 $\left[\dfrac{(n-1)s^2}{\chi^2_{\frac{\alpha}{2}}}, \dfrac{(n-1)s^2}{\chi^2_{1-\frac{\alpha}{2}}}\right]$。

我们可以利用 Excel 的 CHIINV 函数来求得卡方值 $\chi^2_{1-\frac{\alpha}{2}}$ 和 $\chi^2_{\frac{\alpha}{2}}$。

CHIINV 函数格式为：

CHIINV（Probability，Degrees_freedom），其中 Probability 为卡方分布所使用的概率，Degrees_freedom 为自由度。

例如：为了估计车间所生产的某种零件长度（单位：cm）的方差的置信区间，随机抽取 18 件该零件，测量计算其长度方差 s^2 为 5，则总体方差 σ^2 的 90% 置信度的置信区间确定方法如下：

（1）先计算左侧的卡方值 $\chi^2_{1-\frac{\alpha}{2}}$，我们可以在 Excel 工作表中，单击"公式/$f_x$（插入函数）"，并选取"CHIINV"函数；

（2）在 CHIINV 的函数参数对话框中，Probability 后输入"0.95"，Deg_freedom 后输入自由度"17"，然后单击"确定"按钮，即可得到左侧卡方值 $\chi^2_{1-\frac{\alpha}{2}}$ 为 8.671 760 325，如图 7-7 所示；

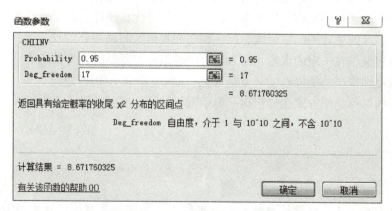

图 7-7　CHIINV 函数参数对话框

（3）接着，再计算右侧的卡方值 $\chi^2_{\frac{\alpha}{2}}$，方法与计算左侧卡方值的方法基本相同，不同之处在于 Probability 为 0.05，计算的结果为 27.587 111 64，如图 7-8 所示；

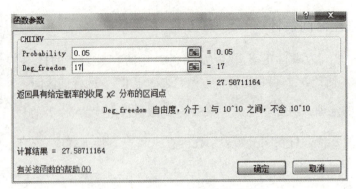

图 7-8 CHIINV 函数参数对话框

（4）再用 $(n-1)s^2$（即 85）除以上述右侧、左侧卡方值，即可得到总体方差 σ^2 的 95% 置信度的置信区间 [3.08，9.80]。

项目小结

抽样推断是在抽样调查的基础上，按照随机抽样的原则，从总体中抽出一部分单位作为样本，并利用样本的实际资料计算样本指标值，然后根据样本指标对总体的数量特征（总体指标）做出具有一定可靠程度的估计和判断的一种统计分析方法。其特点：是一种由部分推算整体的一种认识方法；是建立在随机取样的基础上的；运用概率估计的方法；抽样推断的误差可以事先计算并加以控制。其主要内容包括总体参数的估计和总体参数的假设检验。

抽样推断中的基本概念有：全及总体、抽样总体、全及指标、抽样指标、样本容量、样本个数、重复抽样和不重复抽样。抽样推断的主要理论依据是大数定律和中心极限定理。

误差为抽样估计值与被估计值之差。抽样误差是指偶然性的代表性误差，即按照随机原则抽样时，在没有登记误差和系统性误差的条件下，单纯由于不同的随机样本得出不同的估计量而产生的误差。抽样平均误差就是反映抽样误差一般水平的指标，通常用样本统计量的标准差来表示。抽样极限误差是抽样指标与总体指标之间可允许的误差范围。

抽样估计有点估计和区间估计两种方法。区间估计优良统计量选择的标准是无偏性、一致性和有效性。区间估计的结果由概念保证程度和置信区间两部分构成。

必要样本容量是在一定的人力、物力和时间等条件的限制下，为保证满足抽样调查对数据的估计精确度和概率的把握程度（置信度），所需要的最小抽样数目。

抽样推断的具体组织方式主要包括：简单随机抽样、类型抽样、等距抽样和整群抽样。

技能训练题

案例资料

手机在国内市场上已经被快速普及了。按照工业和信息化部的统计，2016 年，全国电话用户净增 2 617 万户，总数达到 15.3 亿户，同比增长 1.7%。其中，移动电话用户净增 5 054 万户，总数达 13.2 亿户，移动电话用户普及率达 96.2 部/百人，比上年提高 3.7 部/百人。全国共有 10 省市的移动电话普及率超过 100 部/百人，分别为北京、广东、上海、浙江、福建、宁夏、海南、江苏、辽宁和陕西。固定电话用户总数 2.07 亿户，比上年减少 2 437 万户。

应该说手机的普及为人们的沟通提供了更加便利的条件。但一个不容忽视的事情是：产品质量问题突出，引发大量消费投诉，主要包括手机质量不稳定或设计存在缺陷等问题。在不良手机应用举报方面，2016 年，12321 网络不良与垃圾信息举报受理中心共接到不良手机应用有效举报 1 085 455 件次，同比上升 49.1%。第四季度，接到不良手机应用有效举报 309 697 件次，同比上升 270.5%，环比下降 11.7%。通过"安全百店"联动机制，联合应用商店、安全检测厂商对其中存在问题的 976 款不良手机应用进行了下架处理。在此状况下，利用统计知识提供科学信息，达到对客观现象的正确认识，并且为管理决策提供依据，在实践中被证明是行之有效的方法。

鉴于此，某手机生产厂商接到顾客对其 C 型号手机的质量投诉后，针对该问题进行了一次市场问卷调查。对"您是否遇到此类质量问题"设置了两个可能的选项：是或者不是。该公司共发出 2 000 份问卷，回收率为 91.5%，其中有效问卷 1 825 份，在有效问卷中，回答"是"的问卷有 219 份。

（一）实训目的与要求

1. 认识抽样调查及统计推断的作用。
2. 依据所给资料在 95% 的可靠程度下估计 C 型号手机的顾客中遇到所调查问题的比例区间。

（二）实训内容

1. 抽样调查；
2. 统计推断。

（三）实训形式

先独立思考，再分组讨论。

（四）实训地点

教室。

（五）实训时数

2 学时。

思考题

一、判断题

1. 抽样推断中，作为推断对象的总体和作为观察对象的样本都是确定的、唯一的。
（   ）
2. 样本容量是指从一个总体中可能抽取的样本个数。（   ）
3. 抽样成数是指在样本中具有某种性质的单位数占全部样本单位数的比重。（   ）
4. 重复抽样误差大于不重复抽样误差。（   ）
5. 抽样推断是利用总体中的一部分进行推断，不可避免地会出现误差。（   ）
6. 抽样极限误差总是大于抽样平均误差。（   ）

7. 在总体方差一定的条件下,样本单位数越多,抽样平均误差越大。( )
8. 点估计就是以样本的实际值直接作为总体参数的估计值。( )
9. 在其他条件不变的情况下,提高抽样估计的可靠程度,可以提高抽样估计的精确度。
( )
10. 在简单随机重复抽样中,如果抽样极限误差扩大为原来的2倍,其他条件不变,则样本单位数只需要缩小为原来的四分之一。( )

二、单项选择题

1. 抽样调查的目的在于( )。
   A. 了解总体的基本情况 B. 了解样本的基本情况
   C. 对样本进行全面调查 D. 用样本指标推断总体指标
2. 抽样调查必须遵循的基本原则是( )。
   A. 灵活性原则 B. 准确性原则
   C. 随机原则   D. 可靠性原则
3. 一个全及总体( )。
   A. 只能抽取一个样本 B. 可以抽取多个样本
   C. 只能计算一个指标 D. 只能抽取一个单位
4. 在抽样推断中,抽样误差是( )。
   A. 可以避免的   B. 可避免且可控制的
   C. 不可避免且无法控制的 D. 不可避免但可控制的
5. 抽样平均误差和抽样极限误差的关系是( )。
   A. 抽样平均误差小于极限误差
   B. 抽样平均误差大于极限误差
   C. 抽样平均误差等于极限误差
   D. 抽样平均误差可能大于、等于或小于极限误差
6. 在其他条件不变的情况下,如果允许误差缩小为原来的1/2,则简单随机重复抽样的样本容量( )。
   A. 扩大为原来的4倍   B. 扩大为原来的2倍
   C. 缩小为原来的1/4   D. 缩小为原来的1/2
7. 根据抽样的资料,一年级优秀生比重为10%,二年级为20%,在人数相等时,优秀生比重的抽样平均误差( )。
   A. 一年级较大 B. 二年级较大
   C. 相同   D. 无法判断
8. 对两个工厂工人的工资,采取简单随机不重复抽样调查,调查的工人数一样,两个工厂工资方差一样,但第二个工厂工人数多一倍,则抽样平均误差( )。
   A. 第一个工厂大 B. 第二个工厂大
   C. 两个工厂一样大 D. 不能做结论
9. 最符合随机原则的抽样组织形式是( )。
   A. 整群抽样 B. 类型抽样
   C. 阶段抽样 D. 简单随机抽样

10. 一般来说，在抽样组织形式中，抽样误差较大的是（　　）。

A. 简单随机抽样　　　　　　　　　　B. 分类抽样

C. 整群抽样　　　　　　　　　　　　D. 等距抽样

三、多项选择题

1. 抽样调查的特点有（　　）。

A. 按随机原则抽取样本单位　　　　　B. 没有误差

C. 以样本指标推断总体指标　　　　　D. 抽样误差可以计算和控制

E. 以上都对

2. 抽样调查适用于下列哪些场合？（　　）

A. 不宜进行全面调查而又要了解全面情况

B. 工业产品质量检验

C. 调查项目多、时效性强

D. 只需了解一部分单位的情况

E. 适用于任何调查

3. 从一个全及总体中可以抽取一系列样本，所以（　　）。

A. 样本指标的数值不是唯一确定的　　B. 样本指标是样本变量的函数

C. 总体指标是随机变量　　　　　　　D. 样本指标是随机变量

E. 样本指标的数值随样本不同而不同

4. 在其他条件不变的情况下，抽样极限误差的大小和置信度的关系是（　　）。

A. 抽样极限误差的数值越大，置信度越大

B. 抽样极限误差的数值越小，置信度越小

C. 抽样极限误差的数值越小，置信度越大

D. 成正比关系

E. 成反比关系

5. 抽样估计的抽样平均误差（　　）。

A. 是不可以避免的　　　　　　　　　B. 是可以改进调查方法消除的

C. 是可以事先计算的　　　　　　　　D. 只有调查结束之后才能计算

E. 其大小是可以控制的

6. 影响样本容量的因素有（　　）。

A. 推断的可靠程度　　　　　　　　　B. 抽样组织方式

C. 抽样方法　　　　　　　　　　　　D. 允许误差的大小

E. 总体各单位标志值变异程度

7. 抽样估计的优良标准是（　　）。

A. 无偏性　　　　　　　　　　　　　B. 随机性

C. 一致性　　　　　　　　　　　　　D. 有效性

E. 代表性

8. 影响抽样平均误差的因素有（　　）。

A. 总体标志变异程度　　　　　　　　B. 样本容量

C. 抽样方法　　　　　　　　　　　　D. 抽样组织方式

E. 样本指标值的大小

9. 和重复抽样相比，不重复抽样的特点是（   ）。

A. 总体单位数在抽选过程中逐渐减少
B. 总体中每个单位都有被重复抽中的可能
C. 总体中每个单位没有被重复抽中的可能
D. 样本可能数目要多些
E. 样本可能数目要少些

10. 抽样调查的主要目的是（   ）。

A. 对调查单位作深入研究   B. 用样本指标推断总体的指标
C. 计算和控制误差   D. 广泛运用数学方法
E. 对总体进行科学的估计和判断

四、填空题

1. 抽样推断的基本内容是_____和_____。
2. 抽样调查是用_____推断_____的一种调查方法。
3. 抽样误差之所以产生是由于_____。
4. 抽样误差在随机抽样中是_____避免的，但可以用数理统计的方法进行计算，确定其_____并加以控制。
5. 在简单随机抽样条件下，重复抽样与不重复抽样的抽样误差相差_____。
6. 在缺少总体方差（σ^2）的资料时，可以用_____来代替计算抽样的误差。
7. 根据对某城市 225 户家庭的抽样调查资料，计算出户均储蓄额为 30 000 元，抽样平均误差为 800 元，若概率为 95%，则户均储蓄额极限误差是_____。
8. 利用样本指标估计总体指标时，通常运用_____法和_____法。
9. 扩大抽样误差的范围，可以_____推断的可靠程度；缩小抽样误差的范围，则会_____推断的可靠程度。
10. 对于简单随机重复抽样，若其他条件不变，误差范围缩小一半，则抽样数目必须_____；若误差范围扩大一倍，则抽样数目只需_____。

五、简答题

1. 什么是抽样推断？它有哪些特点和作用？
2. 重复抽样和不重复抽样有哪些不同点？为什么重复抽样的误差总是大于不重复抽样的误差？
3. 什么是抽样平均误差？
4. 影响抽样误差的因素有哪些？
5. 什么是抽样极限误差？什么是抽样误差的概率度？
6. 什么是置信度？什么是抽样估计的准确性？它们之间有什么关系？
7. 抽样平均误差、抽样极限误差和概率度三者之间是何关系？
8. 抽样估计的三要素是什么？抽样估计的优良性标准是什么？
9. 影响样本容量的因素有哪些？
10. 有哪些抽样组织方式？它们各有什么特点？

六、应用能力训练题

1. 某地区为了解职工家庭的收入情况,从本地区 3 000 户家庭中,按不重复抽样的方法抽取 300 户职工家庭进行调查,调查结果如表 7-3 所示。

(1) 若用这 300 户家庭的月收入资料推算该地区 3 000 户家庭月收入情况,则抽样平均误差为多少?

(2) 又从抽样资料知,月收入在 800 元以上的户数的比重为 20%,则月收入在 800 元以上的成数抽样平均误差为多少?

表 7-3　某地区职工家庭收入情况调查资料

每户月收入/元	收入调查户数/户
400 以下	40
400 ~ 600	80
600 ~ 800	120
800 ~ 1 000	50
1 000 以上	10
合计	300

2. 某土畜产品进出口公司出口一种名茶,抽样检验结果如表 7-4 所示。

表 7-4　某土畜进出口公司出口茶叶资料

每包重量/克	包数/包
148 ~ 149	10
149 ~ 150	20
150 ~ 151	50
151 ~ 152	20
合计	100

这种茶叶每包规格重量不低于 150 克,试以 99.73% 的概率:

(1) 确定每包重量的极限误差;

(2) 估计这批茶叶的重量范围,确定其是否达到规格重量要求。

3. 对一批成品按不重复随机抽样方法抽选 200 件,其中废品 8 件,又知道抽样单位数是成品总量的 1/20,当概率为 0.954 5 时,可否认为这批产品的废品率不超过 5%?

4. 某汽车制造厂为了测定某种型号汽车轮胎的使用寿命,随机重复抽取 16 只作为样本进行寿命测试,计算出轮胎平均寿命为 43 000 千米,标准差为 4 120 千米,试以 95% 的置信度推断该厂这批汽车轮胎的平均使用寿命。

5. 对生产某种规格的灯泡进行使用寿命检验,根据以往正常生产的经验,灯泡使用寿命标准差 $\sigma = 0.4$ 小时,合格品率为 90%,现用重复抽样方式,在 95.45% 的概率保证下,要使抽样平均使用寿命的极限误差不超过 0.08 小时,抽样合格率的误差不超过 5%,必要的抽样单位数应为多大?

6. 采用简单随机重复抽样方法,抽取一批产品中的 200 件作为样本,其中合格品为 195 件。要求:
   (1) 计算样本的抽样平均误差;
   (2) 以 95.45% 的概率保证程度对该批产品的合格品率进行区间估计。

7. 某厂对新试制的一批产品的使用寿命进行测定,随机抽选 100 个零件,测得其平均寿命为 2 000 小时,标准差为 10 小时,试计算:
   (1) 以 68.27% 的概率推断其平均寿命的范围;
   (2) 如果抽样极限误差减少一半,概率为 95.45%,则应该抽查多少个零件?

8. 某制造厂的产品重量服从正态分布,其总体标准差 $\sigma = 15$ 千克,平均重量未知。现随机抽取一个 $n = 250$ 的样本,计算结果是 $\bar{x} = 65$ 千克,以 95% 的置信度估计总体平均重量的置信区间。

9. 从某厂生产的 5 000 只灯泡中,随机不重复抽取 100 只,对其使用寿命进行调查,调查结果如表 7-5 所示。

表 7-5 调查结果

使用寿命/小时	产品数量/只
3 000 以下	2
3 000 ~ 4 000	30
4 000 ~ 5 000	50
5 000 以上	18
合计	100

该厂质量规定使用寿命在 3 000 小时以下为不合格品。要求:
(1) 按不重复抽样方法,以 95.45% 的概率保证程度估计该批灯泡的平均使用寿命;
(2) 按不重复抽样方法,以 68.27% 的置信度估计该批灯泡的合格率。

10. 对某批成品按不重复抽样方法抽选 200 件检查,其中废品 8 件,又知样本容量为成品总量的 1/20,以 95% 的概率保证程度估计该批成品的废品率范围。

11. 在某高校随机抽取 40 名即将毕业的大学四年级男生,测量其体重(单位:千克),结果如下;根据以往的统计数字,得出该高校大四男生体重的标准差为 7 千克,试用 97% 的置信度借助 CONFIDENCE 函数估计该高校大四男生平均体重的置信区间。

50	65	72	77	86	51	66	73
54	67	74	79	87	58	68	74
59	69	74	81	90	61	69	75
61	70	75	84	91	62	71	75
63	72	75	84	97	64	72	76

12. 布公主饮料店的摩卡罐装咖啡的所有产品重量呈现正态分布。质量管理人员想知道忠孝分店的摩卡罐装咖啡是否有容量不足的问题,于是随机抽样了 10 罐饮料,重量(克)

分别如下。在 93% 的置信度下,我们想知道产品有没有偷工减料的嫌疑。(要求借助 TINV 函数)

| 598 | 603 | 607 | 596 | 610 | 604 | 591 | 598 | 600 | 597 |

13. 为了估计车间所生产的某种零件长度的方差的置信区间,随机抽取 20 件该零件,测量计算其方差 s^2 为 4.5,则总体方差 σ^2 在 92% 的置信度下的置信区间为多少?(必须借助 CHIINV 函数)

项目八

相关与回归分析

知识目标

理解函数关系和相关关系的含义；
掌握一元线性相关分析和一元线性回归分析的方法；
了解相关关系的种类、相关关系分析的主要内容和多元线性回归分析与非线性回归分析的方法。

能力目标

能够识别相关关系；
能够进行一元线性相关分析；
能够进行一元线性回归分析与预测。

导入阅读

高尔顿

"高尔顿等人关于回归分析的先驱性的工作，以及时间序列分析方面的一些工作，…是数理统计学发展史中的重要事件。"——摘自《中国大百科全书》（数学卷）

高尔顿是英国人类学家、生物统计学家。1822 年 2 月 6 日生于伯明翰，1911 年 1 月 17 日卒于萨里郡黑斯尔米尔。

高尔顿是生物学家达尔文的表弟。他早年在剑桥学习数学，后到伦敦攻读医学，1860 年当选为皇家学会会员，1909 年被封为爵士，1845—1852 年深入非洲腹地探险、考察。

高尔顿是生物统计学派的奠基人。他的表哥达尔文的巨著《物种起源》触动他用统计方法研究智力遗传进化问题。他第一次将概率统计原理等数学方法用于生物科学，明确提出"生物统计学"的名词。现在统计学上的"相关"和"回归"的概念也是高尔顿第一次使用的。他是怎样产生这些概念的呢？1870 年，高尔顿在研究人类身高的遗传时，发现下列关系：高个子父母的子女，其身高有低于其父母身高的趋势，而矮个子父母的子女，其身高有高于其父母的趋势，即有"回归"到平均数去的趋势，这就是统计学上最初出现"回归"时的含义。高尔顿揭示了统计方法在生物学研究中是有用的，引进了回归直线、相关系数的概念，创始了回归分析，开创了生物统计学研究的先河。他于 1889 年在《自然遗传》中，应用百分位数法和四分位偏差法代替离差度量。在现在的随机过程中有以他的姓氏命名的高尔顿—沃森过程（简称 G—W 过程）。

高尔顿发表了 200 篇论文和出版了十几部专著，涉及人体测量学、实验心理学等领域，其中数学始终起着重要作用。

资料来源：http：//www.china001.com/show_hdr.php？xname＝PPDDMV0&dname＝5T89741&xpos＝51

任务一　认识相关关系

一、相关关系的含义

在现实世界里，不论是自然现象，还是社会经济现象，许多现象之间是相互联系、相互制约的。现象之间的关系由它们变量之间的关系来反映，这些关系可以分为函数关系和相关关系两大类。

函数关系亦称确定性关系，反映的是现象之间所存在的一种严格的依存关系。它是指由某种确定的原因，必然导致确定的结果的因果关系。在数学上，函数关系是指事物间的数量变化关系可以用确定的关系式来表达，也就是说，自变量的每一个或每一组确定的数值，因变量总有唯一确定的数值与之相对应。例如，正方形的面积 s 的值由边长 a 确定，$s=a^2$；匀速直线运动的距离 s 是随时间 t 和速度 v 的值的确定而确定的，$s=vt$，等等，这些都是函数关系。

在函数关系中，某一个（组）变量的每一个（组）数值都有另一个变量唯一确定的数值与之相对应，并且它们之间的关系可以用函数式确切地表示出来，这是一种很理想化的关系。实际上变量之间的关系往往不是函数关系，而是另一种非确定性关系——相关关系。特别是在社会经济领域中，函数关系很少，大量存在的是相关关系。

相关关系亦称非确定性关系，是指变量之间所存在的一种不严格的依存关系。在这种关系中，某一变量的变化受另一个变量或另一组变量的影响，却不由这一个变量或这一组变量完全确定。比如，劳动生产率和产品成本这两者在数量上就存在着不严格的依存关系。因为产品成本的变化除受劳动生产率影响外，还受其他不可控制因素的影响，不能单纯根据劳动生产率的数值精确地求出产品的成本，所以劳动生产率与产品成本之间的关系就是相关关系。再如，人的体重往往随着人的身高的增长而增长，商品的价格随该商品的供应量增加而降低等都是相关关系。

相关关系与函数关系虽然彼此有所不同，但它们之间也是有联系的，并没有严格的界限。一方面，有些现象从理论上说，存在着函数关系，可是在进行多次观察与测量时，由于存在测量误差，实际测量的数据往往也是非确定性的，这时就表现为相关关系。另一方面，有些变量之间尽管没有确定性函数关系，但为了找到相关关系的一般数量表现形式，又往往需要使用函数关系式作为近似表达式。而且当我们对现象之间的内在联系和规律性了解得比较清楚时，相关关系又可以转化为函数关系。

在变量之间的相关关系中，有的表现为因果关系，有的并不是因果关系。如果变量之间有因果关系，原因变量通常称为自变量，用 x 表示，结果变量称为因变量，用 y 表示。例如，从每亩施肥量与亩产量的关系来看，每亩施肥量肯定是自变量 x，亩产量是因变量 y，彼此是不能互换的。但是，有时两个变量之间，只存在相互联系而并不存在明显的因果关系，很难说清哪个是原因，哪个是结果，对这些现象进行研究时可根据研究目的来确定自变量和因变量。例如，为了研究在一定工业总产值条件下需要多少流动资金，就可以把工业总产值看作自变量，而把流动资金看作因变量；或者为了研究在一定流动资金条件下工业总产值可能是多少，就可以把流动资金看作自变量，把工业总产值看作因变量，在这种情况下，两个变量是可以互换的。

二、相关关系的种类

现象之间的相关关系，从不同的角度和侧面，按不同的标志划分，有不同的种类。不同种类的相关关系，需要用不同的方法进行研究。现象之间的相关关系主要有以下几种分类：

（一）按相关的程度不同，相关关系分为完全相关、不完全相关和不相关

完全相关是指一个变量变动完全由另一个或另一组变量所决定，这时相关关系就转化为函数关系。

不完全相关是介于完全相关和不相关之间的一种相关关系。在不完全相关中，一个变量变动不仅取决于另一个或另一组变量变动，而且还受随机因素干扰。

这种意义上的相关关系是本章主要介绍的。

不相关是一个变量变动与另一个或另一组变量变动相互独立，变量之间彼此互不影响，不存在任何依存关系。例如，照相机的销售量与布匹的销售量之间。

（二）按相关的方向不同，相关关系分为正相关和负相关

正相关是指相关变量之间的变化方向始终一致，要么相互影响的变量同时递增，要么同时递减。例如，家庭收入增加，相应家庭消费支出也增加；反之，家庭收入减少，家庭消费支出也减少，那么家庭收入与家庭消费支出之间就是正相关关系。

负相关是指相关变量之间的变化方向正好相反，要么一个变量递增时其他变量递减，要么一个变量递减时其他变量递增。例如，商品价格提高，社会对该商品的需求量减少；商品价格降低，社会对该商品的需求量增加。商品的价格与商品的需求量之间的关系就是负相关关系。

（三）按相关关系的形式不同，相关关系分为直线相关和曲线相关

直线相关是一个（组）变量变动，另一个变量发生大致均等的变动，这些变量在坐标系中的坐标点（也叫散点）大致在一条直线。例如，销售收入与销售量之间的关系就是直线相关关系。

曲线相关是一个（组）变量变动，另一个变量发生不均等的变动，这些变量在坐标系中对应的坐标点大致在一条曲线上。例如，每亩化肥试用量与粮食亩产量之间的关系就是曲线关系。一般情况下，曲线相关可以拟合成对应的一条曲线，如抛物线、指数曲线或双曲线等。

（四）按相关变量的多少不同，相关关系分为单相关和复相关

单相关是一个变量与另一个变量之间的相关关系。例如，在计件工资条件下，工人一天的工资只与其完成量有关。

复相关是一个变量与两个或两个以上的变量之间的相关关系。例如，

相关关系和
因果关系

粮食产量与化肥的用量、气温、降雨量、投入劳动力数和投入资金数都有关系，这就是复相关；再如销售利润与资金周转速度、流通费用、销售量和销售价格间的关系，也是复相关。复相关只有一个因变量及两个或两个以上的自变量。复相关可以转化为多个单相关研究其相关关系。

三、相关关系分析的主要内容

对客观现象具有的相关关系进行分析研究所采用的统计方法称为相关分析法。运用相关分析法的目的在于对相关现象的密切程度和变化规律有一个具体的数量上的认识，以做出某种判断，并进行相关的推算与预测。相关分析主要包括以下内容。

（一）判断现象之间的相关状态

判断现象之间是否存在相关关系，是相关分析的基础环节，属于定性认识问题。这主要依赖于研究者的理论知识、实际工作经验和分析研究的能力。当现象之间确实存在相关关系时，即可借助散点图或其他工具来研究相关关系所呈现的状态。

（二）判断相关关系的密切程度

对一元线性相关，确定关系密切程度的主要方法是计算相关系数；对曲线相关是计算相关指数；对多元相关是计算复相关系数。利用这类统计指标可以判断现象之间相关关系的密切程度。

（三）确定相关关系的数学表达式

把现象数量变化之间的一般关系用数学方程式表达，目的在于根据已知的自变量值来推算和预测因变量的未来值，它是相关分析的必然延伸，可以帮助我们从量的方面认识相关现象。如果现象之间表现为线性相关，就采用线性方程拟合；如果现象之间表现为曲线相关，就采用曲线方程拟合。建立数学方程式是进行推算和预测的前提条件。

（四）检验因变量估计值的误差

运用回归方程进行预测，实际上是用确定性的函数关系表达不确定的相关关系，因而必然存在误差。用自变量的取值，代入回归方程，可求得因变量相应的值，即预测值。实际值（或称观察值）与计算值一般是有出入的，通过计算估计标准误差可以得知这种误差的平均值。依据估计标准误差还可以计算预测值的置信区间，分析预测值的可靠程度。

任务二　一元线性相关分析

相关表和相关图是研究相关关系的直观工具。一般在详细的定量分析之前，可以先利用它们对现象之间存在的相关关系的方向、形式和密切程度做大致的判断。

一、相关表

相关表是将若干个变量的多组数据按照其中一个变量的大小顺序排列并编排在一张表格中所形成的统计表格。根据相关变量是否分组，相关表分为简单相关表和分组相关表。

（一）简单相关表

简单相关表是指对两个变量的数据资料都不作任何的分组，直接将各组数据按照其中一个变量排序之后的结果进行编排所形成的相关表。在资料项数比较少的情况下通常采用简单相关表。

例8-1 假设对某社区2016年10户居民家庭的月可支配收入和消费支出进行调查,得到原始资料,如表8-1所示。

表8-1 居民收入和消费的原始资料　　　　　　　　　　　　　　单位:百元

居民家庭编号	1	2	3	4	5	6	7	8	9	10
可支配收入(x)	25	18	60	45	62	88	92	99	75	98
消费支出(y)	20	15	40	30	42	60	65	70	53	78

根据以上原始资料,将可支配收入按从小到大的顺序排列,可编制相关表,如表8-2所示。

表8-2 居民消费和收入的相关表　　　　　　　　　　　　　　单位:百元

可支配收入(x)	18	25	45	60	62	75	88	92	98	99
消费支出(y)	15	20	30	40	42	53	60	65	78	70

从表8-2可以看出,随着月可支配收入的提高,居民的消费支出也有相应提高的趋势,两者之间存在明显的正相关关系。

(二)分组相关表

分组相关表是指将一个或两个变量的数据先进行分组,然后将分组结果按照其中一个变量的大小顺序编排在同一张表格中所形成的相关表。按分组情况不同,分组相关表又可分为单变量分组相关表和双变量分组相关表。

(1)单变量分组相关表,是指只对两个变量中的一个变量进行分组,并计算各组的次数,而对另一个变量不进行分组,只计算其各组平均水平所形成的相关表,如表8-3所示。

表8-3 商品销售额与流通费用率相关表

商店按商品销售额分组/万元	商店数/个	流通费用率/%
40以下	14	9.81
40~80	22	7.90
80~120	38	7.32
120~160	44	7.00
160~200	66	6.80
200~240	50	6.71
240~280	34	6.66
280~320	26	6.60
320以上	10	6.65

(2) 双变量分组相关表,是指同时对两个变量都进行分组并将分组结果按一定方式编排所形成的相关表。如果两个相关变量变动均较为复杂,则可根据分析需要,同时对两个变量进行分组。具体做法是:首先,分别确定自变量和因变量的组数,按组数设计表格;然后,分别计算各组的次数,并将次数置于相对应的空格中,如表 8-4 所示。

这张双变量分组相关表,按照相关图的形式作了特别的设计,形成图表结合的模式,因此,将这两个现象之间的相关关系反映得更加清楚。田块数大多集中在对角线位置,表明两个变量之间是正相关关系。除上例外,在其他方面也可以编制类似的双变量分组相关表。如工业企业按产量和成本水平同时分组,商业企业按企业规模和流通费用水平同时分组,等等。这种双变量分组相关表,可作为探寻最佳方案、提高经济效益的一种工具。

表 8-4　化肥施用量与稻谷单产量双变量分组相关表

按单产量分组 (y)/(百千克·公顷$^{-1}$)	按化肥施用量分组(x)/(百千克·公顷$^{-1}$)							田块合计
	3~4.5	4.5~6	6~7.5	7.5~9	9~10.5	10.5~12	12 以上	
82.5~90.0							2	2
75.0~82.5					1	3	1	5
67.5~75.0					2	2		4
60.0~67.5				3				3
52.5~60.0			1	2	2			5
45.0~52.5		1	2	1				4
37.5~45.0		2	1					3
30.0~37.5	1	1	1					1
22.5~30.0	1							1
田块合计	2	4	5	6	5	5	3	30

二、相关图

相关图又称散点图。它是以直角坐标系的横轴代表变量 x,纵轴代表变量 y,将两个变量之间相对应的变量值用坐标点的形式描绘出来,用来反映两个变量之间相关关系形式的图形。据表 8-2 的资料绘制的相关图如图 8-1 所示。

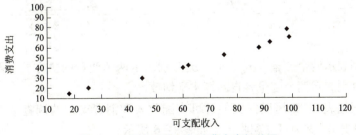

图 8-1　可支配收入与消费支出相关图

从图 8-1 可以看出,x 值小,其对应的 y 值也小,x 值大,y 值也大,散点近似直线,故居民的月消费支出和可支配收入之间呈线性相关关系。

三、相关系数

(一) 相关系数的含义

相关系数是在直线相关条件下，说明两个变量之间相关密切程度的统计分析指标，通常用 r 来表示。

相关系数比相关表和相关图更能概括表现相关的形式和程度。如果某一因变量受若干个自变量的影响，则可以分别计算因变量与每一个自变量的相关系数，对若干个相关系数加以比较就可以找到影响因变量的具有决定作用的因素。因此，相关系数对判断变量之间相关关系的密切程度具有重要的意义。

相关系数的取值范围：在 -1 和 $+1$ 之间，即 $-1 \leqslant r \leqslant +1$，$r > 0$ 为正相关，$r < 0$ 为负相关。

相关系数 r 的绝对值越接近于 1，表示相关关系越强，越接近于 0，表示相关关系越弱。如果 $|r| = 1$，则表明两个变量完全相关，即 x 和 y 之间属于函数关系。如果 $r = 0$，则表明两个变量不直线相关。值得注意的是，r 只是表示 x 和 y 的直线相关密切程度，当 r 为 0 时，并不表示 x 和 y 之间不存在其他非直线型（曲线）的相关关系。

为在实际分析时有个判别标准，一般将相关系数数值及对应的相关关系密切程度分成四个等级，如表 8-5 所示。

表 8-5 相关系数等级

相关系数的绝对值 $|r|$	相关密切等级
0.3 以下	微弱相关
0.3~0.5	低度相关
0.5~0.8	显著相关
0.8~1.0	高度相关

(二) 相关系数的计算

直线相关密切程度的测定方法，是用积差法计算相关系数。这里，我们略去公式的推导和证明，只简要介绍公式的应用。相关系数的定义公式如下：

$$r = \frac{\sigma_{xy}^2}{\sigma_x \sigma_y} = \frac{\dfrac{\sum(x-\bar{x})(y-\bar{y})}{n}}{\sqrt{\dfrac{\sum(x-\bar{x})^2}{n}} \sqrt{\dfrac{\sum(y-\bar{y})^2}{n}}} = \frac{\sum(x-\bar{x})(y-\bar{y})}{\sqrt{\sum(x-\bar{x})^2 \sum(y-\bar{y})^2}}$$

式中，x、y 分别表示两个变量；σ_{xy}^2、σ_x、σ_y 分别表示两个变量的协方差、两个变量各自的标准差；$\bar{x}$、$\bar{y}$ 分别表示两个变量各自的算术平均数。

例 8-2 根据表 8-2 居民家庭的月可支配收入和消费支出的调查资料，计算相关系数，令 y 为消费支出，x 为可支配收入，如表 8-6 所示。

$$r = \frac{\sum(x-\bar{x})(y-\bar{y})}{\sqrt{\sum(x-\bar{x})^2 \sum(y-\bar{y})^2}} = \frac{5\,630.4}{\sqrt{7\,831.52 \times 4\,134.1}} = \frac{5\,630.4}{5\,690.02} \approx 0.987\,9$$

表 8-6 定义公式的相关系数计算

变量 (x)	变量 (y)	$x-\bar{x}$	$y-\bar{y}$	$(x-\bar{x})^2$	$(y-\bar{y})^2$	$(x-\bar{x})(y-\bar{y})$
18	15	-48.2	-32.3	2 323.24	1 043.29	1 566.86
25	20	-41.2	-27.3	1 697.44	745.29	1 124.76
45	30	-21.2	-17.3	449.44	299.29	366.76
60	40	-6.2	-7.3	38.4	53.29	45.26
62	42	-4.2	-5.3	17.6	28.09	22.26
75	53	8.8	5.7	77.44	32.49	50.16
88	60	21.8	12.7	475.24	161.29	276.86
92	65	25.8	17.7	665.64	313.29	456.66
99	70	32.8	22.7	1 075.84	515.29	744.56
98	78	31.8	30.7	1 011.49	942.49	976.26
$\bar{x}=66.2$	$\bar{y}=47.3$	0	0	7 831.52	4 134.1	5 630.4

由上例可见，利用定义公式计算相关系数较烦琐，现对定义公式做适当变换，得到以下公式：

$$r = \frac{n\sum xy - \sum x \sum y}{\sqrt{n\sum x^2 - (\sum x)^2}\sqrt{n\sum y^2 - (\sum y)^2}}$$

用此公式计算相关系数不必计算两个变量数列的平均值与离差，计算简捷（称简捷法），并可减少差错，如表 8-7 所示。（注意计算时可利用多功能计算器的统计功能模块）

表 8-7 简捷公式的相关系数计算

x	y	x^2	y^2	xy
18	15	324	225	270
25	20	625	400	500
45	30	2 025	900	1 350
60	40	3 600	1 600	2 400
62	42	3 844	1 764	2 604
75	53	5 625	2 809	3 975
88	60	7 744	3 600	5 280
92	65	8 464	4 225	5 980
99	70	9 801	4 900	6 930
98	78	9 604	6 084	7 644
$\sum x = 662$	$\sum y = 473$	$\sum x^2 = 51\ 656$	$\sum y^2 = 26\ 507$	$\sum xy = 36\ 933$

$$r = \frac{n\sum xy - \sum x \sum y}{\sqrt{n\sum x^2 - (\sum x)^2} \cdot \sqrt{n\sum y^2 - (\sum y)^2}}$$

$$= \frac{10 \times 36\,933 - 662 \times 473}{\sqrt{10 \times 51\,656 - (662)^2} \times \sqrt{10 \times 26\,507 - (473)^2}}$$

$$\approx \frac{56\,204}{279.85 \times 203.3} \approx \frac{56\,204}{56\,893.5} \approx 0.987\,9$$

计算结果说明居民月消费支出与可支配收入存在高度正相关关系。所以，x 和 y 线性关系显著，可进入回归分析。

任务三　一元线性回归分析

一、回归分析的含义

"回归"一词是高尔顿首先提出来的。之后，高尔顿的学生皮尔逊（1857—1936 年）把回归的概念同数学的方法联系起来，把代表现象之间一般数量关系的统计模型叫作回归直线或回归曲线，从此诞生了统计上著名的回归理论。后来，回归这个词被泛指变量之间的一般数量关系。

现象之间的相关关系，虽然不是严格的函数关系，但现象之间的较为密切的相关关系，我们可以通过函数表达式来近似反映。这种表达式根据相关现象的实际对应资料，运用数学的方法来建立，这种数学方法称为回归分析。其意思是：根据现象之间相关关系的形式，配合一条最适合的直线（或曲线），用这条直线（或曲线）反映它们之间数量变化的一般关系。本节仅讲直线，即当自变量发生一个量的变化时，因变量就一般会或平均会发生多大量的变化。例如，单位面积化肥使用量增加一公斤，稻谷单产量会增产多少公斤。反映现象间相关关系数量变化规律的这条直线，叫作回归直线；表现这条直线的数学表达式，叫作直线回归模型。它是推算预测因变量的经验数据模型。直线回归模型有一元线性回归模型（只反映两现象之间的相关关系）或多元线性回归模型（反映三个或三个以上现象之间的相关关系）。

回归分析从本质上讲，是指用一定的数学方程来拟合变量之间所存在的较为密切的相关关系，并使用一定的数学方法求解出方程中的未知参数，得到方程的具体表达式，然后借助于该函数关系式，依据自变量数值，来估计因变量数值的一种统计分析技术。

二、回归分析的内容

回归分析的具体内容包括两个方面：

（一）确定现象之间相关关系的数学模型

回归分析的目的之一就是根据一个现象的变动对另一个现象的变动做出数量上的判断，测定变量间的一般数量变化关系。即建立描述现象间相关关系的数学模型——回归方程，用函数关系式近似地表现相关关系，进而找出现象间相互依存关系数量上的规律性，作为判断、推算、预算的根据。

高尔顿

（二）测定数学模型的拟合度

数学模型是现象间相关关系的数量描述形式，模型拟合的精度，直接影响着统计分析结论的精确性。因此，在模型建立后，需要对其精确度进行检验。统计上一般是通过计算估计标准误差来测定精确度的。估计标准误差小，说明模型的拟合精度高，从而进行统计分析结论的可靠性就大；反之，估计标准误差大，说明模型拟合的精度低，则统计分析结论的可靠性就低。

相关分析和回归分析都是对现象之间的相关关系进行分析研究的统计技术，它们既相互区别，又存在密切关系。

它们的区别在于：

（1）分析的内容及其深浅程度不同。相关分析是对现象之间是否存在相关关系以及相关关系的形态、密切程度等进行分析研究，是对相关关系所进行的初步的基本分析；回归分析是用数学模型来拟合变量之间的较为密切的相关关系，并求解模型的具体表达式，然后借助于该函数关系式进行变量间数值的推算，是对紧密的相关关系所进行的更进一步的分析。

（2）分析过程中变量所处的地位不同。相关分析中，可以不区分自变量和因变量，所有变量都是随机变量，影响因素和被影响因素之间的关系是对等的；回归分析中，必须区分自变量和因变量，通常将影响因素作为自变量，被影响因素作为因变量，只有因变量是随机变量，自变量一般是给定量。

它们的联系在于：相关分析是回归分析的前提和基础，回归分析是相关分析的继续和深入。不经过相关分析，一般不可以直接进行回归分析，不然得出的分析结论可能就是错误的，依据这样的结论进行决策可能会造成无法估量的损失；如果通过相关分析得出变量之间存在着极为密切的相关关系，那么往往要继续进行回归分析，因为通过回归分析得出的结论才更有意义。

三、一元线性回归分析

在回归分析中，最简单的模型是只有一个因变量和一个自变量的线性回归模型。这一类模型就是一元线性回归模型，又称为直线回归模型。

（一）构建一元线性回归模型应具备的条件

一般情况下，构建一元线型回归模型应具备以下几个条件：

（1）现象间确实存在数量上的相互依存关系。只有当两个变量存在比较密切的相关关系时，所构建的回归模型才有意义，用此进行分析和预测才有价值。

（2）现象间存在线性相关关系。一元线性回归方程在图形上表现为一条直线，因此，只有当两个变量的相关关系表现为直线相关时，所配合的直线方程才是对客观现实的真实描述，才可用此进行统计分析，如果现象间的相关关系表现为曲线，却配合为直线，就必然会得出错误的分析结论。

（3）具备一定数量的变量观测值。回归直线方程是根据自变量和因变量的样本观测值求得的，因此，变量 x 和变量 y，两者应有一定数量的对应观测值，这是构建直线方程的依据。如果观测值太少，受随机因素的影响较大，就不易观察出现象间的变动规律性，所求出的直线回归方程也就没有意义了。

（二）一元线性回归模型

若以 x 表示自变量，y 表示因变量，则一元线性回归模型的基本形式为：

$$\hat{y} = a + bx$$

式中，$\hat{y}$ 为回归估计值；a 和 b 均为未知参数，其中 b 为回归系数，表示当自变量有一个单位变动时，因变量变动的平均值，$b>0$ 为增加量，$b<0$ 为减少量。b 的符号与相关系数 r 的符号一致，若 $r>0$，则 $b>0$，变量呈正相关关系；若 $r<0$，则 $b<0$，变量呈负相关关系。而 a 是一个与自变量初始有关的因变量的基础参考值。

根据多元函数求极值的定理，使用最小平方法，可得到求解参数 a 和 b 的标准联立方程组为：

$$\begin{cases} \sum y = na + b\sum x \\ \sum xy = a\sum x + b\sum x^2 \end{cases}$$

式中，n 表示数据的项数，其他符号与前相同。

解联立方程组可得：

$$\begin{cases} b = \dfrac{n\sum xy - \sum x \sum y}{n\sum x^2 - (\sum x)^2} \\ a = \dfrac{\sum y}{n} - b\dfrac{\sum x}{n} = \bar{y} - b\bar{x} \end{cases}$$

例 8-3 根据表 8-2 居民家庭的月可支配收入和消费支出的调查资料，进行一元线性回归分析，确定直线回归方程。

根据消费支出与可支配收入之间关系，令消费支出为因变量 y，可支配收入为自变量 x，如表 8-8 所示。

表 8-8 直线回归方程参数计算

可支配收入（x）	消费支出（y）	x^2	y^2	xy
18	15	324	225	270
25	20	625	400	500
45	30	2 025	900	1 350
60	40	3 600	1 600	2 400
62	42	3 844	1 764	2 604
75	53	5 625	2 809	3 975
88	60	7 744	3 600	5 280
92	65	8 464	4 225	5 980
99	70	9 801	4 900	6 930
98	78	9 604	6 084	7 644
$\sum x = 662$	$\sum y = 473$	$\sum x^2 = 51\ 656$	$\sum y^2 = 26\ 507$	$\sum xy = 36\ 933$

$$b = \frac{n\sum xy - \sum x \sum y}{n\sum x^2 - (\sum x)^2} = \frac{10 \times 36\ 933 - 662 \times 473}{10 \times 51\ 656 - (662)^2} = \frac{56\ 204}{78\ 316} = 0.717\ 7$$

$$a = \frac{\sum y}{n} - b\frac{\sum x}{n} = \frac{473}{10} - 0.717\ 7 \times \frac{662}{10} = -0.208\ 9$$

所以,回归方程为 $\hat{y} = -0.2089 + 0.7177x$。

上式说明该社区 2016 年居民月可支配收入 x 每增加 1 百元,消费支出 y 就平均增加 0.7177 百元;在月可支配收入 x 为 0 的情况下,消费支出 y 为 -0.2089 百元。根据这个方程,可以估计该社区居民月可支配收入对消费支出的影响,估计的结果表明该社区居民月消费支出随可支配收入的增加而增加。

四、估计标准误差

估计标准误差是用来说明直线回归方程代表性大小的统计分析指标,又称为回归标准误差。

直线回归方程是在直线相关条件下反映两个变量之间一般数量关系的数学模型。根据直线回归方程,可以由自变量的给定值推算因变量的值。但是,推算出的因变量数值并不是一个精确数值,而是一个估计值。这就是说,由回归方程进行预测是存在误差的。误差越大,说明拟合的直线回归方程越不精确;误差越小,说明拟合的直线回归方程越精确,即代表性越大。因此,求出直线回归方程后,有必要对其拟合精度进行检测。估计标准误差就是进行这种检测的统计分析指标。

估计标准误差的计算方法主要有两个:一个是定义公式;二个是简捷公式。

定义公式为:

$$S_{yx} = \sqrt{\frac{\sum(y - \hat{y})^2}{n - m}}$$

式中,s_{yx} 表示估计标准误差;y 表示因变量实际值;$\hat{y}$ 表示因变量估计值;n 表示相关数列的项数;m 表示回归方程中未知参数个数。

按照上面的定义公式计算标准误差十分烦琐,运算量较大,因为它需要计算出因变量 y 所有的估计值。在实践中,在已知直线回归方程的情况下,通常用下面的简捷公式计算估计标准误差:

$$S_{yx} = \sqrt{\frac{\sum y^2 - a\sum y - b\sum xy}{n - m}}$$

例 8-4 仍采用表 8-2 资料,说明估计标准误差的计算方法。估计标准误差计算如表 8-9 所示。

表 8-9 估计标准误差计算

序号	可支配收入 (x)	消费支出 (y)	x^2	y^2	xy	$\hat{y}$	$y - \hat{y}$	$(y - \hat{y})^2$
1	18	15	324	225	270	12.71	2.29	5.25
2	25	20	625	400	500	17.73	2.27	5.14
3	45	30	2 025	900	1 350	32.09	-2.09	4.35
4	60	40	3 600	1 600	2 400	42.85	-2.85	8.13
5	62	42	3 844	1 764	2 604	44.29	-2.29	5.23
6	75	53	5 625	2 809	3 975	53.62	-0.62	0.38
7	88	60	7 744	3 600	5 280	62.94	-2.94	8.67

续表

序号	可支配收入（x）	消费支出（y）	x^2	y^2	xy	$\hat{y}$	$y-\hat{y}$	$(y-\hat{y})^2$
8	92	65	8 464	4 225	5 980	65.82	-0.82	0.67
9	99	70	9 801	4 900	6 930	70.84	-0.84	0.70
10	98	78	9 604	6 084	7 644	70.12	7.88	62.07
合计	662	473	51 656	26 507	36 933	473.00	—	100.58

根据定义公式有

$$S_{yx} = \sqrt{\frac{\sum(y-\hat{y})^2}{n-m}} = \sqrt{\frac{100.58}{10-2}} = 3.55（百元）$$

根据简捷公式有

$$S_{yx} = \sqrt{\frac{\sum y^2 - a\sum y - b\sum xy}{n-m}}$$

$$= \sqrt{\frac{26\ 507 - (-0.208\ 9)\times 473 - 0.717\ 7\times 36\ 933}{10-2}}$$

$$= 3.55（百元）$$

可见两个公式计算的结果是一致的。当然，有时两种方法计算结果不完全一致，这是由于计算过程中小数的取舍造成的少许出入。

五、运用一元线性回归模型进行推算

回归方程的最有效用途就是在给定自变量数值 $x = x_0$ 的前提下，推算因变量的数值 $y = y_0$。按照准确程度不同，估计分为点估计与区间估计两种方法。

点估计方法是指将自变量数值 $x = x_0$ 代入回归方程，用计算的回归估计值 $\hat{y} = \hat{y}_0$ 直接作为因变量 y_0 的估计值。

区间估计方法是指以回归估计值 $\hat{y} = \hat{y}_0$ 为基础，得出因变量 y_0 在一定概率保证下可能取值的一个区间。这个区间也叫置信区间，对应的概率也叫置信度。当因变量 y 为正态分布，且 n 较大（$n \geq 30$）时，置信区间的一般形式为：$[\hat{y}_0 - \mu_{\alpha/2} s_{yx}, \hat{y}_0 + \mu_{\alpha/2} s_{yx}]$，其中 $\mu_{\alpha/2}$ 表示与置信度对应的标准正态概率双侧临界值，其他符号与前相同。

例8-5 接例8-4，假设同一社区某居民家庭2016年月可支配收入为11百元，在95%的概率保证下，估计其消费支出。

已知 $x_0 = 11$ 百元，$s_{yx} = 3.55$ 百元；当置信度 $1-\alpha = 95\%$ 时，临界值 $\mu_{\alpha/2} = 1.96$，则：

$y_0 = -0.208\ 9 + 0.717\ 7 \times 11 \approx 7.69$（百元）（点估计）

$y_0 = 7.69 \pm 1.96 \times 3.55$（百元），即 y_0 在 $0.73 \sim 14.65$ 百元。（区间估计）

这种利用回归方程进行的估计在日常社会经济生活中经常用到，是一种重要的管理工具。值得注意的是，回归方程只能以自变量 x 推算因变量 y，而不能反过来以因变量 y 推算自变量 x。如例5中，仅能依据可支配收入去推算消费支出。在互为因果关系的变量之间，或者变量之间因果关系不明显时，可以根据研究问题的需要，分别建立 $\hat{y} = a + bx$ 和 $\hat{x} = c + dy$ 两个一元线性回归方程，利用后者可以根据 y 推算 x。当然，这两个回归方程的意义是不

同的，切不可滥用。

任务四　多元线性回归分析与一元非线性回归分析

这里简单介绍多元线性回归（复回归）分析和一元非线性回归（曲线回归）分析。

一、多元线性回归分析

前面我们研究的都是因变量仅受一个因素（自变量）变动影响的回归分析。然而，在现实中，某一现象变动常常受多种因素变动的影响。例如，消费除了受本期影响之外，还会受以往消费和收入水平的影响；一个工业企业利润额的大小除了与总产值多少有关外，还与成本、价格等有关。这就是说，影响因变量变动的自变量通常不是一个，而是多个。这就产生了测定多因素之间相关关系的问题。

多个自变量的回归分析为多元回归分析，也称复回归分析。这里只介绍多元线性复回归分析，即研究在线性相关条件下，两个或两个以上自变量对一个因变量的数量变化关系。表现这一数量关系的数学公式，称为多元性回归模型，或称为复回归模型。多元性回归模型是一元性回归模型的扩展，其未知参数的求解原理与一元线性回归模型相类似，只是在计算上麻烦一些而已，这里简要介绍一下。

n 元线性回归方程的形式为：

$$\hat{y} = a + b_1 x_1 + b_2 x_2 + \cdots + b_n x_n$$

求解参数 a，b_1，b_2，$\cdots$，b_n 的方程为：

$$\begin{cases} \sum y = na + b_1 \sum x_1 + b_2 \sum x_2 + \cdots + b_n \sum x_n \\ \sum x_1 y = a \sum x_1 + b_1 \sum x_1^2 + b_2 \sum x_1 x_2 + \cdots + b_n \sum x_1 x_n \\ \sum x_2 y = a \sum x_2 + b_1 \sum x_1 x_2 + b_2 \sum x_2^2 + \cdots + b_n \sum x_2 x_n \\ \quad \cdots \\ \sum x_n y = a \sum x_n + b_1 \sum x_1 x_n + b_2 \sum x_2 x_n + \cdots + b_n \sum x_n^2 \end{cases}$$

二、一元非线性回归分析

（一）一元非线性回归的意义

在现实生活中，非线性关系是大量存在的，例如人的身高与年龄的关系，显然，是不可以用直线方程来拟合的，这类问题称为曲线回归问题或非线性回归问题。如果自变量与因变量之间为曲线相关或非线性相关，则要用曲线回归分析。曲线回归分析就是根据曲线的类型建立相应的曲线回归方程。

（二）一元非线性回归方程的确定

在对实际的客观对象进行定量分析时，选择回归方程的具体形式应遵循以下原则：

首先，方程形式应与经济学的基本理论相一致。例如，采用幂函数的形式，能够较好地表现生产函数；采用多项式方程能够较好地反映总成本与总产量之间的关系等。

其次，方程要有较高的拟合程度。因为只有这样，才说明回归方程可以较好地反映现实经济的运行情况。

最后,方程的数学形式尽可能简单。如果几种形式都能基本符合上述两项要求,则应该选择其中数学形式比较简单的一种。一般来说,数学形式越简单,其可操作性就越强。

下面简要介绍较常用的几种一元非线性回归方程的形式。

1. 指数曲线方程

指数曲线的方程为:$y = ab^x$。

线性化的方法为对方程两边取对数:$\lg y = \lg a + x \lg b$。

令 $Y = \lg y, A = \lg a, B = \lg b$,则转化为直线方程:$Y = A + Bx$,求解 a 和 b 的方法为:以 Y 与 x 的直线回归方程先求出 A 和 B 的值,然后用反对数再求出 a 和 b 的值。

2. 二次曲线方程

二次曲线的方程为:$y = a + bx + cx^2$。

求解 a、b、c 三个参数的方法为:将 x、x^2 看作两个自变量,按多元线性回归分析的方法解出 a、b、c 的值。

求解 a、b、c 的方程组为:

$$\begin{cases} \sum y = na + b\sum x + c\sum x^2 \\ \sum xy = a\sum x + b\sum x^2 + c\sum x^3 \\ \sum x^2 y = a\sum x^2 + b\sum x^3 + c\sum x^4 \end{cases}$$

任务五　运用 Excel

绘制相关图

一、绘制相关图

例如:对某社区 10 户居民家庭 2016 年 12 月份的可支配收入和消费支出进行调查,得到表 8-10 所示资料。

表 8-10　居民可支配收入与消费支出

单位:百元

可支配收入	18	25	45	60	62	75	88	92	99	98
消费支出	15	20	30	40	42	53	60	65	70	78

用 Excel 绘制可支配收入与消费支出相关图方法如下:

(1) 在一张空的 Excel 工作表的 A1:K3 单元范围输入表 8-10 中资料,并用鼠标选中 A2:K3 区域;

(2) 单击功能区中的"插入"按钮,然后再单击图表区中的"散点图"按钮,接着单击散点图下的第一种子图表类型,将会出现图 8-2 所示的散点图;将图表标题"消费支出"修改为"居民可支配收入与消费支出相关图";

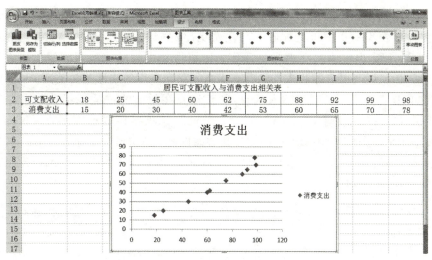

图 8－2　相关图

（3）依次单击"布局""坐标轴标题""主要横坐标轴标题（H）""坐标轴下方标题"，将出现的"坐标轴标题"更改为"可支配收入（百元）"；

（4）依次单击"布局""坐标轴标题""主要纵坐标轴标题（V）""竖排标题"，将出现的"坐标轴标题"更改为"消费支出（百元）"；

（5）单击"布局""图例""无（关闭图例）"按钮，将图例取消掉，即可得到图 8－3 所示的规范的散点图。

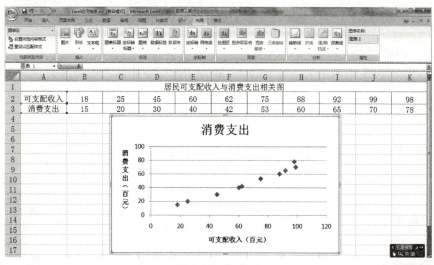

图 8－3　相关图

二、用 CORREL 与 PEARSON 函数计算相关系数

（一）用 CORREL 函数计算相关系数

格式如下：

CORREL（数组1，数组2）

数组1：第一组数值单元格区域的引用；

用 CORREL 与
PEARSON 函数
计算相关系数

数组 2：第二组数值单元格区域的引用。

例如要计算表 8-10 中可支配收入与消费支出的相关系数，可在 A4 单元格输入"=CORREL（B2：K2，B3：K3）"并按回车键，即可得到可支配收入与消费支出之间的相关系数为 0.987 76，说明可支配收入与消费支出之间存在高度的线性相关关系。

也可以单击"公式""f_x（插入函数）"按钮，在弹出的"插入函数"选择菜单中的"或选择类别（C）："中选择"全部"或者"统计"选项，在"选择函数（N）："中选择"CORREL"，在出现的"CORREL"函数参数对话框的"Array1"后输入"B2：K2"，"Array2"后输入"B3：K3"，然后单击"确定"，同样可得到可支配收入与消费支出之间的相关系数，如图 8-4 所示。

图 8-4 "CORREL"函数对话框

（二）用 PEARSON 函数计算相关系数

PEARSON 函数与 CORREL 函数的格式、使用方法完全相同。它们的不同之处在于它们计算相关系数的定义公式不同，但可以证明是恒等的，所以根据同一资料计算的结果肯定也相同。

三、用"回归"工具进行一元线性回归分析与多元线性回归分析

（一）一元线性回归分析

例如求解表 8-10 可支配收入与消费支出的一元线性回归模型的方法如下：

（1）在一张工作表的 A1：B11 单元格范围输入表中资料；

（2）单击"数据"按钮中的"数据分析"按钮，选择其中的"回归"并单击"确定"，将会弹出"回归"对话框；

用"回归"工具进行一元线性回归分析

（3）在"回归"对话框中，"Y 值输入区域（Y）："后输入因变量消费支出的单元格区域的引用 B1：B11，"X 值输入区域（X）："后输入自变量可支配收入的单元格区域的引用 A1：A11，单击"新工作表组（P）："，勾选"标志"，最后单击"确定"，即可得到一元线性回归分析的各参数数值，如图 8-5 所示，这样可得可支配收入与消费支出之间的一元线性回归模型为：

$$\hat{y} = -0.20887 + 0.71766x$$

图 8-5 一元线性回归分析结果

(二) 多元线性回归分析

例如：对苏安达快递服务公司进行抽样调查，得到其 10 名雇员的工作时间与投递行驶距离和投递业务次数的资料，如表 8-11 所示。

用"回归"工具进行
多元线性回归分析

表 8-11 苏安达公司雇员工作时间与投递行驶距离和投递业务次数的资料

雇员编号	1	2	3	4	5	6	7	8	9	10
工作时间/小时	9.3	4.8	8.9	6.5	4.2	6.2	9.4	6.0	9.5	6.1
行驶距离/千米	100	50	100	100	50	80	75	65	90	90
业务次数/次	4	3	4	2	2	2	3	4	3	2

求解工作时间与投递行驶距离、投递业务次数之间的多元线性回归模型的方法如下：

(1) 在一张空工作表的 A1：D11 单元格区域输入表中资料；

(2) 单击"数据"按钮中的"数据分析"按钮，选择其中的"回归"并单击"确定"，将会弹出"回归"对话框；

(3) 在"回归"对话框中，"Y 值输入区域（Y）："后输入因变量工作时间的单元格区域的引用 B1：B11，"X 值输入区域（X）："后输入自变量行驶距离和投递业务次数的单元格区域的引用 C1：D11，单击"新工作表组（P）："，勾选"标志（L）"，最后单击"确定"，如图8-6所示，即可得到多元线性回归分析的各参数数值（见图 8-7），这样可得工作时间与投递行驶距离、投递业务次数之间的多元线性回归模型为：

$$\hat{y} = -0.8687 + 0.06113x_1 + 0.92343x_2$$

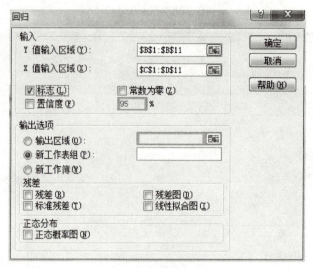

图 8-6 "回归"对话框

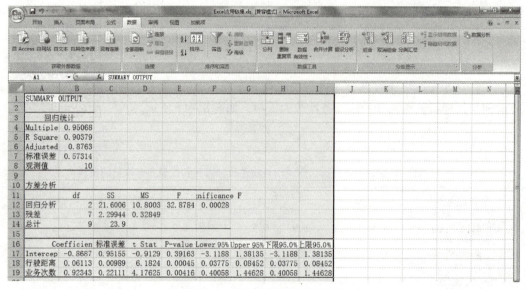

图 8-7 多元线性回归分析结果

四、利用作图法求解一元回归模型

例如：随机抽取广州大学 16 名二年级学生，测验他们跳远与 100 米成绩，结果如表 8-12 所示，试确定 100 米和跳远成绩之间的一元回归模型。

求解之前先在一张空工作表的 A1：C18 单元格区域输入表中资料。

（一）线性回归模型

一元线性回归模型的一般表达式为 $\hat{y} = a + bx$。

（1）做散点图。删除图例后如图 8-8 所示。

（2）把鼠标指向数据散点，右击，在弹出的快捷菜单中选择"添加趋势线"命令，弹出如图 8-9 所示对话框。

利用作图法求解其他一元回归模型

(3) 勾选"显示公式（E）"与"显示 R 平方值（R）"前面的复选框，其他不选，单击"关闭"，将会出现如图 8-10 所示的结果。

这样可得到广州大学二年级学生 100 米与跳远成绩之间的一元线性回归模型为：$\hat{y} = 17.09 + 0.824x$，而 100 米与跳远成绩相关系数的平方等于 0.755。

表 8-12　广州大学二年级学生跳远与 100 米成绩　　　　单位：分

受试者编号	跳远	100 米
1	95	90
2	75	80
3	90	95
4	95	100
5	85	80
6	65	70
7	80	95
8	85	85
9	90	95
10	75	70
11	75	85
12	60	65
13	95	95
14	100	100
15	75	80
16	90	85

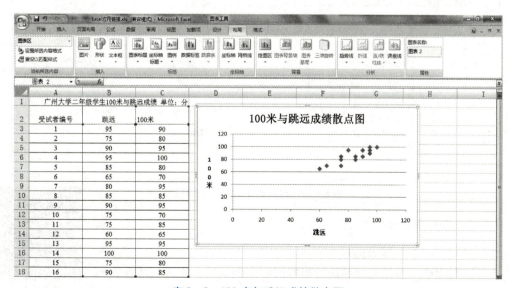

表 8-8　100 米与跳远成绩散点图

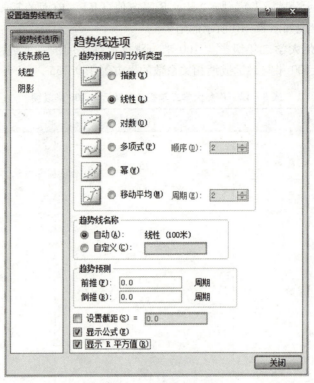

图 8-9 添加趋势线

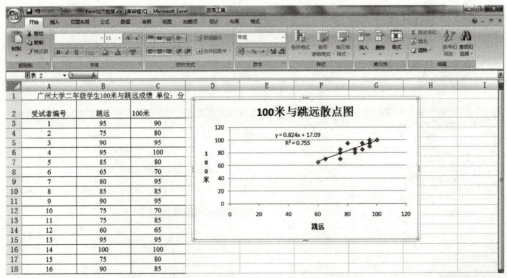

图 8-10 趋势线与线性回归模型

利用作图法求解一元线性回归模型

(二)指数回归模型

指数回归模型的一般表达式为 $\hat{y} = a \times e^{bx}$。

也可以对 100 米与跳远成绩进行指数回归模型求解,步骤与线性回归模型的求解相似,只是在图 8-9 所示对话框中单击选择其中的第一种 "指数(X)" 类型,得到的回归图形与模型如图 8-11 所示。

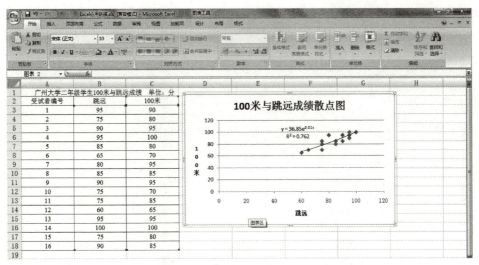

图 8–11　作图法求出的指数回归模型结果

(三) 对数回归模型

对数回归模型的一般表达式为 $\hat{y} = a + b\ln(x)$，式中，$\ln(x)$ 是以 e 为底的自然对数函数。

也可以对 100 米与跳远成绩进行对数回归模型求解，步骤与线性回归模型的求解相似，只是在图 8–9 所示对话框中单击选择其中的第三种"对数 (O)"类型，得到的回归图形与模型如图 8–12 所示。

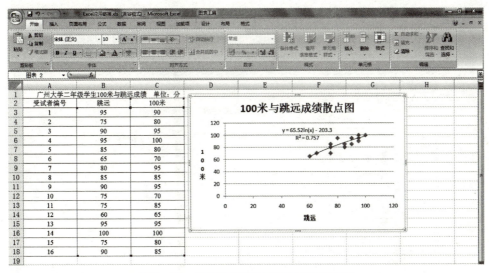

图 8–12　作图法求出的对数回归模型结果

(四) 多项式回归模型

多项式回归模型的一般表达式为 $\hat{y} = a + b_1 x + b_2 x^2 + \cdots + b_n x^n$，式中，$a$ 是常数，b_1，b_2，$\cdots$，b_n 是系数。

也可以对 100 米与跳远成绩进行多项式回归模型求解，步骤与线性回归模型的求解相似，只是在图 8–9 所示对话框中单击选择其中的第四种"多项式 (P)"类型，得到的回归图形与模型如图 8–13 所示。

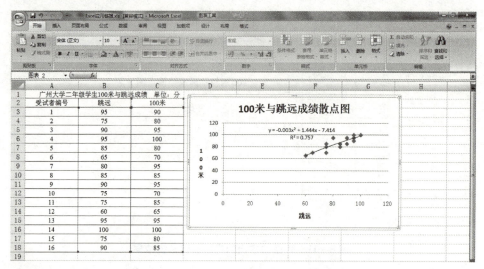

图 8–13　作图法求出的多项式回归模型结果

(五) 幂回归模型

幂回归模型的一般表达式为 $\hat{y} = a \times x^b$。

也可以对 100 米与跳远成绩进行幂回归模型求解，步骤与线性回归模型的求解相似，只是在图 8–9 所示对话框中单击选择其中的第五种"幂（W）"类型，得到的回归图形与模型如图 8–14 所示。

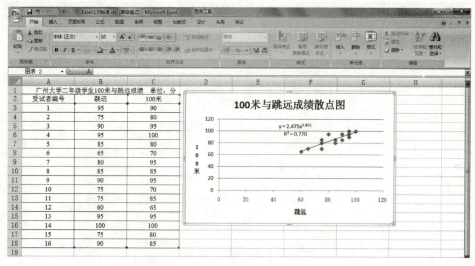

图 8–14　作图法求出的幂回归模型结果

项目小结

在现实世界里，许多现象之间是相互联系、相互制约的。现象之间的这种关系可以分为函数关系和相关关系两大类。函数关系反映想象之间存在的一种严格的依存关系。它是指由某种确定的原因，必然导致确定的结果的因果关系。相关关系是指变量之间存在的一种不严格的依存关系。在这种关系中,某一变量的变化受另一个变量或一组变量的影响,却不由这一个变量或一组变量完全确定。

现象之间的相关关系,从不同的角度和侧面,有不同的种类。相关关系按相关的程度不同,分为完全相关、不完全相关和不相关;按相关的方向不同,分为正相关和负相关;按相关关系的形式不同分为直线相关和曲线相关;按影响因素多少不同,分为单相关和复相关。

相关表是一种反映变量之间相关关系的统计表,根据相关变量是否分组,相关表分为简单相关表和分组相关表。相关图是以直角坐标系的横轴代表变量 x,纵轴代表变量 y,将两个变量之间相对应的变量值用坐标点的形式描绘出来,用来反映两个变量之间相关关系的图形。相关系数是在直线相关条件下,说明两个变量之间相关密切程度的统计分析指标。相关系数的计算有定义公式和简捷公式两个公式。

回归分析是指将具有一定程度相关关系的现象的变量转换为函数关系,并建立变量关系的数学表达式,来研究变量之间数量变动关系的统计分析方法。直线回归方程的基本形式为:$\hat{y} = a + bx$,式中,$\hat{y}$ 表示回归估计值;a 和 b 均表示未知参数,参数 a 和 b 通常用最小平方法来计算。

估计标准误差是用来说明直线回归方程代表性大小的统计分析指标。

多元线性回归分析方法也是直接采用最小平方法。非线性回归分析问题先要转换为线性回归分析问题,然后再使用最小平方法。

技能训练题

案例资料

当今世界,各国的市场基本都是买方市场,绝大多数产品和服务都供大于求。这样,产品销售量对一个工业企业来说就至关重要。然而,对于一个工业企业来说,影响其产品销售量的因素有很多,如产品质量、成本、价格、用户情况、同类产品生产情况和流通渠道等,有的可以控制,有的无法控制。企业要提高产品销售量,就必须对这些因素进行深入细致分析,区分出哪些是自己可以控制的,哪些自己无法控制的,哪些是主要因素,哪些是次要因素。然后从主要的可控因素入手,想方设法来扩大产品销售量。表8-13给出的是某工业企业的销售网点数和产品销售量。

表8-13 某工业企业的销售网点数和产品销售量

年份/年	销售网点数/个	销售量/千件
2010	1	73
2011	3	82
2012	13	108
2013	20	123
2014	19	114
2015	27	132
合计	83	632

(一)实训目的与要求

1. 熟悉相关分析与回归分析的作用。
2. 依据表 8-13 资料,进行相关分析。
3. 在上述相关分析的基础上,判断是否需要进行回归分析。若需要,试进行回归分析。

(二)实训内容

1. 相关分析;
2. 回归分析。

(三)实训形式

先独立思考,再分组讨论。

(四)实训地点

教室。

(五)实训时数

2 学时。

思考题

一、判断题

1. 相关关系和函数关系都属于完全确定性的依存关系。　　　　　　　　(　　)
2. 如果两个变量的变动方向一致,同时呈上升或下降趋势,则二者一定是正相关关系。
　　　　　　　　　　　　　　　　　　　　　　　　　　　　　　　　(　　)
3. 假定变量 x 与 y 的相关系数是 0.8,变量 m 与 n 的相关系数为 -0.9,则 x 与 y 的相关密切程度较高。　　　　　　　　　　　　　　　　　　　　　　　　　(　　)
4. 当直线相关系数 $r=0$ 时,说明变量之间不存在任何相关关系。　　　(　　)
5. 在进行相关和回归分析时,必须以定性分析为前提,判定现象之间有无关系及其作用范围。　　　　　　　　　　　　　　　　　　　　　　　　　　　　　　　(　　)
6. 回归系数 b 的符号与相关系数 r 的符号,可以相同也可以不相同。　(　　)
7. 在直线回归分析中,两个变量是对等的,不需要区分因变量和自变量。(　　)
8. 工人的技术水平提高,使劳动生产率提高,这种关系是一种不完全的正相关关系。
　　　　　　　　　　　　　　　　　　　　　　　　　　　　　　　　(　　)
9. 正相关指的就是两个变量之间的变动方向都是上升的。　　　　　　(　　)
10. 回归分析和相关分析一样,所分析的两个变量都一定是随机变量。　(　　)

二、单项选择题

1. 下面是函数关系的是(　　)。
   A. 销售人员测验成绩与销售额大小的关系　　B. 圆周的长度决定于它的半径
   C. 家庭的收入和消费的关系　　　　　　　　D. 数学成绩与统计学成绩的关系
2. 两个变量间的相关关系称为(　　)。
   A. 正相关　　　　　　　　　　　　　　　　B. 负相关
   C. 单相关　　　　　　　　　　　　　　　　D. 复相关
3. 下列关系中,属于正相关关系的有(　　)。

A. 合理限度内，施肥量和平均单产量之间的关系
B. 产品产量与单位产品成本之间的关系
C. 商品的流通费用与销售利润之间的关系
D. 流通费用率与商品销售量之间的关系

4. 相关系数 r 的取值范围是（　　）。
A. $-\infty < r < +\infty$
B. $-1 \leqslant r \leqslant +1$
C. $-1 < r < +1$
D. $0 \leqslant r \leqslant +1$

5. 当相关系数 $r = 0$ 时，表明（　　）。
A. 现象之间完全无关
B. 相关程度较小
C. 现象之间完全相关
D. 无直线相关关系

6. 进行相关分析，要求相关的两个变量（　　）。
A. 都是随机的
B. 都不是随机的
C. 一个是随机的，一个不是随机的
D. 随机或不随机都可以

7. 回归系数和相关系数的符号是一致的，其符号均可用来判断现象之间是（　　）。
A. 线性相关还是非线性相关
B. 正相关还是负相关
C. 完全相关还是不完全相关
D. 单相关还是复相关

8. 在线性相关的条件下，自变量的标准差为 2，因变量的标准差为 5，当相关系数为 0.8 时，回归系数为（　　）。
A. 8
B. 0.32
C. 2
D. 12.5

9. 回归直线 $\hat{y} = a + bx$，$b < 0$，则 x 与 y 之间的相关系数（　　）。
A. $r = 0$
B. $r = 1$
C. $0 < r < 1$
D. $-1 < r < 0$

10. 在回归直线 $\hat{y} = a + bx$ 中，b 表示（　　）。
A. 当 x 增加一个单位时，y 增加 a 的数量
B. 当 y 增加一个单位时，x 增加 b 的数量
C. 当 x 增加一个单位时，y 的平均增加量
D. 当 y 增加一个单位时，x 的平均增加量

三、多项选择题

1. 下列哪些现象之间的关系为相关关系（　　）。
A. 家庭收入与消费支出关系
B. 圆的面积与它的半径关系
C. 广告支出与商品销售额关系
D. 单位产品成本与利润关系
E. 在价格固定情况下，销售量与商品销售额关系

2. 相关系数表明两个变量之间的（　　）。
A. 线性关系
B. 因果关系
C. 变异程度
D. 相关方向
E. 相关的密切程度

3. 销售额与流通费用率，在一定条件下，存在相关关系，这种相关关系属于（　　）。
A. 正相关
B. 单相关

C. 负相关 D. 复相关
E. 完全相关

4. 相关系数 r 的数值（　　）。
   A. 可为正值 B. 可为负值
   C. 可大于 1 D. 可等于 -1
   E. 可等于 1

5. 对于一元线性回归分析来说（　　）。
   A. 两变量之间必须明确哪个是自变量，哪个是因变量
   B. 回归方程是利用自变量的给定值来估计和预测因变量的平均可能值
   C. 可能存在着 y 依 x 和 x 依 y 的两个回归方程
   D. 回归系数只有正号
   E. 确定回归方程时，尽管两个变量也都是随机的，但要求自变量是给定的

6. 可用来判断现象相关方向的指标有（　　）。
   A. 相关系数 B. 回归系数
   C. 回归方程参数 a D. 估计标准误
   E. x、y 的平均数

7. 单位成本（元）依产量（千件）变化的回归方程为 $\hat{y} = 78 - 2x$，这表示（　　）。
   A. 产量为 1 000 件时，单位成本为 76 元
   B. 产量为 1 000 件时，单位成本为 78 元
   C. 产量每增加 1 000 件时，单位成本下降 2 元
   D. 产量每增加 1 000 件时，单位成本下降 78 元
   E. 当单位成本为 72 元时，产量为 3 000 件

8. 在直线相关和回归分析中（　　）。
   A. 据同一资料，相关系数只能计算一个
   B. 据同一资料，相关系数可以计算两个
   C. 据同一资料，回归方程只能配合一个
   D. 据同一资料，回归方程随自变量与因变量的确定不同，可能配合两个
   E. 回归方程和相关系数均与自变量和因变量的确定无关

9. 在直线回归分析中，确定直线回归方程的两个变量必须是（　　）。
   A. 一个自变量，一个因变量
   B. 均为随机变量
   C. 对等关系
   D. 一个是随机变量，一个是可控制变量
   E. 不对等关系

10. 估计标准误的作用是表明（　　）。
    A. 回归方程的代表性 B. 样本的变异程度
    C. 估计值与实际值的平均误差 D. 样本指标的代表性
    E. 总体的变异程度

四、填空题

1. 现象之间的相关关系按相关的程度不同，分为_____、_____和_____；按相关的形式不同，分为_____和_____；按影响因素的多少不同，分为_____和_____。

2. 两个相关现象之间，当一个现象的数量由小变大，另一个现象的数量_____时，这种相关称为正相关；当一个现象的数量由小变大，另一个现象的数量_____时，这种相关称为负相关。

3. 完全相关即是_____关系，其相关系数为_____。

4. 相关系数的取值范围是_____。

5. 相关系数，是用于反映_____条件下，两变量相关关系的密切程度和方向的统计指标。

6. 直线相关系数等于零，说明两变量之间_____；直线相关系数等1，说明两变量之间_____；直线相关系数等于 -1，说明两变量之间_____。

7. 对现象之间变量的研究，统计是从两个方面进行的，一方面是研究变量之间关系的_____，这种研究称为相关分析；另一方面是研究关于自变量和因变量之间的变动关系，用数学方程式表达，称为_____。

8. 回归方程 $\hat{y} = a + bx$ 中的参数 a 是_____，b 是_____。在统计中，估计待定参数的常用方法是_____。

9. _____分析要确定哪个是自变量哪个是因变量，在这点上它与_____不同。

10. 用来说明回归方程代表性大小的统计分析指标是_____。

五、简答题

1. 什么是相关关系？它和函数关系有什么不同？
2. 什么是正相关和负相关？举例说明。
3. 如何判断现象之间有无相关关系？
4. 什么是相关分析？相关分析的作用是什么？
5. 什么是相关系数？相关系数有什么作用？
6. 什么是回归分析？回归分析的作用有哪些？
7. 简述相关分析和回归分析的关系。
8. 直线回归方程中 $\hat{y} = a + bx$，参数 a、b 是怎样求得的？它们代表什么意义？
9. 构造直线回归模型应具备哪些条件？
10. 什么是估计标准误差？其作用如何？

六、应用能力训练题

1. 为研究数学考试成绩与统计考试成绩之间的关系，现从某学校中随机抽取10人进行调查，所得结果如表8-14所示。

表8-14 学生成绩单

学生编号	1	2	3	4	5	6	7	8	9	10
数学分数	86	74	95	79	64	76	98	75	97	79
统计分数	82	76	94	77	66	82	89	79	88	86

要求:
(1) 根据所给的数据绘制相关图,判断数学考试成绩与统计考试成绩之间的相关形态;
(2) 计算数学考试成绩与统计考试成绩之间的相关系数。

2. 某企业某种产品产量与单位成本的资料如表8-15所示。

表8-15 某企业某种产品产量与单位成本

月份	产量/件	单位成本/(元·件$^{-1}$)
1	2 000	73
2	3 000	72
3	4 000	71
4	3 000	73
5	4 000	69
6	5 000	68

要求:
(1) 计算产量与单位成本的相关系数;
(2) 确定单位成本(y)对产量(x)的直线回归方程,说明回归系数的含义;
(3) 产量为6千件时,单位成本为多少?

3. 从某市抽查十家百货商店,得到销售额和利润率的资料如表8-16所示。

要求:
(1) 计算每人月平均销售额与利润率的简单相关系数;
(2) 推断利润率对每人月平均销售额的回归直线方程;
(3) 若某商店每人月平均销售额为2千元,试估计其利润率;
(4) 计算估计标准误差。

表8-16 某市百货商店销售额和利润率

商店编号	每人月平均销售额/元	利润率/%
1	6 000	12.6
2	5 000	10.4
3	8 000	18.5
4	1 000	3.0
5	4 000	8.1
6	7 000	16.3
7	6 000	12.3
8	3 000	6.2
9	3 000	6.6
10	7 000	16.8

4. 某公司所属8个企业的产品销售资料如表8-17所示。

表8-17 某公司产品销售额与利润额

企业编号	产品销售额/万元	利润额/万元
1	170	8.1
2	220	12.5
3	390	18.0
4	430	22.0
5	480	26.5
6	650	40.0
7	950	64.0
8	1 000	69.0

要求：

(1) 计算产品销售额和利润额之间的相关系数；

(2) 确定利润额对销售额的直线回归方程，并说明斜率的经济意义；

(3) 确定产品销售额为1 200万元时利润额的估计值。

5. 已知两变量 x、y 的相关关系数 $r=0.8$，$\bar{x}=20$，$\bar{y}=50$，σ_y 为 σ_x 的2倍，求 y 依 x 的回归方程。

6. 有10个同类企业的生产性固定资产年平均价值和工业总产值资料如表8-18所示。

要求：

(1) 说明两变量之间的相关方向；

(2) 建立直线回归方程；

(3) 估计生产性固定资产年平均价值（自变量）为1 100万元时总产值（因变量）的可能值；

(4) 计算估计标准误差。

表8-18 10个同类企业的生产性固定资产年平均价值和工业总产值

企业编号	生产性固定资产价值/万元	工业总产值/万元
1	318	524
2	910	1 019
3	200	638
4	409	815
5	415	913
6	502	928
7	314	605
8	1 210	1 516
9	1 022	1 219
10	1 225	1 624
合计	6 525	9 801

7. 5位同学统计学的学习时间与学习成绩如表8-19所示。

表8-19 5位同学统计学的学习时间与学习成绩

每周学习时间/小时	学习成绩/分
4	40
6	60
7	50
10	70
13	90

要求：

（1）计算学习时间与学习成绩之间的相关系数；

（2）建立直线回归方程；

（3）计算估计标准误差。

8. 某种产品的产量与单位成本资料如表8-20所示。

表8-20 某种产品的产量与单位成本

产量/千件	单位成本/（元·件$^{-1}$）
2	73
3	72
4	71
3	73
4	69
5	68

要求：

（1）计算相关系数 r，判断产量与单位成本的相关方向和程度；

（2）建立直线回归方程；

（3）产量每增加1 000件时，单位成本平均下降了多少元？

9. 某地高校教育经费与高校学生人数连续6年的统计资料如表8-21所示。

表8-21 某地高校教育经费与高校学生人数

教育经费/万元	在校学生数/万人
316	11
343	16
373	18
393	20
418	22
455	25

要求：

（1）建立回归直线方程，估计教育经费为 500 万元的在校学生数；

（2）计算估计标准误差。

10. 对 10 户居民家庭的月可支配收入和消费支出进行调查，得到表 8-22 所示资料。

表 8-22　居民可支配收入与消费支出相关表　　　　　　　　　单位：百元

可支配收入	18	25	45	60	62	75	88	92	99	98
消费支出	15	20	30	40	42	53	60	65	70	78

试用 Excel 的"图表向导"工具绘制相关图。

11. 对 9 户居民家庭的月可支配收入和消费支出进行调查，得到表 8-23 所示资料。

表 8-23　居民可支配收入与消费支出相关表　　　　　　　　　单位：百元

可支配收入	18	25	45	60	62	75	88	92	99
消费支出	15	20	30	40	42	53	60	65	70

试分别用 CORREL 与 PEARSON 函数求相关系数。

12. 试用 Excel "数据分析"中的"回归"工具求解上题中 9 户居民家庭月可支配收入和消费支出之间的一元线性回归模型。

13. 对苏安达快递服务公司进行抽样调查，得到其 10 名雇员的工作时间与投递行驶距离和投递业务次数资料，如表 8-24 所示。

表 8-24　苏安达公司雇员工作时间与投递行驶距离和投递业务次数

雇员编号	1	2	3	4	5	6	7	8	9	10
工作时间/小时	9.5	4.9	8.8	6.5	4.3	6.1	9.5	6.0	9.5	6.1
行驶距离/千米	100	50	100	100	50	80	75	65	90	90
业务次数/次	4	3	4	2	2	2	3	4	3	2

试用 Excel 求解工作时间与投递行驶距离、投递业务次数之间的多元线性回归模型。

14. 随机抽取广州大学 16 名二年级学生，测验他们 100 米与跳远成绩，结果如表 8-25 所示。

表 8-25　广州大学二年级学生 100 米与跳远成绩

　　　　　　　　　　　　　　　　　　　　　　　　　　　　　　单位：分

受试者编号	100 米	跳远
1	95	90
2	75	80
3	90	95
4	95	100
5	85	80

续表

受试者编号	100 米	跳远
6	65	70
7	80	95
8	85	85
9	90	95
10	75	70
11	75	85
12	60	65
13	95	95
14	100	100
15	75	80
16	90	85

试用 Excel 作图法求解跳远与 100 米之间的线性、对数、多项式、乘幂和指数等回归模型。

课后测试

附表一　随机数字表

03 47 43 73 86	36 96 47 36 61	46 98 63 71 62	33 26 16 80 45	60 11 14 10 95
97 74 24 67 62	42 81 14 57 20	42 53 32 37 32	27 07 36 07 51	24 51 79 89 73
16 76 62 27 66	56 50 26 71 07	32 90 79 78 53	13 55 38 58 59	88 97 54 14 10
12 56 85 99 26	96 96 68 27 31	05 03 72 93 15	57 12 10 14 21	88 26 49 81 76
55 59 56 35 64	38 54 82 46 22	31 62 43 09 90	06 18 44 32 53	23 83 01 30 30
16 22 77 94 39	49 54 43 54 82	17 37 93 23 78	87 35 20 96 43	84 26 34 91 64
84 42 17 53 31	57 24 55 06 88	77 04 74 47 67	21 76 33 50 25	83 92 12 06 76
63 01 63 78 59	16 95 55 67 19	98 10 50 71 75	12 86 73 58 07	44 39 52 38 79
33 21 12 34 29	78 64 56 07 82	52 42 07 44 38	15 51 00 13 42	99 66 02 79 54
57 60 86 32 44	09 47 27 96 54	49 17 46 09 62	90 52 84 77 27	08 02 73 43 28
18 18 07 92 46	44 17 16 58 09	79 83 86 19 62	06 76 50 03 10	55 23 64 05 05
26 62 38 97 75	84 16 07 44 99	83 11 46 32 24	20 14 85 88 45	10 93 72 88 71
23 42 40 64 74	82 97 77 77 81	07 45 32 14 08	32 98 94 07 72	93 85 79 10 75
52 36 28 19 95	50 92 26 11 97	00 56 76 31 38	80 22 02 53 53	86 60 42 04 53
37 85 94 35 12	83 39 50 08 30	42 34 07 96 88	54 42 06 87 98	35 85 29 48 39
70 29 17 12 13	40 33 20 38 26	13 89 51 03 74	17 76 37 13 04	07 74 21 19 30
56 62 18 37 35	96 83 50 87 75	97 12 25 93 47	70 33 24 03 54	97 77 46 44 80
99 49 57 22 77	88 42 95 45 72	16 64 36 16 00	04 43 18 66 79	94 77 24 21 90
16 08 15 04 72	33 27 14 34 09	45 59 34 68 49	12 72 07 34 45	99 27 72 95 14
31 16 93 32 43	50 27 89 87 19	20 15 37 00 49	52 85 66 60 44	38 68 88 11 80
68 34 30 13 70	55 74 30 77 40	44 22 78 84 26	04 33 46 09 52	68 07 97 06 57
74 57 25 65 76	59 29 97 68 60	71 91 38 67 54	13 58 18 24 76	15 54 55 95 52
27 42 37 86 53	48 55 90 65 72	96 57 69 36 10	96 46 92 42 45	97 60 49 04 91
00 39 68 29 61	66 37 32 20 30	77 84 57 03 29	10 45 65 04 26	11 04 96 67 24
29 94 98 94 24	68 49 69 10 82	53 75 91 93 30	34 25 20 57 27	40 48 73 51 92
16 90 82 66 59	83 62 64 11 12	67 19 00 71 74	60 47 21 29 68	02 02 37 03 31
11 27 94 75 06	06 09 19 74 66	02 94 37 34 02	76 70 90 30 86	38 45 94 30 38
35 24 10 16 20	33 32 51 26 38	79 78 45 04 91	16 92 53 56 16	02 75 50 95 98
38 23 16 86 38	42 38 97 01 50	87 75 66 81 41	40 01 74 91 62	48 51 84 08 32

续表

31	96	25	91	47	96	44	33	49	13	34	86	82	53	91	00	52	43	48	85	27	55	26	89	62
66	67	40	67	14	64	05	71	95	86	11	05	65	09	68	76	83	20	37	90	57	16	00	11	66
14	90	84	45	11	75	73	88	05	90	52	27	41	14	86	22	98	12	22	08	07	52	74	95	80
68	05	51	18	00	33	96	02	75	19	07	60	62	93	55	59	33	82	43	90	49	37	38	44	59
20	46	78	73	90	97	51	40	14	02	04	02	33	31	08	39	54	16	49	36	47	95	93	13	30
64	19	58	97	79	15	06	15	93	20	01	90	10	75	06	40	78	73	89	62	02	67	74	17	33
05	26	93	70	60	22	35	85	15	13	92	03	51	59	77	59	56	78	06	83	52	91	05	70	74
07	97	10	88	23	09	98	42	99	64	61	71	62	99	15	06	51	29	16	93	58	05	77	09	51
68	71	86	85	85	54	87	66	47	54	73	32	08	11	12	44	95	92	63	16	29	56	24	29	48
26	99	61	65	53	58	37	78	80	70	42	10	50	67	42	32	17	55	85	74	94	44	67	16	94
14	65	52	68	75	87	59	36	22	41	26	78	63	06	55	13	08	27	01	50	15	29	39	39	43
17	53	77	58	71	71	41	61	50	72	12	41	94	96	26	44	95	27	36	99	02	96	74	30	83
90	26	59	21	19	23	52	23	33	12	96	93	02	18	39	07	02	18	36	07	25	99	32	70	23
41	23	52	55	99	31	04	49	69	96	10	47	48	45	88	13	41	43	89	20	97	17	14	49	17
60	20	50	81	69	31	99	73	68	68	35	81	33	03	76	24	30	12	48	60	18	99	10	72	34
91	25	38	05	90	94	58	28	41	36	45	37	59	03	09	90	35	57	29	12	82	62	54	65	60
34	50	57	74	37	98	80	33	00	91	09	77	93	19	82	74	94	80	04	04	45	07	31	66	49
85	22	04	39	43	73	81	53	94	79	33	62	46	86	28	08	31	54	46	31	53	94	13	38	47
09	79	13	77	48	73	82	97	22	21	05	03	27	24	83	72	89	44	05	60	35	80	39	94	88
88	75	80	18	14	22	95	75	42	49	39	32	82	22	49	02	48	07	70	37	16	04	61	67	87
90	96	23	70	00	39	00	03	06	90	55	85	78	38	36	94	37	30	69	32	90	89	00	76	33
53	74	23	99	67	61	32	28	69	84	94	62	67	86	24	98	33	41	19	95	47	53	53	38	09
63	38	06	86	54	99	00	65	26	94	02	82	90	23	07	79	62	67	80	60	75	91	12	81	19
35	30	58	21	46	06	72	17	10	94	25	21	31	75	96	49	28	24	00	49	55	65	79	78	07
63	43	36	82	69	65	51	18	37	88	61	38	44	12	45	32	92	85	88	65	54	34	81	85	35
98	25	37	55	26	01	91	82	81	46	74	71	12	94	97	24	02	71	37	07	03	92	18	66	75
02	63	21	17	69	71	50	80	89	56	38	15	70	11	48	43	40	45	86	98	00	83	26	91	03
64	55	22	21	82	48	22	28	06	00	61	54	13	43	91	82	78	12	23	29	06	66	24	12	27
85	07	26	13	89	01	10	07	82	04	59	63	69	36	03	69	11	15	83	80	13	29	54	19	28
58	54	16	24	15	51	54	44	82	00	62	61	65	04	69	38	18	65	18	97	85	72	13	49	21
34	85	27	84	87	61	48	64	56	26	90	18	48	13	26	37	70	15	42	57	65	65	80	39	07

附表二 标准正态概率较小制累计分布表

（表中数字为左侧概率 $1-\alpha$ 值；纵横标目的和为单侧临界值 μ_α）

U_α	-0.00	-0.01	-0.02	-0.03	-0.04	-0.05	-0.06	-0.07	-0.08	-0.09
-3.0	0.001 3	0.001 3	0.001 3	0.001 2	0.001 2	0.001 1	0.001 1	0.001 1	0.001 0	0.001 0
-2.9	0.001 9	0.001 8	0.001 8	0.001 7	0.001 6	0.001 6	0.001 5	0.001 5	0.001 4	0.001 4
-2.8	0.002 6	0.002 5	0.002 4	0.002 3	0.002 3	0.002 2	0.002 1	0.002 1	0.002 0	0.001 9
-2.7	0.003 5	0.003 4	0.003 3	0.003 2	0.003 1	0.003 0	0.002 9	0.002 8	0.002 7	0.002 6
-2.6	0.004 7	0.004 5	0.004 4	0.004 3	0.004 1	0.004 0	0.003 9	0.003 8	0.003 7	0.003 6
-2.5	0.006 2	0.006 0	0.005 9	0.005 7	0.005 5	0.005 4	0.005 2	0.005 1	0.004 9	0.004 8
-2.4	0.008 2	0.008 0	0.007 8	0.007 5	0.007 3	0.007 1	0.006 9	0.006 8	0.006 6	0.006 4
-2.3	0.010 7	0.010 4	0.010 2	0.009 9	0.009 6	0.009 4	0.009 1	0.008 9	0.008 7	0.008 4
-2.2	0.013 9	0.013 6	0.013 2	0.012 9	0.012 5	0.012 2	0.011 9	0.011 6	0.011 3	0.011 0
-2.1	0.017 9	0.017 4	0.017 0	0.016 6	0.016 2	0.015 8	0.015 4	0.015 0	0.014 6	0.014 3
-2.0	0.022 8	0.022 2	0.021 7	0.021 2	0.020 7	0.020 2	0.019 7	0.019 2	0.018 8	0.018 3
-1.9	0.028 7	0.028 1	0.027 4	0.026 8	0.026 2	0.025 6	0.025 0	0.024 4	0.023 9	0.023 3
-1.8	0.035 9	0.035 1	0.034 4	0.033 6	0.032 9	0.032 2	0.031 4	0.030 7	0.030 1	0.029 4
-1.7	0.044 6	0.043 6	0.042 7	0.041 8	0.040 9	0.040 1	0.039 2	0.038 4	0.037 5	0.036 7
-1.6	0.054 8	0.053 7	0.052 6	0.051 6	0.050 5	0.049 5	0.048 5	0.047 5	0.046 5	0.045 5
-1.5	0.066 8	0.065 5	0.064 3	0.063 0	0.061 8	0.060 6	0.059 4	0.058 2	0.057 1	0.055 9
-1.4	0.080 8	0.079 3	0.077 8	0.076 4	0.074 9	0.073 5	0.072 1	0.070 8	0.069 4	0.068 1
-1.3	0.096 8	0.095 1	0.093 4	0.091 8	0.090 1	0.088 5	0.086 9	0.085 3	0.083 8	0.082 3
-1.2	0.115 1	0.113 1	0.111 2	0.109 3	0.107 5	0.105 6	0.103 8	0.102 0	0.100 3	0.098 5
-1.1	0.135 7	0.133 5	0.131 4	0.129 2	0.127 1	0.125 1	0.123 0	0.121 0	0.119 0	0.117 0
-1.0	0.158 7	0.156 2	0.153 9	0.151 5	0.149 2	0.146 9	0.144 6	0.142 3	0.140 1	0.137 9
-0.9	0.184 1	0.181 4	0.178 8	0.176 2	0.173 6	0.171 1	0.168 5	0.166 0	0.163 5	0.161 1
-0.8	0.211 9	0.209 0	0.206 1	0.203 3	0.200 5	0.197 7	0.194 9	0.192 2	0.189 4	0.186 7
-0.7	0.242 0	0.238 9	0.235 8	0.232 7	0.229 6	0.226 6	0.223 6	0.220 6	0.217 7	0.214 8

续表

U_α	0.00	0.01	0.02	0.03	0.04	0.05	0.06	0.07	0.08	0.09
−0.6	0.274 3	0.270 9	0.267 6	0.264 3	0.261 1	0.257 8	0.254 6	0.251 4	0.248 3	0.245 1
−0.5	0.308 5	0.305 0	0.301 5	0.298 1	0.294 6	0.291 2	0.287 7	0.284 3	0.281 0	0.277 6
−0.4	0.344 6	0.340 9	0.337 2	0.333 6	0.330 0	0.326 4	0.322 8	0.319 2	0.315 6	0.312 1
−0.3	0.382 1	0.378 3	0.374 5	0.370 7	0.366 9	0.363 2	0.359 4	0.355 7	0.352 0	0.348 3
−0.2	0.420 7	0.416 8	0.412 9	0.409 0	0.405 2	0.401 3	0.397 4	0.393 6	0.389 7	0.385 9
−0.1	0.460 2	0.456 2	0.452 2	0.448 3	0.444 3	0.440 4	0.436 4	0.432 5	0.428 6	0.424 7
0.0	0.500 0	0.496 0	0.492 0	0.488 0	0.484 0	0.480 1	0.476 1	0.472 1	0.468 1	0.464 1
0.0	0.500 0	0.504 0	0.508 0	0.512 0	0.516 0	0.519 9	0.523 9	0.527 9	0.531 9	0.535 9
0.1	0.539 8	0.543 8	0.547 8	0.551 7	0.555 7	0.559 6	0.563 6	0.567 5	0.571 4	0.575 3
0.2	0.579 3	0.583 2	0.587 1	0.591 0	0.594 8	0.598 7	0.602 6	0.606 4	0.610 3	0.614 1
0.3	0.617 9	0.621 7	0.625 5	0.629 3	0.633 1	0.636 8	0.640 4	0.644 3	0.648 0	0.651 7
0.4	0.655 4	0.659 1	0.662 8	0.666 4	0.670 0	0.673 6	0.677 2	0.680 8	0.684 4	0.687 9
0.5	0.691 5	0.695 0	0.698 5	0.701 9	0.705 4	0.708 8	0.712 3	0.715 7	0.719 0	0.722 4
0.6	0.725 7	0.729 1	0.732 4	0.735 7	0.738 9	0.742 2	0.745 4	0.748 6	0.751 7	0.754 9
0.7	0.758 0	0.761 1	0.764 2	0.767 3	0.770 3	0.773 4	0.776 4	0.779 4	0.782 3	0.785 2
0.8	0.788 1	0.791 0	0.793 9	0.796 7	0.799 5	0.802 3	0.805 1	0.807 8	0.810 6	0.813 3
0.9	0.815 9	0.818 6	0.821 2	0.823 8	0.826 4	0.828 9	0.835 5	0.834 0	0.836 5	0.838 9
1.0	0.841 3	0.843 8	0.846 1	0.848 5	0.850 8	0.853 1	0.855 4	0.857 7	0.859 9	0.862 1
1.1	0.864 3	0.866 5	0.868 6	0.870 8	0.872 9	0.874 9	0.877 0	0.879 0	0.881 0	0.883 0
1.2	0.884 9	0.886 9	0.888 8	0.890 7	0.892 5	0.894 4	0.896 2	0.898 0	0.899 7	0.901 5
1.3	0.903 2	0.904 9	0.906 6	0.908 2	0.909 9	0.911 5	0.913 1	0.914 7	0.916 2	0.917 7
1.4	0.919 2	0.920 7	0.922 2	0.923 6	0.925 1	0.926 5	0.927 9	0.929 2	0.930 6	0.931 9
1.5	0.933 2	0.934 5	0.935 7	0.937 0	0.938 2	0.939 4	0.940 6	0.941 8	0.943 0	0.944 1
1.6	0.945 2	0.946 3	0.947 4	0.948 4	0.949 5	0.950 5	0.951 5	0.952 5	0.953 5	0.953 5
1.7	0.955 4	0.956 4	0.957 3	0.958 2	0.959 1	0.959 9	0.960 8	0.961 6	0.962 5	0.963 3
1.8	0.964 1	0.964 8	0.965 6	0.966 4	0.967 2	0.967 8	0.968 6	0.969 3	0.970 0	0.970 6
1.9	0.971 3	0.971 9	0.972 6	0.973 2	0.973 8	0.974 4	0.975 0	0.975 6	0.976 2	0.976 7
2.0	0.977 2	0.977 8	0.978 3	0.978 8	0.979 3	0.979 8	0.980 3	0.980 8	0.981 2	0.981 7
2.1	0.982 1	0.982 6	0.983 0	0.983 4	0.983 8	0.984 2	0.984 6	0.985 0	0.985 4	0.985 7
2.2	0.986 1	0.986 4	0.986 8	0.987 1	0.987 4	0.987 8	0.988 1	0.988 4	0.988 7	0.989 0
2.3	0.989 3	0.989 6	0.989 8	0.990 1	0.990 4	0.990 6	0.988 1	0.991 1	0.991 3	0.991 6
2.4	0.991 8	0.992 0	0.992 2	0.992 5	0.992 7	0.992 9	0.993 1	0.993 2	0.993 4	0.993 6

续表

U_α	0.00	0.01	0.02	0.03	0.04	0.05	0.06	0.07	0.08	0.09
2.5	0.9938	0.9940	0.9941	0.9943	0.9945	0.9946	0.9948	0.9949	0.9951	0.9952
2.6	0.9953	0.9955	0.9956	0.9957	0.9959	0.9960	0.9961	0.9962	0.9963	0.9964
2.7	0.9965	0.9966	0.9967	0.9968	0.9969	0.9970	0.9971	0.9972	0.9973	0.9974
2.8	0.9974	0.9975	0.9976	0.9977	0.9977	0.9978	0.9979	0.9979	0.9980	0.9981
2.9	0.9981	0.9982	0.9982	0.9983	0.9984	0.9984	0.9985	0.9985	0.9986	0.9986
3.0	0.9987	0.9990	0.9993	0.9995	0.9997	0.9998	0.9998	0.9999	0.9999	1.0000
U_α	0.00	0.01	0.02	0.03	0.04	0.05	0.06	0.07	0.08	0.09

附表三 标准正态概率双侧临界值表

（表中数字为中间概率 $1-\alpha$ 值；横纵标目的和为双侧临界值 $\mu_{\alpha/2}$ 的绝对值）

$U_{\alpha/2}$	0.00	0.01	0.02	0.03	0.04	0.05	0.06	0.07	0.08	0.09
0.0	0.000 0	0.008 0	0.016 0	0.023 9	0.031 9	0.039 9	0.047 8	0.055 8	0.063 8	0.071 7
0.1	0.079 7	0.087 6	0.095 5	0.103 4	0.111 3	0.119 2	0.127 1	0.135 0	0.142 8	0.150 7
0.2	0.158 5	0.166 3	0.174 1	0.181 9	0.189 7	0.197 4	0.205 1	0.212 8	0.220 5	0.228 2
0.3	0.235 8	0.243 4	0.251 0	0.258 6	0.266 1	0.273 7	0.281 2	0.288 6	0.296 1	0.303 5
0.4	0.310 8	0.318 2	0.325 5	0.332 8	0.340 1	0.347 3	0.354 5	0.361 6	0.368 8	0.375 9
0.5	0.382 9	0.382 9	0.389 9	0.396 9	0.403 9	0.410 8	0.417 7	0.424 5	0.431 3	0.438 1
0.6	0.451 5	0.458 1	0.464 7	0.471 3	0.477 8	0.484 3	0.490 7	0.497 1	0.503 5	0.509 8
0.7	0.516 1	0.522 3	0.528 5	0.534 6	0.540 7	0.546 7	0.552 7	0.558 7	0.564 6	0.570 5
0.8	0.576 3	0.582 1	0.587 8	0.593 5	0.599 1	0.604 7	0.610 2	0.615 7	0.621 1	0.626 5
0.9	0.631 9	0.637 2	0.642 4	0.647 6	0.652 8	0.657 9	0.662 9	0.668 0	0.672 9	0.677 8
1.0	0.682 7	0.687 5	0.692 3	0.697 0	0.701 7	0.706 3	0.710 9	0.715 4	0.719 9	0.724 3
1.1	0.728 7	0.733 0	0.737 3	0.741 5	0.745 7	0.749 9	0.754 0	0.758 0	0.762 0	0.766 0
1.2	0.769 9	0.773 7	0.777 5	0.781 3	0.785 0	0.788 7	0.792 3	0.795 9	0.799 5	0.802 9
1.3	0.806 4	0.809 8	0.813 2	0.816 5	0.819 8	0.823 0	0.826 2	0.829 3	0.832 4	0.835 5
1.4	0.838 5	0.841 5	0.844 4	0.847 3	0.850 1	0.852 9	0.855 7	0.858 4	0.861 1	0.863 8
1.5	0.866 4	0.869 0	0.871 5	0.874 0	0.876 4	0.878 9	0.881 2	0.883 6	0.885 9	0.888 2
1.6	0.890 4	0.892 6	0.894 8	0.896 9	0.899 0	0.901 1	0.903 1	0.905 1	0.907 0	0.909 0
1.7	0.910 9	0.912 7	0.914 6	0.916 4	0.918 1	0.919 9	0.921 6	0.923 3	0.924 9	0.926 5
1.8	0.928 1	0.929 7	0.931 2	0.932 8	0.934 2	0.935 7	0.937 1	0.938 5	0.939 9	0.941 2
1.9	0.942 6	0.943 9	0.945 1	0.946 4	0.947 6	0.948 8	0.950 0	0.951 2	0.952 3	0.953 4
2.0	0.954 5	0.955 6	0.956 6	0.957 6	0.958 6	0.959 6	0.960 6	0.961 5	0.962 5	0.963 4
2.1	0.964 3	0.965 1	0.966 0	0.966 8	0.967 6	0.968 4	0.969 2	0.970 0	0.970 7	0.971 5
2.2	0.972 2	0.972 9	0.973 6	0.974 3	0.974 9	0.975 6	0.976 2	0.976 8	0.977 4	0.978 0
2.3	0.978 6	0.979 1	0.979 7	0.980 2	0.980 7	0.981 2	0.981 7	0.982 2	0.982 7	0.983 2

续表

$U_{\alpha/2}$	0.00	0.01	0.02	0.03	0.04	0.05	0.06	0.07	0.08	0.09
2.4	0.983 6	0.984 0	0.984 5	0.984 9	0.985 3	0.985 7	0.986 1	0.986 5	0.986 9	0.987 2
2.5	0.987 6	0.987 9	0.988 3	0.988 6	0.988 9	0.989 2	0.989 5	0.989 8	0.990 1	0.990 4
2.6	0.990 7	0.990 9	0.991 2	0.991 5	0.991 7	0.992 0	0.992 2	0.992 4	0.992 6	0.992 9
2.7	0.993 1	0.993 3	0.993 5	0.993 7	0.993 9	0.994 0	0.994 2	0.994 4	0.994 6	0.994 7
2.8	0.994 9	0.995 0	0.995 2	0.995 3	0.995 5	0.995 6	0.995 8	0.995 9	0.996 0	0.996 1
2.9	0.996 3	0.996 4	0.996 5	0.996 6	0.996 7	0.996 8	0.996 9	0.997 0	0.997 1	0.997 2
3.0	0.997 3	0.997 4	0.997 5	0.997 6	0.997 6	0.997 7	0.997 8	0.997 9	0.997 9	0.998 0
$U_{\alpha/2}$	0.00	0.01	0.02	0.03	0.04	0.05	0.06	0.07	0.08	0.09

附表四 t 分布临界值表

(表中数字为临界值的绝对值；单侧 α 为右侧概率，双侧 α 为两边小概率 α/2 的和)

自由度	单侧 α = 0.1 双侧 α = 0.2	单侧 α = 0.05 双侧 α = 0.10	单侧 α = 0.025 双侧 α = 0.050	单侧 α = 0.010 双侧 α = 0.020	单侧 α = 0.005 双侧 α = 0.010	单侧 α = 0.000 5 双侧 α = 0.001 0
1	3.077 7	6.313 8	12.706 2	31.820 5	63.656 7	636.619 3
2	1.885 6	2.920 0	4.302 7	6.964 6	9.924 8	31.599 1
3	1.637 7	2.353 4	3.182 5	4.540 7	5.840 9	12.924 0
4	1.533 2	2.131 9	2.776 5	3.747 0	4.604 1	8.610 3
5	1.475 9	2.015 1	2.570 6	3.364 9	4.032 1	6.868 8
6	1.439 8	1.943 2	2.446 9	3.142 7	3.707 4	5.958 8
7	1.414 9	1.894 6	2.364 6	2.998 0	3.499 5	5.407 9
8	1.396 8	1.859 6	2.306 0	2.896 5	3.355 4	5.041 3
9	1.383 0	1.833 1	2.262 2	2.821 4	3.249 8	4.780 9
10	1.372 2	1.812 5	2.228 1	2.763 8	3.169 3	4.586 9
11	1.363 4	1.795 9	2.201 0	2.718 1	3.105 8	4.437 0
12	1.356 2	1.782 3	2.178 8	2.681 0	3.054 5	4.317 8
13	1.350 2	1.770 9	2.160 4	2.650 3	3.012 3	4.220 8
14	1.345 0	1.761 3	2.144 8	2.624 5	2.976 8	4.140 5
15	1.340 6	1.753 1	2.131 5	2.602 5	2.946 7	4.072 8
16	1.336 8	1.745 9	2.119 9	2.583 5	2.920 8	4.015 0
17	1.333 4	1.739 6	2.109 8	2.566 9	2.898 2	3.965 1
18	1.330 4	1.734 1	2.100 9	2.552 4	2.878 4	3.921 7
19	1.327 7	1.729 1	2.093 0	2.539 5	2.860 9	3.883 4
20	1.325 3	1.724 7	2.086 0	2.528 0	2.845 3	3.849 5
21	1.323 2	1.720 7	2.079 6	2.517 7	2.831 4	3.819 3
22	1.321 2	1.717 1	2.073 9	2.508 3	2.818 8	3.792 1
23	1.319 5	1.713 9	2.068 7	2.499 9	2.807 3	3.767 6

续表

自由度	单侧 $\alpha=0.1$ 双侧 $\alpha=0.2$	单侧 $\alpha=0.05$ 双侧 $\alpha=0.10$	单侧 $\alpha=0.025$ 双侧 $\alpha=0.050$	单侧 $\alpha=0.010$ 双侧 $\alpha=0.020$	单侧 $\alpha=0.005$ 双侧 $\alpha=0.010$	单侧 $\alpha=0.0005$ 双侧 $\alpha=0.0010$
24	1.317 8	1.710 9	2.063 9	2.492 2	2.796 9	3.745 4
25	1.316 4	1.708 1	2.059 5	2.485 1	2.787 4	3.725 1
26	1.315 0	1.705 6	2.055 5	2.478 6	2.778 7	3.706 6
27	1.313 7	1.703 3	2.051 8	2.472 7	2.770 7	3.689 6
28	1.312 5	1.701 1	2.048 4	2.467 1	2.763 3	3.673 9
29	1.311 4	1.699 1	2.045 2	2.462 0	2.756 4	3.659 4
30	1.310 4	1.697 3	2.042 3	2.457 3	2.750 0	3.646 0
40	1.303 1	1.683 9	2.021 1	2.423 3	2.704 5	3.551 0
50	1.298 7	1.675 9	2.008 6	2.403 3	2.677 8	3.496 0
60	1.295 8	1.670 7	2.000 3	2.390 1	2.660 3	3.460 2
70	1.293 8	1.666 9	1.994 4	2.380 8	2.647 9	3.435 0
80	1.292 2	1.664 1	1.990 1	2.373 9	2.638 7	3.416 3
90	1.291 0	1.662 0	1.986 7	2.368 5	2.631 6	3.401 9
100	1.290 1	1.660 2	1.984 0	2.364 2	2.625 9	3.390 5
110	1.289 3	1.658 8	1.981 8	2.360 7	2.621 3	3.381 2
120	1.288 7	1.657 7	1.979 9	2.357 8	2.617 4	3.373 5
∞	1.281 6	1.644 9	1.960 0	2.326 4	2.575 8	3.290 5

附表五 χ^2 分布临界值表

(表中数字为单侧临界值；α 为右侧概率；n 为自由度)

n	0.995	0.99	0.975	0.95	0.9	0.75	0.25	0.1	0.05	0.025	0.01	0.005
1	0.000	0.000	0.001	0.004	0.016	0.102	1.323	2.706	3.841	5.024	6.635	7.879
2	0.010	0.020	0.051	0.103	0.211	0.575	2.773	4.605	5.991	7.378	9.210	10.597
3	0.072	0.115	0.216	0.352	0.584	1.213	4.108	6.251	7.815	9.348	11.345	12.838
4	0.207	0.297	0.484	0.711	1.064	1.923	5.385	7.779	9.488	11.143	13.277	14.860
5	0.412	0.554	0.831	1.145	1.610	2.675	6.626	9.236	11.070	12.832	15.086	16.750
6	0.676	0.872	1.237	1.635	2.204	3.455	7.841	10.645	12.592	14.449	16.812	18.548
7	0.989	1.239	1.690	2.167	2.833	4.255	9.037	12.017	14.067	16.013	18.475	20.278
8	1.344	1.647	2.180	2.733	3.490	5.071	10.219	13.362	15.507	17.535	20.090	21.955
9	1.735	2.088	2.700	3.325	4.168	5.899	11.389	14.684	16.919	19.023	21.666	23.589
10	2.156	2.558	3.247	3.940	4.865	6.737	12.549	15.987	18.307	20.483	23.209	25.188
11	2.603	3.053	3.816	4.575	5.578	7.584	13.701	17.275	19.675	21.920	24.725	26.757
12	3.074	3.571	4.404	5.226	6.304	8.438	14.845	18.549	21.026	23.337	26.217	28.300
13	3.565	4.107	5.009	5.892	7.041	9.299	15.984	19.812	22.362	24.736	27.688	29.819
14	4.075	4.660	5.629	6.571	7.790	10.165	17.117	21.064	23.685	26.119	29.141	31.319
15	4.601	5.229	6.262	7.261	8.547	11.037	18.245	22.307	24.996	27.488	30.578	32.801
16	5.142	5.812	6.908	7.962	9.312	11.912	19.369	23.542	26.296	28.845	32.000	34.267
17	5.697	6.408	7.564	8.672	10.085	12.792	20.489	24.769	27.587	30.191	33.409	35.718
18	6.265	7.015	8.231	9.390	10.865	13.675	21.605	25.989	28.869	31.526	34.805	37.156
19	6.844	7.633	8.907	10.117	11.651	14.562	22.718	27.204	30.144	32.852	36.191	38.582
20	7.434	8.260	9.591	10.851	12.443	15.452	23.828	28.412	31.410	34.170	37.566	39.997
21	8.034	8.897	10.283	11.591	13.240	16.344	24.935	29.615	32.671	35.479	38.932	41.401
22	8.643	9.542	10.982	12.338	14.041	17.240	26.039	30.813	33.924	36.781	40.289	42.796
23	9.260	10.196	11.689	13.091	14.848	18.137	27.141	32.007	35.172	38.076	41.638	44.181
24	9.886	10.856	12.401	13.848	15.659	19.037	28.241	33.196	36.415	39.364	42.980	45.558

续表

n	0.995	0.99	0.975	0.95	0.9	0.75	0.25	0.1	0.05	0.025	0.01	0.005
25	10.520	11.524	13.120	14.611	16.473	19.939	29.339	34.382	37.652	40.646	44.314	46.928
26	11.160	12.198	13.844	15.379	17.292	20.843	30.435	35.563	38.885	41.923	45.642	48.290
27	11.808	12.878	14.573	16.151	18.114	21.749	31.528	36.741	40.113	43.195	46.963	49.645
28	12.461	13.565	15.308	16.928	18.939	22.657	32.620	37.916	41.337	44.461	48.278	50.994
29	13.121	14.256	16.047	17.708	19.768	23.567	33.711	39.087	42.557	45.722	49.588	52.335
30	13.787	14.953	16.791	18.493	20.599	24.478	34.800	40.256	43.773	46.979	50.892	53.672
31	14.458	15.655	17.539	19.281	21.434	25.390	35.887	41.422	44.985	48.232	52.191	55.002
32	15.134	16.362	18.291	20.072	22.271	26.304	36.973	42.585	46.194	49.480	53.486	56.328
33	15.815	17.073	19.047	20.867	23.110	27.219	38.058	43.745	47.400	50.725	54.775	57.648
34	16.501	17.789	19.806	21.664	23.952	28.136	39.141	44.903	48.602	51.966	56.061	58.964
35	17.192	18.509	20.569	22.465	24.797	29.054	40.223	46.059	49.802	53.203	57.342	60.275
36	17.887	19.233	21.336	23.269	25.643	29.973	41.304	47.212	50.998	54.437	58.619	61.581
37	18.586	19.960	22.106	24.075	26.492	30.893	42.383	48.363	52.192	55.668	59.893	62.883
38	19.289	20.691	22.878	24.884	27.343	31.815	43.462	49.513	53.384	56.895	61.162	64.181
39	19.996	21.426	23.654	25.695	28.196	32.737	44.539	50.660	54.572	58.120	62.428	65.475
40	20.707	22.164	24.433	26.509	29.051	33.660	45.616	51.805	55.758	59.342	63.691	66.766
41	21.421	22.906	25.215	27.326	29.907	34.585	46.692	52.949	56.942	60.561	64.950	68.053
42	22.138	23.650	25.999	28.144	30.765	35.510	47.766	54.090	58.124	61.777	66.206	69.336
43	22.860	24.398	26.785	28.965	31.625	36.436	48.840	55.230	59.304	62.990	67.459	70.616
44	23.584	25.148	27.575	29.787	32.487	37.363	49.913	56.369	60.481	64.201	68.710	71.892
45	24.311	25.901	28.366	30.612	33.350	38.291	50.985	57.505	61.656	65.410	69.957	73.166
46	25.041	26.657	29.160	31.439	34.215	39.220	52.056	58.641	62.830	66.616	71.201	74.437
47	25.775	27.416	29.956	32.268	35.081	40.149	53.127	59.774	64.001	67.821	72.443	75.704
48	26.511	28.177	30.754	33.098	35.949	41.079	54.196	60.907	65.171	69.023	73.683	76.969
49	27.249	28.941	31.555	33.930	36.818	42.010	55.265	62.038	66.339	70.222	74.919	78.231
50	27.991	29.707	32.357	34.764	37.689	42.942	56.334	63.167	67.505	71.420	76.154	79.490
n	0.995	0.99	0.975	0.95	0.9	0.75	0.25	0.1	0.05	0.025	0.01	0.005

附表六 F 分布临界值表

（表中数字为单侧临界值；$\alpha = 0.01$ 为右侧概率；横标目为子项自由度；纵标目为母项自由度）

n	1	2	3	4	5	6	7	8	9	10	12	15	20	24	30	40	60	120
1	4 052.18	4 999.34	5 403.53	5 624.26	5 763.96	5 858.95	5 928.33	5 980.95	6 022.40	6 055.93	6 106.68	6 156.97	6 208.66	6 234.27	6 260.35	6 286.43	6 312.97	6 339.51
2	98.50	99.00	99.16	99.25	99.30	99.33	99.36	99.38	99.39	99.40	99.42	99.43	99.45	99.46	99.47	99.48	99.48	99.49
3	34.12	30.82	29.46	28.71	28.24	27.91	27.67	27.49	27.34	27.23	27.05	26.87	26.69	26.60	26.50	26.41	26.32	26.22
4	21.20	18.00	16.69	15.98	15.52	15.21	14.98	14.80	14.66	14.55	14.37	14.20	14.02	13.93	13.84	13.75	13.65	13.56
5	16.26	13.27	12.06	11.39	10.97	10.67	10.46	10.29	10.16	10.05	9.89	9.72	9.55	9.47	9.38	9.29	9.20	9.11
6	13.75	10.92	9.78	9.15	8.75	8.47	8.26	8.10	7.98	7.87	7.72	7.56	7.40	7.31	7.23	7.14	7.06	6.97
7	12.25	9.55	8.45	7.85	7.46	7.19	6.99	6.84	6.72	6.62	6.47	6.31	6.16	6.07	5.99	5.91	5.82	5.74
8	11.26	8.65	7.59	7.01	6.63	6.37	6.18	6.03	5.91	5.81	5.67	5.52	5.36	5.28	5.20	5.12	5.03	4.95
9	10.56	8.02	6.99	6.42	6.06	5.80	5.61	5.47	5.35	5.26	5.11	4.96	4.81	4.73	4.65	4.57	4.48	4.40
10	10.04	7.56	6.55	5.99	5.64	5.39	5.20	5.06	4.94	4.85	4.71	4.56	4.41	4.33	4.25	4.17	4.08	4.00
11	9.65	7.21	6.22	5.67	5.32	5.07	4.89	4.74	4.63	4.54	4.40	4.25	4.10	4.02	3.94	3.86	3.78	3.69
12	9.33	6.93	5.95	5.41	5.06	4.82	4.64	4.50	4.39	4.30	4.16	4.01	3.86	3.78	3.70	3.62	3.54	3.45
13	9.07	6.70	5.74	5.21	4.86	4.62	4.44	4.30	4.19	4.10	3.96	3.82	3.66	3.59	3.51	3.43	3.34	3.25
14	8.86	6.51	5.56	5.04	4.69	4.46	4.28	4.14	4.03	3.94	3.80	3.66	3.51	3.43	3.35	3.27	3.18	3.09
15	8.68	6.36	5.42	4.89	4.56	4.32	4.14	4.00	3.89	3.80	3.67	3.52	3.37	3.29	3.21	3.13	3.05	2.96
16	8.53	6.23	5.29	4.77	4.44	4.20	4.03	3.89	3.78	3.69	3.55	3.41	3.26	3.18	3.10	3.02	2.93	2.84
17	8.40	6.11	5.19	4.67	4.34	4.10	3.93	3.79	3.68	3.59	3.46	3.31	3.16	3.08	3.00	2.92	2.83	2.75

附表六 F 分布临界值表（续表）

n	1	2	3	4	5	6	7	8	9	10	12	15	20	24	30	40	60	120
18	8.29	6.01	5.09	4.58	4.25	4.01	3.84	3.71	3.60	3.51	3.37	3.23	3.08	3.00	2.92	2.84	2.75	2.66
19	8.18	5.93	5.01	4.50	4.17	3.94	3.77	3.63	3.52	3.43	3.30	3.15	3.00	2.92	2.84	2.76	2.67	2.58
20	8.10	5.85	4.94	4.43	4.10	3.87	3.70	3.56	3.46	3.37	3.23	3.09	2.94	2.86	2.78	2.69	2.61	2.52
21	8.02	5.78	4.87	4.37	4.04	3.81	3.64	3.51	3.40	3.31	3.17	3.03	2.88	2.80	2.72	2.64	2.55	2.46
22	7.95	5.72	4.82	4.31	3.99	3.76	3.59	3.45	3.35	3.26	3.12	2.98	2.83	2.75	2.67	2.58	2.50	2.40
23	7.88	5.66	4.76	4.26	3.94	3.71	3.54	3.41	3.30	3.21	3.07	2.93	2.78	2.70	2.62	2.54	2.45	2.35
24	7.82	5.61	4.72	4.22	3.90	3.67	3.50	3.36	3.26	3.17	3.03	2.89	2.74	2.66	2.58	2.49	2.40	2.31
25	7.77	5.57	4.68	4.18	3.85	3.63	3.46	3.32	3.22	3.13	2.99	2.85	2.70	2.62	2.54	2.45	2.36	2.27
26	7.72	5.53	4.64	4.14	3.82	3.59	3.42	3.29	3.18	3.09	2.96	2.81	2.66	2.58	2.50	2.42	2.33	2.23
27	7.68	5.49	4.60	4.11	3.78	3.56	3.39	3.26	3.15	3.06	2.93	2.78	2.63	2.55	2.47	2.38	2.29	2.20
28	7.64	5.45	4.57	4.07	3.75	3.53	3.36	3.23	3.12	3.03	2.90	2.75	2.60	2.52	2.44	2.35	2.26	2.17
29	7.60	5.42	4.54	4.04	3.73	3.50	3.33	3.20	3.09	3.00	2.87	2.73	2.57	2.49	2.41	2.33	2.23	2.14
30	7.56	5.39	4.51	4.02	3.70	3.47	3.30	3.17	3.07	2.98	2.84	2.70	2.55	2.47	2.39	2.30	2.21	2.11
40	7.31	5.18	4.31	3.83	3.51	3.29	3.12	2.99	2.89	2.80	2.66	2.52	2.37	2.29	2.20	2.11	2.02	1.92
60	7.08	4.98	4.13	3.65	3.34	3.12	2.95	2.82	2.72	2.63	2.50	2.35	2.20	2.12	2.03	1.94	1.84	1.73
120	6.85	4.79	3.95	3.48	3.17	2.96	2.79	2.66	2.56	2.47	2.34	2.19	2.03	1.95	1.86	1.76	1.66	1.53
150	6.81	4.75	3.91	3.45	3.14	2.92	2.76	2.63	2.53	2.44	2.31	2.16	2.00	1.92	1.83	1.73	1.62	1.49

附表七 F 分布临界值表

（表中数字为单侧临界值；$\alpha = 0.05$ 为右侧概率；横标目为子项自由度；纵标目为母项自由度）

n	1	2	3	4	5	6	7	8	9	10	12	15	20	24	30	40	60	120
1	161.45	199.50	215.71	224.58	230.16	233.99	236.77	238.88	240.54	241.88	243.90	245.95	248.02	249.05	250.10	251.14	252.20	253.25
2	18.51	19.00	19.16	19.25	19.30	19.33	19.35	19.37	19.38	19.40	19.41	19.43	19.45	19.45	19.46	19.47	19.48	19.49
3	10.13	9.55	9.28	9.12	9.01	8.94	8.89	8.85	8.81	8.79	8.74	8.70	8.66	8.64	8.62	8.59	8.57	8.55
4	7.71	6.94	6.59	6.39	6.26	6.16	6.09	6.04	6.00	5.96	5.91	5.86	5.80	5.77	5.75	5.72	5.69	5.66
5	6.61	5.79	5.41	5.19	5.05	4.95	4.88	4.82	4.77	4.74	4.68	4.62	4.56	4.53	4.50	4.46	4.43	4.40
6	5.99	5.14	4.76	4.53	4.39	4.28	4.21	4.15	4.10	4.06	4.00	3.94	3.87	3.84	3.81	3.77	3.74	3.70
7	5.59	4.74	4.35	4.12	3.97	3.87	3.79	3.73	3.68	3.64	3.57	3.51	3.44	3.41	3.38	3.34	3.30	3.27
8	5.32	4.46	4.07	3.84	3.69	3.58	3.50	3.44	3.39	3.35	3.28	3.22	3.15	3.12	3.08	3.04	3.01	2.97
9	5.12	4.26	3.86	3.63	3.48	3.37	3.29	3.23	3.18	3.14	3.07	3.01	2.94	2.90	2.86	2.83	2.79	2.75
10	4.96	4.10	3.71	3.48	3.33	3.22	3.14	3.07	3.02	2.98	2.91	2.85	2.77	2.74	2.70	2.66	2.62	2.58
11	4.84	3.98	3.59	3.36	3.20	3.09	3.01	2.95	2.90	2.85	2.79	2.72	2.65	2.61	2.57	2.53	2.49	2.45
12	4.75	3.89	3.49	3.26	3.11	3.00	2.91	2.85	2.80	2.75	2.69	2.62	2.54	2.51	2.47	2.43	2.38	2.34
13	4.67	3.81	3.41	3.18	3.03	2.92	2.83	2.77	2.71	2.67	2.60	2.53	2.46	2.42	2.38	2.34	2.30	2.25
14	4.60	3.74	3.34	3.11	2.96	2.85	2.76	2.70	2.65	2.60	2.53	2.46	2.39	2.35	2.31	2.27	2.22	2.18
15	4.54	3.68	3.29	3.06	2.90	2.79	2.71	2.64	2.59	2.54	2.48	2.40	2.33	2.29	2.25	2.20	2.16	2.11
16	4.49	3.63	3.24	3.01	2.85	2.74	2.66	2.59	2.54	2.49	2.42	2.35	2.28	2.24	2.19	2.15	2.11	2.06
17	4.45	3.59	3.20	2.96	2.81	2.70	2.61	2.55	2.49	2.45	2.38	2.31	2.23	2.19	2.15	2.10	2.06	2.01

附表七　F 分布临界值表

续表

n	1	2	3	4	5	6	7	8	9	10	12	15	20	24	30	40	60	120
18	4.41	3.55	3.16	2.93	2.77	2.66	2.58	2.51	2.46	2.41	2.34	2.27	2.19	2.15	2.11	2.06	2.02	1.97
19	4.38	3.52	3.13	2.90	2.74	2.63	2.54	2.48	2.42	2.38	2.31	2.23	2.16	2.11	2.07	2.03	1.98	1.93
20	4.35	3.49	3.10	2.87	2.71	2.60	2.51	2.45	2.39	2.35	2.28	2.20	2.12	2.08	2.04	1.99	1.95	1.90
21	4.32	3.47	3.07	2.84	2.68	2.57	2.49	2.42	2.37	2.32	2.25	2.18	2.10	2.05	2.01	1.96	1.92	1.87
22	4.30	3.44	3.05	2.82	2.66	2.55	2.46	2.40	2.34	2.30	2.23	2.15	2.07	2.03	1.98	1.94	1.89	1.84
23	4.28	3.42	3.03	2.80	2.64	2.53	2.44	2.37	2.32	2.27	2.20	2.13	2.05	2.01	1.96	1.91	1.86	1.81
24	4.26	3.40	3.01	2.78	2.62	2.51	2.42	2.36	2.30	2.25	2.18	2.11	2.03	1.98	1.94	1.89	1.84	1.79
25	4.24	3.39	2.99	2.76	2.60	2.49	2.40	2.34	2.28	2.24	2.16	2.09	2.01	1.96	1.92	1.87	1.82	1.77
26	4.23	3.37	2.98	2.74	2.59	2.47	2.39	2.32	2.27	2.22	2.15	2.07	1.99	1.95	1.90	1.85	1.80	1.75
27	4.21	3.35	2.96	2.73	2.57	2.46	2.37	2.31	2.25	2.20	2.13	2.06	1.97	1.93	1.88	1.84	1.79	1.73
28	4.20	3.34	2.95	2.71	2.56	2.45	2.36	2.29	2.24	2.19	2.12	2.04	1.96	1.91	1.87	1.82	1.77	1.71
29	4.18	3.33	2.93	2.70	2.55	2.43	2.35	2.28	2.22	2.18	2.10	2.03	1.94	1.90	1.85	1.81	1.75	1.70
30	4.17	3.32	2.92	2.69	2.53	2.42	2.33	2.27	2.21	2.16	2.09	2.01	1.93	1.89	1.84	1.79	1.74	1.68
40	4.08	3.23	2.84	2.61	2.45	2.34	2.25	2.18	2.12	2.08	2.00	1.92	1.84	1.79	1.74	1.69	1.64	1.58
60	4.00	3.15	2.76	2.53	2.37	2.25	2.17	2.10	2.04	1.99	1.92	1.84	1.75	1.70	1.65	1.59	1.53	1.47
120	3.92	3.07	2.68	2.45	2.29	2.18	2.09	2.02	1.96	1.91	1.83	1.75	1.66	1.61	1.55	1.50	1.43	1.35
150	3.90	3.06	2.66	2.43	2.27	2.16	2.07	2.00	1.94	1.89	1.82	1.73	1.64	1.59	1.54	1.48	1.41	1.33

参 考 文 献

[1] 陈建宏,陈江茹,乔雪娥,等. 统计学基础 [M]. 北京:中国地质大学出版社,2011.
[2] 戢运丽. 常用统计技术 [M]. 北京:中国农业出版社,2011.
[3] 卞毓宁. 统计学概论 [M]. 北京:高等教育出版社,2008.
[4] 梁前德. 基础统计 [M]. 北京:高等教育出版社,2004.
[5] 李国柱. 统计学 [M]. 北京:科学出版社,2004.
[6] 孙文生,吕杰. 统计学 [M]. 北京:中国农业大学出版社,2004.
[7] 徐国祥,刘汉良,孙允午. 统计学 [M]. 上海:上海财经大学出版社,2003.
[8] 张伟. 基础统计学 [M]. 西安:西北大学出版社,2003.
[9] 王鸿儒. Excel 在统计学中的应用 [M]. 北京:中国铁道出版社,2004.
[10] 安维默. 用 Excel 管理和分析数据 [M]. 北京:人民邮电出版社,2003.
[11] 陈华福. 最新统计电算化教程 [M]. 北京:冶金工业出版社,2001.